法学精品课程系列教材　　吴汉东　总主编

法学研究与文献检索

主　编　高利红
副主编　徐菊香　程　芳

Legal Research and Information Retrieval

图书在版编目(CIP)数据

法学研究与文献检索/高利红主编. —北京：北京大学出版社，2017.3
（法学精品课程系列教材）
ISBN 978-7-301-27982-3

Ⅰ.①法… Ⅱ.①高… Ⅲ.①法学—信息检索—高等学校—教材 Ⅳ.①G254.9

中国版本图书馆 CIP 数据核字(2017)第 012969 号

书　　　名	法学研究与文献检索 FAXUE YANJIU YU WENXIAN JIANSUO
著作责任者	高利红　主　编　徐菊香　程　芳　副主编
责任编辑	邓丽华
标准书号	ISBN 978-7-301-27982-3
出版发行	北京大学出版社
地　　　址	北京市海淀区成府路 205 号　100871
网　　　址	http://www.pup.cn
电子信箱	law@pup.pku.edu.cn
新浪微博	@北京大学出版社　@北大出版社法律图书
电　　　话	邮购部 62752015　发行部 62750672　编辑部 62752027
印　刷　者	北京富生印刷厂
经　销　者	新华书店
	730 毫米×980 毫米　16 开本　22.75 印张　471 千字 2017 年 3 月第 1 版　2018 年 12 月第 2 次印刷
定　　　价	45.00 元

未经许可，不得以任何方式复制或抄袭本书之部分或全部内容。
版权所有，侵权必究
举报电话：010-62752024　电子信箱：fd@pup.pku.edu.cn
图书如有印装质量问题，请与出版部联系，电话：010-62756370

作者简介

高利红 1970年生,法学博士,教授,博士生导师,中南财经政法大学发展规划部部长、学科办主任、高教研究中心主任,湖北省第二届"十大中青年优秀法学家"。先后就读于原中南政法学院、武汉大学;1992年获法学学士学位,1999年获法学硕士学位。兼任中南财经政法大学环境资源法研究所副所长,中国环境资源法研究会副会长,湖北省环境资源法学会会长。长期从事环境资源法研究与教学工作。

徐菊香 1964年生,副研究馆员。现任中南财经政法大学图书馆文献资源建设部主任、文献信息检索课教师。毕业于武汉大学信息管理学院图书馆学专业,后获中南财经政法大学法学硕士学位。在《图书情报知识》《图书馆杂志》《图书馆建设》《津图学刊》《江苏图书馆学报》《情报资料工作》及其他杂志上发表有关图书情报方面的论文30多篇,参编图书多部,参与国家青年社科基金课题及横向协作课题3项。职业之余著《我不是天生的天才》家庭教育图书1部。

江波 1978年生,图书馆学学士,计算机工程硕士,副研究馆员。曾赴美国伊利诺伊大学进修。历任暨南大学图书馆馆长助理、广东省高校图工委信息技术委员会副主任、广东省社会科学情报学会副秘书长、中国图书馆学会第八届编译出版委员会委员、图书馆数字出版与推广专业委员会委员。现任西南政法大学图书馆副馆长、重庆市高校图工委信息技术专委会委员。主持和参与了多个省部级科研项目,在核心期刊和CSSCI来源期刊发表学术论文十多篇,参与多部学术图书编写。

程芳 1972年生,法学博士,副研究馆员,文献信息检索课教师。研究方向为环境法、能源法、信息资源与信息服务。在核心期刊和CSSCI来源期刊发表学术论文十多篇,主持和参与多项部级、省级与校级课题项目,参与多部法学教材的编写。

刘伟 1976年生,法学博士,馆员,文献信息检索课教师。研究方向为刑法、少年法、信息资源与信息服务。

刘鸿霞 1977年生,副研究馆员。现任中国政法大学图书馆信息咨询部副主任,文献信息检索课教师。毕业于华中科技大学同济医学院,2004年获硕士学位。在国内期刊发表多篇论文。参与北京市自然科学基金1项,并主持北京市法学会课题《北京市建设法治智库研究》1项。

董嘉维 1983年生,北京邮电大学工学硕士,上海政法学院图书馆信息技术负责人。研究方向为信息检索、数据挖掘和知识发现。在国内图情期刊上发表《以085工程为契机推进新升本院校的文献资源建设》《高校图书馆社会服务探索与实践——以上海政法学院图书馆为例》《高频和超高频RFID技术在图书馆的应用对比》等多篇论文。主持的课题项目包括社科项目"长三角地区高校图书馆联盟"、市文广局"图书资料专业技术人才知识更新"等。

冯倩然 1989年生，2013年毕业于武汉大学图书馆学，获硕士学位。现为中南财经政法大学法学院图书馆馆员，文献信息检索课教师。研究方向为信息素养教育、信息保存等。发表专业论文7篇，其中CSSCI期刊论文2篇。曾参与"网络学术信息的多语言表示与获取模式研究""高校图书馆的学科信息素养教育模式研究"，以及国家社会科学基金重大项目"我国公共部门信息资源增值利用对策研究"等科研项目的研究工作。

总　序

　　法学教育的目标和任务在于培养法律人才。提高培养质量,造就社会需要的高素质法律职业人才是法学教育的生命线。根据教育部关于高等学校教学质量与教学改革工程精品课程建设的精神和要求,结合中南财经政法大学精品课程建设的总体规划,在全面总结我国法学教育经验和分析法律人才社会需求的基础上,我校确立了以培养高素质法律人才为目的,以教材建设为核心,强化理论教学与实践教学的融会,稳步推进法学精品课程建设的方案。两年来,我校法学精品课程建设取得了阶段性的成果,已有民法、知识产权法等十余门课程被确定为国家、省、校三级精品课程,并在此基础上推出了"法学精品课程系列教材"。

　　"法学精品课程系列教材"是一套法学专业本科教材及其配套用书,涵盖了我校法学本科全程培养方案所列全部课程,由教材、案(事)例演习和教学参考资料三个层次的教材和教学用书构成,分为法理学、法律史学、宪法与行政法学、刑法学、民商法学、诉讼法学、经济法学、环境与资源法学、国际法学和法律职业实训等十个系列。

　　"法学精品课程系列教材"由我校一批具有良好学术素养和丰富教学经验的教授、副教授担纲撰写,同时根据需要邀请法学界和实务部门的知名学者和专家加盟,主要以独著、合著的形式合力完成。《法学精品课程系列教材》遵循理论与实际相结合的原则,以法学理论的前沿性、法律知识的系统性、法律制度的针对性、法律运作的可操作性为编撰宗旨,以先进的教学内容和科学的课程体系的统一为追求,融法学教育的新理论、新方法和新手段于一体,力图打造成一套优秀的法学精品课程系列化教材。

　　"法学精品课程系列教材"是我校在推进法学教育创新,深化法学教学改革,加强教材建设方面的一次尝试,也是对以"一流教师队伍、一流教学内容、一流教学方法、一流教材、一流教学管理"等为特点的法学精品课程在教材建设方面的探索。

我相信"法学精品课程系列教材"的出版，能为广大读者研习法学理论、提高法学素养、掌握法律技能提供有效的帮助。同时，我衷心希望学界同仁和读者提出宝贵的批评和建议，以便这套教材不断修订完善，使之成为真正的法学精品课程教材！

是为序。

2016 年 9 月

前　言

我国《高等教育法》第 5 条规定:"高等教育的任务是培养具有社会责任感、创新精神和实践能力的高级专门人才,发展科学技术文化,促进社会主义现代化建设。"就法学人才培养的具体目标而言,兼具实践能力和创新能力方可谓完整之人。[①] 在法学领域,实践能力是指法律人通过法律知识、法律技能来实际解决法律问题,并由此来影响和塑造社会的一种能力。创新能力是法律人发现新问题、运用新方法、形成新评价和规则的能力。法学研究与文献检索课程正是现代法学教育中实践能力与创新能力培养的一个重要环节,通过培养学生有效寻找、获取、整理和运用法律资源与信息的能力,了解法学研究方法,为进一步凝聚法学问题意识,形塑法学思辨方法,建构严谨的法律论证打下基础。

随着全球化和信息化的发展,网络资源大量涌现,引发了信息检索模式的变革,给法学研究和法律实务带来巨大的影响。美国法律图书馆协会(American Association of Law Libraries, AALL)在 2013 年发表《法律检索能力的原则和标准》(Principles and Standards for Legal Research Competency),列举了网络法律信息的扩散、检索系统的多样化、检索错误的高成本等现象对法律研究的重大影响,以及信息素养不足的表现,如无法找到相关材料、无效的网络检索策略、缺乏评价信息有效性和权威性的技能,等等。而信息能力直接关系到整个法律职业的运转,影响职业的效率和水准。一个成功的法律研究者应该具备的法律检索能力的原则与标准为:(1) 拥有法律制度和法律信息来源的基础知识;(2) 通过有效的研究策略收集信息;(3) 审慎评估信息;(4) 有效地应用信息,以解决特定的问题或需要;(5) 区分道德和不道德的使用信息,并了解与发现、使用或应用信息相关的法律问题。[②] 英美法学院普遍开设的相关法律检索课程为"Legal Research",该课程"不是教授法条法规,也不是一个纯技巧的数据库培训,而是一门理论与实践相结合的方法论课程"[③]。Legal Research 作为一种法律研究方法,是寻找和获取法律信息从而支持法律决策的过程,学生在此过程中训练分析、思辨、推理、沟通、应用和总结能力,从而养成法律思维方式和独立的批判意识,奠定法律职业能力的基础。

[①] 高利红:《法学人才培养目标的反思与定位》,载《法制与社会发展》2015 年第 5 期。
[②] AALL, "Principles and Standards for Legal Research Competency", http://www.aallnet.org/Documents/Leadership-Governance/Policies/policy-legalrescompetencybody.pdf.
[③] 王昶:《美国法律文献与信息检索》,中国政法大学出版社 2014 年版,第 9 页。

在我国传统的法学教育中,由于人才培养模式不成熟和法律制度的不完善,法律检索教育属于薄弱环节,"缺少方法论的训练,文献积累的意识不够,缺乏本学科的文献目录学知识等问题,法学教育和律师训练还是重知识而轻方法,重论述轻资料,以论代证"①。学术方法训练的欠缺,对原始资料把握的不足,突出的表现就是法学写作无法以理服人。从法科学生的毕业论文,到律师的法律意见,法官的司法判决,普遍欠缺严谨的学术规范,难以达到国际交流的学术标准。"正确的提问(question)首先来自对具体问题(issues)的把握。这就需要透过社会生活和法律业务中纷繁的实际问题(problems)的表象,看到学术传统的脉络、矛盾和突破口。在找到有学术意义的问题之后,仔细分析,斟酌步骤,将问题(question)限定在可以有效论证的范围之内。"②问题意识形成于学术传统之上,而学术传统又积淀在卷帙浩繁的法律文献之中,从甲骨、金石、简帛到图书、期刊、数据库,交织成过去、现在乃至未来的学术脉络的时空"引力波"。对文献的认知、筛选、引用,决定了法学研究的水准和学术的传承与超越。

随着我国法治的发展,法律检索教育成为当前法学教育改革的重要环节。为因应发展与变革,中南财经政法大学组织国内具有良好法学学术信息素养和丰富教学经验的专家学者,借鉴美国法学院普遍开设的"法律研究"课程建设方案,结合教学积累、法学学科和法律资源的最新发展,编写了本教材,旨在向读者提供法学研究的基本方法、法律文献系统的全貌和法律信息检索的路径与策略。本书分为三大部分,共十二章。

第一部分研究篇。首先从法学研究的目的、体系和方法入手,对法学文献的评价、文献综述的写作及学术规范进行了介绍。这是本书不同于国内传统法律文献检索教材之处。传统法律文献检索教材,沿用图书馆学的一般理论框架,在内容上着重讲授文献分类及检索技能,与法学研究方法、论文写作和学术规范相分离。就法学教育来说,学术论文的写作是国内法科学生进行文献检索的主要目的之一,如何评价资料的价值,如何就收集的文献撰写文献综述,如何就文献的引注避免学术不端,不仅涉及检索技巧,还包含了法学的学科特性。本书遵循了法学研究从方法到规范、从规则到应用、从分析到结论的思维流程,以法学研究为先导、信息资源为基础、专题检索为主线对法学研究进行再现。

第二部分资源篇。介绍了法律文献的分类、中外主要法律资源数据库和主要法学图书馆的资源与服务。考虑到法学文献的特殊性,与一般文献分类作了区别。针对中西方法律制度的差异,分别介绍了中西方主要法律资源库的内容和特点。法律图书馆一章则介绍了国内和世界知名大学法律图书馆的特色资源与服务及文献分类与标引方法。从文献到数据库再到图书馆,勾勒出法学资源的时空演变与整体

---

① 吴志攀:《序言》,载杨桢著:《英美法入门——法学资料与研究方法》,北京大学出版社2008年版,第2页。
② 冯象:《法学院往何处去》,载《清华法学》2004年第1期。

概貌。

第三部分检索与利用篇。根据文献信息从整体到单元的发展路径，分别介绍图书、论文、知识单元（概念与统计数据）的检索，并针对法律检索的特殊性，增加了中英文法律文本及案例的检索介绍。考虑到文献资源发展由实体向虚拟延伸的趋势及法律检索范围和方法的扩展，着重介绍了常用法律数据库和网络资源的应用，包括新兴的慕课、Google Earth 等网络资源和网络工具。

此外，各章节皆结合法学理论的前沿来设置思考练习题，通过对案例的检索与研读，培养学生的实践操作与分析应用的能力。

本书力图将法学研究和现代图书馆学相结合，融合法学的专业性与检索的技巧性，希翼为读者掌握法律检索技能，提升法学素养，培养创新精神提供帮助。可供法学院的本科生、研究生及事务部门的法律工作人员使用。限于我们的学识和水平，不足和疏漏之处，敬请批评指正。

谨为序。

高利红

目　　录

上篇　研　究　篇

第一章　法学研究 …………………………………………………………… 3
　　第一节　法学研究概述 …………………………………………………… 3
　　第二节　法学体系及法学方法 …………………………………………… 10

第二章　法学文献评价 ……………………………………………………… 20
　　第一节　法学文献的阅读 ………………………………………………… 20
　　第二节　法学文献的评价指标 …………………………………………… 21
　　第三节　法学期刊评价 …………………………………………………… 23
　　第四节　法学学位论文评价 ……………………………………………… 35

第三章　文献综述 …………………………………………………………… 39
　　第一节　法学研究文献综述概述 ………………………………………… 39
　　第二节　法学研究文献综述的写作步骤与技巧 ………………………… 41
　　第三节　法学研究文献综述的格式 ……………………………………… 46

第四章　学术规范 …………………………………………………………… 49
　　第一节　学术规范概述 …………………………………………………… 49
　　第二节　学位论文写作规范 ……………………………………………… 59
　　第三节　学术引文规范 …………………………………………………… 70

中篇　资　源　篇

第五章　法学资源概述 ……………………………………………………… 89
　　第一节　文献的概念及类型 ……………………………………………… 89
　　第二节　法律文献的分类 ………………………………………………… 90
　　第三节　图书馆中一二三次文献与一二次法律文献的区别 …………… 92
　　第四节　数字出版基本知识 ……………………………………………… 92
　　第五节　法律专业数据库 ………………………………………………… 93
　　第六节　其他数据库中的法律信息资源 ………………………………… 105

第六章　法律图书馆 ………………………………………… 114
　　第一节　概述 …………………………………………… 114
　　第二节　中国内地法律图书馆 ………………………… 118
　　第三节　中国港台法律图书馆 ………………………… 127
　　第四节　国外法律图书馆 ……………………………… 137

下篇　检索与利用篇

第七章　图书的检索 ………………………………………… 153
　　第一节　基本理念及基础知识 ………………………… 153
　　第二节　图书的检索 …………………………………… 167

第八章　论文的检索 ………………………………………… 189
　　第一节　中外期刊论文检索 …………………………… 189
　　第二节　学位论文及会议论文检索 …………………… 215

第九章　概念与统计数据的检索 …………………………… 225
　　第一节　概念的检索 …………………………………… 225
　　第二节　统计数据的检索 ……………………………… 239

第十章　法律文本的检索 …………………………………… 259
　　第一节　中文法律文本的检索 ………………………… 259
　　第二节　英文法律文本的检索 ………………………… 270

第十一章　法律案例的检索 ………………………………… 284
　　第一节　中文案例的检索 ……………………………… 285
　　第二节　英文案例的检索 ……………………………… 298

第十二章　网络资源检索 …………………………………… 316
　　第一节　网络信息资源 ………………………………… 316
　　第二节　搜索引擎概述及应用 ………………………… 325
　　第三节　网络工具应用 ………………………………… 338
　　第四节　慕课 …………………………………………… 344

后　记 ………………………………………………………… 352

上 篇

研 究 篇

第一章 法学研究

第一节 法学研究概述

一、什么是法学研究

法学研究,亦称"法律科学研究",是以社会现象中的法律或法为研究对象的一门社会科学。① 法学研究是法律发展的结果。当人类文明出现了较为完整的法律规范体系,即成文法之后,才有法学研究这门科学,而法学研究又给法律的发展以至扩大到司法领域以巨大的影响。古代罗马法的高度发展,与出现专门从事法学研究的法学家分不开。法学研究的范围,包括法律的产生与发展、法律的本质、特点、作用、形式以及法律规范、法律制度和与之相关联的法律思想或理论。历史上不同时期、不同阶级、不同学派的法学家对此往往持有不同的看法。例如:有的从抽象的理性、正义或某种精神出发认为法学研究的目的在于探索亘古不变的理想法,使之成为现行立法的依据;有的从法律形式出发,认为法学研究应着重探索法律规范本身,而不作任何政治的或道德的评价;也有的从法的实际效用出发,主张法学研究的任务在于考察法与社会事实的相互关系。但是,法律是一种纷繁复杂的社会现象,是一定社会关系,特别是一定经济关系表述的反映。如果仅仅孤立地"就法论法",或者主观抽象地研究法的问题,都不可能弄清法的实质;只有根据历史唯物主义的观点,既研究法律规范、法律制度本身的内容和形式,又把法与经济、政治、道德、文化等其他社会现象联系起来进行考察,才能作出科学的回答。

(一)法学的学术训练目标

法学研习者的法学研究是一个循序渐进的过程,是一个从初级研究能力向高级研究能力不断提升的过程。因此,法学专业的学习分为三个层次,分别是本科生、硕士生、博士生三个从低向高的研究层级。②

首先,本科生这个层次主要的目标是学习和掌握法律的基本知识,包括法律的基本概念、原则、规则、体系,并且能初步运用法律知识回答现实中的一些法律问题,也就是有初步的运用能力。在这个层次上,要学习的法律课程很广泛,譬如刑法、民法、刑事诉讼法、民事诉讼法、经济法、法制史、法理学等一系列课程,每门课程都有固定的课时,比较成熟的教材,要求掌握基本理论、基本知识和基本技能,着重在于

---

① 孙国华主编:《中华法学大辞典·法理学卷》,中国检察出版社 1997 年版,第 147 页。
② 徐洁:《什么是法学研究——民法学习的一点体会》,载《西南政法大学学报》2004 年第 1 期,第 92—95 页。

掌握整个法律制度的框架和内容，培养法律观念和法律思维习惯。

其次，硕士研究生这个阶段，是在本科已具备基础理论知识的前提下，由普遍了解至个别深入，选择某一个专业进行攻读，学习研究的范围集中在某一个学科领域，有足够的精力和时间对本专业的相关知识作比较系统和深入的学习。在这个学习过程中应有两个方面的收获：一方面须加深自己的理论功底，另一方面要掌握必备的研究方法。

第三，博士研究生阶段须广泛阅读理论读物和专业书籍，掌握更多的资料和信息，在更为广阔的视野下观察、研究法律制度，不仅要对已有的研究成果吸收、消化和利用，还要不断从国内外的最新的研究成果中吸取营养。在掌握丰富的法律、经济、社会、文化、历史资料的条件下，运用各种研究方法就某些专题进行开创性的研究，法学研究能力和研究方法整体均须提升。

以上是三个不同层次的法学专业学生应该达到的学习目标，这些目标的实现均需要进行专业的学术训练，尤其是研究生阶段，侧重法学的研究方法与能力，法学论文写作则是研究生研究方法掌握状况与研究能力的表现载体。美国法学院的学生戏称自己过着"地狱般生活"，虽然这个说法带有调侃的味道，但法学院的日子过得确实非常辛苦。单说法学论文写作，就很难应付。而美国法学院对学生学术训练很重要的课程设置就是法学论文写作。

法学专业学生的学术训练具体包括哪几个方面？以下借用研究生培养的基本技能来说明。

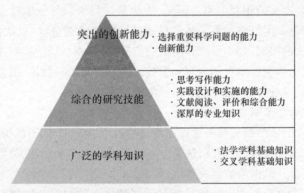

图1-1 研究生培养的基本技能

上图勾画出研究生培养需要的基本训练有三方面的内容。学科知识是研究生应该掌握的基础知识，是第一层次的训练；研究技能是研究学科知识的技能，是第二层次的训练；创新能力是研究能力达到的最高层次，也是最高层次的训练。

(1) 广泛的学科知识。包括法学学科基础知识和交叉学科的基础知识。

(2) 综合的研究技能。包括研究思路清晰，并能有效地口头表达和写作交流；实践设计和实施的能力；文献阅读、评价和综合能力；以及深厚的专业知识。

(3) 突出的创新能力。包括选择重要科学问题的能力和创新能力，这两项能力是研究生培养需要达到的目的,是产生 new idea 的能力。

(二) 法学的学术研究内容

研究生阶段的学习不是当收音机,不只是接收他人的观点,而是要自主分析、积极讨论,提出自己的观点,其核心就是"研究",应该具备法学研究的能力,研究法律的概念、原则、体系或制度等,评估其存在的可行性、合理性或进行价值判断等。

法学是一门系统的科学,法学研习者可以从三个不同的角度研究:

一是从法学的横向与纵向方面研究。既要对法学进行历时性研究,如考察研究法的产生、发展及其规律,又要对法进行共时性研究,如比较研究各种不同的法律制度,它们的性质、特点以及它们的相互关系。

二是从法学涉及的法律关系方面研究。既要研究法的内在方面,即法的内部联系和调整机制等,又要研究法的外部方面,即法与其他社会现象的联系、区别及其相互作用。

三是从法学的理论基础与实践应用方面研究。既要研究法律规范、法律体系的内容和结构以及法律关系、法律责任的要素,又要研究法的实际效力、效果、作用和价值。总之,凡属与法有关的问题和现象都在法学研究的范围之内。

长期以来,我国法学界基本上是在将法学划分为"理论法学"和"应用法学(大体上也就是所谓的部门法学)"的基础上[1],相对应地把法学研究划分为"法学理论"研究与"部门法学"研究,两者相辅相成。理论研究的功能在于从法学世界观和方法论上思考法的本体、本源、本质与理念、价值,不是停留在阐释知识性的"是什么"的层面,而是进一步追问哲理性的"应当是什么"以及"为什么"。[2] 因此,理论研究如同一张地图,对具体部门法的制度研究具有指引、考量和批判性反思的作用,一项关于具体法律制度的研究,如果缺乏理论的指引,不仅不能对制度的完善提供具有指导性的研究结论,还可能因过于靠近、迁就现实而失去对现实的客观评价和批判能力。

二、走向开放的法学

法学作为人文社会学科领域的皇冠,既强调专业理论的精巧性,又要求对社会的认知与协调力,还有对前述两者内容的综合表达能力,尤其是严谨的书面表达。对于法律制度和实践,法学应该保持一种开放和包容的态度,对于所有有利于解释法律现象和法律问题成因的科学方法,都予以接受。

(一) 传统法学的挑战:"中学为体,西学为用"

1. 中国古代法学:辩证方法与分析方法

在中国古代,包括政治、法律、伦理在内的各种社会现象的研究都有着不同于西方人的独特个性和思考方式。"从方法论的角度看,中国古代的认识方法主要体现

---

[1] 张文显主编:《法理学》,高等教育出版社、北京大学出版社 2007 年版,第 3 页。
[2] 参见马英娟:《法学研究的立场与方法》,载《中国社会科学报》2016 年 3 月 16 日,法学版。

在辩证方法和分析方法两个方面。"①

一是传统法学的辩证方法。中国古代以"天人合一"观念为指导思想,该观念即一种整体思维的方式,以人和物为整体,整体包含各个部分,各部分之间密切联系,了解各个部分必须了解整体,从而指导人对法律及人际关系辩证地思考与分析。《易经》中的"观其会通",强调事物与事物之间的统一关系。《庄子》中的"泛爱万物,天地一体也"体现天地万物是一个整体。要考察事物的两个方面。《周易大传》也提出"一阴一阳之谓道""刚柔相推而生变化"的精湛命题,强调事物对立面的相互转化是变化的根源。

二是传统法学的分析方法。儒家主张"思辩",《中庸》提出:"博学之、审问之、慎思之、明辩之、笃行之","故君子尊德行而道问学,致广大尽精微"。这实际上就是要在所谓的"思辩"中关注微观分析和观察的方法。墨家也是比较注重分析方法的,《墨子》中的《墨经》《经说》显示出墨家的分析思维的光辉成就。

儒学在中国古代已成为显学,它不仅是一种学术形态和指导思想,且具有解释学和方法论的功能。儒家自始以解释和阐释西周以来的典籍为宗旨,宗法社会的西周影响着儒家学说具有一定的宗法色彩,其特点是重现世而轻来世、重社会而轻自然、重了悟而轻逻辑,这些特点一直规范着儒家各派的解释系统。②

2. 中国近代法学:归纳法和实证法

清朝末年,严复先生在《西学门径功用》一书中提倡归纳法和实证法。严复先生在《名学浅说》中对中国学术的研究方法提出批评,认为中国学者的学术方法有缺陷,主要体现在只注重玄思冥想和观念演绎,而轻视对事实的归纳和考证。他指出:"牛有牛之体,牛有牛之用;马有马之体,马有马之用。不能牛体马用,马体牛用",中西文化各有特色,既有"体"的文化,也有"用"的文化,两者不能混同,"中学为体,西学为用"在中国根本就行不通;再有,"拘泥于言辞、思维笼统模糊也是中国学术分析方法不发达的表现"。③ 在这种模糊性思维的影响下,中国古代法典表现出法律条文的用词多歧义,缺乏明确界说的弊端。王国维先生对中国传统研究方法与严复有同感,力导归纳、实证方法,指出要以实证史、以史考实的"二重证据法",推崇求实、求真的实证精神。

3. 传统法学之辩:"中学为体,西学为用"

随着西方法文化的输入,中国传统法学的研究方法开始被打破,处于封闭状态的法学研究面临着方法论上的挑战,体现在以下三个方面。

其一,在西方功利主义的影响下,中国法学已有的务实倾向得到进一步的深化,人们意识到富强之道在于要用学问解决现实的问题,而不在于在纸上研究经书,法学学者们渐次开始转变研究方法,从注重求实、求真的整理、考释的特性开始向有现

---

① 李基瑞著:《法学研究与方法论》,山东人民出版社2005年版,第90页。
② 同上书,第93页。
③ 同上书,第101页。

实意义的创造和阐释转化。

其二,在科学主义及其实证精神面前,要求国人用科学的标准看待一门学问,即用归纳、实证和演绎结合的方法来进行研究。

其三,西学的输入使知识分化和学科分类成为一种趋势,新兴的学科诸如经济学、政治学、法学等都要求有一套自身的学理系统和研究方法。① 张之洞提出"中学为体,西学为用"的观点渐次为学者们所接受。中国法学在与西方法学接触之初,中国学者已经看到了中西文化及其方法的差异,希望以西方学问之长来弥补中国学问之短。西方的法律话语和法律制度迅速取代了中国固有的法律话语和法律制度。开始时是民法法系的方法充斥了中国的法律学域,其中"以沈家本、杨鸿烈、陈顾远等人为代表,在他们的著述中可以看到对西方法学某些观念和方法的运用"②。"其后,一批接受现代法律训练的学者,更加自觉援用西方法律制度的知识类型与研究方法'重构'中国古代法律制度的情形渐次突出,最终成为一种支配性或主导性的研究范式"。③

(二) 现代法学的转向之一:从"法律与社会科学"到"法律与科学"

1. 学术研究跨学科

现有的司法实践表明,中国法律制度的问题往往发生在不同法律学科的交叉地带。如刑民交叉领域中的问题,涉及刑事法和民事法的关系、刑事追究与民事追究的优先顺序以及刑事管辖与民事管辖的冲突等问题。④ 如果各不同学科的研究者守着自己的"一亩三分地",只对属于自己领域中的法律问题作出解释和评论,对于超出自己学科领域的法律问题,既没有解释的能力,也没有研究的兴趣,"仅仅站在法律之内看法律",难以走出自说自话、循环论证的"逻辑怪圈"。

因此,针对以上法学研究的局限性,一些学者提出了"从法律之外看法律"的研究思路,并渐次形成一个共识:学术研究是跨学科的,学科名称有时候只是一些标签而已。科学家兼小说家 C.P. 斯诺在 1959 年提出人文文化与科学文化的对立,此后"两种文化"的观念就深入人心。自 1970 年以来,以生物学家爱德华·威尔逊为首的一些知名学者提出了融合"两种文化"的主张。1998 年,威尔逊出版了《协同:知识的统合》一书,全面地阐述了他关于知识整合的主张和展望,主张人首先是物理性、生物性的人,然后是社会性的人,所有的"以人为本"的学科发展都将不可避免地与社会生物学建立"联姻"关系⑤,法学也不例外,现代法学正经历着人文社会科学与自然科学的整合,即从"法律与社会科学"到"法律与科学"的回归过程。

---

① 参见李承贵著:《20 世纪中国人文社会科学研究方法问题》,湖南教育出版社 2001 年版,第 56 页。
② 李基瑞著:《法学研究与方法论》,山东人民出版社 2005 年版,第 103 页。
③ 范忠明:《试说中国古代法律制度研究范式之转变》,载《北大法律评论》第 4 卷第 1 辑。
④ 陈瑞华:《法学研究方法的若干反思》,载《中外法学》2015 年第 1 期。
⑤ 〔美〕埃里克·A. 波斯纳著:《法律与社会规范》,沈明译,中国政法大学出版社 2004 年版,前言第 9—10 页。

法律是人类思想和社会活动的重要组成部分。我们可以把人类关于世界的知识按两种观点进行分类：一种是把复杂的现象提炼为原因和结论，尽可能总结出其重复发生的规律；另一种则是将知识用作行动的指导。在第一种情况下，我们研究事物本身，由此发展出理论科学，诸如数学、物理学、经济学等；在第二种情况下，我们研究的乃是使事物符合我们需要的手段，就此转向应用科学，例如工程学、医药学、法学。比较一下法学和医药学，我们可以发现：二者都旨在为一套庞大的实践性规则提供理性基础；二者都是源于将各种科学应用于实际的健康和疾病、民事活动和犯罪诸问题的解决。具体而言，医生综合了物理和化学、生物学和心理学，从而构成具有特定目的的原理；法学家则取法逻辑学、心理学及社会科学，以协调和解释法律规则并确定权利。[①]

2. 现实问题跨学科

作为一门独立的学问，法学有其独特的知识体系和研究方法，这是法律人就法律问题进行沟通，形成共识的前提。但是，现实问题往往是不分学科的，面对复杂的社会问题，需要综合运用多学科的知识和研究方法。比如，环境法问题的研究，不仅需要精通环境法，还必须能够综合运用法理学、宪法、行政法、民法等的知识；不仅需要法学功底，可能还需要一定的环境学、环境政策学方面的知识。又如行政法学研究，传统的行政法学主要是合法性研究，运用传统的以请求权为基础、以当事人之间的争议和法律适用为核心的分析方法，形成了以司法审查为重心的学科关怀。这种研究对于缺乏法治传统的中国而言至今仍然是最为根本和重要的。但是这种研究永远不能告诉我们如何形成好的政策，如何在合法性的基础上避免政府失灵，提高政府监管绩效从而实现"善治"。针对这一问题，20 世纪 80 年代国外行政法学的研究开始发生重大变革，美国在传统"传送带模式"的基础上产生了"专家治国模式""利益代表模式""成本收益分析模式"，英国在"红灯理论"的基础上发展出"绿灯理论""黄灯理论"。这种新的研究范式将政府规制的分析框架引入行政法学，综合运用多学科(包括经济学、政治学、行政学、社会学等)的研究方法，强调行政行为合法性与有效性的并重，缩短了学术研究与真实世界之间的距离，为本国的监管体制改革和政府绩效的提升提供了充分的理论支持。[②]

（三）现代法学的转向之二：从立法论走向解释论

立法论和解释论是两种不同的法律研究、法律思维方法。在大陆法的体系之下，无论是在问题意识和方法路径上都注重区分立法论和解释论。日本学者铃木贤教授认为，立法论"是从立法者的立场出发，面向未来研究和思考最理想的法律，并进行具体的条文设计。解释论是站在法官的立场，在现行法的框架内通过对现行法律进行逻辑推论，针对现实生活中发生的法律问题、法律纠纷等推导出最为妥善、最

---

① 〔英〕保罗·维诺格拉多夫著：《历史法学导论 Introduction to historical jurisprudence》，徐震宇译，中国政法大学出版社 2012 年版，第 4 页。
② 参见马英娟：《法学研究的立场与方法》，载《中国社会科学报》2016 年 3 月 16 日，法学版。

有说服力的结论"。①

　　立法论和解释论的具体区别表现有②：一是立法注重法律的应然,解释论注重法律的实然；二是立法论理念中认为存在完美无缺的法律,解释论理念中则认为不存在完美无缺的法律,只有解释得比较好的法律；三是立法论者是理性至上者,而解释论者不是理性至上主义者；四是立法论注重一般法律问题研究,而解释论非常注重个案特殊性的研究,以弥补法律的不足和漏洞。

　　长期以来,我国法学理论界偏好立法论而忽视解释论,理论研究成果脱离司法实践,这既不利于为法律的适用提供理论指导,也不利于真正推动立法的进步。单一的立法论研究方法,使得立法研究成果丧失引导司法实务的能力。因此,从立法论转向解释论,可以在理论研究和司法实践之间建立一条融贯直达的通途,有效沟通法律研究和司法实践,为裁判者准确阐释法律、寻找诉争案件的裁判依据提供方法指导,保证法官准确发现、解释和适用法律。我国的司法解释正好弥补了立法上的不足,为裁判者准备阐释法律和适用法律提供正确的指导。

　　综上所述,法学学人首先应该精通法学的方法,保持法学的独立品性,避免重蹈以往用政治或经济思维解决法律问题的覆辙；同时,应重视其他学科的研究成果和研究方法,发挥知识整合的作用；着眼于解决现实问题,以问题导向,而不是学科或方法导向,否则"就如那些要按照解剖知识一直控制自己走路姿势的人有跌跟斗的危险一样,那些试图在方法论思考的基础上从另一方面来规定他的工作目的的专家学者也会遇到类似的情况"③。

三、法学研究目的

　　法学研究的根本目的应当是发现法律运行的规律,提出富有解释力的法学理论。而要达到这一效果,研究者应区分"法制"与"法学",注重从法律之上和法律规范背后发现具有影响力的因素,并提出相应的理论命题。

　　首先,法学研究者应当区分"法制"与"法学",注重研究法律规则和社会中的法律现象,如法律活动、法律观念、法律历史等,同时研究与法律相关的政治、经济、社会、伦理等问题。人文科学研究不同人的社会主体属性,而法学研究人与人之间关系确立和维持的法律规则。法律规则由国家制定或认可并由国家以强制力保证实施,以国家主权分配权利和义务、权力和义务,安排社会整体利益、群体利益、个体利益,决定社会中人与人之间关系的性质和状态,其是否公平正义直接关系到社会是否公平正义。法学因法律规则而生、为法律规则而存,可以说,法学研究法律现象和与法律相关的问题均服务于研究法律规则,如法律史学提供历史的经验和教训,比

---

① 铃木贤：《中国的立法论与日本的解释论——为什么日本民法典可以沿用百多年之久》,渠涛译,载渠涛主编：《中日民商法研究》第二卷,法律出版社2004年版,第538页。
② 肖建国：《从立法论走向解释论：〈民事诉讼法〉修改的实务应对》,载《法律适用》2012年第11期,第40—47页。
③ 参见马英娟：《法学研究的立场与方法》,载《中国社会科学报》2016年3月16日,法学版。

较法学分析不同国家法律实践的利弊得失,理论法学以各种方式解释法律规则的正当性和逻辑性,等等。

其次,法学研究者应该揭示法律规则与法律现象背后的制约因素。真正使法律成为一门科学的是法律规则背后的制约因素,这些因素与一个社会的政治、经济、文化、传统密切联系在一起,法学研究者唯有将这些制约因素揭示出来,才能呈现自己的研究成果。"法学"领域的命题一般都是解释性的命题,如解释某一制度实践的类型或者模式,解释某一法律问题发生的原因,揭示制度实践的变迁规律。研究者通过"我发现……"的方式将其揭示出来,并作出抽象的理论概括,就完成了"认识世界"和"发现规律"的使命。

第三,法学研究者应该善于在实然层面"发现问题",在应然层面"解决问题"。法学研究有应然层面和实然层面之分,但最终的指向一定是实然层面的法律规则——历史的或者现实的法律规则。从历史或现实的法律规则出发,分析和解释其价值、功能,提出应然意义上的立法建议以求改变现实的法律规则,阐释法学研究的价值、作用和基本路径。由于现实的法律规则是以国家作为单元的,法学研究只能以国家作为本位,法学研究必然而且必须落脚在本国的现行法律之上。法国人研究罗马法产生法国民法典,德国人研究罗马法和日耳曼法产生德国民法典,日本人先研究法国民法典转而研究德国民法典产生日本民法典,历史上似乎没有出现过例外的情形。① 研究者首先应该有质疑的勇气,在阅读经典书籍、了解学术动态和法律实践等信息的基础上,以创造性、逻辑性、开放性为宗旨,"学以致用",提出解决法律问题的方案和对策。

第二节 法学体系及法学方法

一、法学体系

法学体系是由法学分支学科构成的具有内在有机联系的统一整体和知识系统。法律调整的社会关系是多种多样的,因而研究社会的各种法律现象及其发展规律的法学所研究的范围也就十分广泛,从而形成若干分支学科。这些分支学科构成一个有机联系的知识系统,就是法学体系。

(一)法学体系与法律体系

法学体系与法律体系是两个不同的但却有密切联系的概念。

首先,法学体系是指一个国家的有关法律的学科体系,它属于社会科学范畴,具有意识形态和思想文化属性;而法律体系则是指一国现行的法律规范体系,属于社会规范体系范畴,是社会及个人的行为准则,有实际的法律效力并产生实际的法律后果。一个属思想范畴,一个属规范体系,这是两者外在的本质区别。

---

① 孟勤国、黄莹:《法学研究的对象和任务》,载《江汉论坛》2014年第4期,第45—50页。

其次,由于法学体系属于思想范畴,而法律体系属于规范范畴,因而法学体系的内容和范围就比法律体系的内容和范围要大得多,如法学体系有法哲学、法理学、法律心理学、法律史学等,而作为规范体系的法律体系则不含有这些内容。

再次,法律体系具有属国性,即它一般是一个主权国家的表现形式,在该主权范围内发生效力;而法学体系则具有跨国性,多个不同的国家可能在法学体系方面具有相同性或相通性,相互间可以学习、交流、借鉴。在一个国家内,也可能出现多个不同的法学体系。

法学体系与法律体系之间也有着密切的联系:

第一,法律体系是法学体系形成、建立的前提和基础。一个国家的法学体系中应用法学学科的划分是同法律体系中的法律部门划分相对应的。

第二,法律体系也是法学体系发展的重要动力。随着法律体系中新法律内容的增加和扩充,便会促成新的法学体系内容的出现。比如,行政法的出现,便促动了行政法学的产生;行政诉讼法的产生,便促动了行政诉讼法学的出现,等等。

第三,法学体系反过来也会成为法律体系发生变化的原因和根据,这表现在两个方面:其一,法学的研究结果会促成新的法律的产生,补充和调整原有法律体系的内容和结构;其二,法学中关于"法律体系"的学术研究也会打乱原有的法律体系布局和结构,使法律体系重新布局,以适应变化了的客观情势和认识发展的要求。

(二) 法学体系的分类

法学体系的分类是按不同的标准或从不同的角度对法学分支学科所作的划分。对于法学分类,国内外均无统一的划分标准。英国《牛津法律指南》首先将其分为理论法学和应用法学,以此为基础,又分为七个类别:(1) 法律理论和哲学;(2) 法律史和各种法律制度史;(3) 比较法研究;(4) 国际法;(5) 超国家法(如欧洲共同体法);(6) 国内法;(7) 附属学科。日本《万有百科大辞典》将法学分为四大部类:(1) 公法学,包括宪法学、行政法学和国际法学;(2) 私法学,包括民法学、商法学、民事诉讼法学、劳动法学、国际私法学;(3) 刑事法学,包括刑法学、刑诉法学、刑事政策学;(4) 基础法学,包括法律哲学、法律社会学、法律史学、比较法学。原苏联则划分为不同于日本的四大类:(1) 方法论和历史科学,包括国家和法的理论,国家与法的历史;(2) 与各法律部门相联系的专门科学,包括国家法学、行政法学、民法学和刑法学等;(3) 研究外国国家与法以及对国际关系的法律调整的科学,如外国法学、国际法学;(4) 辅助法律科学,如法医学、司法精神病学、法律化学等。

我国现阶段基于法学教育和法学研究的实践需要,通常从以下两个角度来划分法学体系:

第一,从法律部门划分的角度,由于法被划分为宪法、行政法、民法、刑法、诉讼法等不同部门,与之相应就有宪法学、行政法学、民法学、刑法学、诉讼法学等。一个新的法律部门的出现或迟或早要有新的法学部门与之相应。

第二,从认识论的角度,将法学划分为理论法学和应用法学。理论法学主要研究法的基本概念、原理和规律,主要包括法理学、法哲学、比较法学、法社会学、立法学、法律逻辑学、法律教育学和法律心理学等学科。应用法学通常是指研究现行法律法规并注重将研究成果在实际中加以运用的法学分支学科,如刑法学、民法学等,这些法学分支学科旨在直接服务法律实际生活、帮助解决法律实际问题。

理论法学和应用法学两者既有区别又有联系。两者是依照研究对象不同而作区分,理论法学对法学基本思想、基础概念做阐释研究和推理概括;应用法学的研究对象是法律实际生活中的经验材料,其比之理论法学更具有实践性,它是理论法学的具体化,也是理论法学的资料渊源。但应用法学并非没有理论,其产生的理论不是用来指导学科间的关系,而是为解决本应用学科的实际问题服务的。

二、法学方法论

(一) 法学方法论概说

法学方法论是19世纪后半叶才产生的。法学方法论的产生必须具备两个基本条件:一是有可资概括的各家各派的方法及其成果;二是对于法学学科的发展而言,由于法学研究本身出现了严重的不足,因而迫切需要新的方法论来重塑研究的进路与格式。当法学研究不但表现在人们获得思想的成果上,而且表现在为获得在这种成果而使用的方法上时,方法论已经成为法学新思想、新观点、新学派的生长点。[1]法学方法论是不同法律思想和法律文化之间相互沟通、相互认同的标识和手段,法学方法正好可以为这种沟通架起一座桥梁,消除不同法律文化之间的隔阂。在西方国家,德国法学家们对方法尤为重视,其原因就在于德国曾遭受过极端化的思想禁锢,而对方法和思维方式的反思可以重新让他们进行自我认知和评价。德国哲学家汉斯·波塞尔(Hans Poser)指出:"从事科学研究,遇事问个为什么,不满足于古老的神话传说,而是采用一定的方法,通过一定的途径,系统性地继续提出问题,进而解决问题。"

法学方法论不是各种不同的法学方法的汇总或汇编,而是法学方法自我确证出现危机之时的一种自我理解的辩护。法学方法论是研究和认识法律现象所采取的手段、方式、计划、程序的总和,也包括关于这些手段、方式、计划和程序的理论。[2] 法学方法论是法学研究者认识法律现象的一种精神手段,反映法学的世界观基础,决定研究者从事研究的根本立场以及从事法学研究的具体方案和手段。法学方法论包括哲学的方法;一般的科学方法,如形式逻辑的方法、调查研究的方法和分析比较的方法;专门科学的方法,如心理学、社会学的方法;法学的特殊方法,如法律技术方法、法律解释方法等。

有学者指出,中国的法学研究存在的问题是缺乏方法体系,表现在"视野窄,学术简单且封闭,理论与实际联系不够,借鉴国外的东西支离破碎,经验总结不够等严

---

[1] 李基瑞著:《法学研究与方法论》,山东人民出版社2005年版,第33页。
[2] 邹瑜、顾明总主编,高扬瑜、郑杨副总主编:《法学大辞典》,中国政法大学出版社1991年版,第1052页。

重缺陷"①。熊谋林先生对1981年至2011年的法学方法论探讨做了梳理,认为三十年来中国法学研究从未停止倡导的方法和方向是:从学科内规范研究逐步扩展到跨学科和实证量化研究,从法律移植逐步转移到注重运用西方法律方法研究本国问题。2001至2011年的论文引证文献分析结果反映出,中国法学研究正朝科学和多元化方向发展,但仍然存在重个人专著、轻司法案例,对中国司法问题关注不足的现实。②

(二) 法学方法与法律方法

法学方法与法律方法在字面上虽只一字之差,但从国内法学界对其的使用情况来看却是众说纷纭。概括起来有三种主要观点③:

其一,认为法学方法也可以称为法律方法,两者是可以等同划一的。所谓法律方法乃法律认知之根本,从广义上讲,含法学在内的一切学问,皆可谓方法之学。方法在这里既有"澄明"法本体之认识论的意义,也有把法律与秩序相"勾连"之含义,这包含着法律解释、法律推理、法律论证、法律发现、漏洞补充、先例识别、利益衡量、理由说明等内容,法学家之使命更在于后者。

其二,认为法学方法和法律方法是并列之关系,且同属于法学方法论体系中的两个方面。法学方法与法律方法的不同在于,法学方法旨在解释法律的意义世界,追求法学的真理,具有法学认识论的工具作用,其实践面向能力是较低的,它只能解释世界,而不能够直接转化为改造世界的手段。法律方法则是一种具有积极实践指向的范畴,是"成文法向判决转换的方法",负荷着指导法律人适用法律、生成法律结论的理论使命,并为法律人的法律活动指引方向、开辟道路。其中,更应凸显的是法律方法而非法学方法。如此这般,才能使法学与法律实践勾连起来。

其三,认为法律方法从广义上看,包括立法的方法、司法的方法以及法律研究和教学的方法。其中法律研究和教学的方法就是人们通常所说的法学方法,法学方法属于法律方法的内容之一。而法律方法主要是"司法的方法,即法官和律师们在法律实践中适用法律时的方法,它属于狭义的法律方法"。

以上三种观点各有千秋,从不同的角度分别揭示了法学方法和法律方法各自的一些显在特征。第一种观点认为法学方法即是法律方法,第三种观点认为法学方法涵盖在法律方法之内,是"大法律"观点,这两种观点均没有将法律与法学的本质特点区别开来,容易导致研究方法中的混乱。第二种观点明确指出法律方法与法学方法是两种不同的研究方法。法学方法是研究和预设法律的方法,关心的是何谓正确的法律,有关法学方法的学说是法学方法论,如价值分析的方法、实证分析方法、社会学分析方法、历史分析方法、比较分析方法、经济分析方法。法律方法是应用法律的方法,不仅着力于实现既有的正确法律,还特别用于正确地发现新法律,有关法律

---

① 谢邦宇:《法学研究方法必须改进和创新》,载《法学》1986年第9期,第17—19页。
② 熊谋林:《三十年中国法学研究方法回顾——基于中外顶级法学期刊引证文献的统计比较》(2001—2011),载《政法论坛》2014年第3期。
③ 李基瑞著:《法学研究与方法论》,山东人民出版社2005年版,第21页。

方法的学说是法律方法论。如法律推理、法律解释、法律论证等。综上所述,法学方法和法学方法论是从外在视角出发的"关于法律的思考",而法律方法和法律方法论则是从内在视角出发的"根据法律的思考"。

(三)法学研究的基本方法

研究方法是否正确和有效对法学研究至关重要,它是研究者形成学说和理论的手段和途径。任何一个理论、学说观点要站得住脚,都必须言之成理,所以需要有可信度很高的论据来加以说明,这些论据的来源不同也就决定了人们在讨论同一个问题时采用不同的视角来观察法律,由此形成不同的方法。

1. 法学方法

(1)价值分析方法

所谓价值分析方法,就是从价值入手,对法律进行分析、评价的研究方法,其追问的基本问题是"法律应当是怎样的"。法作为调整社会生活的规范体系,它的存在本身并不是目的,而是实现一定价值的手段。社会中所有的立法和司法活动都是一种进行价值选择的活动。立法者的立法行为,实际上是确立价值评判的标准,从而通过法律的规范性使社会处于一种在立法者看来是正当或理想的状态。法官的司法行为,实际上是适用法律所提供的价值准则在冲突的利益中作出权威性的选择。

从具体研究方法上说,价值分析一般包括以下几个步骤:

第一,肯定法律具有价值属性而不是"价值无涉"和"价值中立"的。

第二,确立法所蕴涵的各种价值,如正义、自由、平等、人权等。

第三,根据这些价值对现实中的法律实践进行分析和评价。价值判断无对错之分,但有合理不合理之分。运用一定的价值准则去分析、评判、衡量某种事物或状态就形成了价值判断。现实中对任何事情基本上都必须作出衡量和价值判断。

(2)实证分析方法

实证性研究作为一种研究范式,产生于培根的经验哲学和牛顿、伽利略的自然科学研究。法国哲学家孔多塞(1743—1794)、圣西门(1760—1825)、孔德(1798—1857)倡导将自然科学实证的精神贯彻于社会现象研究之中,他们主张从经验入手,采用程序化、操作化和定量分析的手段,使社会现象的研究达到精细化和准确化的水平。实证主义所推崇的基本原则是科学结论的客观性和普遍性,强调知识必须建立在观察和实验的经验事实上,通过经验观察的数据和实验研究的手段来揭示一般结论,并且要求这种结论在同一条件下具有可证性。根据以上原则,实证性研究方法可以概括为通过对研究对象大量的观察、实验和调查,获取客观材料,从个别到一般,归纳出事物的本质属性和发展规律的一种研究方法。19世纪中叶,英国法理学家约翰·奥斯丁的《法理学范围之限定》的发表,标志着分析实证主义法学的产生,也使得实证分析方法成为了主要的法学研究方法。

实证研究方法包括观察法、谈话法、测验法、个案法。观察法是指研究者直接观察他人的行为,并把观察结果按时间顺序系统地记录下来。谈话法是研究者通过与对象面对面的交谈,在口头信息沟通的过程中了解对象心理状态的方法。谈话时须注意:一是目标明确;二是讲究方式;三是注意利用"居家优势";四是尽量做到言简意赅。测验法是指通过各种标准化的心理测量量表对被试者进行测验,以评定和了解被试者心理特点的方法,可设计问卷测试等。个案法是对某一个体、某一群体或某一组织在较长时间里连续进行调查、了解和收集资料,从而研究其心理发展变化的全过程,进行个案研究。

(3) 社会学分析方法

社会学分析包括经济与法律、文化与法律、政治与法律、社会心理与法律、科技与法律之关系,解释社会生活的真实状况与法律的关系,着重讨论的是社会对法律的影响以及法律的作用。社会法学把法学的传统方法与社会学的概念、观念、理论和方法结合起来研究法律现象,注重法律的社会目的、作用和效果,强调社会不同利益的整合。20世纪最重要的社会学法学家罗斯科·庞德系统地总结了社会学法学的特征,并提出了社会学法学的纲领。庞德认为,与19世纪各法学派相比,社会学法学具有以下几点特征:第一,社会学法学家所关注的是法律运作,而非权威性律令的抽象内容;第二,社会学法学家把法律视作一种包括透过经验发现和刻意制定两种方式的社会制度,法律乃是经由理性发展起来的经验和经由经验检测的理性;第三,社会学法学家所强调的是法律有助益的那些社会目的,而非制裁;第四,社会学法学家从功能的角度来看待法律制度、法律准则和法律律令。

社会学法学尤其注重研究法的实效,通过对法律实效的研究来推进法律制度的改革和变迁,其最根本的共同点是"研究法律制度、法律律令和法律准则所具有的实际的社会效果"。①

(4) 历史分析方法

历史分析法是运用发展、变化的观点分析客观事物和社会现象的方法。客观事物是发展、变化的,分析事物要把它发展的不同阶段加以联系和比较,才能弄清其实质,揭示其发展趋势。有些矛盾或问题的出现,总是有它的历史根源,在分析和解决某些问题的时候,只有追根溯源,弄清它的来龙去脉,才能提出符合实际的解决办法。历史分析法重在对历史发展进程与法律制度发展的关系的分析。历史法学派的代表人物是德国法学家萨维尼。1814年,萨维尼出版名著《论立法与法学的当代使命》,宣告了历史法学派的纲领。萨维尼认为,法律并非某种由立法者刻意制定的东西,它深深地根植于一个民族的历史之中,其真正的源泉乃是该民族普遍的信念、习惯和共同意识。历史分析方法包括两个层面的分析,一是历史哲学层面,即历史的分析在于证明没有普适的真理和正义,任何的法律制度都是语境化的、本土化的;二是历史研究层面,即不具有历史哲学的背景,而仅仅是采用各种具体的历史方法,比如考据、训诂、文献编纂方法去研究过去的制度。②

---

① 〔美〕罗斯科·庞德著:《法理学》(第一卷),邓正来译,中国政法大学出版社2004年版,第356页。
② 〔德〕萨维尼、格林:《萨维尼法学方法论讲义与格林笔记》(第2版),杨代雄译,法律出版社2014年版,第5页。

从具体研究方法上说,历史分析方法可从以下几方面着手分析。

一是研究选题的历史背景、原因和目的。

历史背景:(国内+国际)(经济+政治+文化+……)

历史条件:与背景分析基本相同,更侧重于有利因素的分析

原因广度:主观因素(内因)+客观因素(外因)

原因深度:直接原因→主要原因→根本原因

矛盾分析:生产力与生产关系矛盾、经济基础与上层建筑矛盾、阶级矛盾、阶级内部矛盾、民族矛盾、宗教矛盾、不同利益集团矛盾……

目的、动机:直接目的、动机→主要目的、动机→根本目的、动机

二是研究选题的历史内容方面。

经济内容:生产力+生产关系+经济结构、布局+……

政治内容:制度+体制+政策+阶级+民族+外交+军事+…

文化内容:自然科学+社会科学+文化交流+……

三是研究选题的历史影响、意义和历史评价方面。

(5) 比较分析方法

比较分析方法是对不同法系、不同国家的法律或者法律制度进行比较,发现其异同及各自的优点和缺点的方法。比较研究有制度比较和功能比较之分。所谓制度比较,是选择不同法系、不同国家相同的法律制度进行比较研究;所谓功能比较,是比较不同法律制度的名称内容是否相同,侧重研究的社会问题、制度担负的功能是否相同。对法律制度进行比较研究,可以追溯到古希腊时期。但是,比较方法作为法学研究的一种基本方法而得到广泛使用,是 19 世纪中叶以后的事情。随着多元文化论的出现,对不同国家、不同民族、不同时代、尤其是不同法系的法律进行比较,就成为一件重要的工作。在全球化的今天,比较的方法更是深入地渗透到了法学研究的各个方面。要使用比较的方法,当然得有比较的一般程序和步骤。沈宗灵教授认为:"对法律的比较研究一般可以分为三个过程:第一,掌握所要比较的不同国家的有关法律材料;第二,对这些不同法律进行比较,也即发现其异同;第三,分析异同的原因并做出适当的评价。"[①]学位论文属于制度型选题的,宜采用比较分析方法。

(6) 经济分析方法

经济分析方法亦称法经济学的方法,是用经济学的分析工具如效率、价值等分析法律制度。[②] 经济问题一直与政治和法律问题纠缠在一起。但是,从经济学的角度来分析法律现象却是一个现代事件。20 世纪 70 时代,科斯在芝加哥大学的同事波斯纳发表了《法律的经济分析》一书,将"新制度经济学"的基本立场和分析方法运用到法学中来,标志着"经济分析法学"的诞生。经济分析法学的分析方法包含在"科斯定理"中。科斯定理认为:在零交易费用下,无论产权如何配置,资源配置总能

[①] 沈宗灵:《比较法研究》,北京大学出版社 1998 年版,第 3 页。
[②] 梁慧星著:《法学学位论文写作方法》,法律出版社 2006 年版,第 79 页。

达到最优(帕累托最优)。经济分析方法就是研究不同产权界定的交易费用,以获得最有效益的法律制度。总之,由于新古典经济学关注制度因素在经济领域中的作用,导致了法经济学、法律的经济分析的兴起。应当注意,经济分析方法以一个非实证的价值判断或价值预设为前提:以效率为基础来确定公平与正义。

2. 法律方法

(1) 法律论证(legal argument)

法律论证是指通过提出一定的根据和理由来证明某种立法意见、法律表述、法律陈述、法律学说和法律决定的正确性与正当性。法律论证主要涉及的是如何通过合乎逻辑、事实或理性的方式来证明立法意见、司法决定、法律陈述等有关法律主张的正确性和正当性。① 法律论证是 20 世纪后欧美学界出现的法律方法研究新领域。法律论证的概念主要应包括以下理论要素:

一是语言构成法律论证的基本介质。在具体的论证活动中,无论是通过何种方法来将某种主张正当化,均须经由语言这一中介,才能进行有效的沟通,"论证"重视的是提出论据、理由。

二是法律论证是一种合法性、合理性、正当性的证明,而不是一种"非真即假"的判断,是将法律结论正当化、合法化的技术。

(2) 法律推理(legal reasoning)

法律推理是以法律与事实两个已知的判断为前提,运用科学的方法和规则,为法律适用提供正当理由的一种逻辑思维活动。

法律推理的特点有两个,一是法律推理以法律和事实两个已知的判断为前提。解决法律问题时,需要法律人按照法律共同体所公认的法律解释方法进行解释。二是法律推理是一种寻求正当性证明的推理。因为法律是一种社会规范,其内容为对人的行为的要求、禁止和允许,所以法律推理的核心主要是为评价行为规范或人的行为是否正确或妥当提供正当理由。

法律推理的种类有以下几种:

一是演绎推理。演绎推理是从大前提和小前提中推导出结论的推论。大前提代表整体,小前提代表整体中的人或事。演绎推理的经典方法是三段论。例如,"所有的人都会死"是大前提,"苏格拉底是人"是小前提,"苏格拉底会死"是结论。演绎推理是从一般到个别的推论。

二是归纳推理。归纳推理是从个别到一般的推论。归纳推理中如果前提为真,结论有可能为真或者不为假。归纳推理的结论具有或然性,它的可靠程度依赖于推论人所举事例的数量和分布范围。为了保证归纳推理的结论的可信度和确定性,应当使被考察对象的数量尽可能地多,被考察对象的范围尽可能地广,被考察对象之间的差异尽可能地大。

---

① 葛洪义:《试论法律论证的源流与旨趣》,载《法律科学》2004 年第 5 期。

三是类比推理。类比推理是从个别到个别的推论。类比推理是根据两个或两类事物在某些属性上的相似性,从而推导出它们在另一个或另一些属性上也是相似的。其一般形式为:A 具有 a、b、c、d 属性,B 具有 a、b、c 属性,因此,B 具有 d 属性。与归纳推理相比,类比推理得到的结论也具有或然性,既可能为真也可能为假。

四是设证推理。设证推理是对从所有能够解释事实的假设中优先选择一个假设的推论。例如:清晨,我们发现门前的草坪是湿的,而且作出假设,如果昨天晚上下雨了,草坪就会湿。因此,我们就可以设证下列结论:昨晚下雨。

设证推论是一种效力很弱的推论,但是它在法律适用的过程中是不可放弃的。法律人在听到一个案件事实后,一般就会凭自己的"法的前理解"假设一个对该案件的处理结果,然后根据这个结果寻找法律,最后确定一个合理的、有效的法律决定。

(3) 法律解释(legal interpretation)

法律解释指由一定的国家机关、组织或个人,为适用、遵守或研究法律,根据有关法律规定、政策、公平正义观念、法学理论和惯例对现行的法律规范、法律条文的含义、内容、概念、术语以及适用的条件等所做的说明。法律解释具有价值取向性、主观性、相对的客观性、文义的范围性、解释的实践性和历史性等特征。法律解释的必要性是由法律调整的特殊性及其运作的规律所决定的,其作用有以下几方面:

首先,法律解释是将抽象的法律规范适用于具体的法律事实的必要途径。

其次,法律解释是寻求对法律规范的统一、准确和权威的理解和说明的需要。

再次,法律解释是弥补法律漏洞的重要手段。

最后,法律解释是调节法律的稳定性与社会发展变化关系的媒介。

法律解释依解释主体和解释的效力不同,分为正式解释与非正式解释两种,是否具有法律上的约束力是区别正式解释与非正式解释的关键。正式解释,通常也叫法定解释,是指由特定的国家机关、官员或其他有解释权的人对法律作出的具有法律上约束力的解释。正式解释有时也称有权解释。根据解释的国家机关的不同,法定解释又可以分为立法、司法和行政三种解释。非正式解释,通常也叫学理解释,一般是指由学者或其他个人及组织对法律规定所作的不具有法律约束力的解释。德国学者萨维尼将法律解释方法分为文义解释、体系解释、目的解释和历史解释四种。

根据解释尺度的不同,法律解释可以分为限制解释、扩充解释与字面解释三种。限制解释是指在法律条文的字面含义显然比立法原意广时,作出比字面含义窄的解释。扩充解释是指在法律条文的字面含义显然比立法原意窄时,作出比字面含义广的解释。字面解释是指严格按照法律条文字面的通常含义解释法律,既不缩小,也不扩大。

根据解释方法,法律解释可以分为文理解释、逻辑解释、系统解释和论理解释。文理解释又称语法解释或文义解释,即依照文法规则分析法律的语法结构、文字排列和标点符号等,以便准确理解法律条文的基本含义。这种解释要防止脱离法律的精神实质而断章取义或陷于形式主义。逻辑解释是运用逻辑的方法,分析法律规范的结构内容、适用范围和概念之间的联系,以求对法律规范的含义作出确定的解释。

系统解释是从某一法律规范与其他法律规范的联系,以及它在整个法律体系或某一法律部门中的地位与作用,同时联系其他规范来说明规范的内容和含义。论理解释又称目的解释,是指按照立法精神,根据具体案件,从逻辑上进行解释,即从现阶段社会发展的需要出发,以合理的目的进行的解释。论理解释主要分为以下几种:扩大解释、缩小解释、当然解释、历史解释、反对解释、补正解释、体系解释。

(4) 法律论证、法律推理与法律解释三者间的关系

法律方法体系中,法律论证与法律解释、法律推理等方法之间有着紧密的联系。法律方法研究的发展历经传统的法律解释和法律推理,在当今已经扩展到诸如客观目的探究、法律修正与正当违背、类比、法律补充、反向推论、法律论证、法律诠释等方法。法律论证是对法律解释、漏洞补充所确认法律推理大前提的法律正当性所作的说明。① 法律论证是证明某种法律规范适用的妥当或正当化的过程,论证法律解释、漏洞补充、法律推理的正当性。法律推理属于司法结论在法律思维中的推导与形成过程,是纯粹逻辑的,而法律论证则侧重于论证法律思维结论的正确性和正当性,它并不限于逻辑。② 法律推理的过程,本质上是以正当理由解释法律理由的过程。法律解释的关键不在于对所适用的法律提出某种解释,而在于使用在法律制度和法律传统中被确认为正当的方式作出对法律的解释。因此,无论是法律解释还是法律推理,均是在整个法律论证框架中进行的。法律论证作为法律方法体系中的基本方法,在实际运作中,需要跟其他法律方法结合起来运用。

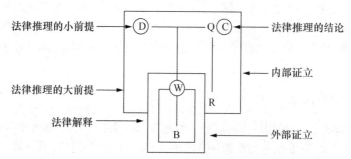

注: D: Date; B: Backing; R: Rebuttal; W: Warrant; C: Claim; Q: Qualifier.

图 1-2　法律解释与法律推理论证结构③

---

① 焦宝乾著:《法律论证:思维与方法》,北京大学出版社 2010 年版,第 74 页。
② 焦宝乾著:《法律论证导论》,山东人民出版社 2006 年版,第 65 页。
③ 焦宝乾著:《法律论证:思维与方法》,北京大学出版社 2010 年版,第 81 页。

第二章 法学文献评价

第一节 法学文献的阅读

如何将法学书籍的研究成果应用于一般性的法学研究？海量的文献资源如何阅读？这直接关系到研究者的研究效率。遵循文献阅读的批判规则和历史规则尤为必要。

一、批判性阅读

批判性阅读是指在阅读过程中对阅读的对象进行评判。评判一部专著优劣的标准是考察它是如何实现其研究的目标："一是明确著作的目标是什么；二是为了实现这个目标，作者做了什么。"①批判性阅读需要有以下几步同时进行：

一是自身尝试探究某个观点、命题，或者研习某一个法律素材，哪怕是一个很小的片段。在这个尝试探究的过程中，对比自己的成果与别人成果的法律诠释。

二是阅读法学名著，以便获得一个正确的评判基准。

三是阅读法学文献时进行摘选，并把自己的评判记录下来。阅读某一著作时，我们必须将注意力集中于这部作为评判对象的著作，素材越宽泛，阅读的难度就越大。对此，非常有效的方法就是一开始就对阅读素材进行摘选，越简短越好，把自己对这些素材的评判记录下来。

二、历史性阅读

历史性阅读②是指用历史的眼光完整性地阅读著作。每一部著作都处于双重序列之中：一方面，它处于共时性的序列之中，是整体的一个部分；另一方面，它处于历时性序列之中，在时间的脉络关联之中。人是历史整体的一部分，只有在研究过程中排除偶然性，在整体中阅读专著，才可能获得完整的评判。

批判性阅读意味着我们把某一本书和它的理想目标整体联系起来进行观察，历史性阅读意味着我们把某一本书和它的历史整体联系起来进行观察，这表明，我们必须把方法论与文献史结合起来。

---

① 〔德〕萨维尼、格林著：《萨维尼法学方法论讲义与格林笔记》（第 2 版），杨代雄译，法律出版社 2014 年版，第 35—36、132—133 页。

② 同上书，第 36—37、132—133 页。

三、阅读法则

完全列举法学文献是不可能的,一是法学文献数量基数较大,二是法学文献数量会逐年递增。一般而言,法学文献可分为两部分:其一是法学研究史,即法律史文献;其二是法学研究取得的成果,即法学专著。

法学研究史的阅读需要遵循以下两条法则:

(1)注重法学内在的继承性,任何时代的法学总是与前一个时代的法学存在内在的关联。

(2)每一个历史时期,需要探寻那个时代的人在从事法学研究时主张的观点,即研究者的研究任务和研究者为实现这个任务做了什么。

法学专著的阅读需要遵循以下两条法则:

(1)形成自主思考的习惯。每个人都有精神惰性,单纯阅读他人专著进行学习绝不可能形成自由的属于自己的学术观点。要批判性地阅读,用法学思维思考,解释性地、历史性地、体系性地思考,最终提出自己的学术观点。

(2)正确地将法学学科与其他学科联系起来,用整体性的方法在法学体系中理解这些学科间的内在联系。

第二节 法学文献的评价指标

优秀的法学专著或论文,表现在选题新颖、观点鲜明、依据充分、论证严谨、内容创新;同时,结构合理、条理清晰、文字通顺、论述严谨,其评价的标准则依法学文献反馈的信息指标进行分析。文献信息包括三个层次:"语法信息""语义信息"和"语用信息"。语法信息反映信息的客观性,它与观察者无关;语义信息表示信息的主观性,它与观察者有关;语用信息即有效信息,它强调信息的效用和价值。通过文献的语法信息,评价一份研究成果的研究规范与创新程度;通过文献的语义信息,评价一篇论文被浏览被阅读的情况;通过语用信息,既可以评价科研论著的被引情况与学术价值,还可以评价研究报告的被采纳情况、社会影响与社会价值。这些是对科研成果评价的重要量度指标。[①] 在人文社会科学研究成果的评价标准中,创新思想是评价的核心指标,研究规范是评价的基础指标,学术价值与社会价值则是评价的重要指标。目前,这些标准基本上已经在我国学界取得了一定共识,科学性、创新性与价值性基本上可以代表研究成果评价的三个维度。[②] 以下从价值指标、创新程度与规范性三方面阐述。

---

① 任全娥:《人文社会科学研究成果评价:科学性、创新性与价值性及其关系》,载《评价与管理》2009年1月。

② 任全娥:《人文社会科学研究成果评价指标体系研究》,载《大学图书馆学报》2009年第5期。

一、价值指标:社会价值和学术价值

从社会价值来看,"格物致知""经世致用"一直是研究者和学问家永恒的议题与学术追求。如果一门知识或一门学问不能对社会发展和时代进步有所贡献,如果知识的意义不能为多数人认知和理解,学者孜孜以求的知识就失去了存在的价值。作为知识的生产者和传播者,知识分子有责任、有义务、有能力让知识更科学、让人类更理智、让社会更文明。任何科学的研究除了它的社会价值之外,其研究本身即是一种价值之所在,这种价值就是学术价值。科学的有用性有时候并不体现在它能够解决什么实际问题,创设科学体系本身或许能够对某一研究对象进行科学的阐释与解读,也可以是科学研究之价值所在。从这个角度来看,在评价社会科学的成果时,既要评价其社会价值,也不能忽视其学术价值,社会价值与学术价值可以得到有机统一。一般可以认为,具有社会价值的一般也具有一定的学术价值,但是两者也不完全一致,特别是不能认为没有社会价值的就一定没有学术价值。成果价值含量中的学术价值与社会价值,正对应着该指标的两类评价主体,即学术同行与社会受众。学术价值主要通过学术同行对已公开成果的引用或下载体现出来,因为被引用或下载就意味着被认为有用,可以满足其研究需求。社会价值主要通过公众社会反响、成果采纳部门的采纳程度及其所产生的经济社会效益来反映。依据经济学中的价值论与价值评估理论,科学研究成果的评价不仅需要把成果看成一种静态的科研劳动成品,还要从动态的视角窥到成果的价值源头及其背后的投入成本。

二、创新程度:法律的本土化研究

研究成果的创新指标是一个综合性指标,创新性不但能影响价值性,也能反映出研究成果的科学性。当前我国的社会科学研究最明显的现状是,对新知识的吸收和引进跟得很快,论著的参考文献也不少,通篇看上去很严谨与规范,唯独缺乏有棱有角的创新思想和让人耳目一新的学说体系。创新性是科学研究的生命,是成果学术价值的核心。社科研究成果的创新包括几个方面:选题方面有创新;开拓材料范围或开辟新的研究领域、扩大认识对象的范围;修正前人错误的或不完全正确、不全面的认识;提出与科学发展阶段同步的新见解;研究思路、研究方法有创新;革新著述方式。应当说,只要能满足上述条件之一的科学研究,都可以称得上是创新。创新的目的、归宿与源泉是价值,其价值的核心所在即是能研究出适合中国本土的法律制度和法律规范。

法律全球化是一个现实,法正变得越来越世界化。时至今日,中国的立法体系已经形成,从学术到实践固守本土特色已不合时宜,将移植来的法律进行良性的本土化是一种必然。在全球化不断推进的背景下,人类的行为范围也随之扩大,法律应该就此而进行扩张,但法律本土化需做到有的放矢,法律的全球化并不是一蹴而就,是在充分把握中国实际情况和外来法律的条件下,研究者按照外来法律的基本精神研究中国的法律,以一种中国人所能接受的方式实现法律的创造性转化。

三、规范完备:内容新颖和方法科学

研究成果的规范完备性,主要是指科学研究过程的规范性、研究方法的科学性、研究逻辑的自洽性、成果结构的严谨性、论述的充分性等。为了发表或出版论著,科研工作者必须基于一定的研究起点提出自己的创见,而创见的提出必须通过一定的研究方法才能得到很好的阐释与论证,那么此时,通过这种科学方法形成的研究成果就具备了研究方法的规范性、研究逻辑的自洽性、论证的充分性、结构的严谨性、表述的精炼性等特征,同时也就具备了研究规范的完备性特点。不管这一研究成果最终的结论是否完全正确,我们都应该称之为科学成果,因为它遵循了科学的研究方法与学术规范。完备的研究规范是研究成果科学性的基本要求与基础保障。研究论著的研究方法、论证逻辑及结构布局,是一个科研工作者在学术共同体中进行学术交流与共享的一种结构性语言,是学术思想得以传播与继承的基本形式。所以,这就要求真正的科研成果要具备科学用语的通用性、发表载体的权威性以及公布渠道的畅通性,从而更好地实现大范围的知识共享,促进科学不断进步。

第三节 法学期刊评价

一、期刊的评价方法

(一) 引文分析法(Citation Analysis)

引文分析是利用数学及统计学的方法和比较、归纳、抽象、概括等逻辑方法,对科学期刊、论文、著者等各种分析对象的引证与被引证现象进行分析,进而揭示其中的数量特征和内在规律的一种文献计量分析方法。引文分析方法具有广泛适用性和简便易用性的特点,通过一些不太复杂的统计和分析,就可以确定核心期刊、研究文献老化规律、研究信息用户的需求特点。

一般来说,对科学期刊进行分析时常用的测度指标有五种:自引率、被自引率、影响因子、引证率与当年指标。在对专业和学科结构进行研究时,除用引证率外,还可用引文耦合和同被引等测度指标。

(1) 自引率:在引用文献的过程中,限于主体本身范围内的引用称为"自引"。包括同一类学科文献的自引、同一期刊文献的自引、同一著者文献的自引、同一机构文献的自引、同一种文献的自引、同一时期文献的自引、同一地区文献的自引。自引率就是对主体本身范围内文献引用的次数与主体引用的文献总数的比值。

(2) 被自引率:这是被引用现象的一个测度,被自引率就是主体文献被自引的次数与主体被引用的总次数的比值。它反映出被引用中有多少是被自己引用的。

(3) 影响因子:主要在研究科技期刊时使用,等于期刊在规定时间内(一般是两年)论文被引量与可引论文总数之比。

(4) 引证率:期刊引证率等于该刊中参考文献量除以期刊载文量。这是衡量吸

收文献能力的一个相对指标。

(5) 即时指标:这是测度期刊被引用速度的指标,它是期刊某年发表的论文当年被引用的次数,除以该刊这一年所发表文章的总数,是衡量期刊重要性的一种依据。

(6) 引文耦合:当两篇文章同时引用一篇或多篇相同的文献时,这种现象称引文耦合,这两篇文献就具有耦合关系。引文耦合的文献之间总存在着这样或那样的联系,其联系的程度称为耦合强度。

(7) 同被引:当两篇(多篇)论文同时被别的论文引用时,则称这两篇论文具有"同被引"关系,引用它们的论文的多少,即同被引程度,称为同被引强度。

引文分析技术日趋完善,应用不断扩大,已发展成为文献计量学的重要方法之一。引文分析方法的应用主要有以下几个方面:

(1) 测定学科的影响力和重要性:通过文献引用频率的分析研究可以测定某一学科的影响力和某一国家某些学科的重要性。

(2) 研究学科结构:通过引文聚类分析,特别是从引文间的网状关系进行研究,能够探明有关学科之间的亲缘关系和结构,划定某学科的作者集体;分析推测学科间的交叉、渗透和衍生趋势;还能对某一学科的产生背景、发展概貌、突破性成就、相互渗透和今后发展方向进行分析,从而揭示科学的动态结构和某些发展规律。

(3) 研究学科信息源分布:通过文献间的相互引证关系,分析某学科(或专业)的参考文献的来源和学科特性,不仅可以了解该学科与哪些学科有联系,而且还能探明其信息的来源及分布特征,从而为制定本学科的信息管理方案和发展规划提供依据。

(4) 确定核心期刊:引文分析方法是确定核心期刊的常用方法之一。这种方法的主要特点,是从文献被利用的角度来评价和选择期刊,比较客观。加菲尔德通过引文分析,研究了文献的聚类规律。他将期刊按照引用率的次序排列,发现每门学科的文献都包含有其他学科的核心文献。将所有学科的文献加在一起就可构成一个整体的、多学科的核心文献,而刊载这些核心文献的期刊不过 1000 种左右,根据这种集中性规律可以确定学科的核心期刊。

(5) 研究文献老化规律:有关文献老化的研究一般是从文献被利用角度出发的。D. 普赖斯曾利用引文分析探讨文献的老化规律。通过对"当年指标"和"期刊平均引用率"的分析,他认为期刊论文是由半衰期决然不同的两大类文献构成的,即档案性文献和有现时作用的文献。科学文献之间引文关系的一种基本形式是引文的时间序列。对引文的年代分布曲线进行分析,可以测定各学科期刊的"半衰期"和"最大引文年限",从而为制定文献的最佳收藏年限、对文献利用进行定量分析提供依据。同时,一个学科的引文年代分布曲线与其老化曲线极为相似。这有力地说明文献引文分布反映了文献老化的规律性。

(6) 研究信息用户的需求特点:根据科学文献的引文可以研究用户的信息需求特点。一般来说,附在论文末尾的被引用文献是用户(作者)所需要和利用的最有代表性的文献。因此,引文的特点可基本反映出用户利用正式渠道获得信息的主要特点,尤其是某信息中心对其所服务的用户所发表的论文的引文分析,更具有直接的指导意义。通过对同一专业的用户所发表论文的大量引文统计,可以获得与信息需求有关的许多指标,如引文数量、引文的文献类型、引文的语种分布、引文的时间分布、引文出处等。

(7) 评价人才:在人才评价方面,常采用引文分析方法。这是因为某著者的论文被别人引用的程度可以是衡量该论文学术价值和影响的一种测度,同时,也从科研成果被利用的角度反映了该著者在本学科领域内的影响和地位。因此,引文数据为人才评价提供了定量依据。"从对历年诺贝尔奖金获得者的论文被引用情况的统计来看,物理学、化学、医学领域诺贝尔奖金获得者中,其论文被引次数最高者(L. D. Landan)为 1888 次;最低的也有 79 次(J. H. D. Jensen);只有六名低于 200 次。可见,这些科学界的精英的论文被引用次数是很高的。"[①]

目前,我国许多高校评价人文社科学术成果以"核心期刊"为杠杆。"核心期刊"概念起源于西方,主要基于"引文分析方法",通过计算期刊在一定时期内所载论文的被引用数据,如影响因子、他引平均数、影响广度等,对期刊进行评价,进而间接对论文、机构、作者的学术影响力进行评价。严格地说,"核心期刊表"不是人文社科学术成果评价标准或体系,毕竟不是所有核心期刊上的论文水平都一定高,也不是所有高被引论文的学术水平就一定好。实践证明,以"核心期刊"代替人文社科学术成果评价产生了很多问题,其弊端在于片面追求量化评价。

(二) 同行评议法(Peer Review)

1. 同行评议概说

同行评议,从广义上解释是指某一或若干领域的一些专家共同对知识产品进行评价的活动;从狭义上解释,同行评议是指作者投稿以后,由刊物主编或纳稿编辑邀请具有专业知识或造诣的学者,评议论文的学术和文字质量,提出意见和判定,主编按评议的结果决定是否适合在本刊发表。同行评议最开始的雏形可以追溯到 17 世纪中叶,《英国皇家学会刊物》(*The Philosophical Transactions of the Royal Society*)的创刊时期。当时该刊的主编开创了请同业人士评定文章发表与否的先河。经过这几百年的发展,这种评议的基本思想大致没有根本的变化,但期刊的数量和承载的信息量却有了质的飞跃,同行评议的质量是期刊出版质量的先决条件和重要保障之一。

很多专家认为,对人文社科学术成果评价而言,同行评议更适合其发展规律。其原因是人文社会科学研究成果具有学科范畴复杂、研究范式多样、主观意识较强、科学量化困难、价值显现较慢、评估标准复杂多元等特征,同行评议可通过同行专家对该研究成果灵活和直接地进行智能性、综合性评价,有利于得出科学的评价结果。但同行评议也存在明显的弊端,即该方法易受到主观因素的干扰,同时存在实施困难的问题。以学术论文为例,每年我国人文社会科学领域产生论文几十万篇,开展

---

① 邱均平:《信息计量学(九) 文献信息引证规律和引文分析法》,载《情报理论与实践》2001 年第 3 期。

同行评议面临数量大、成本高、标准难统一等难题。目前同行评议主要应用于范围有限的人文社科成果的评奖、项目鉴定等活动。

2. 同行评议分类

同行评议的具体操作形式，可以根据作者与评议人之间的了解程度，大致分为三种。

一是单隐，即单向隐匿，指作者不知道谁在审自己的稿子，但评议人知道作者的信息。

二是双隐，即双向隐匿，指作者和评议人双方均不了解对方是谁，故也可形象地称为"盲"评。

三是公开评议，作者与评议人彼此相互知晓，都在明处。给学者们的印象似乎是有理的可以讲理，有冤的可以申冤。但是因为双方知己知彼，评议人很可能会有顾忌，说话时瞻前顾后，给实话实说打了折扣。

3. 同行评议指标体系

同行评议指标体系是同行专家运用专业知识和判断能力，对论文质量进行直接评估的依据。该指标体系包括学术创新程度、论证完备程度、社会价值、难易程度四个主要指标以及课题立项和发表载体两个辅助指标。指标内涵与评估具体内容如下表：

表2-1　同行语言指标内涵与评估内容①

类别	评估指标	指标内涵	评估内容
主要指标	学术创新程度	衡量论文提供的新知识对学术发展的促进程度	以下内容对学术发展的促进程度： ☞ 提出新的(或修正完善已有的)学说、理论、观点、问题、阐释等 ☞ 提出新的(或改进运用已有的)方法、视角等 ☞ 发现新的资料、史料、证据、数据等 ☞ 对已有成果作出新的概括、评析(仅指综述文章)
主要指标	论证完备程度	衡量论文的研究规范程度和严谨程度	研究方法有效性： ☞ 研究方法科学性 ☞ 研究方法适当性(对于研究问题)
主要指标	论证完备程度	衡量论文的研究规范程度和严谨程度	论据可靠性： ☞ 资料占有全面性 ☞ 资料来源真实性 ☞ 资料引证规范性
主要指标	论证完备程度	衡量论文的研究规范程度和严谨程度	论证逻辑性： ☞ 理论前提科学性 ☞ 概念使用准确性 ☞ 论证过程系统性 ☞ 逻辑推理严密性

---

① 中国人民大学人文社会科学学术成果评价研究中心研制：《人文社会科学论文质量评估指标体系实施方案》，中国人民大学出版社2014年版，第9—10页。

(续表)

类别	评估指标	指标内涵	评估内容
主要指标	社会价值	衡量论文对社会发展进步可能产生的推动作用的大小	☞ 对解决经济、政治、社会问题的推动作用 ☞ 对思想道德文化建设的促进作用
主要指标	难易程度	衡量论文研究投入劳动的多少	论题复杂度： ☞ 理论难点的多少 ☞ 实证研究的难度 资料难度： ☞ 资料搜集难度 ☞ 资料处理难度
辅助指标	课题立项	论文来源的课题立项的情况	☞ 国家级 ☞ 省部级 ☞ 其他立项 ☞ 无立项
辅助指标	发表载体	论文发表载体的学术影响力	☞ 核心报刊 ☞ 非核心报刊

表2-2 同行评议指标权重分配

类别	指标	综述文章
主要指标(85%)	学术创新程度	29%
主要指标(85%)	论证完备程度	29%
主要指标(85%)	社会价值	27%
主要指标(85%)	难易程度	15%
辅助指标(15%)	课题立项	54%
辅助指标(15%)	发表载体	46%

二、学术期刊的社会评价体系

国内众多高校(如：浙江大学、电子科技大学、西南交通大学、西华大学、宁波大学、三峡大学、西南科技大学等)也对学术期刊进行了遴选评级，普遍分为 SCI 或 SSCI 收录论文、EI 等收录论文、CSCD 或 CSSCI、北京大学图书馆"中文核心期刊"等数目不同的多个等级，并以此作为评价学术论文水平的主要依据。

下面就国内人文社会科学具有权威性和普适性的三个核心期刊体系作简单介绍。

(一) 中文社会科学引文索引

由南京大学研制成功的"中文社会科学引文索引"(Chinese Social Sciences Citation Index,简称 CSSCI)是国家、教育部重点课题攻关项目。CSSCI 遵循文献计量学规律,采取定量与定性评价相结合的方法从全国 2700 余种中文人文社会科学学术性期刊中精选出学术性强、编辑规范的期刊作为来源期刊。该项目研发于 1997 年,1998 年首版,最近一次 CSSCI 发布是 2014—2015 年期刊目录。该成果填补了我国社会科学引文索引的空白,达到了国内领先水平。它已被众多单位包库使用,并作为地区、机构、学术、学科、项目及成果评价与评审的重要依据。教育部已将 CSSCI 数据作为全国高校机构与基地评估、成果评奖、项目立项、名优期刊的评估、人才培养等方面的重要指标。

CSSCI 有三类刊物不收录:第一,凡属索引、文摘等二次文献类的刊物不予收入;第二,译丛和以发表译文为主的刊物,暂不收入;第三,通俗刊物,以发表文艺作品为主的文艺刊物,暂不收入。因而,它比北大版"中文核心期刊"收录的社科类期刊更具学术方面的严谨性和规范性。

表2-3 2014—2015 年法学来源期刊目录(21 种)

期刊名称	主办(管)单位
比较法研究	中国政法大学比较法研究所
当代法学	吉林大学
法律科学	西北政法大学
法商研究	中南财经政法大学
法学	华东政法大学
法学家	中国人民大学
法学论坛	山东省法学会
法学评论	武汉大学
法学研究	中国社会科学院法学研究所
法学杂志	北京市法学会
法制与社会发展	吉林大学
华东政法大学学报	华东政法大学
环球法律评论	中国社会科学院法学研究所
清华法学	清华大学
现代法学	西南政法大学
政法论丛	山东政法学院
政法论坛	中国政法大学
政治与法律	上海社会科学院法学研究所
知识产权	中国知识产权研究会
中国法学	中国法学会
中外法学	北京大学

(二) 中文核心期刊要目总览

《中文核心期刊要目总览》是由北京大学图书馆及北京十几所高校图书馆众多期刊工作者及相关单位专家参加的研究项目,目前北京大学出版社共出了七版:第一版(1992年版)、第二版(1996年版)、第三版(2000年版)、第四版(2004年版)、第五版(2008年版)、第六版(2011年版)、第七版(2014年版)。《中文核心期刊要目总览》的评价项目分为被索引量、被摘量、被引量、他引量、基金论文比、WEB下载量等,并经过全国相关学科专家评价,被公认为是国内学术期刊的权威评价,在学术界与期刊界具有广泛影响。

表2-4　2014年北京大学核心期刊目录(摘选)

第一编　法律类

期刊名称	主办(管)单位
法学研究	中国社会科学院法学研究所
中国法学	中国法学会
法商研究	中南财经政法大学
法学	华东政法大学
政法论坛	中国政法大学
现代法学	西南政法大学
法律科学	西北政法大学
中外法学	北京大学
法学评论	武汉大学
法制与社会发展	吉林大学
比较法研究	中国政法大学比较法研究所
法学家	中国人民大学
环球法律评论	中国社会科学院法学研究所
法学杂志	北京市法学会
法学论坛	山东省法学会
当代法学	吉林大学
政治与法律	上海社会科学院法学研究所
行政法学研究	中国政法大学
中国刑事法杂志	最高人民检察院检察理论研究所
河南省政法管理干部学院学报	河南财经政法大学

(续表)

期刊名称	主办(管)单位
华东政法大学学报	华东政法大学
河北法学	河北政法职业学院；河北省法学会
法律适用	(最高人民法院)国家法官学院
甘肃政法学院学报	甘肃政法学院
人民检察	检察日报社
知识产权	中国知识产权研究会
国家检察官学院学报	国家检察官学院
清华法学	清华大学

(三)《复印报刊资料》[①]

《复印报刊资料》是由中华人民共和国教育部主管,由中国人民大学主办。中国人民大学书报资料中心成立于1958年,是国内最早从事搜集、整理、存储、编辑人文社会科学信息资料的学术出版机构,由该中心所编辑出版的二次文献期刊《复印报刊资料》,广泛选材于国内公开出版的人文社科报刊,共有100多个专题系列,所入选期刊经过科学分类、精编细选以及中国人民大学、北京大学、北京师范大学、浙江大学、厦门大学、复旦大学、中国社会科学院等全国众多学术科研单位相关专业的知名专家教授们严格的审稿遴选,确保了入编稿件的高品位、高质量,学界关注的重点、热点问题都得到了充分体现。学界和期刊界普遍认为,在人文社科领域对期刊和论文的质量水平进行评价,人大《复印报刊资料》的选择标准是较为客观公正的。

1.《复印报刊资料》采用文摘定量分析和同行评议定性分析相结合[②]

《复印报刊资料》中人文社科学术论文质量评估指标体系分为同行评议指标体系和文献计量指标体系两大部分,其中同行评议指标体系占主体地位,文献计量指标体系作必要补充。同行评议指标体系中,又分为主要指标和辅助指标,最终将形成直接的、及时的论文评估结果;文献计量指标体系中3个指标形成的评估结果起补充作用。

《复印报刊资料》是二次文献选编,以学术创新程度、论证完备程度、难易程度、社会价值等指标作为评估的统一标准,通过分类评估、同类比较,直接对每一篇论文进行评议并择优转载。因此,论文的评选和转载数据可反映出原发期刊的质量。由于文摘分析法的量化数据有时并不能全面、客观地反映实际情况,《复印报刊资料》

---

① http://zlzx.org/newsDetail.action?newsId=36986727-1822-4827-93b8-b0cceff9148d,2016年3月15日访问。

② 中国人民大学人文社会科学学术成果评价研究中心研制:《人文社会科学论文质量评估指标体系实施方案》,中国人民大学出版社2014年版,第7页。

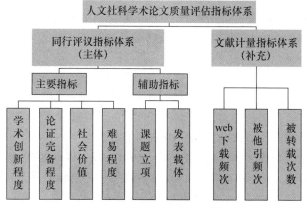

图 2-1 指标体系总体结构

对学术论文的遴选模式同时也采用同行评议方法。《复印报刊资料》共有 100 多种学术刊,按学科专题分门别类地精选我国人文社会科学领域的优秀学术论文,具有搜集报刊资料范围广、覆盖人文社会科学学科全、精选学术论文样本数量大的特点。按照"人文社科学术论文质量评估指标体系"的要求,经过各学科的编辑、专家顾问、外审等多个环节对论文质量进行直接评估后精选出版。这种规模化、专业化、标准化、持续性的遴选论文实践在国内外都是唯一的,而且随着网络化、数字化的不断发展,论文筛选的时空藩篱逐渐消除。

2.《复印报刊资料》依"人文社科学术论文质量评估指标体系"评估

《复印报刊资料》是按照"人文社科学术论文质量评估指标体系"的要求进行评估并选择论文,将学术界、科研管理部门和期刊编辑广泛认同的学术创新性、论证完备性、难易程度等"指标集合"作为评价人文社会科学各学科论文的"统一标准";根据论文体裁和所属学科的不同,设置多套不同的权重分配方案,比如综述文章的创新性指标权重较低,而论证完备性指标的权重较高;不同学科论文在指标权重上也应进行差异化设置。"人文社科学术论文质量评估指标体系"的最大特点是从对每一篇论文直接评估入手,区分论文学科、体裁差异,分类评估、同类比较。如:设置"数据修正公式",修正不同评委在按照指标体系对论文进行评分过程中出现"松紧程度不一"的情况,减少这一因素对评分结果的影响。针对每年庞大的待评论文数量,为确保工作效率和成本的可控性,"体系"根据论文质量数据的分布规律,设置了"分步评估、层层精选"的评价流程,使质量越高的论文越能得到精细的评价,从而保证了评价的效率和结果的相对准确性,等等。

3.《〈复印报刊资料〉重要转载来源期刊》的"第五大人文社科期刊评价体系"与"核心期刊"认定的不同

首先,主导思想不同。"核心期刊"主要基于论文的引用数量、刊物的影响因子等量化评价,《〈复印报刊资料〉重要转载来源期刊(2012 年版)》则主要依据论文同行评议的定性结果。

其次,研制周期不同。"核心期刊"的引文数据需要较长时间的积累,而《〈复印报刊资料〉重要转载来源期刊(2012年版)》的研制周期相对较短,可更快地遴选出高质量的尤其是新兴的学术期刊。

再次,划分类目不同。除了入选期刊的总目录和分专业学科期刊目录,又按照高等院校主办学报、社科院(联)主办综合性期刊和党政干部院校主办学报三大系统综合性期刊进行了再组合排名,便于各类别期刊间的多维度比较。

4.《复印报刊资料》转载期刊和机构的排名榜

凭借收选论文范围广、学科覆盖全等优势,自2001年开始,中国人民大学书报资料中心每年都会发布被《复印报刊资料》转载期刊和机构的排名榜。中国人民大学人文社会科学学术成果评价研究中心在分析研究这十余年转载排名数据时发现,有一部分期刊始终是《复印报刊资料》转载论文的重要来源,具有相对较好的学术质量和影响力。为充分挖掘《复印报刊资料》转载数据的价值,从新的视角为人文社科学术期刊评价提供参考,评价研究中心对《复印报刊资料》重要转载来源期刊进行了专题研究。

2015年法学学科在《复印报刊资料》中涉及全文被转载的期刊数量为167种,转载全文总量为918篇,约占《复印报刊资料》学术刊全文转载总量(12153篇)的7.6%,其中,转载量排在前30名的期刊共被转载594篇,约占《复印报刊资料》学术刊全文转载总量的4.9%,具体排名如下表。

表2-5 2015年全文转载量期刊排名

期刊名称	转载数	名次
法学	47	1
中外法学	41	2
政治与法律	41	
法学家	31	4
法律科学	30	5
现代法学	27	6
法学评论	26	7
环球法律评论	24	8
清华法学	23	9
法商研究	23	
法制与社会发展	21	11

(续表)

期刊名称	转载数	名次
华东政法大学学报	20	12
北方法学	20	
当代法学	20	
政法论坛	19	15
法学论坛	19	
比较法研究	17	17
国际法研究	17	
中国政法大学学报	17	
法律适用	16	20
法学杂志	13	21
东方法学	12	22
国家检察官学院学报	12	
交大法学	10	24
中国法律评论	9	25
苏州大学学报(法学版)	8	26
中国刑事法杂志	8	
甘肃政法学院学报	8	
知识产权	8	
证据科学	7	30

法学高等院校转载 825 篇,约占法学学科转载总数(943 篇)的 87.5%,涉及高等院校 140 所,约占本学科涉及作者机构总数(209 个)的 67%。以下对转载量和综合指数计算后的前 20 名进行排序。

表 2-6　2015 年全文转载量机构排名

机构名称	转载数	名次
中国人民大学	68	1
华东政法大学	51	2
中国政法大学	48	3
北京大学	47	4

（续表）

机构名称	转载数	名次
清华大学	43	5
西南政法大学	42	6
武汉大学	27	7
浙江大学	25	8
山东大学	24	9
中南财经政法大学	22	10
苏州大学	21	11
南京大学	17	12
南京师范大学	16	13
上海交通大学	16	
吉林大学	15	15
西北政法大学	12	16
浙江工商大学	12	
中央财经大学	11	18
上海财经大学	10	19
对外经济贸易大学	9	20
厦门大学	9	
中国青年政治学院	9	

三、研究者对学术期刊的自我评价

（一）学术期刊的权威性

研究者在选择期刊阅读时，应尽量选择具有权威性的期刊。前表列举的北京大学核心期刊目录和南京大学 CSSCI 中认定的法学核心期刊为主要参考，其他期刊中的文章则以人大《复印报刊资料》转载的文章为主要参考依据。这些权威性的期刊刊载的论文学术价值高，注重阐述学科研究热点或新观点；抑或是权威学者撰文，文章中的言论具有权威性。

（二）期刊文章的相关性

研究者在查找论文资料时，应尽量寻找与自己研究问题相关度紧密的关键词查找。信息时代，海量的文献资源铺天盖地，如果不能用最短的时间有效地找到自己需要的研究资源，就会无端花费大量的时间与精力，文章的相关性是准确定位自己需要文献资源的重要指标。

(三) 研究成果的时效性

研究成果的时效性是信息仅在一定时间段内对研究具有价值的属性。现在中国的法治趋于健全,已公布实施的法律中①,现行有效的有 400 篇,失效的有 105 篇,已被修改的 248 篇,尚未生效的 4 篇,部分失效的 1 篇。法律的时效性很强,有些研究者在论文写作过程中,引用和借鉴的文章和法律常常是失效或者被修订的,因而导致丧失研究的价值和意义。

第四节 法学学位论文评价

选题是选择和确定研究课题、研究方向的过程。选题是毕业论文整个写作过程的第一步,能否走好这一步,直接关系到毕业论文写作的成败,因此选题尤为重要。选题是否具有学术性和理论性,是评价一篇学位论文的首要条件。学位论文的选题是要研究法律理论、法律制度、法律原则或法律概念等法律现象与法律问题,体现在以下方面②:

一是补白性选题。这类课题的研究是前无古人,至少国内法学界无人涉足。

二是开拓性选题。这类选题前人虽有研究,但成果很少,通过该选题的研究,可进一步拓宽研究范围与研究程度,开拓性地将该研究问题从纵向与横向方面发展。

三是提出问题性选题。该选题是社会生活或法律生活中出现的新情况、新问题。如利用手机进行转账、支付、微信红包等引发的金融纠纷问题;失地农民的社会保障问题;未成年人的权益保护问题,等等。这些问题过去是不存在的,现在提出这一问题本身就具有价值,标志学术研究问题导向,尽管研究的深度和广度不足,其学术性和理论性体现在其率先提出问题。

四是超越性选题。这种选题的研究成果已经较为丰硕,甚至已被学者认可,但该选题做的研究成果会超出前人的研究程度和水准。

五是总结性选题。该类选题在不同时代、不同国家都有较多研究成果,只是侧重不同,其存在的局限与不足通过该选题的研究可以得到系统、全面、深入的研究,集其大成。

评价一篇好的学位论文除了选题之外,还须评价论文的内容及方法,具体可从创新性、逻辑性、严谨性、学术性和规范性几方面权衡。

一、创新性

创新性是学位论文的灵魂,是有别于其他文献的特征所在,是文章的主题和材料等内容上的创新。它要求论文所揭示的事物现象、属性、特点及事物运动时所遵

---

① 此数据统计截止时间为 2016 年 4 月 8 日。
② 梁慧星著:《法学学位论文写作方法》,法律出版社 2006 年版,第 12—13 页。

循的规律,或者这些规律的运用必须是前所未见的、首创的或部分首创的,而不是对前人工作的复述、模仿或解释。① 学位论文的创新性,表现在学位论文的选题、取材、立意、谋篇等各个方面。

"创新"与"创造"的共同之处是要有"新",但创新更强调"有中生新",强调在积累与研究基础上产生新知,具体可从以下几方面体现:

第一,观点创新。一是通过研究,论文提出新的理论,即必须有"原创性",在前人未开拓的领域进行探索研究,填补该领域的理论空白;二是更正前说错误,即通过研究更正前人错误的认识和观点,提出新说;三是弥补前说不足,即当与前人论述同一事物或现象时,能从新的角度进行研究,在前期的观点、内容等方面更上一层楼。

第二,方法创新。提出了新的研究方法。毕业论文成功与否、质量高低、价值大小,很大程度上取决于论文是否有新意。所谓新意,即论文中表现自己的新看法、新见解、新观点或在某一方面、某一点上能给人以新的启迪。论文有新意,就有了灵魂,有了存在的价值。新意可从以下四个方面来考虑:

(1) 观点、选题、材料直至论证方法都是新的。这类论文写好了,价值高,影响力大,但难度大。选择这类题目,须对某些问题有相当深入的研究,且有扎实的理论功底和写作经验。

(2) 用新的材料论证旧的课题,从而提出新的或部分新的观点或看法。

(3) 以新角度或新的研究方法重做已有的课题,从而得出全部或部分新观点。

(4) 对已有的观点、材料、研究方法提出质疑,虽然没有提出自己新的看法,但能够启发人们重新思考问题。

第三,内容创新。一是研究内容提出新的补充性论证材料,为老观点提供新证据;二是陈述得出新结论的论证材料;三是从老材料得出新观点,重新诠释,重新解读。

第四,实践创新。理论应用于实践,将前期研究的理论适用到新的实践中,并合理诠释与应用。理论联系实际,运用自己所学的理论知识对实践活动进行研究,提出自己的见解,探讨解决问题的方法,不仅能使自己所学的书本知识得到一次实际的运用,而且能提高自己分析问题和解决问题的能力。选题须注重有实用价值,同时具有现实意义的题目。

二、逻辑性

论文的逻辑性是指论文内容之间的逻辑联系。它是作者思维逻辑联系的具体表现,又是作者所论述的客观事物逻辑联系的具体表现,揭示论点和论据之间的逻辑关系。不论论文所涉及的专题大小如何,都应该有自己的前提或假说、论证素材和推断结论。通过推断、分析,提高到学术理论的高度,不应该出现无中生有的结论

---

① 庞海波、曲继方著:《学位论文写作》,国防工业出版社 2005 年版,第 4 页。

或一堆堆无序的数据、一串串原始现象的自然堆砌。① 每一篇学位论文都应当相对地自成一个逻辑体系。如论文的大纲目录是其具体体现,文章的整体布局、篇章节目和具体段落都必须是系统的、有机的、合乎逻辑的。论文所涉及的前提、论证的素材和结论间是有逻辑联系的,具体表现为纵向逻辑联系和横向逻辑联系,表现在论文的逻辑结构上就是:纵向逻辑联系、横向逻辑联系、合式结构三种形式。

1. 纵向逻辑联系

所谓纵向逻辑联系,是指总论点、分论点和小论点之间的逻辑顺序,以及分论点之间、小论点之间的逻辑顺序。论文内容之间的纵向逻辑联系,具体表现为论文的纵式结构,其特点在于论文的思想体系是纵向展开的。只有恰当处理论文内容的纵向逻辑联系,才能使论文有严谨的结构,即文章的开篇、论述与结论间有一种内在的逻辑联系。一篇论文为了阐述总论点,要列出几个分论点,每个分论点扩展为一个部分,各个分论点之间、各个部分之间,应有内在联系。每个分论点又分为几个小论点,每个小论点又扩展为一段,各个小论点之间,各个段之间,也应有内在联系。这样,全篇论文的纵向逻辑联系便体现出来了,并且相应地形成了论文的完整体系和严谨结构。

2. 横向逻辑联系

所谓横向逻辑联系,是指论点和论据、观点和材料之间的逻辑联系。论文内容之间的横向逻辑联系具体表现为论文的横式结构。在一篇论文中只有总论点才单纯地作为论点或观点存在,而分论点和小论点却有双重"身份",或者作为论点或观点存在,或者作为论据和材料存在。至于用来说明小论点的材料,则只能有材料或论据一重"身份"了。论文要做到有很强的说服力,富有逻辑力量最重要,即论点明确,论据充分,论证严密,揭示论点和论据的必然联系。首先,只有把总论点和材料有机地结合起来,论文才有生命力,才能收到很好的效果。其次,还要处理好分论点和材料的关系,以至小论点和材料的关系,这不仅能直接证明分论点或小论点,而且能间接地为突出总论点服务。

3. 合式结构

论文内容之间的逻辑联系是纵向、横向穿插进行,交织在一起的。具体表现为论文的纵、横式结构,简称合式结构。这种结构的论文,有的以纵向展开为主,有的以横向展开为主。

三、严谨性

论文的严谨是一种"精确",不是侧重于语意的精确,而是侧重于逻辑的精确。论文表达的是学术见解,这个见解不是一时的感性臆想,而是建立在严格的事实基础上,经过反复、周密的分析、研究得出的。论文的严谨,主要体现在两个方面:从整

---

① 庞海波、曲继方著:《学位论文写作》,国防工业出版社 2005 年版,第 4 页。

体上看,论文的各个组成部分具有逻辑关联,体现各个部分间的内在联系;从局部上看,论文的每个语句、每个语段都表达周密,不出现任何逻辑上的错误。用尽可能少的文字,把尽可能多的信息明白无误地传递与表达出来。学位论文的严谨性表现为:论据确凿无疑,论证合乎逻辑和辩证法。

四、学术性

学位论文的学术性[1],主要表现为论点的正确性、论据的真实性和论证的周密性。

第一,论点正确是论文的生命力,它必须经得起实践的检验。这要求作者立论要客观,不能带个人偏见。

第二,论文中所引用的材料、数据、事实必须符合客观实际。

第三,论文的论述过程要符合人们的推理规律,要层次清楚、首尾连贯、结构严谨、论证周密。

在学位论文写作中,有些作者易出现两种错误倾向:一是用自己的概念来阐释观点,这种现象即是作者自己"自说自话"。二是混淆论文写作与教材编写的本质区别。论文写作是在基础理论知识上对现实问题或理论的研究,其阅读的对象是专家或学者,即"学生与专家的对话",是自己研究的成果能否说服专家或学者接受;而教材的编写者是学者,阅读的对象是专业刚刚入门的学生,即"专家与学生的对话",是传道授业解惑,因而两者有本质的区别。但有些学生在进行论文写作的过程中,往往以教材编写内容填充学位论文的内容,导致缺少学术性。

五、规范性

在形式方面,一般学位论文都有严格的规范要求。学位论文的规范性是指,要按照一定的规格、格式来安排它的各个组成部分,并形成一个有别于一般文章和作品的完整系统。在撰写学位论文的时候,论文结构必须具有规范性,同时,书写和引文等方面要按照相关的标准进行统一规范。具体规范的内容将在后文第四章展开论述。

---

[1] 肖东发、李武编著:《学位论文写作与学术规范》,北京大学出版社2009年版,第8页。

第三章 文献综述

第一节 法学研究文献综述概述

一、法学研究文献综述的概念

法学研究文献综述是根据研究主题,在大量阅读的基础上,对法学学科领域或专题的最新进展、动态、发展、案例等的综合性评述。文献综述(literature review)也被称为研究综述(research synthesis)、研究述评(research review),日文研究中称为总说或综说。

撰写文献综述是对一项有创新要求的学术研究的基本要求,是学术研究的元研究,对于研究者而言,是在正式研究之前,根据前人成果画出该领域的研究谱图,标识出研究路标,鸟瞰本领域的总体状况。

文献综述也是一项间接研究方法。与社会调查等直接研究方法不同,文献综述具有突破研究者时空限制的功能,帮助其获得其他人的资料,比如对寻找19世纪的某方面案例的研究成果进行综述,这些案例已然成为历史档案,研究者无法回到当时去采取调查或访谈的方法从当事人那里获得第一手资料,通过文献阅读和综述的方法,则可以把握既有案例。

二、法学研究文献综述的作用

有研究表明,发表在高规格刊物上的论文,除了书评以外,一般都有比较详实的文献综述,不仅如此,一些文献综述常常是该领域的一流学者撰写的。[①] 文献综述是一种规范的书面论证形式,是一个知识生产的步骤和有机组成部分。文献综述并非重复前人的研究,综述的过程是根据作者的标准论述自我观点的过程,因此,综述也是一种研究。概而言之,撰写文献综述一般有如下几个作用:

(一)总结前人的法学研究成果

总结前人的法学研究成果可以为研究者提供起点,并说明研究的合法性。研究起点在一定意义上决定了研究成果的创新程度。"只要知道了研究课题在给定的科学理论体系结构中的位置,它属于哪一个层次,科学家便会明白:所研究的课题对于给定的科学理论的发展大体上起什么样的作用,关系如何,属于释疑性质的研究课题,它的结构位次不会处于根部或核心层次。属于'离经叛道'的研究课题,它的结

[①] 熊易寒:《文献综述与学术谱系》,载《读书》2007年第4期。

构位置不会在核外层次上,一定在不同等级的本质自身的范围内。"①确定了研究起点,就为选择研究方法提供了空间。凡是属于释疑性质的研究,必须要接受法学学科共同体的研究范式,回到法律规范内部,通过对既有规范的法学研究成果梳理,结合法治实践的素材展开研究;凡是对基础性概念提出颠覆性观点的研究,则往往借助于其他学科的研究成果,试图挑战法学的研究范式。

法学学术研究成果一般属于论证类,通常是对学术界已有的观点和理论进行批判性考察,分析其合理和不足之处,在此基础上提出自己的观点或理论,因此对相关研究成果进行综述,确定研究起点不仅仅是创新型研究成果的要求,也是论证的必要内容。

(二) 帮助作者寻找问题和切入点

文献综述不仅具有合法性论证的效果,也是文章获得有效性的方法。在文献收集和分析过程中,研究者可以发现不同的问题指向和切入点,对比分析之后,逐渐聚焦问题,并寻找到解决问题的路径。

法学的学术问题产生于发现矛盾现象。矛盾现象一般来源于两个方面:理论中的矛盾和法学理论与法治实践的矛盾。要发现矛盾现象,首先就要对已有的理论进行系统的学习、梳理、比较。要发现理论与法治实践的矛盾,除了进行社会实证调研外,也可以对法治实践形成的文献,比如判决书等进行阅读和总结。在大量的文献阅读过程中发现问题虽然具有一定的随机性和不确定性,但这恰恰是发现真正问题的方法。发现一个有价值的问题、一个真问题往往能够获得法学共同体的高度评价。爱因斯坦曾说过:"提出一个问题往往比解决问题更重要。因为解决问题也许仅是一个数学上或实验上的技能而已,而提出新的问题,新的可能性,从新的角度去看旧的问题,却需要有创造性的想象力,而且标志着科学的真正进步。"②

法学的学术问题也有质量区别,有真问题和伪问题之分。真问题是真实存在且有解决条件的问题,伪问题是现实不存在或根本没有解决途径的问题。伪问题通常表现为三种情况:第一种是纯粹虚假问题,比如人类可以太空移民、《环境保护法》有存在必要吗? 第二种是早有定论,并未发现新素材、新证据的问题,比如全球升温可以让两极适合人类居住,无需控制气候变暖。第三种问题是虽然真实存在却超出人类认识极限或根本不能提供解决方案的问题。比如《宇宙保护法》的立法研究。文献综述可以对现有学术研究成果进行辨析探索,在发现矛盾之后,根据问题的质量标准进行评价,剔除伪问题。

切入点通常是指解决问题最先着手之处。切入点不等于问题的关键点。有些问题的关键点非常隐蔽,需要抽丝剥茧,慢慢接近问题的核心。遇到此类问题,切入点就是最直接到达核心问题的起点。有些问题的关键点则浮在最表层,可以牵一发

---

① 舒炜光著:《自然辩证法原理》,吉林人民出版社1984年版,第290—291页。
② [德]爱因斯坦、L.英费尔德著:《物理学的进化》,周肇威译,上海科学技术出版社1962年版,第66页。

而动全局,如此一来,就应该以此为切入点。在文献综述的过程中,研究者可以从比较各种不同的解决问题着手,对问题的尺度、问题的性质、问题的类型了然于心之后,选择学术研究的切入点。

(三) 帮助作者选择研究方法

在社会科学领域,有一个关于方法的寓言式质疑。某一天,一位学者向一只百足虫问道:阁下拥有无数多双脚,当您举足爬行时,首先跨出去的是哪一双脚呢?随后跟进的又是哪些脚呢?经此一问,这只原本健步如飞的百足虫百思不得其解,竟然焦虑至失去了爬行能力。[①] 这一寓言混淆了方法和研究方法,百足之虫绝不会因为无法研究出问题而丧失行走的方法。社会学科的研究者在三种方式上来理解研究的方法论。第一,研究者所运用的一套规则与标准;第二,研究者所运用的特定程序或成套程序;第三,针对研究者所运用研究程序之原则分析。简单说来,就是为了获得知识而必须遵循的研究逻辑和程序。

不同的法学问题需要选择不同的研究方法。通过文献综述发现所要研究的问题,确认问题的尺度、性质之后,据此选择研究方法。比如法学概念的讨论,多选择定性研究法,主要从价值内涵变迁的角度予以推理。而对于一些制度的改进建议,则多选择实证研究法,主要描述和归纳出制度的实施效果和实践中的改进方案,然后契合法理进行论证。因此,文献综述有助于作者在研究之初遴选适合的研究方法。概念问题一般是研究事物或现象的本质属性,制度问题一般是解析各种行为之间的关系,所以前者多采用价值演绎法,后者多依靠实证法。案例分析主要探讨不同多个案例判决的一致性或差异性,所以多用类比法。

(四) 突出作者的学术研究贡献

学术贡献是论文提出的新观点,运用的新方法或提出的新理论。评价学术贡献一般通过两种途径,一是同行评审,二是文献计量学分析。文献综述可以勾画出作者思想形成的过程,并将自身的学术创新置于同行研究脉络之中,从中判别出自己的创新点。文献综述是一个追根溯源的过程,在系统的文献梳理过程中,廓清学术迷雾,理顺学术脉络,作者的学术研究如何承前启后,如何借鉴论证,均可以在文献综述过程中给予阐述,从而将作者的研究贡献集中提炼出来,一方面给读者简要提示,另一方面也是对研究成果价值的总结。

第二节 法学研究文献综述的写作步骤与技巧

一、文献综述的写作步骤

(一) 确定研究目的和问题

要做好文献综述,首先要确定研究目的和问题。研究目的是作者通过探索试图

---

① 参见郭永秋著:《社会科学方法论》,台湾五南图书出版股份有限公司2010年版,第2页。

要解决的问题或追求的价值。确定研究目的是文献综述的第一步,也是文献检索的起点。研究目的分为直接目的和间接目的。比如关于环境法学术研究三十年的文献综述,直接目的是发现三十年中环境法的主要学术贡献、清理主要的学术流派、观点等,间接目的则可能包括探寻环境法的学术发展规律,发现关键研究人员等。研究目的不等于所要研究的问题,研究的问题是在确定研究目的的基础上,为达到该目的需要逐一解决的问题。

（二）收集文献

好的文献综述应该首选原始文献。精品文献往往就是第一手研究资料。只有尊重原始文献,认真查阅领会一手资料,才能避免以讹传讹。比如研究古代法律,由于并非所有的古代法律都保存下来,或者有些文本无法为当代研究者掌握,如果不执着于寻找原始文献,研究结论的可靠性将大打折扣。一位研究罗马法的教授在论证奥运会是否被当时法律禁止时,大量援引原始文献,指出罗马皇帝并未下令禁止奥运会,奥运会消亡源自其纪念宙斯的传统随着罗马人信奉基督教而渐次被抛弃。[①]

有些法学研究领域原始文献非常丰富,需要对文献进行甄别,比如法律史研究,可能有大量的地籍记录、商业文件类的研究成果,梳理鉴别工作浩繁,对研究者的精力和时间要求甚高。研究者可通过提高检索技巧来提高原始文献获取效率。具体方法包括：(1) 认真辨析文后参考目录,析出作品的主要责任者、文献名称等关键信息,据此展开文献追踪,直到找到原始文献为止。(2) 利用检索工具获取。世界上著名的检索工具包括 CA、BA、EI 等,主要是科学文献检索工具,法学的文献检索工具较少,对于交叉法学比如环境与资源保护法、知识产权法、科技法等,科学文献检索工具是可靠方法。这些二次文献检索工具一般均可链接至原文。我国常用的检索工具包括国家图书馆的 Web OPAC 检索系统、中国高等教育文献保障系统(简称CALIS)等,具体方法可参看本书相关章节。

经典文献可能超出法学学科范畴,具有社会科学的基础性特征。对此,研究者不应拘泥于法学的学科视野,只有跨越狭隘的学科视角,才能以问题为指向,遴选出原创性的高价值文献。比如费孝通先生早在 1938 年撰写的博士论文《江村经济》,从学科分类上属于社会学,但如果研究与农村相关的法律制度,这本书可谓必读书目,《江村经济》中对中国农村的土地制度、家庭与财产制度、交易分配制度等有着深刻详实的研究,虽然跨越将近一个世纪,对今日之农村法律制度研究仍然有诸多参考价值。再比如《我们共同的未来》是世界环境与发展委员会关于人类未来的报告,虽然学术含量不高,但其对环境危机、能源危机和发展危机之间的关系作出了精炼概括,对多国政府决策和国际政治关系、环境关系产生了深远影响,其问题意识具有战略性价值,对于研究环境法、可持续发展法、经济法、产业法、投资法、国际公法、国际经济法等领域的学者而言,《我们共同的未来》也是文献综述中不可或缺的经典

---

① 赵毅、[意]萨拉·朱茉莉：《体育史与罗马法：文献与方法——约翰·法略莉教授学术访谈录》,载《体育与科学》2014 年第 1 期。

文献。

好的文献综述需要收集该领域的关键文献。面对浩如烟海的法学文献信息,想要找到关键文献,绝非一日之功,需要长期对某个领域进行追踪,还需要借助一定的文献管理工具。

(三)整理文献

1. 设定整理标准

整理文献时应做好分类工作,根据研究对象和文献类型,划定不同的标准。比如做比较研究,大陆法系或英美法系文献可作为一个标准。如果研究对象涉及宪政结构,可以将单一制国家和联邦制国家作为划分标准。如果研究对象是案例、案由、审理法院等级、案件性质等都可以作为标准。如果以研究的对象为起点,可以将文献分为宏观研究、中观研究和微观研究。根据研究的取向,可分为应然研究和实然研究。根据法律的运作领域,可以分为立法研究、司法研究和执法研究。根据研究旨趣,可分为理论研究和法技术研究。如果是制度史研究,可以按照时间分期分类。总之,分类标准并无统一规定,可以根据研究问题的性质自主决定。整理文献必须要做好登记,记录下文献的名称、类别、出版时间。运用一定的工具进行归类,传统方法是做成卡片,现在有些文献管理工具可以运用,还可以用 Excel 表格。

2. 摘录文献核心部分

整理文献时可以采取列表法,将不同文献的核心部分按照标准摘录到表格中。表格法能为下一步解读文献和分析概括文献提供简要文本。摘录文献时尽可能转化为自己的语言,并把握基本要素。最少要保留以下内容:研究的问题、研究方法和结论。此外还可以摘录主要论据、论证架构、论证资源等。

(四)解读文献

文献的价值并非一目了然,而是作者在阅读过程中,通过主体性的参与,在文本中发现的。阅读是一个能动的认知过程,并且是具有交际性的心智活动过程,阅读者并非被动获取文献的内涵,而是自觉或不自觉地运用思维能力和潜意识,对获取的信息进行推理、理解和吸取。解读文献的过程中,阅读者会不自觉地调用已有的相关知识,对获得的文本信息再次组合或扩展,并从表象思维跃升到抽象思维。研究表明,阅读文献是从文字符号开始,依次进入表层结构层面、深层结构层面、互相作用层面。表层结构层面获得文本的表层语义,深层结构层面获得深层语义,互相作用层面获得理解和预期。① 这也是文献综述对关键文献或高价值文献需要反复阅读的原因。因此,要想做好文献综述,在阅读文献过程中,必须主动监控阅读过程,养成"对理解的自觉意识",即"读者对阅读活动及其方法、任务、要求和自己的理解

---

① 曹英多:《论读者在阅读理解中的主动性和能动性——从阅读过程的三个层面谈起》,载《同济大学学报》(社会科学版)2002 年第 2 期。

情况的自觉意识"。① 我国最早研究阅读的著作《文心雕龙》曾有文感慨:"知音其难哉! 音实难知,知实难逢,逢其知音,千载其一乎"。一般而言,由于文本杂沓,以及阅读过程中常见的"贵古贱今、崇己抑人"等心理惯性,可能致使理解出现偏差。

因此,要达到客观公允解读文献的目的,首先要大量阅读。"凡操千曲而后晓声,观千剑而后识器;故圆照之象,务先博观。"②要而言之,解读文献需要将其放到一个学术传统之中,理解文献的研究目的、问题提出的背景、所反对的主要观点等。解读文献时要保持力求理解的态度,切忌感情偏好。

（五）分析归纳文献

分析归纳文献是将所阅读和收集的文献,根据一定的标准予以概括,寻找观点之间的关联性,找出共同观点和不同观点,将多个相似观点归纳为一类,切忌罗列。对于不同观点,要分析其争点,提炼和区分争论的焦点问题与相关问题,不可歧路亡羊,枝枝蔓蔓,被文献带入观点迷宫。

（六）批判性确证文献

1. 追索文献作者情况

文献作者的教育背景、从业领域、写作身份、其他研究成果、获得研究课题的渠道、参考资料的获取途径等都是可以寻找的备选项,通过对作者信息的搜索,可以获得评估文献价值的辅助信息。

2. 推测文献写作立场

文献中的利害关系人是哪些？文献作者是否获得过资金支持以及资金渠道如何？作者在写作中是否有明显的价值倾向？研究选取的相关参考资料是否局限于某个领域或某些团队的成果？之所以如此考察,原因在于一些研究成果看似价值中立,实则受课题委托方或资助者的引导,为某个既定目标寻找学术根据,此类研究成果的可信度应大打折扣。文献综述时当谨慎处理,不宜对此类文献作出过高评价。

3. 推敲文献的论证逻辑

文献的主题是什么？其论据是否具有相关性？论证结构是否合理？所选用的数据是否可靠？论证所仰赖的证据是否充足？概念的含义是否前后一致？论证层次是否稳定？研究方法是否适合所要研究的问题？假设前提是否偏僻非主流？结论是否有证伪的可能性？通过对该类问题的回答,可以对文献的论证力度作出判断,从而对文献的可靠性判断提供帮助。

二、法学研究文献综述的写作技巧

（一）作者在写文献综述时应具备读者意识

综述的写作虽然对自己的研究具有作用,但读者并没有全文阅读这些文献,对

---

① 〔英〕理查德·罗宾逊、李玮:《浅谈读者对理解的自觉意识》,载《北京师范学院学报》(社会科学版)1990年第1期。

② (南朝)刘勰著:《文心雕龙·知音篇》。

其内容不熟悉,写作时应对综述的文献进行必要的评价,指出前人研究文献的研究程度、空白或薄弱之处、矛盾或差异程度,分析已有文献的研究方法、研究手段、切入点、研究路径、理论灵感源泉等,让读者更清楚地发现作者对文献的把握深度和广度,从而更加清楚作者的研究贡献。

(二)文献综述应能揭示既有研究的学术谱系

学术谱系是学术共同体自觉认同的学术积累在时间上的延续和传承,是学术认同的基础。文献综述虽然是在一个特定的时间内将关于某个主题的文献集成在一起,但这些文献并非横空出世,而是有着内在有机联系,隐含着特定知识群体的自组织。有些学术研究文献虽然引注不规范甚至可能隐瞒主要观点形成的基础性文献,但是通过对学术谱系的梳理,仍然能还原观点来源。在法学的研究文献中,有许多"重构"类文章,似乎作者对前人的研究文献一概不予认可,有着改天换地的激情和豪迈,其实其观点仍然不能简单地归类为原创,条分缕析之后,可以发现蛛丝马迹或者思想地图。学术谱系有其内在生命动力和精神气质,在文献综述中保持谨慎和谦虚,对前人的研究成果给予足够的尊重和理解,是发现学术谱系的基本阅读心理。

文献综述不仅仅是简单的概括和归纳,而是要展示出已有文献的发展轨迹,如果能够划分出发展阶段,总结各阶段的研究特点,揭示知识生产中的相互关系,则可以为下一步研究提供趋势方面的启发。在把握学术脉络时,可对文献进行较为深入的比较,包括观点、论据、研究方法、引注、作者的研究背景等,从而发现不同文献之间的关系。

(三)文献综述应尽量拓展未来的研究空间

在文献阅读过程中,研究者可以将既有文献中提到的相关问题单独归类,最后对所有的相关问题进行归纳,针对这些问题进行再次文献检索,确认其研究的强度和密度,提炼出研究的空白和薄弱点,从而拓宽学术研究的空间,甚至能够为发现未来的研究制高点开拓道路。

三、文献综述应避免的常见问题

(一)简单罗列

文献综述中最常见的问题就是简单罗列,在硕士论文和博士论文开题时,老师一般要求学生做文献综述,许多学生将收集来的资料,摘录出主要观点,做成一篇文献流水账。不分类,不概括,不评述。此类文献综述严格来说未达到综述要求,只是文献整理工作中的一部分。也被称为伪文献综述。简单罗列不仅无法发现研究起点,也无助于找到研究空白点或薄弱环节,对后面的研究助益甚微。

(二)繁琐冗余

有些学生为了务求完备,耗费大量时间收集到大量文献,繁重的阅读任务超出了自身的驾驭能力,为求全面,将所阅读文献全部摘录出来,详略处理随意,综述中充斥着无关内容,使文献综述杂乱无章,仅仅给读者留下刻苦印象,并无实质性思想贡献,对于研究者本人而言,也因过度信赖已有文献,乏有创建。

(三) 文献碎片化

文献是思维的结果,思维不是无源之水,任何思想均建之于前人之上,揭示文献之间的关联是综述中必要达成之目的。将文献看做思维的片段,综述时缺乏整合,一个一个片段罗列是写文献综述的大忌。

(四) 倾向性和选择性

法学研究者在检索文献时,应该采取客观公正的立场,对不同观点的文献平等视之,不可以因为一些研究成果与自己的学术倾向不同、观点相左而擅自弃之不顾。武断粗暴地对待学术立场、学术旨趣、技术路线不同的研究成果,乃是一种思想上的法西斯主义,"不喜、不哭、不愤怒、但求理解",才是文献综述者的理想境界。当然,文献综述者也应对每个文献本身的学术立场保持敏感,尽可能将其还原到一定的学术背景下去理解,从而发现其偏颇之处,方能保持基于充分理解的批判态度。

前已述及,文献综述的功能之一就是确定研究起点,将作者的研究与前人的研究区分开来,从而判断作者的创新程度。一些研究人员为了突出自己的创造性和新颖性,故意对前人的研究成果采取倾向性选择,以便为自己的新观点提供背景。这不仅仅是文献综述写作的技巧欠缺,而是学术诚信瑕疵。

第三节 法学研究文献综述的格式

文献综述通常包括:题目、摘要和关键词、前言、正文、结语、参考文献。下面,我们对每一部分的写作技巧做详细介绍。

一、题目

题目是文献综述的眼睛,也是文献综述的主要组成部分。中国古人在写作时常常不考虑题目,文思泉涌之际奋笔疾书,待写成后随便定题或付诸阙如。对此还有理论支持:"古人之著述作文,亦因事物之需要,而发乎不得不然,未有先命题,而强其情与意曲折以赴之者。"①今人之学术写作,题目乃是关键之关键,以便统辖全文,提示读者。因此,题目要确切、简明,能概括全文的中心内容,代表全文的主旨,如利用、变迁、源流、进展、研究、关系等说明语;题目要文体相符。一般而言,文献综述的标题是名词性短语,比如《中国环境法学研究三十年》《中国法理法史学发展评价(2012—2013)》《法治的里程——2011中美法治对话综述》。需要注意的是,名词性短语比较特别,虽然是偏正结构,但中间并不加"的"字。

二、摘要和关键词

根据国际标准化组织 ISO214-1976(E)的定义,摘要是"对文献内容的准确扼要

---

① 余嘉锡著:《古书通例》,中国人民大学出版社2004年版,第198页。

而不加注释或评论的简略叙述,无论作者是谁,对此均不应有所不同"。摘要不是原文的一部分,而是独立于原文、具有完整性的文章关键内容。摘要可以被看作单独阅读的短文,能够简要地表述文章的核心观点。因此摘要可以简要交待文献综述的目的和范围,揭示综述中发现的关键问题,陈述综述的中心思想、中心问题、中心事物,将精彩的观点浓缩表达。尽量不用第一人称,尽可能摈弃诸如"笔者认为""本研究认为""我们认为"等,也尽量不要出现"本文""本综述""本研究"等表述方法。撰写摘要应简明扼要,精炼准确,避免出现"通常""大概""大约""大体""一般""基本""原则上""一定意义"等模糊表述。避免写成引言,过度交待研究背景和意义,而是直接表述文献综述的要点,突出综述中定性的观点和定量研究的结果。摘要不分段落,内容紧凑,不能出现表格、注释等。

"关键"最早是指关门和闭门,与英文的"key"有异曲同工之处。后该词获得比喻含义,指事物中不可或缺的因素。国家标准委员会1987年GB7713/87《科学技术报告、学位论文和学术论文的编写格式》中规定:"关键词是为了文献标引工作,从报告、论文中选取出来用于表示全文主题内容信息款目的单词或术语。每篇报告、论文选取3—8个词作为关键词,以显著的字符另起一行,排在摘要的下方。如有可能,尽量用《汉语主题词表》等词表提供的规范词。为了国际交流,应标注与中文对应的英文关键词。"2000年教育部《中国高等学校社会科学学报编排规范》中规定:关键词是反映论文主题概念的词或词组,一般每篇可选3—8个,应尽量从《汉语主题词表》中选用。未被词表收录的新学科、新技术中的重要术语和地区、人物、文献等名称,也可以作为关键词标注。关键词不同于主题词。《辞海》中对主题的定义是"作品所有要素的辐射中心和创作虚构的制约点"。故此,主题词是对文献主题进行抽象后形成的词汇,比如"法律行为主题""权利主题"等。主题词是对文献所蕴含的思想、所分析的问题、所研究的领域等概括,一般隐含着观念、主张,指向文章的中心思想。因此,一篇文章的主题词不会很多,通常是一个。关键词是对文献综述文本起关键作用的词语,能够承载综述的核心和重要内容,是在主题词控制的范围内抽取出来的。早期文献中的关键词主要功能是便于论文检索,起源于科技文献。法学文献综述中的关键词则具有整合篇章结构的经纬作用,与综述中的各个部分均发生作用,是关于文献综述特定论域的环形空间。关键词之间彼此呼应,从不同侧面或角度统领文献综述的内容,因此关键词是一组,一般文献综述的关键词都在三个以上。各关键词相对独立,并非上下位关系,也无主次之分。关键词不一定是出现频率最高的词,不同于高频词,关键词的作用是阐释和支撑文献综述的主题。因此之故,纵然文献综述常常有时间限制,但关键词一般不会选择时间,比如《环境法三十年研究综述》的关键词不应选择"三十年"。

关键词选择中常见问题表现在以下方面:一是与主题关联度不高,不能深刻揭示文献综述的主题,而是简单将篇名中的词用作关键词。这对于文献综述的篇名能够凝练主题的情况来说倒也无妨,但是对于一些篇名仅仅限于描述或形容的文献综述,将篇名中的词或词组直接作为关键词则有失准确。二是遗漏重要信息。关键词之间需要互相关照,形成文献综述的主题空间,如果遗漏重要关键词,则不足以构造主题。第三个问题是关键词逻辑混乱、信息冗杂。关键词绝大多数是名词,包含着文献综述的研究对象、核心观点、研究范围、研究结论和研究意义。关键词的提取应充分提炼,考虑概念之间的层级关系和价值位阶,避免逻辑混乱。

三、前言

前言不同于摘要,主要说明写作的目的,定义综述主题、问题和研究领域;指出有关综述主题已发表文献的总体趋势,介绍有关概念;规定综述范围、包括专题涉及的学科范围和时间范围;介绍文献综述的基础性条件;说明有关问题的现状或争论的焦点,引出综述的核心主题。前言的作用是承前启后,为正文做铺垫,激发读者的好奇心和阅读兴趣。前言一般不要太长,以不超过1000字为宜,简明扼要,突出重点,高度凝练出文献综述的主要内容和价值,切忌泛泛而谈。前言中是否要谦虚地介绍文献综述的局限性,则因人因篇而异。如果作者搜索文献范围广泛,阅读总结全面,不必为了谦虚而刻意指出缺陷。

四、正文

文献综述的正文部分是主体。正文需要分为若干部分,各部分之间也应该彼此关联,构成一个有机体系。因此,开始正文撰写之前,首先要明确论点。按照前面选定的时间顺序或主题形式,将收集到的文献进行加工处理,资料归纳,分类编排。

其次是对各组文献提炼观点,分析比较;分清各作者的观点和文献内容,不能改变文献的内容;运用好连接性语言,将各观点、事实等资料融为一体;结构和层次要围绕观点自然展开,要有严谨的逻辑性。

五、结语

对全文内容进行扼要总结,提出自己的观点,并指出存在的问题及进一步的发展方向和展望。结语部分一般包括以下几个部分,并依次展开:首先引入文献综述的主题;第二步进行简单的小结,对全文予以概括;第三步指出综述的发现或结论;第四步指出问题和原因,最后阐述下一步研究方向或相关问题。结语应措辞严谨,避免自我评价,字数不要太多,以免显得拖沓。结语应尽可能与前言呼应,但不应重复前言。

六、参考文献

参考文献应规范、真实、准确,既体现对别人劳动成果的尊重,也要体现作者治学态度的诚实、严谨;参考文献要注明出处,不能变相抄袭、剽窃。列举文献要完备,但不要刻意求多,甚至罗列不直接相关的文献;文献要有代表性和可靠性,不可遗漏重要的文献。具体列举方法和体例,请参看本书相关章节,此处不再赘述。

第四章 学术规范

学术研究作为一项严谨的工作,长久以来在学术共同体内形成了进行学术活动的道德和行为准则,即学术规范。学术规范是维系学术秩序,促进学术创新,防止学术不端的重要条件,也是学术自由和大学自治的重要保障。学术规范涉及学术研究的全过程,由于学位论文写作和文献资源的利用是学术活动的重要环节,所以,学位论文写作规范和学术引文规范是必须了解和遵守的。

第一节 学术规范概述

一、学术规范的界定

"学术"一词的英文"academic",源自拉丁文"academia",指学园。"学园"一词来源于古雅典城外的一个圣地 akademeia,它以传说中的英雄 Akademos 命名。柏拉图在此与他的追随者交流、辩论,探求真理,这种聚会、讲学的形式就成为人所共知的学园。柏拉图学园为学术研究奠定了一种风范,深刻地影响了后来,成为中世纪发展起来的大学的前身。在现代语境中,"academic"包括了系统专门的学问,泛指高等教育和研究。从事高等教育和研究的科学与文化群体常被称呼为学术界或学府。"所谓学术,是以探求真理、获得知识为目的,以理论之方法,探求自然社会等对象之人类精神活动。"①作为一种探求真理的活动,学术在实际的运行过程中,表现出多重的属性:个人的、组织的和社会的。学术既是一项个人的事业,也是一项学术共同体的共同事业,同时也是一项特殊的社会职业,这就意味着学术要涉及共同体和社会存续与发展所依存的规范。

所谓"规范",是人们为实现一定的目的而根据某种观念所制定的供社会群体诸成员共同遵守的规则和标准。学术规范起源于现代科学诞生的 17 世纪。17 世纪的科学革命,产生了一种新的知识和获得这种知识的新方法。"在传统上,知识是以信念和直觉、理性和天启为基础的。新科学不再把所有这些作为理解大自然的手段了,而把经验——实验和批判性观察——作为知识的基础和对知识最终的检验",因此,"知识所具有的是民主性而不是等级性,并且,知识更多依赖的不是少数精英的洞察,而是某种适当方法的应用"②,同时也产生了提倡、记录和传播这种知识的新的机构,即科学共同体。科学共同体所具有的革命性特征,就是学术信息网的建立。

---

① 陈春生:《基本法各论基础讲座(四)——论讲学自由》,载《法学讲座》2003 年第 20 期。
② 〔美〕科恩著:《科学中的革命》,鲁旭东等译,商务印书馆 1999 年版,第 79 页。

学术信息网主要依靠科学杂志和科学报告来完成,科学杂志和科学报告对于学术的交流、记录发现和发明的领先权具有重要意义。"出版杂志以发表新的成果、为保护发现的领先权而建立备案存档系统、对最富有革命性的进展予以奖励,通过这些活动,持续的变革过程得以制度化。"①1660年,英国皇家学会成立后,为了让科学家的新发现和发明公开化,同时又保证科学家的荣誉,建立了确认领先权的范例,即科学家的新发现和发明,一经在学会会刊上发表,就得到该学会的正式支持。而科学家的研究成果只有通过同行评议才能在学术刊物上发表。科学的职业化使得学术共同体在协商基础上达成妥协性的共识,用民主的方式来解决学术自治领域和公共领域的利益冲突,学术规范从个性化的学说惯例的阶段发展到集体化的学术制度的阶段。

19世纪开始,由于科学方法的完善,大学的迅速发展和以大学为基地的科学研究的发展,科学杂志和科学出版的繁荣,科学成为推动技术和社会变革的重要力量,社会公众对于科学的认识,最终促成科学研究由行业向职业的转变。科学研究从过去的个人爱好变成高度组织化的社会活动,学术活动的内容与规模不断扩大。为确保科学的健康发展,制约科学不端行为,保护知识生产者的积极性,引发了社会对于确定科学家的行为准则和职业规范的学术规范制度的重视。19世纪下半叶,知识产权国际保护制度初步建立,如1883年的《保护工业产权巴黎公约》,1886年的《保护文学艺术作品伯尔尼公约》,在保护知识产权的同时,也使学术规范的制度建设得以加强。

系统提出"学术规范"的概念是在20世纪40年代。由于利益的驱动,权力的介入,使得科学家在从事学术研究、交流和评价的过程中,出现了道德与利益的价值冲突。典型的例子是纳粹德国大肆鼓吹种族主义,在科学界进行种族清洗,限制科学研究的自主性,导致了纳粹统治与学术共同体之间的尖锐矛盾。纳粹"按照种族纯洁性的信条,在大学和科研机构中强行规定了这样的政治标准,即必须出身于'雅利安'家族并且公开赞同纳粹的目的,实际上所有不能达到这一标准的人,都被排斥在大学和科研机构之外"②。与此相应,纳粹强调科学应服务于政府、工业和战争,鼓励科学家制造军用毒气,采取非人道的人体试验等。针对科学家与集权国家之间的冲突,美国社会学家罗伯特·K·默顿(Robert K. Merton)由此提出了"科学的精神特质"这一概念,以维护科学的自主和独立。默顿将"科学的精神特质"定义为"约束科学家的有感情色彩的一组规则、规定、惯例、信念、价值观和基本假定的综合体"③,认为"科学的持续发展只能发生在具有某种秩序的社会中,它受一组特定的隐含性预设和制度因素的制约"。之后,在《论科学与民主》(1942)一文中,他系统

---

① 〔美〕科恩著:《科学中的革命》,鲁旭东等译,商务印书馆1999年版,第84页。
② 〔美〕R. K. 默顿著:《科学社会学 理论与经验研究》(上),鲁旭东、林聚仁译,商务印书馆2003年版,第346页。
③ 同上书,第301页。

阐述了构成现代科学精神特质的四大科学规范：

（1）普遍主义。该规范强调检验真理的客观性和标准的普遍性。只要是知识真理，不管其来源，都要服从非个人的普遍标准。知识的正确与否与其发现者的国籍、种族、阶级、宗教和个人品行无关。普遍性本身是客观的，真理面前人人平等。普遍性规范意味着学术大门为所有人敞开，人们追求真理、学习与研究科学的机会是普遍的，不受其他条件的限制。（2）公有性。科学上的重大发现和学术研究成果是社会分工合作的产物，属于社会所有，一旦科学成果被生产出来，它们就构成人类的共同财富。任何学术成果都是在继承前人和汲取当代人思想的基础上完成的，"如果说我看得更远的话，那是因为我站在巨人的肩膀上"（牛顿）。公有原则意味着学者对研究发现的成果只享有优先发现权，而不享有占有权。所有的创新知识都应该公开发表，以保证知识的传播与交流，并在知识生产过程中引用他人成果时予以引证以致谢。（3）无私立性。指科学家只对真理有兴趣，为学术的目的而从事学术研究，不把从事研究视为带来荣誉、地位、声望或物质利益的途径，谴责用不正当手段在学术竞争中提升自己或压制对手。（4）有组织的怀疑。科学家绝不应该在不经分析批判的前提下盲目接受任何东西，要以经验和逻辑判断做严格的批评，所有的知识在它成为确认无误的知识之前，须经过仔细的考察。默顿认为，上述四大原则不仅是约束科学家的基本价值规范，也是科学共同体的基本准则。默顿的科学规范论奠定了学术规范的基础。学术规范不仅为学术共同体所遵守，又以集体的名义向外界宣示了其伦理底线，以抵御外界的挑战和威胁。

20世纪90年代，中国人文社会科学界首次提出了学术规范的问题，自此以后，有关学术规范的讨论逐渐成为学术界的一大热点。人文与社会科学的许多学科就本领域的学术规范的具体问题，如学术伦理、学术引文规范等展开专题讨论，包括"学术批评网"在内的一些学术网站也在大讨论中发挥了重要的推动作用。[①] 2002年2月，教育部制定并发布《关于加强学术道德建设的若干意见》，标志着我国学术规范的建设从讨论阶段进入制度实施阶段。2004年6月，教育部社会科学委员会通过《高等学校哲学社会科学研究学术规范（试行）》，旨在"加强学风建设和职业道德修养，保障学术自由，促进学术交流、学术积累与学术创新，进一步发展和繁荣高校人文社会科学研究事业"，其内容包括高校人文社会科学研究的基本规范、学术引文规范、学术成果规范、学术评价规范和学术批评规范等。2009年，教育部社会科学委员会学风建设委员会编写了《高校人文社会科学学术规范指南》，将学术规范划分为：选题与资料规范、引用与注释规范、成果呈现规范、学术批评规范、学术评价规范、学术资源获得与权益自我保护等。一些高校根据教育部的要求，结合学校具体情况，也制定了相应的学术规范文件。如：《北京大学教师学术道德规范（修订）》

---

① 相关讨论文章参见：杨玉圣、张保生主编：《学术规范读本》，河南大学出版社2004年版；杨玉圣著：《学术规范与学术批评》，河南大学出版社2005年版；邓正来主编：《中国学术规范化讨论文选》，法律出版社2004年版。

(2007年1月)①、《北京大学研究生基本学术规范》(2007年1月)②、《复旦大学学术规范(试行)》(2014年2月)③,等等。

《高校人文社会科学学术规范指南》将学术规范定义为:"学术规范是根据学术发展规律制定的有关学术活动的基本准则,反映了学术活动长期积累的经验。学术共同体成员应自觉遵守。"④对于该定义的理解,应包含四个方面:其一,学术规范体现了学术发展的规律,其目的是促进学术的健康有序发展;其二,学术规范是学术共同体的产物,是共同的行为准则;其三,学术规范的表现形式是各种学术活动的要求、规则;其四,学术规范的研究对象是学术活动的全过程,即研究活动的产生、结果、评价等。

二、学术规范与学术自由

(一) 学术自由

学术自由被视为现代大学制度的一个核心内容,是构建现代大学制度的基础。学术自由的观念最早可追溯到古希腊哲学家的自由思想,柏拉图认为学术自由的目的在于追求真理,以理性作自由的判断,真理才能大白。现代意义上的学术自由受启蒙运动的影响和大学自治运动的发展,其中德国教育学家洪堡于1810年创建柏林大学时提出的学术自由理念影响尤甚。"学术是尚未被发现的及永远不会被发现"⑤,大学不仅是传授知识的场所,同时必须从事学术的创造,大学的教师和学生在探求真理的过程中享有教学和研究的自由,不受国家和宗教等社会因素的干预。洪堡的学术自由思想对各国的高等教育产生深远影响,学术自由不仅成为一种学术的法则,还上升为宪法保护的基本权利。1919年《魏玛宪法》第142条规定:"艺术、学术之研究与讲授,应享有自由。"1967年,美国联邦最高法院以保护言论自由的《宪法第一修正案》来支持学术自由:"我们这个民族坚定不移地保护学术自由。这不但对有关的教师,而且对我们所有人,都具有至高无上的价值。因此,学术自由是宪法第一修正案特别保护的对象。宪法绝不允许任何法律用正统理论控制学校的课堂。'没有任何地方比我们的学校更需要对宪法承认的自由加以警觉的保护。'课堂是'各种观点的公共市场'。我们民族的前途依靠这样的领袖:他们得到的训练是广泛接触各种观点的激烈交锋,这样的交锋'是通过多种派别的争辩,而不是通过任何一种正统的选择去发现真理'。"⑥

---

① http://www.law.pku.edu.cn/ky/xgwj/956.htm,2015年2月24日访问。
② http://grs.pku.edu.cn/document/20150721201043513249.pdf,2015年2月24日访问。
③ http://xxgk.fudan.edu.cn/_s100/f3/04/c8195a62212/page.psp,2015年2月24日访问。
④ 教育部社会科学委员会学风建设委员会编:《高校人文社会科学学术规范指南》,高等教育出版社2009年版,第3页。
⑤ 董保城:《德国学术自由与大学自治》,载《教育法与学术自由》,台湾月旦出版社1997年版,第110页。
⑥ Keyishian v. Board of Regents, 385 U.S. 589 (1967).

第四章 学术规范

何为"学术自由"?"'学术是一种不拘内容形式,但有计划严谨尝试探究真理的活动,研究是以条理分明,可验证的方法获取知识的活动;讲学则是传授以上方法获取——完整或不完整——知识'。是故所谓学术自由者,即指从事发现、阐释与传布知识的自由,其中至少包括'研究自由'与'讲学自由'"①。德国汉堡大学教授 Paul Kirchhof 在汉堡大学建校六百周年纪念大会上所发表的纪念文章中,指出学术自由有五大内涵②:

(1) 学术是有计划的、有方法的、不受驾驭、严谨地对知识之探究及传播。学术自由在逻辑条理、因果关系及经验下得以运作。学术自由乃为一种经过大脑深思之自由,而非愚蠢之自由。

(2) 学术自由是共同联络的而非孤独的自由。学者可以对思想、行为及环境产生影响。然而只有在对其他人的自由同样尊重时,学术自由始能受到尊重。过分强调个人自由将无法取得他人之尊重。

① 研究所采用的方法,应注重于教学、研究之成果对大众社会有极大影响,因而,在法律研究上不应仅单纯追求知识,而应将其定义为"与第三者有关之行为"。孤寂的思想家对他的孤立几乎没有确保存在的基本自由,只有学者传播知识与他人分享知识,始享有真正学术自由。

② 学者从自然环境的"观察者"成为"受托者"。研究可以有利于或危害人类,亦可能改善生活条件或者引起无法控制的破坏力。学者追求知识之自由并无权消耗物品及造成他人的负荷,而是充其量在大众利益下的容忍及奉献之义务。知识自由并不能致第三人受负荷之探寻真理的方法获得合理化理由。

研究人员之研究工作若对于自然环境或一般不易取得之物质产生影响,尚需进一步取得其合法性。自由不是用来作为应急、强迫或者屈服之工具。

(3) 学术自由是自主的,而非闭关自守式的自由。学者的行为可以自我决定并且对其行为自我负责。然而,在基本上仍受到其所处政治的、文化的以及地缘的环境发展条件之影响。

(4) 学术自由是防御性及可请求给付的基本权利,保障个人不受国家影响,活动自如。国家甚而提供学者完整功能性之研究教学的工具,例如图书馆、研究室、藏书、研究设施、有系统的课程、研究所及学院等设施。国家对于学术之支援提供必要的协助。因而学术自由不但得以要求国家提供研究与教学之设施,并防止国家侵害。

(5) 学术自由不但要防止国家之侵害,同时又要求学术研究者享有国家提供财力及机构支援之自由、研究内容决定之自由,然而研究却依拟好的草案及现时之规范来进行,这些促使学者在观念上、法律上进一步思考学术自由之必要。

---

① 法治斌、董保城著:《宪法新论》,台湾元照出版公司 2010 年版,第 230 页。
② 董保城:《德国学术自由与大学自治》,载《教育法与学术自由》,台湾月旦出版社 1997 年版,第 114—116 页。

由此,学术本身的特质使得学术自由是一定学术秩序中的自由,是一种受到责任和条件限制的权利。学术自由既是一种学术理念,也是一种学术管理范式。20世纪初以来,学术自由权逐步成为世界大多数国家宪法保护的重要权利之一。在国际人权法领域,《世界人权宣言》第 27 条第 1 款规定:"人人有权自由参加社会的文化生活,享受艺术,并分享科学进步及其产生的福利。"《经济、社会和文化权利国际公约》第 15 条第 3 款规定:"本公约缔约各国承担尊重进行科学研究和创造性活动所必不可少的自由。"此外,一些学术团体和非政府组织还制定了许多直接针对学术自由的宣言、声明,例如:《学术自由和高等教育机构自治宣言》(Lima,1988)、《欧洲大学宪章》(Bologna,1988)、《学术自由和学术社会责任宣言》(Dar Es Salaam,1988)等等。

(二) 学术规范是学术自由的保障

学术自由是遵循一定规范的自由,学术规范是学术良性发展的保障。学术规范通过明确开展学术活动的具体规则,对学术行为进行约束,促进学术活动秩序的良性运行。"学术自由真正理论基础是这句话:学术自由产生学术秩序,学术秩序产生学术成果,学术成果肯定学术自由。它是一个良性循环。"[1]学术自由意味着不同观点和思想的碰撞,"问题求解的过程需要学者之间互相协调、互相帮助,从而自发演化出一种秩序。这种秩序是不能通过道德训谕和政治命令得到的",因而一个有生命力的学术传统,自然蕴含着学术规范,这是学术自动自发的演化结果。"这种演化的传统提供了学者彼此信任的基础,赋予研究者对于学术界对他提供的研究成果给予公平待遇的信心,使其可以专心研究工作。假如有了这个传统,研究有了原创的贡献就不会被忽视,就很容易被认识"。[2]

学术规范限定了学术自由的方向。"学术不是一种专长,而是一种态度:为了社会更好的未来,而严肃探究社会既有的价值、信念与制度,找出其中的盲点,秉著学术良知说出自己能信服的价值、信念与制度,从而使社会获得自我校正与自我改善的力量"。[3]

学术规范有助于理顺学者与学术共同体之间的正常关系。马克斯·韦伯在《以学术为业》中提到学术的专业化:"今天……学术已达到了空前专业化的阶段,而且这种局面会一直继续下去。无论就表面还是本质而言,个人只有通过专业化,才有可能具备信心在知识领域取得一些真正完美的成就……今天,任何真正明确而有价值的成就,肯定也是一项专业成就。"[4]而学术规范是学术专业化的基础,"以共

---

[1] 林毓生:《什么是真正的学术自由》,http://www.aisixiang.com/data/84604.html,2016 年 3 月 1 日访问。
[2] 同上。
[3] 彭明辉:《学术自由的本意与沦丧》,http://mhperng.blogspot.com/2011/04/blog-post_8404.html,2016 年 3 月 1 日访问。
[4] [德]马克斯·韦伯著:《学术与政治 韦伯的两篇演说》,冯克利译,生活·读书·新知三联书店出版社 2005 年版,第 23 页。

同范式为基础进行研究的人,都承诺同样的规则和标准从事科学实践。科学实践所产生的这种承诺和明显的一致是常规科学的先决条件,亦即一个特定研究传统的发生与延续的先决条件"①。学术共同体通过学术规范对进入学术研究的人员进行社会化,并以职业标准的形式来认可学术成员的资格与地位,不仅有利于学术新人的成长,也有利于学术成员的审核与评判,避免学术行为的不规范。

随着研究方法与工具的进步,当今的学术研究面临更大的挑战。网络的发展帮助研究者在资料收集与查询上能够更加快速便捷,也会产生大量的抄袭、做假等学术不端行为。进入21世纪,知识社会的浪潮席卷全球,各国政府对科研的投入加大,科研竞争日趋激烈,重大的国际性科研不端事件频发,极大侵蚀了学术自由,在这种形势下,加强学术规范,为学术研究提供有效的约束与指导尤为重要。

三、学术规范的分类

完善的学术规范是一个完整的学术行为规则系统,从不同的视角,可以划分为不同的类型。从学术行为角度,按照学术研究的过程,学术规范可区分为学术研究规范、学术引用规范、学术评价规范和学术管理规范。学术研究规范是学术研究过程和研究方法规则,范围包括选题、文献搜集与综述、数据采集及其方法选择、成果表达等方面。学术引用规范是引述他人成果及其注释方面的规则。学术评价可以是正面评价,也可以是反面评价,因此,学术评价规范可以包括学术肯定规则和学术批评规则。学术管理规范是国家或学校管理部门对学术活动进行管理的行为规则,包括评审、鉴定学术成果、学术资源的调配、对学术研究活动的服务等方面。《高等学校哲学社会科学研究学术规范(试行)》将学术规范分为:研究程序规范、学术引文规范、学术成果规范、学术评价规范、学术批评规范。《高校人文社会科学学术规范指南》将学术规范分为:选题与资料规范、引用与注释规范、成果呈现规范、学术批评规范、学术评价规范。

根据规范所提出的对行为主体制约的强度,学术规范可分为三类:道德规范、技术规范和法律规范。

(一) 道德规范

学术道德规范是学术界在发展过程中自发形成的学术道德和行为习惯,是学术界内部约定俗成的学术规范,是学术专业领域共同信守的学术伦理规程。道德规范不具有法律规范的强制性,主要通过学术研究者自我要求、自我监督、自我反省发挥作用。作为自我约束规范,道德规范体现了学者在学术共同体的学术使命,又代表了全社会对学术研究者的价值期望。道德规范的形式,主要反映在学术团体、院校和科研机构的学术道德自律行为准则、宣言、倡议和联合声明中。例如:中国科学院颁布的《中国科学院院士道德自律准则》《中国科学院关于加强科研行为规范建设

---

① 〔美〕托马斯·库恩著:《科学革命的结构》,金吾伦、胡新和译,北京大学出版社2003年版,第10页。

的意见》《中国科学院关于科学理念的宣言》,中国工程院颁布的《中国工程院院士科学道德行为准则》,中国科学技术协会颁布的《科技工作者科学道德规范》《科技期刊道德公约》和北京大学颁布的《北京大学教师学术道德规范》等。

(二)技术规范

技术规范主要指在以学术论文、著作为主要形式的学术创作中所必须遵守的有关内容及形式规格的要求,包括国内外有关文献编写与出版的标准、法规文件等。技术规范具有科学性、统一性和固定性等特点,其作用是为学术活动提供共同的行为准则或相关标准,从而提高学术研究质量,维护和优化学术活动秩序,保障和促进学术资源的有效利用。"可操作的技术规范的本质是保障研究者真诚对待研究活动及公众利益"[①],从"技术"上实现学术道德的要求。技术规范一般分为两类:

一是强制性标准,是依法强制实施的技术规范。在学术著作中使用的强制性中国国家标准有:《国际单位制及其应用》(GB 3100-1993)、《有关量、单位和符号的一般原则》(GB 3101-1993)、《数值修约规则与极限数值的表示和判定》(GB/T 8170-2008)等。

二是推荐性标准,指通过指导建议、鼓励倡导等方式实施的技术规范,在学术著作中使用的推荐性中国国家标准有:《学位论文编写规则》(GB/T 7713.1-2006)、《文后参考文献著录规则》(GB/T 7714-2005)、《出版物上数字用法的规定》(GBT15835-2011)、《标点符号用法》(GB/T15834—2011)等。

(三)法律规范

学术法律规范是学术活动中必须遵循的法律法规及相关要求,是规范学术主体行为的刚性标准。作为一种外在的监督机制,法律规范通过保障学术行为主体的权益,约束学术不端行为,促进学术自由的良性发展。

从我国法律渊源来看,宪法、法律、行政法规和部门规章等法律文件都有关于学术规范的规定。

《宪法》第 47 条规定:"中华人民共和国公民有进行科学研究、文学艺术创作和其他文化活动的自由",这是从基本权利的角度来保障学术自由。

相关的法律主要有《著作权法》《科学技术进步法》《学位条例》等。《著作权法》旨在保护文学、艺术和科学作品作者的著作权,以及与著作权有关的权益。《科学技术进步法》从促进科技进步、经济社会发展、建设创新型国家的战略高度,对科研诚信提出了一系列基本要求,对科研诚信的主体及其责任、科研不端行为的惩处等有关事项作了明确规定。《学位条例》规定了获取学位的学术水平要求,例如第 6 条规定了博士学位的获得条件:高等学校和科学研究机构的研究生,或具有研究生毕业同等学力的人员,通过博士学位的课程考试和论文答辩,成绩合格,达到下述学术水平者,授予博士学位:(1) 在本门学科上掌握坚实宽广的基础理论和系统深入的专

---

① 谢俊:《大学的学术自由及其限度》,西南大学 2010 年博士学位论文,第 148 页。

门知识；(2) 具有独立从事科学研究工作的能力；(3) 在科学或专门技术上作出创造性的成果。

相关的行政法规，如《国家自然科学基金条例》(2007)规定了国家自然科学基金的使用与管理规范。相关部门规章，如《博士硕士学位论文抽检办法》(2014)，为保证学位与研究生教育质量论文，规定了博士、硕士学位论文抽检的规则。《学位论文作假行为处理办法》(2013)对于学位作假行为规定了相应的处理程序和处置办法。

从法律内容来看，对学术自由的保障是学术法律规范的重要内容，但如果学术自由的保障与其他受宪法保障的法益发生冲突，则学术自由不必然具有优先性，立法必须依据价值秩序来合理平衡冲突的法益。可能与学术自由相冲突的法益包括：人格尊严、生命、健康、自由、财产权、环境权等。学术自由在涉及这些法益时，应如何界定其行为限度，是科技的发展给学术自由所带来的新问题。

以基因科技为例，德国1993年的《基因科技法》立法目的为："保护人类的生命与健康、动植物、存在于其作用结构的其他环境与财货资源，使其免于基因科技之程序与产品(例如透过基因科技改变之生物)的可能危险，并预防此等危险的发生"(第1条第1款)①，借此平衡考量基因科技的研究自由、生命与健康及环境的保护。《法国民法典》第16条第4款规定："任何人均不得侵害人种之完整性。旨在组织对人进行选择的任何优生学实践活动，均予禁止。除为预防与治疗遗传性疾病之目的进行研究外，旨在改变人的后代，对人的遗传特征进行的任何改造，均予禁止。"以人工选择的基因取代自然遗传的基因，等于是人类可以选择其后代的一切遗传特征，形成所谓"死者对生者的支配"，这不仅会造成对人类社会的巨大冲击，还会剥夺作为一个有尊严的人所最重要的"自我决定权"。

四、学术不端

学术不端行为也称科研不端，指学术共同体成员违反学术准则、损害学术公正的行为。从世界范围来看，被广泛认同的对学术不端行为的定义为美国白宫科技政策办公室于2000年公布的定义："科研不端行为指在立项、实施、评审或报告研究结果等活动中捏造、篡改或剽窃"，"捏造(fabrication)是指捏造资料或结果并予以记录或报告"，"篡改(falsification)是指在研究材料、设备或过程中作假或篡改或遗漏资料或结果，以至于研究记录没有精确地反映研究工作"，"剽窃(plagiarism)是指窃取他人的想法、过程、结果或文字而未给予他人贡献足够的承认"。捏造、篡改或剽窃是三种主要的学术不端行为。在此基础上，各国、各研究机构和大学根据不同的职责范围、机构性质和学科领域等进行了适当的扩展。我国对学术不端行为的定义在不同领域也不尽相同。

科技部2006年颁布的《国家科技计划实施中科研不端行为处理办法(试行)》

---

① 〔德〕Christian Starck：《研究自由与其界限》，陈爱娥译，载《台大法学论丛》第37卷第4期(2008)。

对科研不端行为的定义是:违反科学共同体公认的科研行为准则的行为,除了国际公认的捏造、篡改、剽窃行为外,还包括在有关人员职称、简历以及研究基础等方面提供虚假信息;在涉及人体的研究中,违反知情同意、保护隐私等规定;违反实验动物保护规范等。

中国科学技术协会在2007年通过的《科技工作者科学道德规范(试行)》中将学术不端行为定义为:在科学研究和学术活动中的各种造假、抄袭、剽窃和其他违背科学共同体惯例的行为。除了公认的捏造、篡改、剽窃行为外,还将以下几种行为列入学术不端:一稿多投;采用不正当手段干扰和妨碍他人研究活动;参与或与他人合谋隐匿学术劣迹;参加与自己专业无关的评审及审稿工作;以学术团体、专家的名义参与商业广告宣传。

教育部在《高校哲学社会科学学术规范指南》中将学术不端行为定义为:(1)抄袭、剽窃、侵吞他人学术成果;(2)篡改他人学术成果;(3)伪造或者篡改数据、文献,捏造事实;(4)伪造注释;(5)没有参加创作,在他人学术成果上署名;(6)未经他人许可,不当使用他人署名;(7)违反正当程序或者放弃学术标准,进行不当学术评价;(8)对学术批评者进行压制、打击或者报复等。

引发学术不端的主要原因是科研诚信教育的缺失和科研成果评价制度的不够合理。据2009年中国科学协会"第二次全国科技工作者状况调查报告",分别有43.4%、45.2%和42.0%的科技工作者认为当前"抄袭剽窃""弄虚作假"和"一稿多发"现象相当或比较严重,认为"侵占他人成果"现象相当或比较普遍的比例更高达51.2%。近半数科技工作者没有系统学习过科研道德和学术规范的相关知识,自认对科研道德和学术规范知识"了解很少"和"基本不了解"者达38.6%。[①] 根据2015年中国科学协会"第三次全国科技工作者状况调查报告"[②]:三分之二以上(68.2%)的科研人员认为科技评价导向不合理是我国科研领域存在的突出问题。首先,各类评价过多过滥,使一些科研人员发表论文和出版著作的主要目的是应付各种评价而不是开展学术交流,调查发现,81.7%的科研人员发表论文是为了完成各种考核要求。其次,我国学术评价制度主要以论文、著作等量化指标作为评价依据,使得科研人员更追求发表论文、出版著作的数量,忽视了科学研究本身追求真理的核心价值。最后,相对短期的学术评价与科研人员职业生涯前景之间的联系过于密切,导致部分科研人员铤而走险,催生了学术不端行为。61.3%的科研人员把学术不端行为归结为现行评价制度的驱使,52.5%的科研人员认为监督机制不健全是造成学术不端行为存在的原因。

---

① 全国科技工作者状况调查课题组编:《第二次全国科技工作者状况调查报告》,中国科学技术出版社2010年版,第83—87页。
② 《呼唤平等宽容创新的科学文化——第三次全国科技工作者状况调查报告(之三)》,http://epaper.gmw.cn/ gmrb/html/2015-03/20/ nw.D110000gmrb_20150320_1-05.htm? div=-1,2016年3月1日访问。

第二节 学位论文写作规范

学位论文写作在现代教育体制中占有重要的地位,它与入学考试制度、学分制、学位制度等一起构成现代高等教育体制的主要部分。学位论文写作的过程是一个综合训练、全面提升自身能力的过程,也是对所学的基础理论和学科专业知识进行检验的过程,有利于培养学生体系建构能力、文献检索能力和逻辑思维与文字表达能力,同时也有利于维系大学的学术传统和知识的衍生与传递。学位论文写作规范的定型化,是建立学术规范的首要工作。从事学术研究的学者,必须对论文格式规范具备基本操作能力。

一、学位论文概述

学位论文是作者提交的用于其获得学位的文献。《中华人民共和国学位条例》将学位论文分为学士、硕士、博士三个等级。

学士论文表明确已较好掌握本门学科的基础理论、专科知识和基本技能,并具有从事科学研究工作或担负专门技术工作的初步能力。

硕士学位论文要求对所研究的课题有新见解或新成果,并对本学科发展或经济建设、社会进步有一定意义,表明作者掌握坚实的基础理论和系统的学科知识,具有从事学术研究或担负专门技术工作的能力。

博士学位论文要求对所研究的课题在材料、角度、观点、方法、理论等方面或某方面有创新性成果,并对学术发展、经济建设和社会进步有较重要的意义,表明作者掌握坚实宽广的基础理论和系统深入的学科知识,具有独立从事学术研究的能力。

作为学术文献,学位论文有一个清楚又简单的目的:它传递你研究的成果,让学界、社会大众知道你对某一问题的认识和展望,你没有企图说服谁,也无意讨谁的喜欢,更无须在其中暗藏私人的恩怨,或者声东击西,借题发挥。这种背离学术的立场,必须彻底杜绝,以维护学者的尊严。既然如此,论文最重要的品质,当然便是科学式的"说清楚、讲明白",而不是毫无约束地呈现自己的才华,或者令人生厌的唠叨。由此特殊的目的,学位论文造成了它独一无二的特性。它不是你期末报告的扩充版,不是你学业成就的兴衰史,不是你个人生命体验的记录,也不是你品评天下的工具。它是一部言之有物、主观和客观兼备的研究成果,有理论、有证据,能受成,也能创新,它是你为学术界增添的一份全新的财富。①

学位论文的写作规范,主要包括格式规范、书写规范和引文规范,不同的学校和院系,可能都有一些不同的要求。订立论文格式的原则是:简明清晰、尊重既有、方

---

① 周春塘著:《撰写论文的第一本书》,台湾五南图书出版股份有限公司2011年版,第4—8页。

便使用、配合电脑、示明实情、合乎国情、考量领域、诉诸民主、依归人性、综合判断。①

在撰写论文前,要仔细研究本校的论文写作规范。

二、学位论文的格式规范

根据《GB/T7713.1—2006 学位论文编写规范》的规定,学位论文在格式上主要包括三大部分:前置部分,包括封面、版权页、题名、中英文摘要和关键词、目录等;主体部分,包括引言、正文、结论、参考文献等;结尾部分,包括附录、致谢、学位论文原创性声明和使用授权说明、攻读学位期间取得的学术成果及相关索引等。

(一) 前置部分

1. 封面

封面是学位论文的外表面,提供相关的信息,并对论文起装潢和保护作用。学位论文的封面一般包括下列内容:题名(副题名)、作者姓名、指导教师姓名、专业及研究方向、完成日期等。学位授予机构一般都提供统一的封面模板。

2. 版权页

版权页是作者提供的版权声明,体现收藏单位对作者版权的尊重。版权页通常置于论文的第一页,翻开封面即可看到有关版权的说明。例如,北京大学硕士论文版权声明的内容为:任何收存和保管本论文各种版本的单位和个人,未经本论文作者同意,不得将本论文转借他人,亦不得随意复制、抄录、拍照或以任何方式传播。否则,引起有碍作者著作权之问题,将可能承担法律责任。

3. 题名

题名,是学位论文的总标题,也是文献检索的信息源。题名应以简明的词语恰当、准确地反映论文最重要的特定内容(一般不超过 25 字),应中英文对照。题名通常由名词性短语构成,应尽量避免使用不常用缩略词、首字母缩写、字符、代号和公式等。题名和副题名在整篇学位论文中的不同地方出现时,应保持一致。

如果题名内容层次很多,难以简化时,可采用题名和副题名相结合的方法,其中副题名起补充、阐述题名的作用。

例1:民法基本原则解释——以诚实信用原则的法理分析为中心

例2:儿童的世纪——旧制度下的儿童和家庭生活

例3:近代中国城市江湖社会纠纷解决模式——聚焦于汉口码头的考察

其中,有些学者常常采用一些生动的短语或诗句作为正题名,具体内容用副标题表示。

例1:长大成人——少年司法制度的建构

例2:小儿之吐——一个中国医疗发展史和儿童健康史上的考察

例3:幼幼——传统中国的襁褓之道

---

① 吴宜澄、王渝欣:《APA 出版手册之适用性:提出一种折衷的文献引用方法》,载台湾《艺术教育研究》2001 年第 1 期。

4. 摘要

学位论文摘要,是为读者提供学位论文简介,用以直接获取学位论文重要内容的信息。摘要应具有独立性和自含性。所谓独立性,是指摘要的内容完整,独立成篇,既可独立使用,也可以被检索利用;所谓自含性,是指摘要包含与其文献等同量的主要信息,读者即使不阅读全文,也能获得必要的信息,供读者直接判断有无检索利用该文献全文的必要。摘要是文献资源检索重要信息之一,文献数据库检索字段,可供二次文献采用。摘要有利于提高文献的存储、检索、利用和传播的效率。

摘要撰写的注意事项:

(1) 内容要求:摘要要素要全,语义确切,文字简明,应当包含与学位论文等同量的主要信息;要客观、如实反映学位论文的内容,一般不要对论文内容作诠释和评论;不得简单重复题名中和引言中已有的信息;内容重点是结果和结论,要突出反映论文的创新点,硕士论文要着重阐述研究的新见解,博士论文着重阐述创造性的成果。

(2) 格式要求:通常采用第三人称的陈述方式;中文摘要一般字数为300—600字,外文摘要实词在300字左右;摘要中要尽量避免采用图、表、化学结构式、非公知公用的符号和术语。

5. 关键词

关键词是为了便于作文献标引和检索而选取的能反映论文主题内容的词或词组。对论文进行关键词设置,一方面是从主题内容揭示文献、描述文献的内容特征,反映作者的观点,使读者在未看论文的文摘和正文之前便能窥知论文论述的主题,从而作出是否阅读正文的判断。另一方面从利用的角度出发,满足读者从主题内容去检索文献的特定需求,把作者与读者有机联系在一起。关键词是引用论文的入口点和沟通渠道,正确掌握论文关键词的标引方法,对评定作者论文及期刊质量,提高检索效率和引文频率,具有重要意义。

关键词的选取要求:

(1) 应当客观、准确和全面反映学位论文的主题内容、本质特征并有明确出处。从标引范围上,关键词应从题名、摘要、正文中选取;从标引内容上,关键词可以从目的、观点、方法、结果和结论等方面选取;从语义性上,关键词侧重从名词、术语中选取,尽量从《汉语主题词表》等词表选用规范词;允许采用自由词,如表达新科学、新理论、新技术等新出现的概念;地区、人物、文献、产品等名称及重要数据名称,自由词的选取尽量参考权威的参考书和工具书。避免选取主题不鲜明、不具有检索特征的词,如"问题""启示""探讨"等,这样会导致文献的错检而降低查准率。

(2) 选取的关键词数量要合适,并且在排序时应体现一定的层次性。关键词的数量一般为3—8个,选取的关键词在排序时应体现一定的层次关系,一般表达同一范畴概念的关键词要相对集中,意义紧密相连的关键词位置靠拢;反映论文研究目的、对象、范围、方法、过程等内容的关键词在前,揭示研究结果、意义等的关键词在后,这样有利于计算机存储与检索。

例1:硕士论文关键词

《论日本少年法之修正》①

关键词:少年司法福利体系　程序二分原则　实质正当程序保障　赎罪　成长过程之非连续性　同心圆理论　耦合

本文选取了7个关键词,其中,"少年司法福利体系"是与"日本少年法"相对应的主题概念;"程序二分原则"与"实质正当程序保障"是少年法修正的主要内容;"赎罪""成长过程之非连续性""同心圆理论"是少年法的新理论;"耦合"是结论所在。该关键词鲜明、全面、有序反映了该论文的主题内容。

例2:硕士论文关键词

《日本少年法研究》

关键词:违法少年　少年法　借鉴与启示

本文选取了三个关键词,"违法少年"是少年法的适用对象,"少年法"则是题名"日本少年法"的上位概念,无法限定文章的主题范围,而"借鉴与启示"是不具检索价值的词汇,因此三个关键词难以全面反映文章的主题内容和特征。

6. 目录

目录是学位论文各章节标题的集合,也是论文的提纲。编制目录,将各章节的大小项目按照先后顺序列出,并标明各自所在的页码,这样能方便读者纵览论文的全貌,方便阅读和选读。目录通常列出一级标题和二级标题,考虑到目录的查找功能,务必要将页码包含在目录之中。论文中如果图表较多,可以分别列出清单置于目录页之后。图表的清单应有序号、图(表)题和页码。

(二) 主体部分

1. 引言

引言又称前言、导言、序言、绪论,它是论文的开头部分。引言的主要作用在于引起读者的阅读兴趣,从其内容判断是否有阅读价值。引言的内容,一般包括以下几个要点:

(1) 选题的背景、缘由、意义和目的。作为论文的开头,简要介绍论文的写作背景和目的,缘起和提出研究要求的现实情况,以及相关领域内前人所做的工作和研究的概况,目前的研究热点、存在的问题及作者的工作意义,从而引出本文的主题。

(2) 说明所研究问题的性质,对论文所讨论的一些特殊名词、概念和专门术语加以定义。

(3) 研究的理论依据、实验基础和研究方法。

(4) 扼要介绍本文的基本观点、本论部分的基本内容。

---

① 张弘明:《论日本少年法之修正》,台湾大学法律学研究所2007年硕士学位论文。

博士论文的引言通常要交代所采用的研究方法和论文的大体结构以及研究的创新性。作为学位论文的最高级形式,创新性是博士论文的最主要特征,需要在引言清晰地表述出来。如果研究的项目是他人从未开展过的,创新性是显而易见的,但大部分情况下,研究的项目是前人开展过的,此时一定要说明此研究与之前研究的不同之处和本质上的区别,而不是单纯地重复前人的工作。论文研究领域的历史回顾、文献回溯、理论分析等内容,应独立成章,用足够的文字叙述。

例1:博士论文《生物安全立法研究》①

第一章　引论 ········· 1
　第一节　研究背景、目的和意义 ········· 1
　　一、研究背景 ········· 1
　　　(一) 生物安全问题日益严峻 ········· 1
　　　(二) 生物安全立法有待健全 ········· 3
　　　(三) 生物安全立法基础理论研究亟待加强 ········· 4
　　二、研究目的和意义 ········· 4
　　　(一) 明确生物安全立法理论基础 ········· 5
　　　(二) 支持我国生物安全立法实践 ········· 5
　第二节　研究现状 ········· 5
　　一、关于生物技术管理立法的研究成果及评价 ········· 5
　　二、关于生物技术环境影响的生态学研究成果及评价 ········· 7
　　三、关于生物技术发展的经济学研究成果及评价 ········· 8
　　四、关于生物技术发展的环境伦理学研究成果及评价 ········· 10
　第三节　研究范围、研究方法和主要创新 ········· 11
　　一、基本概念界定 ········· 11
　　二、本文主要内容 ········· 15
　　三、本文研究方法 ········· 16
　　四、本文主要创新 ········· 17

例2:博士论文《基因歧视与法律对策之研究》②

第一章　绪论 ········· 1
　第一节　基因歧视之概念 ········· 1
　第二节　基因歧视之研究价值 ········· 5
　第三节　本论文之研究目的与定位 ········· 8
　第四节　本论文之观察角度 ········· 11
　　一、法律制度分析 ········· 11

---

① 于文轩:《生物安全立法研究》,中国政法大学环境资源法研究所2007年博士学位论文。
② 何建志:《基因歧视与法律对策之研究》,台湾大学法律学研究所2002年博士学位论文。

二、理性选择 ·· 12
　　三、政治哲学的分配正义理论 ·· 16

2. 正文

正文是引言之后、结论之前的部分,也是论文的核心部分。作者论点的提出、论据的陈述、论证的讨论、过程、结果要在此得以展现。正文是作者总的写作意图或基本观点的体现,是文章的主体,它对论文的发表及其价值起着决定性作用。要求观点正确、论点明确、论据充分、选材新颖;论述有条理,有较好的逻辑性、可读性和规范性;表达要以读者在最短的时间里得到最多的信息量为原则;量、单位、名词术语的使用要统一、规范。"在安排章节和层次时,一个最重要的问题是要注意文章的逻辑性,要由浅入深,一环套一环地展开论述,各个章节之间形成有机的联系,共同构成一个整体。"①

3. 结论

结论是论文的结束部分,是最终的、总体的结论,不是正文中各段的小结的简单重复。结论应包括论文的核心观点,交代研究工作的局限,提出未来工作的意见或建议。从学位论文答辩的角度讲,准确、完整、明确、精炼的结论,对于评审人作出总的评价有很大的帮助。

例1:硕士论文《刑事责任能力之研究——法学与精神医学之交错》②

　　第七章　结论——对未来之展望 ·· 201
　　　第一节　我们需要什么样的心灵哲学之模型 ···························· 201
　　　第二节　法学之犯罪论、刑罚论、罪责理论到刑事责任能力理论 ··· 202
　　　第三节　精神医学与法学之交错 ·· 204
　　　第四节　对未来之展望 ·· 205

4. 参考文献

参考文献是指为撰写论文而引用或参考的有关文献资料,是学位论文的重要组成部分,表明文献之间的传承与发展关系,读者可以借此了解作者的研究基础、学术史脉络,并根据作者提供的信息按图索骥作为进一步参考依据。参考文献也是对前人研究成果和版权的尊重。关于参考文献的著录规范请参考第三节论文的引文规范部分。

(三) 结尾部分

1. 附录

附录是对论文主体部分的补充,并不是必需的。下列内容可以作为附录编于论

---

① 荣新江著:《学术训练与学术规范》,北京大学出版社2011年版,第188页。
② 吴建昌:《刑事责任能力之研究——法学与精神医学之交错》,台湾大学法律学研究所2000年硕士学位论文。

文后①：

(1) 为保障整篇论文材料的完整，但编入正文又有损于编排的条理和逻辑性，这一材料包括比正文更为详尽的信息、研究方法和技术更深入的叙述、对了解正文内容有用的补充信息等。

(2) 由于篇幅过大或取材于复制品而不便于编入正文的材料。

(3) 不便于编入正文的罕见珍贵资料。

(4) 对一般读者并非必要阅读，但对本专业同行有参考价值的资料。

(5) 正文中未被引用但被阅读或具有补充信息的文献。

(6) 某些重要的原始数据、数学推导、结构图、统计表、计算机打印输出件等。

对于实证性研究，附录通常包括调查问卷、访谈记录等。附录与正文应连续编页码，每一附录均另页起。

例：博士论文《国家、户族与农民：1952—1966 年关中地区的村落政治——以黄村为个案》②

  附录 ··· 164
  一、黄村行政变迁 ··································· 164
  二、访谈提纲 ······································· 165
  三、相关人物的简要传记 ····························· 167
  四、访谈对象、时间、编码以及页码对应表 ············· 170

需要注意的是，"附录通常不算最终字数，所以不要期望通过添加附录符合论文的字数要求"。③

2. 致谢

致谢，是作者对在学位论文研究中曾给予指导、支持和帮助的组织或个人表述谢意的文字说明。《学位论文编写规则》规定致谢的对象包括："国家科学基金、资助研究工作的奖学金基金、合同单位、资助或支持的企业、组织或个人；协助完成研究工作和提供便利条件的组织或个人；在研究工作中提出建议和提供帮助的人；给予转载和引用权的资料、图片、文献、研究思想和设想的所有者；其他应感谢的组织或个人。"致谢语篇是学术论文、学位论文的有机组成部分，它为作者提供表达感谢的机会，"并由此为自己建立一个良好的学术和社会身份"④。致谢的结构通常分为三部分：

(1) 反思：作者对科研经历的回顾性评价。

---

① 《GB/T713.1——2006 学位论文编写规则》，中国标准出版社 2007 年版，第 7 页。
② 黄锐：《国家、户族与农民：1952—1966 年关中地区的村落政治——以黄村为个案》，华东师范大学政治学系 2013 年博士学位论文。
③ 肖东发、李武编著：《学位论文写作与学术规范》，北京大学出版社 2009 年版，第 148 页。
④ 姜亚军、赵明炜：《我国硕/博士学位论文英语致谢语的语类结构研究》，载《外语教学》2008 年第 6 期。

(2) 致谢:列出致谢对象,感谢学术帮助,如学术的支持、思想的交流、问题的分析和反馈等,感谢提供资源,感谢精神支持等。

(3) 声明:承担责任声明,对论文中的不足和错误承担责任,正式将论文献予某人(们),表达祝福。

注意,致谢应征得致谢对象的同意。

3. 学位论文原创性声明和使用授权说明

这是作者对论文原创性提供的声明和对于读者使用该篇论文的授权说明。通常学位授予单位都会提供统一的模板。例如,中南财经政法大学学位论文独创性声明和使用授权书的模板如下:

学位论文独创性声明

本人所呈交的学位论文,是在导师的指导下,独立进行研究所取得的成果。除文中已经注明引用的内容外,本论文不含任何其他个人或集体已经发表或撰写的作品。对本文的研究做出重要贡献的个人和集体,均已在文中标明。本声明的法律后果由本人承担。

学位论文使用授权书

本论文作者完全了解学校关于保存、使用学位论文的管理办法及规定,即学校有权保留并向国家有关部门或机构送交论文的复印件和电子版,允许论文被查阅和借阅。本人授权中南财经政法大学可以将本学位论文的全部或部分内容编入学校有关数据库和收录到《中国博士学位论文全文数据库》进行信息服务,也可以采用影印、缩印或扫描等复制手段保存或汇编本学位论文。在本文获评校级以上(含校级)优秀论文的前提下,授权学校研究生院与中国知网签订收录协议并由作者本人享有、承担相应的权利和义务。(注:保密学位论文,在解密后适用于本授权书。)

三、学位论文的书写规范

(一) 文字的书写

1. 汉字的书写

在论文的写作中,一般采用现行规范汉字。除古汉语研究中涉及的古文字和参考文献中引用的外文文献之外,均采用简体中文撰写。目前中国大陆统一采用简化字,标准为1986年出台的《简化字总表》。

2. 外文的书写

外文的书写要符合所使用语言的文字书写规范。下列情况下,单词的首字母需要大写:

(1) 专有名词及其相关名词、形容词。英文的专有名词包括人名、地名、机关团体、职位、历史时期等;由人名而定名的名词和单位;从专有名词变成的形容词等。

对于人名和地名,不仅要注意书写的规范,还要注意翻译的规范,最好查阅权威的工具书,并括注原文。

(2) 分条首字。每条单起一行,每条成为一个整句首,一条中有数句时,首字母大写。

(3) 引句和结语。引句是整句,结语是一个整句、从句或短语。

(4) 论文题目、关键词、节段标题中的重要词、插图的说明词和表格的名称。

(二) 标点

标点是辅助文字记录语言的符号,是书面语的有机组成部分,用来表示语句的停顿、语气以及标示某些成分(主要是词语)的特定性质和作用。2012 年国家颁布《标点符号用法》(GBT15834-2011),规定了两类 17 种标点符号。一类称为"点号",作用是点断,主要表示停顿的语气,包括句号、问号、叹号、逗号、顿号、分号、冒号。第二类称为"标号",作用是标明,主要标识某些成分(主要是词语)的特定性质和作用。包括引号、括号、破折号、省略号、着重号、连接号、间隔号、书名号、专名号、分隔号。

在学术论文中正确使用标点符号能够准确、严密、清晰地表述研究内容。学术论文常用的标点符号包括:句号(。)、问号(?)、逗号(,)、顿号(、)、分号(;)、冒号(:)、引号(" ")、括号(( ))、破折号(——)、省略号(......)、着重号(.)、连接号(—)、间隔号(.)、书名号(《》)等。

句号用于句子末尾,表示陈述语气。使用句号主要根据句段前后有较大停顿、带有陈述语气和语调,并不取决于句子的长短。问号用于句子末尾,表示疑问语气(包括反问、设问等疑问类型)。问号也有标号的用法,即用于句内,表示存疑或不详。

例:马致远(1250?—1321),大都人,元代戏曲家、散曲家。

逗号表示句子或语段内部的一般性停顿,主要用于复句内各分句之间的停顿。顿号表示语段中并列词语之间或某些序次语之后的停顿,主要用于并列词语之间,或用于需要停顿的重复词语之间,或用于某些序次语(不带括号的汉字数字或"天干地支"类序次语)之后。标有引号的并列成分之间、标有书名号的并列成分之间通常不用顿号。若有其他成分插在并列的引号之间或并列的书名号之间(如引语或书名号之后还有括注),宜用顿号。

例1:"日""月"构成"明"字。

例2:《红楼梦》《三国演义》《西游记》《水浒传》,是我国长篇小说的四大名著。

例3:办公室里订有《人民日报》(海外版)、《光明日报》和《南都周刊》等报刊。

分号表示复句内部并列关系分句之间的停顿,以及非并列关系的多重复句中第一层分句之间的停顿。冒号表示语段中提示下文或总结上文的停顿。引号标示语段中直接引用的内容或需要特别指出的成分。当引号中还需要使用引号时,外面一层用双引号,里面一层用单引号。括号标示语段中的注释内容、补充说明或其他特定意义的语句。括号的主要形式是圆括号"( )",其他形式还有方括号"[ ]"、六角括号"〔〕"和方头括号"【】"等。标示作者国籍或所属朝代时,可用方括号或六角括号。

例1:〔英〕赫胥黎《进化论与伦理学》

例2:〔唐〕杜甫著

破折号标示语段中某些成分的注释、补充说明或语音、意义的变化。省略号标示语段中某些内容的省略及意义的断续等。着重号标示语段中某些重要的或需要指明的文字,标注在相应文字的下方。连接号标示某些相关联成分之间的连接。连接号的形式有短横线"-"、一字线"—"和浪纹线"~"三种,如"表2-8","沈括(1031—1095)、宋朝人","25~30 g"。间隔号标示某些相关联成分之间的分界,标示书名与篇(章、卷)名之间的分界,如:《淮南子·本经训》,标示月、日之间,如:"9·11"恐怖袭击事件。书名号标示语段中出现的各种作品的名称,形式有双书名号"《》"和单书名号"< >"两种。

在学术论文中,尤其要注意的是引文和注号的标点使用。① 引文后的标点有两种用法:

(1)前面有":"者,表示直接引语,句号放在引号中,如《效律》中有律条云:"官府藏皮革,数炀风之。有蠹突者,赀官啬夫一甲。"

(2)摘引某句话时(一般为短句),表示间接引语,逗号、句号放在引号外面。如:《睡虎地秦墓竹简.语书》记"令吏明布,令吏民皆明知之,毋至于罪"。

引用书名、刊名、文章时,均用《》,不用< >。台湾、香港书名用《》(或「」),文章用< >(或「」),引用时需更正。

一般行文时注号放在标点符号的前面,如:

明孝宗弘治十年(1947),以累朝典制散见迭出,宜会于一,于是命令徐溥等编次《大明会典》。后于弘治十五年(1502)有李东阳等奉敕校订②。

引文时有两种使用方法:

(1)如果引用一个完整的句子,句号在引号内,则注号在最后,如:

正如请人叶昌炽所言:"唐之令长新诫,宋之慎刑箴戒石铭,可补《刑法志》。"③

(2)如果引用一句话,逗号、句号在引号外,则注号放在引号和逗号、句号之间,如:

《大清会典》的修纂,"所载必久经常用之制"④。

(三)数字

数字是学术著作表达的重要载体,关系到学术著作的严谨性和成果质量。根据《出版物上数字用法的规定》(GBT15835-2011),数字使用规则如下:

---

① 参见荣新江著:《学术规范与学术训练》,北京大学出版社2011年版,第228—230页。
② 傅增湘著:《藏园群书题记初集》卷3,上海古籍出版社1989年版。
③ 《石语》卷6,上海书店1986年版。
④ 《乾隆会典》凡例,线装书局2006年版。

1. 汉字数字

（1）干支纪年、农历月日、历史朝代纪年及其他传统上采用汉字形式的非公历纪年等等，应采用汉字。例：丙寅年十月十五日、腊月二十三、八月十五中秋、清咸丰十年九月二十日、日本庆应三年等。

（2）数字连用表示的概数、含"几"的概数，应采用汉字数字。例：三四个月、一二十个、四十五六岁、五六万套、五六十年前等。

（3）已定型的含汉字数字的词语，例：四书五经、半斤八两、不二法门、五四运动等。

2. 阿拉伯数字

（1）用于计量的数字。在使用数字进行计量的场合，为达到醒目、易于辨识的效果，应采用阿拉伯数字。当数值伴随有计量单位时，如：长度、容积、面积、体积、质量、温度、经纬度、音量、频率等等，特别是当计量单位以字母表达时，应采用阿拉伯数字。

（2）在使用数字进行编号的场合，为达到醒目，易于辨识的效果，应采用阿拉伯数字。

（3）现代社会生活中出现的事物、现象、事件，其名称的书写形式中包含阿拉伯数字，已经广泛使用而稳定下来，应采用阿拉伯数字。如：G8 峰会，3G 手机，97 号汽油等。

在学术论文中，处理数字的原则是源于西文的用阿拉伯数字，源于中文的用中文，如：公元、页码、杂志期卷号、统计数字等用阿拉伯数字；年号、古籍卷数、页数等用中文。一般来讲，第一次出现中国年号，要括注公元纪年，如元狩二年（前121）、贞观十四年（640），但括注中不再写"年"字①。

（四）图表

图表是学术著作的重要表现形式，恰当使用图表，对于学术研究的数据、结构、结果等表达，能够达到更加形象、直观、简明、生动的效果。图表表达的基本要求主要有三点：一要真实准确。图表的内容应客观真实，不能随意取舍和编造。图表中的术语、符号和单位应符合标准化的要求，与文字表述一致。二要具有自明性，所谓自明性，是指通过图表直观显示，或者加以适当的文字注释，能够直接从图表中明示其特定内容和含义。三要精心设计与编制。图表内容选择要精当，绘制格式符合规范。

1. 图

图包括统筹图、示意图、构造图、流程图、曲线图、记录图、地图、照片等。

图的结构由图的编号、图题（即图的名称）和内容三部分组成。

每幅图在正文中都应明确提及，例如，"如图1所示"，"（见图1）"。图应按照文中出现的先后顺序从1开始使用阿拉伯数字依序编号，这一编号应独立于任何章和任何表的编号。只有一幅图，仍应标明"图1"。

---

① 荣新江著：《学术规范与学术训练》，北京大学出版社2011年版，第230页。

每幅图都应有图题,图题应放在图的下方居中排,图序与图题之间有一字空。

插图的大小适中,线条均匀,主辅线分明。照片图要求主题和主要显示部分的轮廓鲜明,便于制版。如用放大、缩小的复制品,必须清晰,反差适中。

图在文中的布局要合理,一般随文编排,紧接文字之后。如果限于版面,不能随文排时,宜注明图所在的页码,如"(见第 10 页图 2)"。

2. 表

表由表的编号、表题(即表的名称)和内容三部分组成。

每张表在正文中都应明确提及,例如,"如表 1 所示","(见表 1)"。表应按照文中出现的先后顺序从 1 开始使用阿拉伯数字依序编号,这一编号应独立于任何章和任何图的编号。只有一张表格,仍应标明"表 1"。表较多时,可分章编号,如表 4—1,表示第四章第 1 个表。

每张表都应有表题,表题置于表的编号之后。表的编号和标题置于表上方的居中位置,表的编号与表题之间空一个汉字。表格在正文中的位置,通常紧接在正文之后。表格过长时应另起页。

第三节　学术引文规范

引文是学术规范的重要组成部分,是学术自由的技术保障。学术探讨要求认识和了解观点的出处和背景,要经过时间的检验和他人的批判,"引文是向所有作者和批评家的辛勤劳动致敬,这表明你在论文中认可了他们"[①]。

一、引文概述

(一) 引文的概念与分类

引文是指在撰写论著时引用或者参考的有关文献资料。

引文通常分为两种类型:一是注释,二是参考文献。

注释是指列出著作中引用的各种文献的题名、作者、出处、页码等,这是严格意义上的引文。从形式上,注释可分为脚注(footnote)和尾注(end-note)。脚注是指每页引文出处注于该页下面,尾注是将引文出处注于文末或者章末。采用脚注比尾注更方便读者阅读和查询引文。从内容上,注释可分为三类:一是引证式(citation notes):注明资料来源;直接引用原文、外国原文;引录正文提及的理论与意见。引文注释又有直接引文注释和间接引文注释之分。直接引文注释,是指直接引用他人文献,其基本形式是用引号把引用的东西标注出来;间接引文注释是一种"意引",指自己未阅读原始文献,只根据二手资料、译文或他人引用的资料加以引用。二是解释式(explanatory notes):提供进一步释义、补充资料;或作比较、讨论、批评、订正前人

[①]〔英〕柯林·内维尔著:《学术引注规范指南(第二版)》,张瑜译,上海教育出版社 2013 年版,第 2 页。

或文献的错误;或推荐有关资料供读者参考;或鸣谢资料或观点的提供者。三是交参式(cross reference notes):前已附注过的,指引读者参阅,详彼略此。"注释的功能主要有二,一是引用他人成说,注示出处,既表示相关论说非作者独造,并对前人成绩给予应有之敬重,又可为读者提供该领域的文献信息,以便利后来之研究;二是某些论说虽有必要,但放在正文中却略嫌枝蔓,置于注释之中正可从容发挥,于是文章既见解畅达,又具体丰满,仿佛一首配器和声珠联璧合的协奏曲。"①

参考文献英译为 reference 或 bibliography。Reference 的基本意思是 referred 和 mentioned,是指在论著中涉及和提到的文献,bibliography 是所有读过的为写论文做准备的文献,一般包括作者所引用的文献以及没有引用但对论文有所影响的文献。参考文献目录能让读者了解作者论文的理论脉络和观点受到哪些作者的影响,可用以考察作者参考资料是否充分、有否遗漏。

(二)引文的作用

在高等教育领域,引注建立在三个重要的原则基础之上:第一,引注的目的是为了促进知识的传播和发展。知识的传播和发展依赖于人类的努力和沟通,而引注就是实现这一沟通过程的重要因素。第二,随着学生接受高等教育程度的不断加深,他们对思想、理论及其在模型和实践中的应用应该更具批判意识。这种批判方法包括对文献的筛选、对观点的陈述,以及对文献来源的认知,而引用文献就是批判性获取知识的现实方式。第三,引用文献的标准化做法有利于促进这一沟通过程。文献引用应该用统一的标准方式进行注释,这样,所有学过引注的人都能理解引注的符号和格式的意义。这三个基本原则进一步演绎出以下支持引注的具体知识领域原因:(1)追溯一个思想观点的源头;(2)形成知识网络;(3)表达自己的观点;(4)使论据更有效力;(5)促进知识的传播;(6)认可他人的智慧成果;(7)为文献分析提供基础。从学生的角度,引注之所以重要,有三个原因:(1)引注反映了你的阅读,以及哪些文献对你的论文产生影响;(2)引注提供了评价论文的标准,引注的准确性能体现你的学术态度和研究能力;(3)准确的引注可以避免抄袭。②

(三)引文索引

引文索引(citation index)是一种以文献之间的引用关系为基础的文献索引,它以被引用文献即引文为标目,其下列出引用过该文献的全部文献(来源文献)的检索工具。它不同于以作者、题名等为标目而编制的索引,除了一般查询外,它能提供文献之间的内在联系。通过一篇具体的被引论文,可以检索到同领域的不同时期的各种论文。1873 年美国出版了供律师查阅法律判例的检索工具《谢泼德引文》(Shepard's Citation),为最早的引文索引。20 世纪 50 年代,美国情报学家 E. 加菲尔德从中受到启发,研制出用计算机辅助编制的引文索引。他主办的费城科学情报研

---

① 慕槐:《关于注释》,载《法学研究》1995 年第 2 期。
② 〔英〕柯林·内维尔著:《学术引注规范指南(第二版)》,张瑜译,上海教育出版社 2013 年版,第 6—11 页。

究所(ISI)先后创办了《科学引文索引》(SCI,1963 年创刊)、《社会科学引文索引》(SSCI,1973 年创刊)和《艺术与人文科学引文索引》(AHCI,1978 年创刊)等 3 种引文索引刊物,并建立了引文索引数据库。20 世纪 90 年代,中国科学院文献情报中心、南京大学中国社会科学研究评价中心分别研制了《中国科学引文索引》(CSCD)和《中文社会科学引文索引》(CSSCI)。

一旦引用文献资料转换成机读形式,并进而制作成引文索引之后,即可作为引文分析之用,产出作者被引用次数、被何人引用、引用在哪一篇或哪些文献、自我引用、期刊被引用次数、期刊影响因素、期刊引用与被引用半衰期(citing and cited half-life)等资料。通过引文分析,可获知学科之间的关系与发展及学术传播的历程,进而了解研究近况与未来趋势,为作者的生产力与影响力及期刊品质的评估树立了一个新的标准。

(四) 何时需要引注

"引注以必要为限",科林·内维尔教授提出了需要做引注的六大情景[①]:(1) 告知读者你的论文中出现的表格、图表、数据、图片和其他资料的信息出处;(2) 当描述或讨论某个作者的理论、模型、实践或案例的时候,或者当你用他们的文章来证明你论文中的案例的时候(这与下面两点密切相关);(3) 当用文献来支撑和加强你的论证的正确性和重要性的时候;(4) 当你要强调某个在评论界受到一定程度认可和支持的理论、模型或实践的时候;(5) 告知读者论文中的引文或定义的第一出处;(6) 当你转述某个你认为非常重要,或者有可能成为辩论焦点的作者的论文时,而且这时转述内容是超出常识的范围的。

何海波教授在《法学论文写作》中介绍了法学学术论文应当引注的几种情形[②]:(1) 援引学术观点。论证中所涉及的关键环节,包括涉及的重要观点和关键概念,应当援引相关文献并标明出处。引用原文的,原则上都应当注明出处。(2) 案例。论证中提到的案例或者事实,应当标明出处。司法案例,应当在案例名称之后标明审判法院、文书性质和文号。例如,"许志永聚众扰乱公共场所秩序案,北京市第一中级人民法院刑事判决书,(2013)一中刑初字第 5268 号"。(3) 法律。(4) 统计数据。应当引用相关的、重要的、原始的文件,并保证引用的全面性和准确性。互联网上有大量转载的学术论文,一般不能直接引用,应首先检查文献是否发表,并标注发表的信息。大量转引二手文献,会降低论文的可信度。

《高校人文社会科学学术规范指南》规定了引文的基本原则:(1) 引用应尊重原意,不可断章取义;(2) 引用应以论证自己观点的必要性为限;(3) 引注观点应尽可能追溯到相关论说的原创者;(4) 引用未发表作品应征得作者同意并保障作者权益;(5) 引用未成文的口语实录应将整理稿交作者审核并征得同意;(6) 学生采用

---

① 〔英〕柯林·内维尔著:《学术引注规范指南(第二版)》,张瑜译,上海教育出版社 2013 年版,第 16 页。

② 何海波著:《法学论文写作》,北京大学出版社 2014 年版,第 231 页。

导师未写成著作的思想应集中阐释并明确说明;(7) 引用应伴以明显的标识,以避免读者误会;(8) 凡引用均须标明真实出处,提供与引文相关的准确信息。

二、引用与抄袭

引用不仅是对他人著作权的极大尊重,也是学术传承和发展的重要途径。毕加索曾言,"好的艺术家懂得抄袭,伟大的艺术家善于盗取"(Good artists copy, great artists steal),但不当的引用会构成抄袭甚至违法。近年来,国内外学术界抄袭丑闻频发,如北京大学历史系博士于艳茹因陷抄袭门被撤销博士学位,进一步引发舆论关注。① 如何界定引用与抄袭,在遵守学术规范与提倡学术自由之间寻求平衡,是当下法律界和学术界所共同关注的热点。

在法律层面,"引用"包含在著作权法规定的合理使用范畴内。著作权法并非单纯为保护著作权人,还负有保护社会文化发展的目的。因而一方面赋予著作人权利以保障其权益,一方面适当地限制著作人权利,允许他人在法律范围内合理使用该著作,从而促进文化发展和社会进步。调和个人利益与公共利益的平衡手段即为"合理使用原则"。我国《著作权法》第 22 条规定了学术研究合理引用的标准:"在下列情况下使用作品,可以不经著作权人许可,不向其支付报酬,但应当指明作者姓名、作品名称,并且不得侵犯著作权人依照本法享有的其他权利:(一)为个人学习、研究或者欣赏,使用他人已经发表的作品;(二)为介绍、评论某一作品或者说明某一问题,在作品中适当引用他人已经发表的作品;……"

不适当的引用则构成抄袭。抄袭,又称剽窃(plagiarism),具有窃取和欺骗的行为属性,在本质上与学术的特性相违背,导致对学术活动和整体学术环境的伤害。我国《著作权法》将抄袭列为侵犯著作权的行为之一,1990 年的《著作权法》规定为"抄袭、剽窃他人作品"(第 46 条),2001 年修订为"剽窃他人作品的"(第 46 条),表明立法将抄袭与剽窃等同。对于抄袭的定义,著作权法和相关立法并未明确规定,各个高校的规定也不尽相同。"每个大学都要学生远离剽窃,却又从来没有清楚地告诉学生'什么是剽窃'"②,导致学术抄袭标准的混乱。

在西方学术界,一般来说,抄袭主要有三种形式③:

---

① 2014 年 8 月 17 日,新闻传播类知名学术期刊《国际新闻界》刊登《关于于艳茹论文抄袭的公告》称,于艳茹发表在该刊的论文《1775 年法国大众新闻业的"投石党运动"》,大段翻译国外学者发表于 1984 年的论文,甚至直接采用外国论文引用的文献作为注释。随后,北大成立工作组和专家组开展调查。2015 年 1 月 9 日,北大第 118 次校学位评定委员会作出撤销于艳茹博士学位的决定,收回学位证书。3 月 18 日,于艳茹向北京市教委提出申诉,请求撤销北大的决定,但教委对此申诉不予支持。于是,于艳茹提起了行政诉讼,要求判令撤销北大《关于撤销于艳茹博士学位的决定》,并恢复她的博士学位证书的法律效力。2015 年 10 月 14 日,北京市海淀法院开庭审理此案。2017 年 1 月 17 日,北京市海淀法院一审宣判北大败诉,判令北大撤销《关于撤销于艳茹博士学位的决定》,驳回原告于艳茹的其他诉讼请求。

② 方流芳:《学术剽窃和法律内外的对策》,载《中国法学》2006 年第 5 期。

③ 〔英〕柯林·内维尔著:《学术引注规范指南(第二版)》,张瑜译,上海教育出版社 2013 年版,第 28 页。

(1) 抄袭他人的作品,包括未经过同意的抄袭和经过同意的抄袭(如论文写手写好卖给学生的作品),并声称是自己的原创。

(2) 抄袭了原著的大量语言,且没有作引注。

(3) 用自己的话转述别人的观点和思想,但没有提及作品的原始作者和出处。

抄袭不必然违法,在法律层面,少量的抄袭,不构成侵权,但在学术层面,未遵守引注或其他学术论文撰写规范,但有载明出处,虽符合著作权法合理使用之认定,但亦构成学术抄袭,自我抄袭(self-plagiarism)在著作权法上不会产生任何问题,但却可能违反学术道德。学术比法律有更高的伦理要求。

在实践中,各高校开始使用论文检测系统来界定论文抄袭,但各校之间关于抄袭的界定并不一致。从指标构成看,有的只采用单一指标,即文字重合百分比或文字复制比;有的采用双重指标,即重合字数和重合百分比。但学术不端检测系统有其明显的缺陷:一是会把正常的引用误判为抄袭。二是无法判断那些仅改变了个别用词或句式的实质性抄袭,至于思想的剽窃就更难以判断和认定了。三是会无视学科差异,定统一的指标体系,有损学术的科学性与公正性。四是未纳入检测数据库的文献无法检测。

违反著作权法和学术道德的抄袭,可能要承担三种责任:民事责任、刑事责任和行政责任。侵犯著作权的抄袭须"承担停止侵害、消除影响、赔礼道歉、赔偿损失等民事责任"(《著作权法》第47条);侵犯著作权的抄袭的刑事责任规定在《刑法》第217条:"以营利为目的,有下列侵犯著作权情形之一,违法所得数额较大或者有其他严重情节的,处三年以下有期徒刑或者拘役,并处或者单处罚金;违法所得数额巨大或者有其他特别严重情节的,处三年以上七年以下有期徒刑,并处罚金:(一)未经著作权人许可,复制发行其文字作品、音乐、电影、电视、录像作品、计算机软件及其他作品的;……"

学术上抄袭的行政处罚,主要由教育部和各高校的内部规章所规定。对教师的处罚,主要包括学术处分和行政处分,学术处分包括:训诫、调离研究项目并追回研究经费、停招研究生、暂缓申报或取消研究生指导教师资格以及依法不授予或撤销学位等[1];行政处分包括:警告、记过、记大过、解聘、降级、撤职、开除等[2]。对学生的处罚主要包括学业处理和纪律处分。学业处理包括延缓答辩、允许自动退学、予以退学或取消学位申请资格等。已结束学业并离校后的研究生,如果在校期间存在严重违反学术规范的行为,一经查实,撤销其当时所获得的相关奖励、毕业证书和学位证书。纪律处分包括警告、严重警告、记过、留校察看、开除学籍等。[3]

---

[1] 《复旦大学学术规范及违规处理办法(试行)》,http://www.gs.fudan.edu.cn/6a/b9/c2852a27321/page.htm,2016年3月1日访问。

[2] 《北京大学教师学术道德规范》,http://www.law.pku.edu.cn/ky/xgwj/956.htm,2016年3月1日访问。

[3] 《北京大学研究生基本学术规范》(2007),http://grs.pku.edu.cn/document/20150721201043513249.pdf,2016年3月1日访问。

三、国外主要的文献著录规范

学术上要避免抄袭,必须了解引文规范,正确引用文献,尊重他人的知识产权。不同学术领域的论文写作风格不同,引注格式也随之而变。目前在人文社会科学领域中,最著名的是芝加哥体例(Chicago Style)、美国现代语言协会体例(MLA Style)和美国心理协会体例(APA Style)。APA 体例以"著作—出版年"标示引用文献,MLA 体例采用"著作—页码"方式标示,Chicago 体例则以两大系统"注释"(note)与"著作—出版年"并行的方式,供不同领域作者选择。人文学科多使用 MLA、Chicago 体例;科学领域则以 APA 体例居多。法律界最通行的引注标准则为美国的《蓝皮书:统一注释体例》(Blue Book:An Uniform System of Citation,简称《蓝皮书》)和英国的《牛津法律权威引注标准》(The Oxford Standard for Citation of Legal Authorities,OSCOLA)。

(一) 芝加哥体例(Chicago Style)

《芝加哥手册:写作编辑和出版指南》(The Chicago Manual of Style:The Essential Guide for Writers,Editors & Publishers)由美国芝加哥大学出版社的一批资深编辑撰写,1906 年初版后,随时代的发展而不断补充修订,至 2010 年已出第 16 版。

芝加哥体例提供"注释制"(note)和"著者—出版年"制两种格式供作者选择。作者在文中有引证或需说明的,可在脚注或尾注中具体说明。除注释外,作者还在文章最后以参考书目的形式对所引文献加以汇总,以便读者检索。由于注释的形式比较灵活,可以容纳更多说明性的内容,对历史学这类对资料引证要求严谨的学科来说较为适用,因而芝加哥格式在历史学论著中占据统治地位。

芝加哥体例还有一个变体——杜拉宾体例(Turabian Style)。由 Kate Turabian(1893—1987)在芝加哥大学担任学术论文秘书时,在芝加哥体例基础上为在校本科生和研究生编撰的《学期论文和学位论文文体指南》(A Manual for Writers of Term Papers,These,and Dissertations),是芝加哥手册的精简版,至 1996 年已出第 6 版。杜拉宾体例使用脚注,文后按照字母顺序列出作者撰写论文时所参考的所有文献。

芝加哥体例文献举例
书籍
注释:
Hannah Arendt,*The Human Condition* (Chicago:University of Chicago Press,1998),246.
参考文献:
Arendt, Hannah. *The Human Condition* . Chicago:University of Chicago Press,1998.
期刊
注释:

Barbara Mueller, "Reflections of Culture: An Analysis of American and Japanese Advertising Appeals," *Journal of Advertising* 27（June 1987）: 52.

参考文献：

Mueller, Barbara. "Reflections of Culture: An Analysis of American and Japanese Advertising Appeals." *Journal of Advertising* 27（June 1987）: 48—57.

杂志

注释：

Billy Smith, "NATO Peacekeepers Encounter Resistance in Bosnia," *Time*, 15 November 1998, 23.

参考文献：

Smith, Billy, "NATO Peacekeepers Encounter Resistance in Bosnia." *Time*, 15 November 1998, 21—23.

学位论文

注释：

Mihwa Choi, "*Contesting Imaginaires in Death Rituals during the Northern Song Dynasty*"（PhD, University of Chicago, 2008）,120.

参考文献：

Choi Mihwa, "*Contesting Imaginaires in Death Rituals during the Northern Song Dynasty*". PhD. University of Chicago, 2008.

电子资源

注释：

Weissmann, Anne. Ernest Haeckel: Art Forms in Nature. http://www.mblwhoilibrary.org/haeckel/index.html（accessed January 14, 2016）.

参考文献：

Anne Weissmann, Ernest Haeckel: Art Forms in Nature, http://www.mblwhoilibrary.org/haeckel/index.html（accessed January 14, 2016）.

（二）美国现代语言协会(MLA)体例

MLA体例为美国现代语言协会出版，分为两种：《MLA学术论文写作者手册》（MLA Handbook for Writers of Research Papers）和《MLA体例手册与学术出版指南》（MLA Style Manual and Guide to Publishing），前者为高中生和大学生撰写研究报告而设计，后者则为研究生和专家学者撰写学术论文而编制。因而后者更加规范、严谨。

MLA体例采用"著作—页码"制，当文中引用某一文献时，用圆括号注出该文献作者的姓氏和所引作者的页码，完整的文献信息则可在文后引用文献列表或参考书目中查到。MLA体例主要应用于人文科学领域，如语言、文学和艺术领域，至今已被美国、加拿大等国的大学出版社和商业出版社普遍采用。

MLA 文献举例
书籍
文中引注：

(Lipson,51)

参考文献：

Lipson, Charles. Reliable Partners: How Democracies Have Made a Separate Piece. Princeton: Princeton UP, 2003.

期刊
文中引注：

(Cho,125)

参考文献：

Cho, Kuk. "Tension Between the National Security Law and Constitutionalism in South Korea: Security for What." Boston University International Law Journal 15 (1997): 125, 139-140.

杂志
文中引注：

(Simpson,56)

参考文献：

Simpson, Rhonda P. "Exercising in the New Millennium: A Plan to Meet the Modern Woman's Needs." Health and Fitness 15 June 1995: 56—61.

学位论文
文中引注：

(Choi,18)

参考文献：

Mihwa Choi, Contesting Imaginaires in Death Rituals during the Northern Song Dynasty. PhD diss, University of Chicago, 2008.

电子资源
文中引注：

(Nguyen)

参考文献：

Nguyen, Stephen. MLA Format Works Cited. 17 Oct. 2011. http://mlaformat.org/mla-format-works-cited/ 7 Mar 2016.

(三) 美国心理协会(APA)体例

APA 体例是指美国心理学会(American Psychological Association)所发行的出版手册(publication manual)有关论文写作的规定格式，源于1928年，一群人类学与心理学期刊的编辑商讨期刊原稿的形式及写作预备工作的指导，至2009年7月已发行第6版。APA格式为"著作—出版年制",文中引用某一作者文献时,在相应的地方用圆括号注出作者姓氏和出版年,详细的著录信息在文后以作者姓氏的字母顺序编排的文献列表中加以反映。APA体例在美国主要被适用于心理学等科学领域,因为科学研究讲究时效性,所以将出版日期置于明显处。

APA 文献举例:
书籍
文中引注:
(Calfee & Valencia 1995)
参考文献:
Calfee, R. C., & Valencia, R. R. (1991). APA guide to preparing manuscripts for journal publication. Washington, DC: American Psychological Association.

期刊
文中引注:
(Harlow, 1983)
参考文献:
Harlow, H. F. (1983). Fundamentals for preparing psychology journal articles. Journal of Comparative and Physiological Psychology, 55, 893—896.

杂志
文中引注:
(Henry, 1990)
参考文献:
Henry, W. A., III. (1990, April 9). Making the grade in today's schools. Time, 135, 28—31.

硕博论文
文中引注:
(Mihwa Choi, 2008)
参考文献:
Mihwa Choi, (2008). Contesting Imaginaires in Death Rituals during the Northern Song Dynasty. PhD diss, University of Chicago.

电子资源
文中引注:
(Bernstein, 2002)
参考文献:
Bernstein, M. (2002). 10 tips on writing the living Web. A List Apart: For People Who Make Websites, 149. Retrieved from http://www.alistapart.com/arti-

cles/ writeliving.

（四）美国《蓝皮书》

在美国法律界最通行的引注标准是《蓝皮书》，由哈佛、耶鲁、哥伦比亚和宾夕法尼亚这四所大学的法学评论社的编委会联合制定，并由哈佛大学法学评论社出版发行，至 2010 年已修订 19 版。

《蓝皮书》文献举例：

成文法

1. 宪法

基本引注要素和格式：

《美国宪法》的缩写，条款。

例：《美国宪法》第 14 修正案第 2 条。引注为：

U. S. Const. amend. XIV, § 2.

2. 《美国法典》(United States Code)

《美国法典》共 50 篇(50 titles)，每篇为一个大主题，篇下设章(chapter)，章下设分章和条款(section)，引注要包含篇和条款。

基本引注要素和格式：

法规名称　篇号　《美国法典》的缩写　条款号（出版年份）。

例：《植物新品种保护法》，编入《美国法典》第 7 篇，第 2321—2853 条(2015 年版)。引注为：

Plant Variety Protection Act of 1970, 7 U. S. C. § § 2321—2853(2015).

3. 单行法律

基本引注要素和格式：

法律名称及其颁布年份，公法号，条款号，美国《法律总汇》(Statute at Large)的缩写　页码(颁布年份)。

例：《2007 年公开政府法案》，公法 110—81 号，第 9 条，《法律总汇》第 121 卷，第 735 页、第 776 页(2007 年)。引注为：

Open Government Act of 2007, Pub. L. No. 110—81, § 9, 121 Stat. 735, 776 (2007).

4. 行政法规(Administrative Regulations)

《美国联邦行政法典》(Code of Federal Regulations，简称 CFR) 参照美国法典的编纂方式分为 50 个主题。

基本引注要素和格式：

篇号　《美国联邦行政法典》的缩写　条款号(出版年份)。

例：《美国联邦行政法典》第 7 篇第 201 条(2015 年版)。引注为：

7 C. F. R. § 201 (2015).

如果知道行政规章的名称，应加上．

例:Federal Seed Act Regulation,7 C. F. R. §201(2015)。

5. 美国州成文法

美国有50个州,各州的法典名称都不尽相同。如有《蓝皮书》,应参阅其中的"表1:美国司法管辖区各州法律出版物一览表"(Table 1:United State Jurisdictions)。

基本引注要素和格式:

州法典简称 条款(最新出版年份)。

例:《伊利诺伊州法律汇编》(Illinois Compiled Statutes)第720章"刑法典"(Criminal Code of 2012)第36条。引注为:

720 ILCS 5 §36 (2012)。

判例

1. 联邦判例

基本引注要素和格式:

原告名诉被告名,卷号 判例集简称 页码[法院名简称(最高法院可免)判决年份]。

例:肯特诉美国政府案,《美国最高法院判例汇编》,第383卷,第541页(1966年)。引注为:

Kent v. United States,383 U. S. 541 (1966)。

高尔特案,《美国最高法院判例汇编》,第387卷,第1页(1967年)。引注为:

In re Gault, 387 U. S. 1 (1967)。

2. 州判例

基本引注要素和格式:

原告名诉被告名,卷号 判例集简称 页码[州名简称 法院名简称(地方最高法院可免) 判决年份]。

例:登载在《西南判例汇编》(South West Reporter)第二系列,第464卷,第307页的田纳西州刑事上诉法院1971年判决的"米歇尔诉州政府案"。引注为:

Michelle v. State,464 S. W. 2d307(Tenn. Crim. App. 1971)。

3. 著作

基本引注要素和格式:

作者,书标题 引文页(版本,出版社,出版年份)。

例:

Lynn M. LoPucki & Elizabeth Warren,Secured Credit:A Systems Approach 700 (3d ed.,Aspen L. & Bus. 2000)。

4. 期刊文章

基本引注要素和格式:

作者,文章标题,卷号 杂志名称的缩写 文章的头页,引文页(出版年份)。

例:

David B. Spence, The Political Economy of Local Vetoes, 93 TEX. L. REV. 351, 357(2014).

(五)《牛津法律文献引注标准》

《牛津法律引证标准》最先是由彼得·伯克斯(Peter Birks)教授于2000年设计并与牛津大学法学院师生、牛津大学出版社和哈特出版社磋商后编纂而成。尽管《牛津法律引证标准》起初是为牛津大学师生使用方便而设计,但现在已被英国和其他国家的法学院以及大量法律期刊和著作出版机构采用。

OSCOLA引注格式示例:

图书:

James Casey, Constitutional Law in Ireland (3rd edn, Round Hall Sweet and Maxwell 2000) 126.

期刊

Terence Coghlan, 'The Copyright and RelatedRights Act 2000' (2001) 6 Bar Review 294.

案例

基本引注要素包含:相关方姓名、年份、卷宗编号、法律报告系列的简称、文献引文的第一页。例如:

TD v. Minister for Education [2001]4 IR 259(SC)270.

英国议会法令(法规)(Statutes and statutory instruments)

基本引注要素包含:法案名称以及年份、"编"(part),用pt表示,"节"(section)用s表示,"章"(schedule)简写为sch,"条"(section)用s表示。

例:

Interpretation Act 2005.

European Convention on Human Rights Act 2003, s 3(5)(a).

欧盟法律(EU legislation)

欧盟法律(法规、指令、决议)以及其他文件(包括推荐和意见)应该在引注时标识出法律类型、编号以及名称,再参考欧盟《官方期刊》(Official Journal, OJ)列出出版细节。例如:

Council Regulation (EC) 139/2004 on the control of concentrations between undertakings (EC Merger Regulation) [2004] OJ L24/1, art 5.

Consolidated Version of the Treaty on European Union [2008] OJ C115/13.

示例中OJ L表示属于法律系列,OJ C表示欧盟信息和通告系列。

四、国内主要的文献著录规范

目前,我国学术界主要的文献引证规范有:《文后参考文献著录规则》(GB/T 7714-2005)、《中国学术期刊(光盘版)技术标准规范》(修订版)、《中国高等学校社会科学学报编排规范》(修订版)和《历史研究》规范等。其中,《中国学术期刊(光盘版)技术标准规范》(修订版)和《中国高等学校社会科学学报编排规范》(修订版)的格式与 GB/T 7714 基本相同。

(一)《文后参考文献著录规则》(GB/T 7714-2005)

《文后参考文献著录规则》是一项专门供著者和编辑编撰文后参考文献使用的国家标准,规定了各个学科、各种类型出版物的文后参考文献的著录项目、著录顺序、著录用的符号、各个著录项目的著录方法以及参考文献在正文中的标注法。正文中引用的文献的标注方法可以采用顺序编码制,也可以采用著者—出版年制。所谓顺序编码制,是指参考文献列表中的各篇文献按正文部分标注的序号依次列出;顺序编码制的文内标注格式,按引用文献在著述中出现的顺序用方括号阿拉伯数字(如"[1]")连续编码,以上角标的形式标注。

著录格式示例:
专著

基本引注要素包含:[序号] 主要责任者.题名[文献类型标志].出版地:出版者,出版年:引文页码.

例:[1]江平.民法学[M].北京:中国政法大学出版社,2000:179—193.

连续出版物

基本引注要素包含:[序号] 主要责任者.文献题名[文献类型标志].连续出版物题名,年,(期):页码.

例:[1]张千帆.日本的新闻管控与侵略战争[J].炎黄春秋,2015,(第12期):第12页.

学位论文

基本引注要素包含:[序号] 主要责任者.文献题名[D].保存地:保存单位,年份.

例:[1]车浩.被害人同意初论.[D]北京:北京大学,2007.

电子文献

基本引注要素包含:[序号] 主要责任者.题名[文献类型标志/文献载体标志].[引用日期].获取和访问路径.

例:[1]张志铭.什么是宪政要求的宪法?[EB/OL].[2016-01-08].http://www.aisixiang.com/data/96123.html

(二)《中国学术期刊(光盘版)技术标准规范》修订版

《中国学术期刊(光盘版)检索与评价数据规范》(Data norm for retrieval and evaluation of Chinese Academic Journal-CD）（CAJ-CD B/T 1-1998）由《中国学术期刊(光盘版)》编辑委员会提出,国家新闻出版署 1999 年 1 月 12 日印发,自 1999 年 2 月 1 日起在《中国学术期刊(光盘版)》入编期刊中试行。本规范全面规定了《中国学术期刊(光盘版)》检索与评价数据主要项目的名称,代码,标识,结构和编排格式。2006 年,该规范修订为《中国学术期刊(光盘版)技术标准规范》(CAJ-CD B/T 1-2006),其中有关参考文献的著录格式采用 GB 7714(《文后参考文献著录规则》)推荐的顺序编码制格式。

（三）《中国高等学校社会科学学报编排规范》修订版

2000 年 1 月,教育部印发了由"中国人文社会科学学报学会"提出的《中国高等学校社会科学学报编排规范》修订版,简称"高校学报规范"。"高校学报规范"与 CAJ-CD 规范基本一致,其细化的内容主要是规定一种文献在同一文中被反复引用,用同一序号标示。

（四）《历史研究》规范

《历史研究》规范是中国社会科学院系统以《历史研究》为代表的 7 家期刊联合制定的引证标注规范,2002 年 1 月开始实行,比较充分地体现了人文社科研究特点及传统引证习惯。文献引证方式采用注释体例,注释放置于当页下(脚注)。

格式示例：

1. 著作

基本引注要素包含：责任者与责任方式/文献题名/出版地点/出版者/出版时间/页码。

例：

赵景深：《文坛忆旧》,上海：北新书局,1948 年,第 43 页。

2. 析出文献

基本引注要素包含：责任者/析出文献题名/文集责任者与责任方式/文集题名/出版地点/出版者/出版时间/页码。

例：

鲁迅：《中国小说的历史的变迁》,《鲁迅全集》第 9 册,北京：人民文学出版社,1981 年,第 325 页。

3. 古籍

（1）刻本

基本引注要素包含：责任者与责任方式/文献题名(卷次、篇名、部类)(选项)/版本、页码。

例：

姚际恒：《古今伪书考》卷 3,光绪三年苏州文学山房活字本,第 9 页 a。

（2）点校本、整理本

基本引注要素包含：责任者与责任方式/文献题名/卷次、篇名、部类(选项)/出版地点/出版者/出版时间/页码。可在出版时间后注明"标点本""整理本"。

例：

毛祥麟：《墨余录》，上海：上海古籍出版社，1985年，第35页。

（3）影印本

基本引注要素包含：责任者与责任方式/文献题名/卷次、篇名、部类（选项）/出版地点/出版者/出版时间/（影印）页码。可在出版时间后注明"影印本"。为便于读者查找，缩印的古籍，引用页码还可标明上、中、下栏（选项）。

例：

杨钟羲：《雪桥诗话续集》卷5，沈阳：辽沈书社，1991年影印本，上册，第461页下栏。

（4）析出文献

基本引注要素包含：责任者/析出文献题名/文集责任者与责任方式/文集题名/卷次/丛书项（选项，丛书名用书名号）/版本或出版信息/页码。

例：

管志道：《答屠仪部赤水丈书》，《续问辨牍》卷2，《四库全书存目丛书》，济南：齐鲁书社，1997年影印本，子部，第88册，第73页。

（5）地方志

唐宋时期的地方志多系私人著作，可标注作者；明清以后的地方志一般不标注作者，书名前冠以修纂成书时的年代（年号）；民国地方志，在书名前冠加"民国"二字。新影印（缩印）的地方志可采用新页码。

例：

乾隆《嘉定县志》卷12《风俗》，第7页b。

民国《上海县续志》卷1《疆域》，第10页b。

万历《广东通志》卷15《郡县志二·广州府·城池》，《稀见中国地方志汇刊》，北京：中国书店，1992年影印本，第42册，第367页。

4. 期刊

基本引注要素包含：责任者/文献题名/期刊名/年期（或卷期，出版年月）。

例：

王晓葵：《灾害记忆图式与社会变迁——谁的唐山大地震》，《新史学》第8卷，2014年12月。

5. 学位论文

基本引注要素包含：责任者/文献标题/论文性质/地点或学校/文献形成时间/页码。

例：

方明东：《罗隆基政治思想研究（1913—1949）》，博士学位论文，北京师范大学历史系，2000年，第67页。

6. 手稿、档案

基本引注要素包含：文献标题/文献形成时间/卷宗号或其他编号/藏所。

例：

《傅良佐致国务院电》，1917年9月15日，北洋档案1011-5961，中国第二历史档案馆藏。

在法学研究领域，目前中国尚无统一的法律引注标准，出版社和杂志社对各自出版物参考文献的注释体例规定不尽相同，如《中国法学》《法学研究》《法商研究》等法学核心期刊没有采用《学报编排规范》的格式，关于注释与参考文献的理解和著录与国家标准也不同。

《中国法学》具体注释体例：

1. 著作类

① 胡长清：《中国民法总论》，中国政法大学出版社1997年12月版，第20页。

2. 论文类

① 苏永钦：《私法自治中的国家强制》，载《中外法学》2001年第1期。

3. 文集类

① 〔美〕J.萨利斯：《想象的真理》，载〔英〕安东尼·弗卢等：《西方哲学演讲录》，李超杰译，商务印书馆2000年6月版，第112页。

4. 译作类

① 〔法〕卢梭：《社会契约论》，何兆武译，商务印书馆1980年2月版，第55页。

5. 报纸类

① 刘均庸：《论反腐倡廉的二元机制》，载《法制日报》2004年1月3日。

6. 古籍类

① 《史记.秦始皇本纪》。

7. 辞书类

① 《新英汉法律词典》，法律出版社1998年1月版，第24页。

8. 外文类

依从该文种注释习惯。一般要写明作者、书名（或文章题目及报刊名）、出版者、出版年。中译本前要加国别。

中 篇

资 源 篇

第五章 法学资源概述

第一节 文献的概念及类型

一、文献的概念

文献一词最早见于《论语·八佾》。子曰:"夏礼吾能言之,杞不足徵也;殷礼吾能言之,宋不足徵也。文献不足故也。"南宋朱熹《四书章句集注》认为:"文,典籍也;献,贤也。"即用"文",表示文本记载的图书资料;用"献",表示有学问的人。

随着社会的发展,文献的概念已发生了巨大变化。1984年,中华人民共和国国家标准《文献著录总则》关于文献的定义是:"文献:记录有知识的一切载体。"在这一定义中,有两个关键词:"知识"是文献的核心内容,"载体"是知识赖以保存的物质外壳,即可供记录知识的某些人工固态附着物。也就是说,除书籍、期刊等出版物外,凡载有文字的甲骨、金石、简帛、拓本、图谱乃至缩微胶片、视盘、声像资料等,皆属文献的范畴。

而进入数字化和网络化时代,文献的概念再次面临挑战。在数字文献中,载体的概念更加非物理化和模糊化。例如:当我们通过网络获取、阅读以及传递某一个数字文献时,这个数字文献本质上只是一系列计算机代码的组合。它的物理载体随时变化,可能是计算机的硬盘、优盘、光盘,也可能只是保存在一个虚拟的云存储中。而真正决定该文献特性的是特定组合的这一系列计算机代码,或者说对应的计算机文件。

二、文献的类型

按照不同的分类标准,可以将文献划分为不同的类型。

按照载体形式的不同,可以将文献划分为印刷型文献、缩微型文献、机读型文献等。印刷型文献是指以纸张为存贮介质,以印刷为记录手段生产出来的文献。印刷方法有铅印、胶印、油印、石印、雕刻木印等。缩微型文献是用缩微照相的方式将印刷型文献缩小若干倍存储在感光材料上,并借助于专用阅读器而使用的文献。常见的有缩微胶卷和缩微胶片。机读型文献是以机器(通常指计算机)能阅读和处理的形式存储在某些特殊载体上的信息或数据集合体。其主要类型有:机读目录、文摘索引磁带、联机数据库、电子书刊等。当前,机读型文献一般以数字化形式存在,也常成为数字文献或电子资源。

按照出版和发行公开程度的不同,可以将文献划分为黑色文献、灰色文献和白色文献。黑色文献是指不对外公开、具有完全保密性质的文献。白色文献通常是指正式公开出版发行的文献。灰色文献一般指介于两者之间、发行范围狭窄的文献，包括非公开出版的政府文献、学位论文；不公开发行的会议文献、科技报告、技术档案、文件资料；未刊登稿件以及内部刊物、交换资料、赠阅资料等。灰色文献流通渠道特殊，数量较少，容易绝版。虽然有的灰色文献的信息资料并不成熟，但所涉及的信息广泛、内容新颖、见解独到，具有特殊的参考价值。

按照加工程度的不同，可以将文献划分为一次文献、二次文献和三次文献。一次文献是作者以本人的研究成果为基本素材而创作的文献。如专著、研究论文等。二次文献是人们对一次文献进行加工、提炼或压缩之后得到的产物，是人们为了便于管理利用一次文献而编制、出版和累积起来的工具性文献，如文摘、题录、索引等。三次文献是对有关领域的一次文献和二次文献进行广泛深入的分析综合后得到的产物，如各种综述、述评、学科总结、百科全书、年鉴、手册、文献指南等。

第二节　法律文献的分类

法律文献具有文献的一般特性，同时也具有其自身的特点。借鉴了法律渊源(Sources of Law)的概念，美国耶鲁大学法学院教授莫里斯·L.科恩和弗吉尼亚大学法学院法律检索教师肯特·C.奥尔森在其合著的《法律检索》(*Legal Research*)一书中认为，法律文献按其效力的不同而分为三类：原始法律资源(Primary Sources)，具有强制约束力；二次法律资源(Secondary Materials)，没有法律效力，只是在不同程度上有一定说服力；法律检索工具(Finding Tools)，用来查找其他法律文献的工具。①

这一法律文献的专用分类方法，在国际法律图书馆界被广泛接受和采用，并逐渐得到国内部分法学研究者和信息工作者的认同。需要指出的是，法律文献的这一专用分类方法与普通法系(或英美法系)的特点密切相关。英美法系判例法是正式的法律渊源，"遵循先例"是英美法系的一个重要原则，累积法院先前所作的案例判决结果，作为日后审理案件的参考，由分析案例事实归纳出法律的原理原则。因而英美法系具有大量的、动态变化的原始法律资源。法律文献的这一专用分类方法可以明晰效力，方便检索，帮助法律工作者快速而有效地获取法律渊源和法律信息。而在大陆法系，以中国为例，原始法律资源的内容仅仅包括宪法、法律、行政法规、地方性法规、部门规章、地方政府规章等，数量相对较少且稳定。法律文献的这一专用分类方法价值相对较小。

一、原始法律文献

原始法律文献，也称一次法律文献，主要是指国家立法机构和政府制定颁布的法律、行政法规、行政规章、法律解释等。在普通法系国家，原始法律文献还包括司

---

① Morris L. Cohen, Kent C. Olson, Legal research, 8th ed. ：West Group, 2003, pp.7—8.

法判例和决定。这类文献具有法律效力,具有规范性,也称为"规范性法律文献"。

我国目前的原始法律资源包括宪法、全国人大及其常委会制定的法律、国务院制定的行政法规、国务院各部委制定的规章、签订的各种国际公约(条约)、各种法律解释、地方性法规等。当前,各种一次法律文献均有网络电子版和数据库可供查询,但是在利用时需要注意文献的准确性和权威性。

以法律为例,按照《中华人民共和国立法法》的规定,法律签署公布后,及时在全国人民代表大会常务委员会公报和中国人大网以及在全国范围内发行的报纸上刊载。在全国人民代表大会常务委员会公报上刊登的法律文本为标准文本。行政法规签署公布后,及时在国务院公报和中国政府法制信息网以及在全国范围内发行的报纸上刊载。在国务院公报上刊登的行政法规文本为标准文本。地方性法规、自治区的自治条例和单行条例公布后,及时在本级人民代表大会常务委员会公报和中国人大网、本地方人民代表大会网站以及在本行政区域范围内发行的报纸上刊载。在地方人民代表大会常务委员会公报上刊登的地方性法规、自治条例和单行条例文本为标准文本。部门规章签署公布后,及时在国务院公报或者部门公报和中国政府法制信息网以及在全国范围内发行的报纸上刊载。地方政府规章签署公布后,及时在本级人民政府公报和中国政府法制信息网以及在本行政区域范围内发行的报纸上刊载。在国务院公报或者部门公报和地方人民政府公报上刊登的规章文本为标准文本。

而根据1990年7月29日国务院令第63号发布的《法规汇编编辑出版管理规定》,国家出版的法规汇编正式版本遵守下列分工:法律汇编由全国人民代表大会常务委员会法制工作委员会编辑;行政法规汇编由国务院法制局编辑;军事法规汇编由中央军事委员会法制局编辑;部门规章汇编由国务院各部门依照该部门职责范围编辑;地方性法规和地方政府规章汇编,由具有地方性法规和地方政府规章制定权的地方各级人民代表大会常务委员会和地方各级人民政府指定的机构编辑。

二、二次法律文献

二次法律文献是指不具有法律效力和约束力的、研究、探讨和评论法律的文献。二次法律文献一般包括学术论文、专著、教材等。这类文献不具有法律效力和规范性,也称为"非规范性法律文献"。法律检索工具一般也纳入二次法律文献一并讨论。

二次法律文献是对法律原则的讨论和分析,既是解释性和分析性的法律文献,又是查找原始文献的辅助检索工具。二次法律文献主要包括图书、期刊等。图书的内容比较成熟、全面、可靠和系统,但是出版周期较长,知识时效性较差。法律图书的查找可以借鉴专用书目,例如沈国峰主编的《中国法律图书总目》、陈兴良主编的《中国法学著作大辞典》、中国法学会主编的《中国法律图书目录》等,也可以使用各个图书馆的联机公共查询目录(Online Public Access Catalogue, OPAC)系统。期刊(也叫连续出版物)的特点是内容新颖、出版周期短。当前,期刊的使用形式主要以数字化形式为主,包括期刊社自己的网站和各种期刊数据库。

第三节　图书馆中一二三次文献与一二次法律文献的区别

图书馆中一二三次文献与一二次法律文献具有本质的区别。

首先，两者划分的对象完全不同。一二次法律文献是针对文献中的抽象知识进行的划分。而图书馆中一二三次文献是针对具体的某个文献实体进行的划分。如果运用本体以及 BIBFRAME 的理论，一二次法律文献更类似于作品（work），而图书馆中一二三次文献更倾向于实例（instance）。例如，某个国家的宪法属于一次法律文献，它可能是单独的一本图书、一个电子文档或者一个网页等，也可能是出现在某一本百科全书中。而当其表现为一本图书时，该书为一次文献；当其出现在百科全书中时，该书为三次文献。

其次，二者的划分标准完全不同。图书馆中一二三次文献是按照知识加工程度的不同划分的，而一二次法律文献的划分标准是知识的法律效力。一般而言，一次法律文献，包括国家立法机构和政府制定颁布的法律、行政法规、行政规章、法律解释、司法判例和决定等，均属于一次文献。而二次法律文献则较为复杂。其中的法律专著、法律教材等属于一次文献；法律文摘、案例索引、图书题录等属于二次文献；法律研究综述、述评、法律百科等，则可能属于三次文献。

第四节　数字出版基本知识

数字出版建立在计算机技术、通讯技术、网络技术等高新技术基础上，当前还没有一个明确的定义，一般来说，有狭义和广义两种较为普遍的概念。

狭义的数字出版是指使用数字技术手段对出版的整体或者局部环节进行操作，包括原创作品的数字化、编辑加工的数字化、印刷复制的数字化、发行销售数字化和阅读消费数字化等。本质上是传统出版的内容和数字技术的结合，是传统出版业在发展过程中，快速发展的高新技术对其产生的冲击，导致原来出版形态的变化，两者融合而成的一种全新的出版形态，它既传承了传统出版的优点，又结合了数字化技术，用数字化技术去深度表现传统出版的内容。狭义的数字出版其主体依然是指传统的出版单位，如出版社、期刊杂志社等，并且强调产品形态的规范性，例如要求具有 ISBN、ISSN 号码等。它可能涉及传统的版权、发行、支付平台和服务模式等各个环节。例如在 QQ 阅读 APP 中，将电子图书分为出版图书和原创文学两大类，便是使用了狭义的数字出版概念。

广义的数字出版是指利用数字技术进行内容编辑加工形成数字化作品，并通过数字化手段传播的一种新型出版方式。其主要特征为内容生产数字化、管理过程数字化、产品形态数字化和传播渠道网络化。广义的数字出版已经打破了传统"出版"的概念，其主体已经不限于传统出版单位。在新技术推动下，原本严格区分的行业边界日益模糊,产业融合逐渐深入,内容提供商、技术提供商和渠道运营商之间相互交叉融合。其产品形态多种多样,包括电子图书、数字报纸、数字期刊、网络原创文学、网络教育出版物、网络地图、数字音乐、网络动漫、网络游戏、数据库出版物、手机出版物等。

广义的数字出版与普通的互联网信息服务是存在区别的。首先,数字出版应当是一种合法的出版行为,即数字出版应当遵守我国出版领域的法律规制,包括出版主体的资质要求、出版物的审查要求和出版内容的限制性规定。其次,数字出版形成的数字出版物应当是经过编辑的、具有特定形态的、为著作权法肯定和保护的作品。

在新技术环境下,数字出版相对于传统出版具有极大的优越性,不仅丰富了出版物内容和形式,也改变了人们的阅读方式和生活理念。读者阅读环境、阅读方式和阅读需求的不断改变,持续推动着数字出版的发展,数字出版已经成为新闻出版业的战略性新兴产业和出版业发展的主要方向,具有广阔的发展前景,也是国民经济和社会信息化的重要组成部分,大力发展数字出版产业,已成为大势所趋,成为国家的重要战略任务。调查数据显示,目前,我国的手机出版、网络游戏和网络广告已经发展成数字出版产业的三大巨头。

我国的数字出版起步较晚,虽然发展很快,但与发达国家相比尚有一定差距,主要存在的问题是产业链各环节盈利模式不够清晰,相应标准缺乏,技术与内容错位,知识产权保护不足。为了数字出版产业健康发展,政府加大了对数字出版业的支持,不断完善数字出版基本法律制度,加强对数字出版知识产权的保护。数字出版产业相关基地和行业协会联盟的成立,加快了数字出版行业标准的建设进程。

法律文献的数字出版属于学术类文献出版的范畴。法律期刊(连续出版物)的发展尤其迅速。各个期刊社、出版社纷纷建立了自己的网站,发布最新卷期的电子版。部分期刊实现了 E-first,即电子版先于印刷版发行。而以中国知网中国学术期刊全文数据库为代表的一批期刊数据库,更是极大地推动了法律期刊的数字出版发展,基本实现了所有的法律期刊均有电子版,均能通过网络获取。

第五节 法律专业数据库

一、法律专业中文数据库

(一)北大法宝系列数据库

北大法宝系列数据库(http://www.pkulaw.cn/)在 1985 年诞生于北大法律系,是由北大英华公司和北京大学法制信息中心共同开发和维护的法律数据库产品,经过 30 年的不断创新,目前已发展成为法律法规、司法案例、法学期刊、律所实务、专题参考、英文译本和法宝视频七大检索系统(参见图 5-1)。

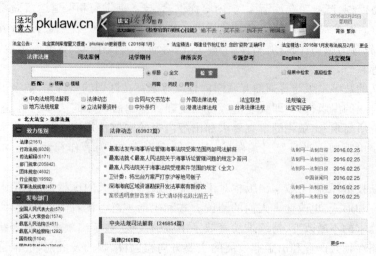

图 5-1　北大法宝系列数据库

1. 法律法规数据库

该库收录自 1949 年起至今的全部法律法规，包括中央法规司法解释、地方法规规章、合同与文书范本、港澳台法律法规、中外条约、法律动态等。具有"摘要显示""检索结果筛选"和"修订沿革"功能。特别是通过"法宝联想"功能可以使法规条文与案例、法学文献、英文译本等信息相互链接与印证，实现了立体化的法律信息展现体系(参见表 5-1)。

表 5-1　北大法宝法律法规数据库①

内容	法律、行政法规、法规性文件、司法解释、部门规章、地方性法规、地方政府规章、常用规范性文件
数量	中央法律司法法规(230029 篇)，地方法规规章(943031 篇)，法律动态(58726 篇)，立法背景资料(6233 篇)，合同范本(6756 篇)，法律文书样式(5954 篇)，中外条约(7672 篇)，外国法律法规(481 篇)，法规编注库(402)，香港法律法规库(2117 篇)，澳门法律法规库(10835 篇)，台湾法律法规库(8794 篇)
更新	平均每日更新 600 余篇，法律、行政法规发布后 3 日内更新，中央文件发布后 7 日内更新，地方文件 15 日内更新
时效	标注法规时效性，注明时效变化原因
来源	立法法认可的官方网站、政府公报、法规汇编、有关合作单位提供的文件
质量	经过电脑与人工校对，符合出版物质量标准，经过与政府公报文本的核对
检索方式	标题与全文关键词、日期、发布部门、法规分类、效力级别、时效性、多种条件组合检索，在检索结果中检索
排列	按照法律适用原理效力级别排序，同一级别文件按照发布日期先后排序

---

① 表内数据来源于 2015 年 2 月数据库官方网站。

(续表)

筛选	检索结果可再次按照发布部门、主题分类、效力级别、时效性等条件筛选
提示	支持拼音首字母提示、词组提示、检索历史提示、参考关键词提示,提供全文检索结果预览提示
法宝联想	提供法规或某法条的立法沿革、相关法规、案例、期刊论文,提供该法规英文译本标题;相关资料可以再次检索和筛选
参考	提供该法规的同类、同发布部门、含有相同关键词的参考文件
下载	提供多格式文件下载(txt、word、html),所有文件均可选择是否保留相关资料链接

2. 司法案例数据库

该库收录大量裁判文书收录,包括案例与裁判文书、案例报道、仲裁裁决与案例、公报案例、案例要旨五个子库,除对案例精细整理外,在指导案例、公报案例、典型案例进行了核心术语、争议焦点、案例要旨等方面的深加工,由专家对案情进行深入剖析与点评,收录的案例具有很高的参考价值。依据权威机关文件将各类案例进行细致分类,通过案由将与其相关的资料进行关联展示,如案由体系、案由释义、法条依据、相关法条、相关案例、期刊论文、裁判标准等,从理论和实践的角度展现案例案由的亮点信息,便于用户全方位、多角度地分析案例(参见表5-2)。

表5-2 北大法宝司法案例数据库[①]

内容	案例与裁判文书、案例报道、仲裁裁决与案例、公报案例、案例要旨
数量	案例与裁判文书(2037584篇),公报案例(1339篇),案例要旨(11726),案例报道(35304篇),仲裁裁决与案例(604篇)
更新	司法案例时时更新,平均每天上传最新案例500余篇
来源	精选收录全国各级人民法院公布的各类裁判文书,主要包括两高发布的指导案例、两高从创刊号开始至今出版的公报上登载的案例、全国公开出版的800余种案例类书籍中的裁判文书及社会关注度高的热点案例、案例报道及仲裁裁决案例。
检索方式	根据用户需求提供全方位检索、检索结果筛选功能,并独家推出个案系统呈现、案例关联帮助系统
排列	按照刑事、民商经济、行政类别排序,同一类文件按照发布时间先后排序
筛选	检索结果可再次按照案例分类、案由分类、案例情节、审理程序、审理法院等条件筛选
提示	支持拼音字母提示、词组提示、检索历史提示、参考关键词提示
法宝联想	直接印证案例中引用的法律法规和司法解释,还可链接与本法规或某法条相关的所有法律法规、司法解释、案例、条文释义、法学期刊、英文译本等
内容	案例与裁判文书、案例报道、仲裁裁决与案例、公报案例、案例要旨

[①] 表内数据来源于2015年2月数据库官方网站。

参考	提供案例的法律依据、相同案例、本院同类案例、相关审判参考、相关论文以及实务专题等资料
下载	提供多格式文件下载(txt、word、html),所有文件均可选择是否保留相关资料链接

3. 法学期刊数据库

该库收录国内法学类核心期刊、优秀的非核心期刊和集刊的全文及目录,各刊内容覆盖创刊号至今发行的所有文献,同时根据文章内容对其进行细致整理,满足用户一站式查询需求。结合北大法宝法条联想功能,提供全方位检索方式,可按文章标题、作者、作者单位、法学类别、期刊名称、期刊年份等进行导航浏览(参见表5-3)。

表5-3 北大法宝法学期刊数据库

内容	《中国法学》《法学研究》《中外法学》《人民司法》《法学杂志》《政法论坛》《现代法学》《比较法研究》《法商研究》《法学评论》《人民检察》《法学家》《环球法律评论》《法律适用》《法学》《法律科学》《人民司法》《当代法学》《电子知识产权》《华东政法大学学报》《行政法学研究》《法学论坛》《政治与法律》《金融法苑》《犯罪研究》《河北法学》《法制与社会发展》《知识产权》《甘肃政法学院学报》《科技与法律》《清华法学》等
数量	99家法学期刊数据,14万多篇法学文章,作者5万多名
更新	每月数据更新1—2次;月更新数量600余篇
来源	收录期刊的标准主要依据国内比较权威的四种版本:(1)南京大学中国社会科学研究评价中心联合编辑出版的《中文社会科学引文索引》(CSSCI);(2)北京大学图书馆与北京高校图书馆期刊工作研究会联合编辑出版的《中文核心期刊要目总览》;(3)中国社会科学院的《中国人文社会科学核心期刊要览》;(4)武汉大学编辑的《武汉大学RCCSE核心期刊目录》
检索方式	可按照标题、作者、作者单位、分类、关键词、摘要、期刊年份、期号内容、期刊名称进行检索
排列	按照核心期刊、非核心期刊、集刊、其他期刊排列;按照期刊在国内影响力排序
提示	支持拼音字母提示、词组提示、检索历史提示,参考关键词提示
下载	提供了多格式文件下载(txt、word、html、pdf),所有文件均可选择是否保留相关资料链接

(二)北大法意系列数据库

北大法意系列数据库(http://www.lawyee.org/)由北大法意及北京大学实证法务研究所出版。其教育频道是专门面向高校领域打造的法学门户资源站点,该频道以法学数据为核心,适用于法学专业以及其他各领域学科与法学专业的交叉研究,重点服务于高校领域的教学科研工作。该频道包含在线司法考试模考系统、实证研

第五章 法学资源概述 97

究平台、案例数据库群、法规数据库群、法学词典、法学文献、法学家沙龙、法学核心期刊目录、高校热点关注、免费电子期刊等模块及栏目。是国内领先的以法学教育、学习与科研应用为目的的自主服务平台(参见图5-2)。

图5-2 北大法意系列数据库

其中,案例数据库群收录了大量古今中外案例,分为12个子库(参见表5-4)。

表5-4 北大法意案例数据库群①

中国裁判文书库	9499687	精品案例库	24819	精选案例库	4286804
中国媒体案例库	55753	行政执法案例库	1918	国际法院案例库	140
外国法院案例库	808	中国古代案例库	467	教学参考案例库	438
中国香港法院案例库	89705	中国澳门法院案例库	17720	中国台湾法院案例库	610832

法规数据库群收录了众多的国内外法律法规,划分为10个子库(参见表5-5)。

表5-5 北大法意法规数据库群②

中国法律法规库	1458061	中英文本对照库	3759	新旧版本对照库	213
中国香港法规库	3050	中国澳门法规库	32368	中国台湾法规库	10550
外国法规库	1016	国际条约库	5668	法规解读库	1840
古代近代法规库	648				

(三) 法律门系列数据库

法律门系列数据库(http://www.falvmen.com.cn)是法律出版社依托自身优势和中华法律网资源优势打造的大型全文检索应用型数据库。目前共有14个库,包

---

① 表内数据来源于2015年2月数据库官方网站。
② 同上。

括法律法规、司法判例、仲裁案例、法律文书、合同文本、WTO、学术论文、实务应用、法律问答、法律释义、英文法律、法律翻译、法律名词、法律名录等(参见图5-3)。

图5-3　法律门系列数据库

(四)中国裁判文书网

中国裁判文书网(http://www.court.gov.cn/zgcpwsw/)是最高人民法院依据《最高人民法院关于人民法院在互联网公布裁判文书的规定》(2014年1月1日)设立的。中国裁判文书网统一公布各级人民法院的生效裁判文书。目前,已经成为全球最大的裁判文书网,公布裁判文书超过1500万份,总访问量达到4.2亿多人次(参见图5-4)。

图5-4　中国裁判文书网

（五）香港双语法例资料系统（BLIS）

香港双语法例资料系统（Bilingual Laws Information System，BLIS）是由香港特别行政区政府律政司设立与更新的法律数据库（http://www.legislation.gov.hk）。该数据库有英文版、中文繁体版和中文简体版，收录了香港成文法的中文及英文文本，包括所有现时实施的主体条例及附属法例，所有主体条例及附属法例（包括已废除的主体条例及附属法例）追溯至1997年6月30日的版本。该库同时还收录了宪法类文件及其他有关文件，包括《中华人民共和国宪法》、《香港特别行政区基本法》、全国人民代表大会的有关决定、全国人民代表大会常务委员会的有关决定及解释，以及中英联合声明、在香港特别行政区实施的全国性法律、香港特别行政区立法会议事规则、香港法例所用的词汇用语。系统建有条例中文主题索引、条例英文主题索引，并具备搜寻功能（参见图5-5）。

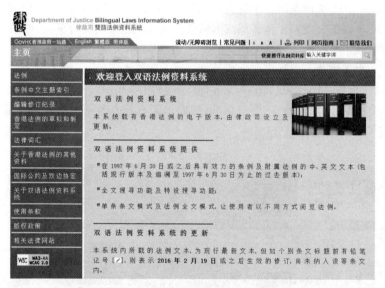

图5-5　香港双语法例资料系统

系统为配合使用者的不同需要，提供两种服务模式。一是单条条文模式。在此模式下，用户可查阅法例的现行及过去版本。各主体条例及附属法例的每一条规例、规则、附例、附表等均以独立文件方式储存于资料库内。用户可逐次阅览及打印每份独立文件。此外，单条条文模式亦具备快速及进阶搜寻功能，让用户查询有关条文。二是法例全文模式。此模式只提供法例的现行版本。用户可阅览、下载及打印主体条例或附属法例全文的PDF档案。此外，法例全文模式亦具备快速搜寻功能，让用户查询有关法例。系统中各主体条例及附属法例的编号，与香港法例活页版所载者相同。宪法类文件及其他有关文件在香港法例活页版中并无编配章号，但在系统中均配以一个非正式的参考编号作为识别，让用户可通过该非正式的参考编号就任何特定文件进行查询。如现行主体条例或附属法例中某条文的修订已经实施,但尚未载入系统中有关条文的文本内,系统会在该项修订开始实施当日,在主体条例或附属法例条文列表中所展示的有关条文的标题前加上铅笔编辑记号(笔形记号)。某条文若同时有多于一项未载入资料库的修订,便会加上额外的铅笔记号作识别。该记号提醒用户留意有关条文有已生效但尚未载入该条文的文本的修订。有关修订一经载入有关条文的文本,铅笔记号便会删去。在单条条文模式下,用户可在显示主体条例及附属法例列表的网页上方,点击按笔形记号查阅尚待更新的条文的语句中的笔形记号图示,以阅览已加入铅笔记号的条文的完整列表。在法例全文模式下,用户可在显示主体条例及附属法例列表的网页上方,点击笔形记号或笔形记号图标,可查阅有待更新的法例全文的语句,阅览包含有已加入铅笔记号的条文的主体条例及附属法例的完整列表。如某条文的修订已在宪报刊登但仍未实施,则系统不会将有关修订载入该现行条文内,亦不会在该条文的标题前加上铅笔编辑记号。新的条文、主体条例或附属法例(并非修订现行法例)即使仍未实施,亦会加入系统中,但新条文或新主体条例或附属法例的每项条文的简介的备注栏中会加上附注,表明该条文尚未实施。

(六)中国法律数字图书馆

中国法律数字图书馆(http://law.cnki.net)由同方知网技术产业集团开发,是我国目前资源收录最完备、内容最权威、功能最先进的大型动态法律知识服务系统之一(参见图5-6)。

图5-6 中国法律数字图书馆

该库收录128种中国优秀法学期刊及2000多种综合性相关期刊、380余家博士培养单位的博士学位论文、540余家硕士培养单位的优秀硕士学位论文、1500余家全国各学会/协会重要会议论文、500多种报纸,从中精心遴选法律及其相关学科文献,共计185万篇;收录全国各级人民法院的典型案例、媒体报道的案例,包括民事经济纠纷、知识产权纠纷、海事海商纠纷、刑事犯罪案件、行政诉讼案件、行政复议、行政执法案件、司法鉴定案例,共计36万篇;收录法律、行政法规、军事法规、部门规章、地方性法规、地方政府规章、司法解释、行业规定、国际条约、港澳台法律、外国法律、团体规定、立法背景资料等,共计75万篇。该库完整收录我国历年颁布的法律法规、各类典型案例、法学论文等全类型法律信息资源,并提供完善的检索工具,满足用户一次性获取所有法律知识信息资源及精确查找法律信息的需求,实现查全查准的目标,同时在大规模集成的基础上实现了法规—案例—论文三大信息资源的关联整合,沟通理论研究、立法与司法实践,达到全面了解法制建设发展脉络、正反对比分析的目的,支持法律数字化学习,开展新型法律数字化研究的目标。

二、法律专业外文数据库

（一）Westlaw

Thomson Reuters Westlaw 法律在线数据库(简称 Westlaw),(http://www.westlaw.com)在60多个国家被广泛使用,是世界著名的法律文献数据库。该库提供美国、英国、澳大利亚、欧盟诸国以及中国香港等国家和地区的法律案例、法规条文和法律评论期刊等的全文信息以及时事新闻和商业资讯(参见图5-7)。

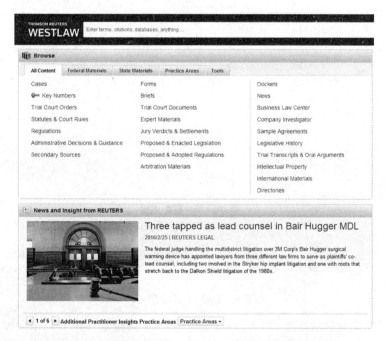

图5-7　Westlaw International 法律在线数据库

Westlaw International 法律在线数据库以汤森路透法律旗下的 West、Sweet &

Maxwell、RIA、Carswell、Australian Tax Practice(ATP)等二十多家出版公司为后盾,内容涵盖超过28000个子库,包括美国、英国、加拿大、澳大利亚、欧盟、香港地区的成文法、判例法、国际条约,美国法院卷宗(Dockets),1500余种法学期刊,1500余种法学专著、教材、字典、百科全书、法律格式文书范本和实务指南,覆盖几乎所有的法律学科。

(二) LexisNexis 系列数据库

1. Lexis China 律商网

Lexis China 律商网(http://origin-www.lexisnexis.com/ap/auth/)是世界领先的全面资讯和商业解决方案提供商 LexisNexis 律商联讯集团于2005年正式推出的在中国的旗舰产品,面向来自政府、中外企业、国内外律所以及各大高校的专业法律客户,提供具有权威性、实务性、时效性的解决方案(参见图5-8)。

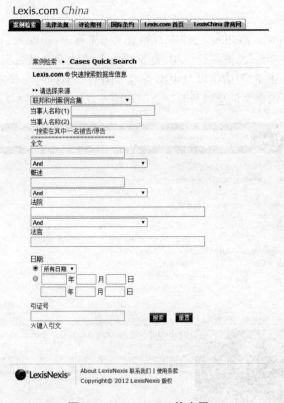

图 5-8 Lexis China 律商网

该库基础数据量已近300万,33个法规分类,全面涵盖1949年以来中央和各级地方颁布的法规和判例。推出多个实务模块,提供深度加工的实务内容。所收录的基础法规和判例信息都来自官方和权威渠道,评论文章、实务资料、案例解析等二次文献均由国内一流的专家撰写。法律信息和英文翻译均经过专业编辑团队的严格审校和筛选,确保数据库内不存在错误和重复数据,并确保翻译的精准度。实时监测超过 3400 个政府和新闻机构信息源,确保信息每日更新,重要政府部门出台的法规可以在发布当天上线。拥有强大的技术支持,智能搜索引擎最大程度地提高检索结果的相关度。内容均按照法律主题、工作流程以及行业领域合理分类,便于浏览和查找。对内容进行加工和整理,实现了所有相关资料与中文法律法规的交互参考与查询。具有多种邮件提醒和简讯定制服务,并可以在移动设备上随时登录。用户可通过在线专家问答、网络会议、专题研讨会的方式共同分享各领域的权威专家的精彩观点。

2. LexisNexis Academic 学术大全

LexisNexis Academic 学术大全数据库(http://origin-www.lexisnexis.com/ap/academic/)是由美国图书馆专家委员会设计的、并由专业图书馆员做资源收录评估和筛选的、专为学术图书馆提供服务的专业信息资源系统(参见图 5-9)。

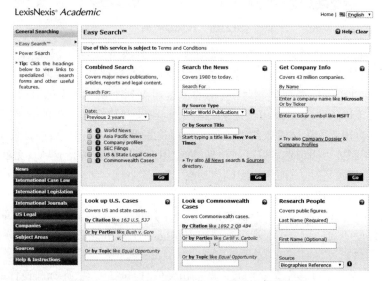

图 5-9 LexisNexis Academic 学术大全数据库

该库包括数百个国家和地区的、英语和非英语的报纸、通讯、广播稿和国际新闻,以及美国、加拿大、欧盟和其他英联邦国家的判例和法院判决、各类法令规章、法律新闻、法律背景评述或法律话题。收录的逾 1.5 万份国际性报刊,最早可溯及 1977 年。该库提供 Shepard's Citations(谢巴德引文引证),以确保使用准确的法律和有效的论证。LexisNexis Academic 学术大全数据库基于先进的网络技术,提供多种灵活的检索方式,提供智能分类和灵活显示,使用户可以快速访问新闻、期刊、商业和法律出版物的全文资料。

(三) HeinOnline

HeinOnline(http://home.heinonline.org)由 William S. Hein & Co. Inc. 公司出

品。该公司从事法律出版及信息服务已有近80年的历史,在美国乃至全球均享有盛名,现为全球最大的法律期刊提供商、订购商和法律图书馆界的服务商之一。该库2002年曾获得过国际法律图书馆协会颁发的最佳商业网站奖;2001年获得美国法律图书馆协会颁发的最佳新产品奖(参见图5-10)。

图 5-10 HeinOnline

HeinOnline收录超过1.2亿页文献资料,其中包括涵括38个国家、地区的2100多种法律和与法律相关的期刊。全球排名前500的法学期刊,该库收录469种。其中460种期刊可以回溯到创刊号,最早的可以回溯到1788年,大部分收录到当前期。此外,该库还收录3000多种法学经典专著,以及自1754年以来的美国国会报告和记录、联合国和国际联盟条约汇编等。该库检索界面友好、简单,非常便于检索。文献的引用和被引用信息可以互相检索,方便用户跟踪最新研究成果。文献以PDF格式和文本格式呈现,方便用户阅读和下载。

(四) Kluwer IP Law

Kluwer IP Law(威科知识产权数据库,http://kluweriplaw.com)由国际商事仲裁委员会、常设仲裁法庭、国际仲裁学会以及 Kluwer Law International 机构联合推出(参见图5-11)。

该库收录了200多个国家的知识产权相关信息,包括专利、商标和设计的注册、授权以及诉讼程序,15个主要国际公约、条约及协议的全文,如《欧洲专利公约》(European Patent Convention)《世界知识产权公约》(WIPO Convention)和《TRIPS协定》。收录自2008年以来29个国家及组织的所有专利判例,个别典型案例可追溯至1980年。此外,还收录了业内专家的权威分析总结、智能图表,令多个辖区之间的类似之处和差别之处一目了然。

具体涵盖内容如下:

双边投资协定(Bilateral Investment Treaties):超过2000条双边投资协定原文,并可通过便捷的工具获得其签字、生效日期及其缔约国详情。

裁决(Awards)及判例(Case Law):收录超过5000条法庭决议(Court Decision)以及2000余项仲裁裁决(Awards)。

第五章 法学资源概述

图 5-11 Kluwer IP Law 威科知识产权数据库

公约(Convention):运用纽约公约判决工具帮助用户搜索纽约公约或其他相关判决、案例。可以浏览大部分的仲裁条约全文,以及相关的法庭判决和大量的相关参考文献。

各国信息(Jurisdictions):197个国家及地区的仲裁组织结构、双边投资协定、法庭判决案例、相关立法、裁决和法规。

相关立法(Legislation):主要管辖区的近500条法律文本。

新闻资讯(News Updates):国际仲裁协会报道的最新资讯及由该协会发行的电子月报。除此之外,还可浏览众多世界著名仲裁员发表的博文。

相关法规(Rules):400余家主要协会的法规内容。

评论(Commentary):有关仲裁领域的权威出版物,包括100多本书籍、8种仲裁专业期刊、ICCA 国会系列出版物、ICCA 手册以及 ICCA 年鉴。

第六节 其他数据库中的法律信息资源

一、综合性中文法律数据库

(一)中国知网系列数据库

1. 中国学术期刊(网络版)

中国学术期刊(网络版)(http://www.cnki.net)(国内统一连续出版物号 CN11—6037/Z)是世界上最大的连续动态更新的中国学术期刊全文数据库,是"十一五"国家重大网络出版工程的子项目,是《国家"十一五"时期文化发展规划纲要》中的国家"知识资源数据库"出版工程的重要组成部分。该库收录内容以学术、技术、政策指导、高等科普及教育类期刊为主,内容覆盖自然科学、工程技术、农业、哲学、医学、人文社会科学等各个领域。共分为十大专辑:基础科学、工程科技Ⅰ、工程科技Ⅱ、农业科技、医药卫生科技、哲学与人文科学、社会科学Ⅰ、社会科学Ⅱ、信息科技、经济与管理科学。十大专辑下分为168个专题。收录自1915年至今出版的国内学术期刊(部分期刊回溯至创刊号)8000多种,全文文献总量4500多万篇。其中法律类学术期刊约有70多种,全文文献总量100多万篇(参见图5-12)。

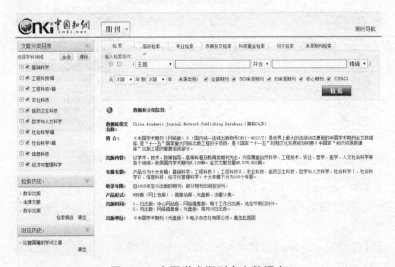

图5-12 中国学术期刊全文数据库

2. 中国学术辑刊全文数据库

辑刊是指由学术机构定期或不定期出版的成套论文集。辑刊的编辑单位多为高等院校和科研院所。编者的学术素养高,论文质量好、专业特色强。辑刊具有较强的学术辐射力和带动效应。中国学术辑刊全文数据库是目前国内唯一的学术辑刊全文数据库,划分为十大专辑,168个专题。该库共收录国内出版的重要学术辑刊600多种,累积文献总量20多万篇。其中法律类重要学术辑刊80多种,全文文献总量2.7万多篇。

3. 中国博士学位论文全文数据库

中国博士学位论文全文数据库简称CDFD,是国内内容最全、质量最高、出版周期最短、数据最规范、最实用的博士学位论文全文数据库之一。该库收录从1984年至今的,全国985、211工程等重点高校,中国科学院、社会科学院等研究院所的博士学位论文27万多篇。划分为十大专辑,168个专题。其中法律类博士学位论文5000多篇。

4. 中国优秀硕士学位论文全文数据库

中国优秀硕士学位论文全文数据库简称 CMFD，是我国内容最全、质量最高、出版周期最短、数据最规范、最实用的硕士学位论文全文数据库之一。该库收录了985、211 高校、中国科学院、社会科学院等机构的优秀硕士论文 250 多万篇。划分为十大专辑，168 个专题，其中宪法、民法等法律专业优秀硕士论文约 14 万多篇。

5. 中国重要会议论文全文数据库

该库重点收录 1999 年以来，中国科协、社科联系统及省级以上的学会、协会、高校、科研机构、政府机关等举办的重要会议上发表的文献，部分连续召开的重要会议论文回溯至 1953 年。划分为十大专辑，168 个专题。该库收录会议文献总量超过197 万篇。其中，法律类会议文献收录总量超过 3.6 万篇。

6. 国际会议论文全文数据库

该库重点收录 1999 年以来，中国科协系统及其他重要会议主办单位在国内召开的国际会议上发表的文献，部分重点会议文献回溯至 1981 年。划分为十大专辑，168 个专题。目前，已收录出版国际学术会议论文集 5000 多本，累积文献总量 59 万多篇。其中，法律类会议文献收录约有 4000 多篇。

（二）月旦知识库

月旦知识库（http://www.lawdata01.com.cn）由台湾元照出版公司出版发行。该库涵盖法学、教育、经济、公管、医卫五大学科（参见图 5-13）。

图 5-13　月旦知识库

该库收录全球华文法学文献，包括期刊、文献专论、影音论坛、教学资源、词典工具书、法律分析、实务判解精选、常用法规、法学名家、博硕士论文、考试题库热点等。分为 11 个子库，约有 50 万篇全文数据。该库唯一独家收录台湾元照知识集团所属的法律学术资源，例如元照英美法词典、月旦法学杂志系列、教育研究月刊系列、元照法政丛书、高等教育丛书、智胜经管丛书、资诚企管系列、民诉法研究会丛书、高点考试丛书、台湾高校教案、编辑知识加值内容。

(三) CADAL 数字图书馆

CADAL 数字图书馆(http://www.cadal.net)由大学数字图书馆国际合作计划(China Academic Digital Associative Library,以下简称 CADAL)建设。其前身为高等学校中英文图书数字化国际合作计划(China-America Digital Academic Library)。国家计委、教育部、财政部在 2002 年 9 月下发的《关于"十五"期间加强"211 工程"项目建设的若干意见》的文件中,将中英文图书数字化国际合作计划(CADAL)列入"十五"期间"211 工程"公共服务体系。CADAL 与中国高等教育文献保障系统(China Academic Library & Information System,以下简称 CALIS)一起,共同构成中国高等教育数字化图书馆的框架。

CADAL 项目由国家投资建设,建设的总体目标是:构建拥有多学科、多类型、多语种海量数字资源的,由国内外图书馆、学术组织、学科专业人员广泛参与建设与服务,具有高技术水平的学术数字图书馆,成为国家创新体系信息基础设施之一。目前,已建成 2 个数字图书馆技术中心(浙江大学、中国科学院研究生院)和 14 个数字资源中心(北京大学、清华大学、浙江大学、复旦大学、南京大学、中国科学院研究生院、上海交通大学、西安交通大学、武汉大学、华中科技大学、吉林大学、中山大学、四川大学、北京师范大学)。

CADAL 数字图书馆提供一站式的个性化知识服务,包含理、工、农、医、人文、社科等多种学科的科学技术与文化艺术,包括古籍、民国书刊、现代图书、学位论文、书画、建筑工程、篆刻、戏剧、工艺品等在内的多种类型中英文数字资源 250 多万件,通过因特网向参与建设的高等院校、学术机构提供教学科研支持(参见图 5-14)。

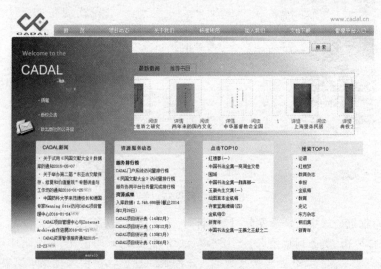

图 5-14　CADAL 数字图书馆

(四) 晚清期刊全文数据库及民国时期期刊全文数据库

晚清期刊全文数据库(1833—1910)由《全国报刊索引》编辑部秉承"普及知识,传承文明"的出版理念制作并推出。该库共收录了从 1833 年至 1910 年间出版的三百余种期刊,包括 27 万余篇文章,几乎囊括了当时出版的所有期刊,拥有众多的"期刊之最"。该库提供标题、作者、刊名等检索途径,可下载全文。

民国时期期刊全文数据库(1911—1949)计划收录民国时期(1911—1949)出版的 2 万余种期刊,1500 余万篇文献。该库采用便捷的检索服务平台,读者用户可从标题、作者、刊名、分类号、年份及期号等途径对文献进行检索、浏览并下载全文。同时,用户还可以使用期刊导航功能,直接浏览和下载期刊原文。

二、综合性外文法律数据库

(一) 牛津期刊数据库

牛津期刊数据库(http://www.oxfordjournals.org)由牛津大学出版社(Oxford University Press,简称 OUP)出版,内容涵盖医学、生命科学、数学和物理学、法律、社会科学、人文科学六大学科。牛津大学出版社是世界上规模最大的大学出版社,出版 228 种同行评审期刊,其中三分之二的期刊是与学协会及国际组织合作出版。法律分库收录 30 种期刊,其中 30% 被 SSCI 收录,包括一些重要的专业领域,如法医学和环境法、犯罪学、知识产权法,以及政策制定等,尤其是在国际法方面有很强的实力,如 European Journal of International Law 和 Journal of International Economic Law 等国际知名期刊(参见图 5-15)。

图 5-15　牛津期刊数据库

(二) SAGE 期刊数据库

SAGE 期刊数据库(http://online.sagepub.com)由美国权威学术出版集团 SAGE 出版公司出版。收录 SAGE 与全球超过 250 家专业学术协会合作出版的 570 余种高品质学术期刊,涉及人文科学、社会科学、理工科技、医药等广泛领域。SAGE 收录的学术期刊 100% 为同行评审, 100% 为全文。其中 247 种期刊收录于 2007 年 JCR(Thomson Scientific Journal Citation Report)中,占期刊总数的 51%;183 种期刊收录于 SSCI 部分,78 种收录于 SCI 部分。35% 的期刊位列相应领域的前 10 位。该库电子访问平台是由美国斯坦福大学 HighWire 公司开发的 SAGE 期刊在线(SAGE Journals Online,SJO)。SJO 具有的强大而友好的检索性能,受到科研人员及专业图书馆员的一致好评,荣获 2007 年美国出版家协会最佳平台大奖(参见图 5-16)。

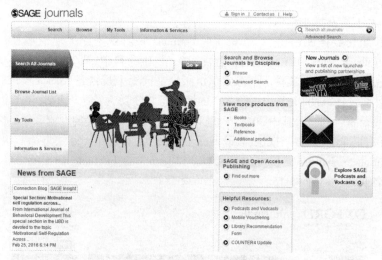

图 5-16　SAGE Journals 期刊数据库

(三) JSTOR

JSTOR(http://www.jstor.org)初始是一个对期刊过刊进行数字化的项目,目前是一个发现、保存学术研究成果的平台,重点提供人文及社会科学方面的期刊和图书。重点收集从创刊号到最近三五年前的过刊,目前提供 1000 多种期刊的全文访问,并不断有新刊加入。此外,还可以访问 12 家出版社的 3500 种图书的全文,同时可浏览该平台上 3.5 万种图书的章节摘要。该平台覆盖的学科领域包括:Anthropology、Architecture、Art、Ecology、Economics、Education、Finance、General Science、History、Literature、Law、Mathematics、Philosophy、Political Science、Population Studies、Psychology、Public Policy & Administration、Sociology、Statistics、African American Studies、Asian Studies 等(参见图 5-17)。

图 5-17　JSTOR

（四）EBSCO 系列数据库

EBSCO 系列数据库（http://search.ebscohost.com）由美国 EBSCO 公司出版,包括 Academic Search Complete、Business Search Complete、ERIC、History Reference Center、Master FILE Premier、MEDLINE、Newspaper Source、Professional Development Collection、Regional Business News、Vocational and Career Collection、Library、Information Science & Technology Abstracts（LISTA）、GreenFile、Teacher Reference Center 等多个子库。

其中,学术期刊数据库（Academic Search Complete）是世界上最有价值、最全面的学术型多学科全文数据库之一,涉及的文献主题主要有:社会科学、人文、教育、计算机科学、工程、物理、化学、艺术、医学等。该库全文收录了超过 8500 种期刊,包括 7300 多种同行评审期刊。此外,该库还提供超过 1.25 万种期刊和总计超过 1.32 万种包括专题论文、报告、会议记录等出版物在内的出版物的索引和摘要,可回溯到 1887 年至今的 PDF 文件（绝大部分全文标题都采用原生可搜索 PDF 格式）,以及 1400 多种期刊的可搜索参考文献（参见图 5-18）。

（五）SpringerLink 数据库

SpringerLink（http://link.springer.com）由世界上著名的科技出版集团德国 Springer 出版。Springer 于 1842 年在德国柏林创立,目前是全球科学、技术和医学类第一大图书出版商和第二大期刊出版商,每年出版 9000 余种科技图书和 2400 余种领先的科技期刊。

SpringerLink 平台整合了 Springer 的出版资源,涵盖学科包括:行为科学、工程学、生物医学和生命科学、人文、社科和法律、商业和经济、数学和统计学、化学和材料科学、医学、计算机科学、物理和天文学、地球和环境科学、计算机职业技术与专业计算机应用、能源。该库收录文献超过 800 万篇,包括图书、期刊、参考工具书、实验指南和数据库,其中收录电子图书超过 16 万种,最早可回溯至 19 世纪 40 年代。收

图 5-18　EBSCO 系列数据库

录期刊超过 1800 种，50% 以上被 SCI 和 SSCI 收录，一些期刊在相关学科拥有较高的排名（参见图 5-19）。

图 5-19　SpringerLink 数据库

国家科技图书文献中心（NSTL）已于 2008 年 5 月购买了 Springer 回溯数据库（Springer Online Archive Collections，简称 OAC）全国使用权，用户可免费访问 OAC 数据库的内容。OAC 的内容为 927 种全文期刊，共 3 万余期，绝大部分期刊均由创刊号开始至 1996 年，以及 14 种 Springer 著名丛书，全部从第 1 卷第 1 期开始至 1996 年。

（六）ProQuest

ProQuest(http://search.proquest.com)由 ProQuest Information and Learning 公司出品，提供60多个文献数据库，包含文摘题录信息和部分全文。自2012年起，原剑桥科学文摘（Cambridge Scientific Abstracts，简称 CSA）平台的数据库全部合并到 ProQuest 平台。内容涉及商业经济、人文社会、医药学、生命科学、水科学与海洋学、环境科学、土木工程、计算机科学、材料科学等广泛领域，包含学位论文、期刊、报纸等多种文献类型。ProQuest 新平台新增系列深度索引数据库（Deep Indexing），对文献中包含的图表图形进行深度标引，有利于研究人员迅速检索发现有用信息。

其中综合学术期刊数据库（ProQuest Research Library，简称 PRL）是综合性学术研究数据库，内容覆盖商业经济、教育、历史、传播学、法律、军事、文化、科学、医学、艺术、心理学、宗教与神学、社会学等领域。收录期刊6400多种，其中多数期刊近年来的文章有全文。

博硕士论文数据库（ProQuest Dissertations and Theses，简称 PQDT）为目前世界上最大和使用最广泛的学位论文数据库，特别是北美高等院校博硕论文的核心资源。截至2015年，该库收录了全球2000余所大学文、理、工、农、医等领域近400万篇毕业论文的摘要及索引信息。收录年限从1861年开始，每年约增加4.5万篇博士论文摘要和1.2万篇硕士论文摘要。其中博士论文摘要350字左右，硕士论文摘要为150字左右，并可看到1997年以来论文的前24页。目前，数据库中还收录 CALIS 高校学位论文文摘数据近15万篇，并且在不断增加中。

第六章 法律图书馆

第一节 概　述

一、图书馆与法律图书馆

（一）图书馆的概念与分类

图书馆①是搜集、整理、收藏和流通图书资料，以供读者进行学习和参考研究的文化机构。英语 library 一词源于拉丁语 librarium，原意为藏书之所。随着时代发展和信息技术的不断进步，图书馆的职能范围逐渐丰富，图书馆的概念也在发生变化。于良芝老师试图从不同角度去理解图书馆，并将其分为三层次：文献生产与传递中的图书馆；知识和信息组织、整理、交流中的图书馆；"数字图书馆"中的图书馆，并给它作出一个临时定义："图书馆应该是这样一种社会机构或服务：对文献进行系统收集、加工、保管、传递，对文献中的知识或信息进行组织、整理、交流，以便用户能够从文献实体（physical）、书目信息（bibliographical）及知识（intellectual）三个层面上获取它的资源。"②

图书馆划分标准需要综合考虑多种因素，包括图书馆文献体系、用户群体、管理体制以及图书馆目标、活动内容与功能。国际标准化组织、国际图书馆协会和机构联合会于 1966 年开始制订，并于 1974 年由国际标准化组织颁布了《国际图书馆统计标准》，将图书馆分为国家图书馆、高等学校图书馆、其他主要的非专门图书馆、中小学校图书馆、专业图书馆和公共图书馆 6 种类型。国家图书馆指按照法律或其他安排，负责收集和保管国内出版的所有重要出版物的副本，以贮藏功能为主的图书馆；高等学校图书馆指主要为大学或其他高等教育机构的教师和学生提供服务的图书馆；其他主要的非专门图书馆指具有学术特征的非专门图书馆；专业图书馆指由政府部门、议会、研究机构、学术性学会、专业性协会、博物馆、商业公司、工业企业商会或其他有组织的集团所支持的图书馆；公共图书馆指那些免费或只收少量费用，为一个团体或区域的公众服务的图书馆，既包括为一般公众服务的图书馆，也包括为专门类别的公众，如儿童、囚犯等服务的图书馆。在我国，图书馆界通常按照图书馆的管理体制，结合图书馆的目标、功能、用户群体等要素，将图书馆划分为国家图书馆、公共图书馆、高等学校图书馆、科学与专业图书馆、中小学校图书馆、工会图书

---

① 《辞海》，上海辞书出版社 1979 年版，第 1778—1779 页。
② 于良芝著：《图书馆学导论》，科学出版社 2006 年版，第 11—17 页。

馆、盲人图书馆、军队图书馆等。①

(二) 法律图书馆的概念

法律图书馆,一般包括大学法学院图书馆、政府部门的法律图书馆、律师事务所的图书馆等。法律图书馆在国家的立法和法制建设、法学教育和研究、法律实务等方面发挥着重要的作用,一定程度上也反映出国家法治建设的水平。目前,国内对于"法律图书馆"尚无明确、统一的定义与范围界定。

在国内,全国人大法律工作委员会、最高人民法院、最高人民检察院及其他政府机关的法律部门或研究室中设有不同规模的法律资料室,有一定数量的法律图书资料,但是一般只供内部使用,具有专业图书馆的特征,但不具有图书馆的"公共性"。② 大学的法律系或法学院一般设有自己的法律图书馆,诸如清华大学和北京大学的法律图书馆,前身是政法院校资料室的中南财经政法大学法学图书馆等,虽属于高校图书馆,但处于分馆地位,反映着与学校图书馆之间的总分关系,其规模和馆藏资源的种类与数量有限。

在国外,法院图书馆与高校图书馆成为法律文献收藏的主要机构,公共图书馆也会收藏部分法律文献。其中,美国是世界上法律文献收藏体系最为完善的国家之一,拥有数量庞大、类型多样的法律图书馆,包括国家(国会)法律图书馆(Law Library of Congress)、法院图书馆、州立法律图书馆(State Law Library)、大学法律图书馆(Law School Library)等类型。

依据图书馆的概念与分类,本着对本书受众群体——高校师生效用最大化原则,本书将法律图书馆的范畴限定在高校法学院图书馆,指隶属于特定高等教育机构,为该机构法学学科相关教师、学生、科研人员及其他人员服务的图书馆。

将法律图书馆的概念限定在高校图书馆之内,主要基于以下理由:

(1) 高校图书馆的藏书需求密切反映学校的总体目标:建立拥有丰富教学参考书及专著的馆藏;全面系统地收集反映最新科研动态的文献类型,如学术期刊、研究报告;使用全面、权威的文献检索系统。

(2) 当代高校图书馆的主要功能切合学校师生教学、科研与学习的需求。功能大致包括:支撑研究过程的功能,满足教师与学生的科研需求,帮助学校提高其科研生产率;支撑教学过程的功能,提供教学参考资料与教学设施;实施教学过程的功能,包括参与课程设计、信息检索课等信息素养教育过程;支撑自主学习过程的功能,为个人或小组提供合适的自学场所,解答学生自学过程中遇到的问题,培养他们终身学习的能力;开展图书馆学研究的功能,通过承担图书馆学研究项目,不断提高图书馆的服务能力与业务水平。

法律图书馆,即大学法学院图书馆(Law School Library)在命名方面尚无明确标

---

① 吴慰慈、董炎著:《图书馆学概论》(修订本),北京图书馆出版社2002年版,第102—105页。
② 于丽英:《中国高校法律图书馆现状与展望》,载《法律文献信息与研究》2007年第3期,第37—38页。

准,综合考虑捐赠主体、馆藏类型、管理机制等因素,国内外高校对法学院图书馆的命名有以下类型:

(1) 更名为"法律图书馆"(Law Library),部分加上对图书馆建设作出重要贡献的人名。例如,美国耶鲁大学法学院图书馆全名为利廉·戈德曼法律图书馆(Lillian Goldman Law Library),是为纪念1999年捐资翻新和扩建图书馆的利廉·戈德曼先生而命名的;清华大学法学院图书馆为记载胡宝星先生对图书馆的贡献,更名为"胡宝星法律图书馆";北京大学法学院图书馆直接更名为"法律图书馆"。

(2) 保持"法学院图书馆"的名称不变。例如,哈佛大学法学院图书馆即"Harvard Law School Library",未作特殊命名;浙江大学光华法学院图书馆也未作更名。

(3) 其他命名。由于特殊的组织结构与管理机制等因素,也有部分图书馆作其他命名。例如,中南财经政法大学法学院图书馆与原公安学院图书馆整合,重命名为"法学图书馆"。

本书将以国内外优秀的大学法学院图书馆为主要介绍对象,并将它们统称为法律图书馆。

二、法律图书馆在法学教育中的作用

在国内外高等院校之间有这样的说法:"一所世界一流的大学一定要有一所世界一流的法学院,而一所世界一流的法学院必然有一座一流的法学院图书馆。"也就是说,法学学科之于高校的重要性就如同法律图书馆之于法学学科的重要性。然而,在法律图书馆的发展过程中,观念与实际之间有着明显的距离。经费紧缩、学校重视程度低、馆员质量与数量不足等弱势条件,阻碍了国内法律图书馆的发展进程。

相比之下,美国的法律图书馆拥有较为充足的经费、高素质的馆员、更为先进的技术水平。一些重要组织如美国法律图书馆协会[①](American Association of Law Library,即AALL)、美国律师协会(American Bar Association,即ABA)、美国法学院协会(American Association of Law School,即AALS)等对法律图书馆的发展都具有重要的影响和作用。美国律师协会对法学院的成立有审查和批准的程序,即ABA"法学院认可标准和解释"(Standards for Approval of Law Schools and Interpretations)。因此,法学院必须符合这一程序,具体包括设施条件、教师与学生的比例、法律图书馆的藏书、课程设置要求,等等。其第六章"图书馆和信息资源"(Library and Information Resources),对图书馆的基本原则、管理、负责人、馆员、服务、馆藏等项作了专门规定,这些规则与条例显示了法律图书馆在法学教育中应该发挥的作用。

(1) 法律图书馆通过提供馆藏资源、服务与专家,支撑学院的法学教育,具体包括教育项目的提出,教育任务的完成,奖学金的评定与对科研事项的支持,从而达到充分支持和鼓励师生教学与研究的目的。

---

① 于丽英:《法律图书馆在法学教育中的作用——中美法律图书馆比较研究》,载《法学评论》2003年第1期,第146—148页。

(2) 为实现图书馆的教育职能,法律图书馆与法学院的院长和教师应共同确定图书馆的常规发展计划,并邀请他们参与评估图书馆在实现既定任务时的效能与表现,同时,馆长应该是全职并属于教师成员,并拥有足够数量和经过培训的图书馆员,以保证服务质量。

(3) 法律图书馆应提供具有广度与深度的学科服务,包括参考咨询服务、法律资源检索技能培训服务、书目查询服务等,以满足学院在教学、科研等方面的需求,同时,与学院教师、学生、领导发展并维持一种直接的良性互动关系,可以为学院师生提供所需帮助并解答资源相关问题。

(4) 法律图书馆应拥有充足的馆藏建设资金,并购买对学科发展有利的信息设备,以充分帮助法学教育。在馆藏建设方面应注重对核心馆藏(Core Collection)的建设与发展,具体包括最高法院的法庭决议与决定、联邦法条与各个州的法律、美国最新出版的条约与国际协议、最新推出的联邦政府法规条例与行政决议、美国国会资料、对学院教育科研有用的二次文献资料等。

法学研究离不开大量的文献调研与实证研究。想要查找到相关的法学文献与法规条例等信息并不难,在信息化时代,通过网络和电子设备终端即可查找电子资源,诸如法院官方网站、北大法宝、Westlaw、Justia 等免费网站资源与数据库。但是,没有正确的方法很难在浩瀚的法律文献资料中去伪存真、去粗取精并准确定位所需资源。

法律图书馆的一大重要职能是辅佐学院的法学教育与科研,因此,现代法律图书馆不再以"藏"为主,而是以"用"为主。为了能够更好地帮助学院师生利用图书馆资源完成教学任务与科研事业,图书馆在几个方面做了大量的工作:

(1) 为馆藏资源分类,并将最新资源信息按需推送,包括最新到馆中外文图书与期刊论文目录,按照部门法细分成不同资源组,并进行推送,有部分法律图书馆,如浙江大学光华法学院图书馆,已经实现网上定制服务,该校师生通过选择资源类别项,获得定期推送的更新信息;

(2) 建立特色馆藏和有助于教学与研究的资源集,例如本校研究生论文库、会议论文集、教师指定参考书架等,包括清华大学法律图书馆、北京大学法律图书馆等都专门设立本院教师的指定参考书架,同时将书目信息放在图书馆网页上,如果有学习与考研需求的同学,即便不是该院学生,也可以通过网上目录信息了解并学习名师推荐的专业书籍;

(3) 提供法学信息素养教育,包括法律信息检索课程、论文写作、科研成果投稿等专题培训与报告,在国内外有一些优秀的法律图书馆甚至已经开发了信息素养教育平台,学生通过在网络平台上自培训的方式获得法学研究的正确方法。相信学习并掌握法律图书馆中的有用信息,能够为法学院师生的教学与研究提供助力。

第二节　中国内地法律图书馆

一、法律图书馆介绍

我国内地高校的法律图书馆不可被简单划定为法学院图书馆,而需要从组织方式上进行细分。目前,大多数高校图书馆都在实行"分馆制"。图书馆的分馆制源于西方国家,由公共图书馆发展而来,并逐步应用于大学图书馆。分馆制被应用于高校文献信息体系建设中,并被赋予新的内容。中国内地高校的法律图书馆可分为两类:一类是以中国政法大学、厦门大学为代表的学校图书馆法律室(馆),这类法律图书室(馆)受学校图书馆的统一管理,法学资源与服务均由图书馆统一调配;另一类是以中国人民大学、北京大学、浙江大学为代表的法学院图书馆,该类型法律图书馆的馆舍、资源、服务、人员相对独立,虽然在业务上受学校图书馆指导,但人事与财产权划归法学院。

(一) 校图书馆法学室(馆)

属于这一类型法律图书馆的高校有:中国政法大学、华东政法大学、西南政法大学、吉林大学、厦门大学等。本书重点介绍较具有代表性的两所法律图书馆:中国政法大学法律图书室和厦门大学图书馆法学馆。

中国政法大学图书馆是新中国成立后国内最早建立的以政治法律资料信息为重点的高校图书馆,图书馆由学院路校区图书馆和昌平校区图书馆两个分馆组成,昌平校区图书馆有文渊阁和法渊阁两个馆舍,图书馆总面积为2万多平方米,共10余个阅览室,1500余阅览席位,法渊阁四层的第四借阅室即"中欧法学院图书资料室",广泛收录欧洲法、国际法、人权法和比较法的图书和期刊,其中以英文著作为主。

厦门大学图书馆的总分馆建设是典型的集中式架构模式,学校通过一次性重组取消原有院所资料室,按学科门类建立专科分馆。除总馆外,另设置有法学分馆、文史分馆、经济与管理分馆三个专业分馆;此外还设有漳州校区分馆与东部分馆。其中法学分馆位于法学院A座四、五楼,馆舍面积800多平方米,228阅览席位,藏书3万册,期刊80种,报纸13种,主要收藏法律类书刊,服务于全校师生,特别是法学院师生。

(二) 法学院图书馆

拥有法学院图书馆的高校包括:中国人民大学、北京大学、武汉大学、清华大学、中南财经政法大学、浙江大学等。下面以中国人民大学和北京大学法律图书馆为例,介绍馆舍与馆藏概况。

中国人民大学法学院图书馆作为该校图书馆专业分馆之一,位于明德法学楼内,全馆面积两千多平方米,设有阅览座位300余席。目前该图书馆的新馆舍正在筹划之中。该馆馆藏书刊文献总量约30万册;中文期刊近1000种,中文期刊合订本3万余册;外文期刊近90种;中文报纸40余种;法学院自1978年复校以来毕业的法学博士、法学硕士、法律硕士、双学士、学士论文4万余册;法律专业数据库20余个;电子书近10万册。该馆设有日本成文堂书库,聘请日本成文堂的本乡三好教授为日本分馆馆长,开设了日本法律专业课程。

北京大学法律图书馆(法学院图书馆)位于法学院凯原楼的四层与五层,馆舍面积达4000平方米,拥有600余个阅览席位,设有博士生和访问学者研究专席、电子资源及多媒体阅览室、小型研讨室等空间。每年采购量为中文书8000余种,2—3本副本,经费30余万元;外文书400多册,无副本,经费40—50万元;中文期刊每年订购220余种,交换刊70余种;港台期刊30余种;外文期刊101种由校图书馆延续订购,包含英文、日文、德文、法文与俄文等语种。该馆现有超过15万册的藏书,其中中文图书8万余册,外文图书1.8万余册,中文印刷本期刊351种,外文印刷本期刊110种,工具书超过1000册。图书馆共有馆员9名。资源仅对本院师生开放。该馆建有一间特色馆藏库,收藏本院老师出版物以及近期发表的论文。

二、特色资源与服务

(一) 特色资源及其组织

在资源建设方面,高校法律图书馆注重以法学教学与科研为导向,从学科基础知识与学科前沿信息两个方向发展馆藏。随着信息技术的不断发展,国内部分优秀的法律图书馆正逐步建设特色数字馆藏资源,值得法学相关专业的学生与研究者去了解与利用;在资源的组织方面,法律图书馆加入更多创新思维方式与Web2.0技术,为用户开拓资源查找思路,获得所需资源与有用信息。

1. 特色数字资源

特色数字资源主要由两个类型组成:一类是自建数据库,通常由图书馆将本馆特色馆藏资源数字化并建库而来;另一类是其他特色资源(汇总),包括免费资源、教师指定参考书目、在线报刊、讲座视频等资源的汇总展示。其中,法学院图书馆由于资金、专业人员的限制,又在资源与人事关系方面独立于学校图书馆,因此大多以扩展馆藏纸质资源与开放阅览空间为主要业务,少有建设特色数字资源库。相比之下,依托于学校图书馆的法学室(馆)在资源建设方面有学校图书馆的统一调配与技术支持,能够建设若干颇具特色与学术价值的数字资源库。下面以中国政法大学、厦门大学、浙江大学的法律图书馆为例,介绍法学特色数字资源。

中国政法大学图书馆建有以下法学类特色资源:法学文献题录索引、中国法律法规大典、政法博硕士论文库、《法律评论》周刊(自1923—1937年,共7555篇文章数字化)、校内学术资源链接(见表6-1)、网络免费学术资源(见表6-2)。大部分特色数字资源仅供该校用户使用。

表6-1　中国政法大学图书馆校内学术资源链接列表

序号	资源名称
1	中国政法大学国际法学研究网 http://www.cuplfil.com/
2	中国竞争法网 http://www.competitionlaw.cn/
3	中国破产法网 http://www.chinainsol.org/
4	中国诉讼法律网 http://www.procedurallaw.cn/

表6-2　中国政法大学图书馆网络免费学术资源列表

序号	资源名称
1	中国科技论文在线 http://www.paper.edu.cn/
2	Socolar Open Access http://www.socolar.com/
3	国家哲学社会科学学术期刊数据库 http://www.nssd.org/
4	中国民商法律网 http://www.civillaw.com.cn/
5	中国法学网 http://www.iolaw.org.cn/
6	北大法律信息网 http://chinalawinfo.com/
7	中国财税法治网 http://www.chinataxlaw.org/
8	北京法院网 http://bjgy.chinacourt.org/
9	经济法网 http://www.cel.cn/index.asp
10	京师刑事法网 http://www.criminallawbnu.cn/criminal/
11	山东大学刑事司法与刑事政策网 http://www.law.sdu.edu.cn/child/xingfa/
12	商务部 http://www.mofcom.gov.cn/
13	世界银行公开数据库 http://data.worldbank.org/
14	中图在线 http://cnplinker.cnpeak.edu.cn/http://cnplinker.cnpeak.com/
15	Google 学术搜索 http://scholar.google.com/
16	Google 图书 http://books.google.com/
17	中搜联盟图书 http://book.httpcn.com/search/
18	联合国文献（联合国正式文件系统 ods）http://documents.un.org/
19	国际交换赠刊（Indiana Health Law Review）www.mckinneylaw.iu.edu/ihlr

厦门大学图书馆的数字资源主要有三类：一类是自建数据库，包括用来保存厦门大学教学与科研人员的具有学术价值的学术成果的学术典藏库，厦门大学博硕士论文数据库，可以开放获取的教学参考书数据库，图书馆自行开发并可开放获取的

大型事实参考型知识库(含与南海问题相关的法律法规748条),来自该校学者自海外搜集的最新法律研究资料的法学学术数据库(通过 Acrobat Reader 4.0 进行阅读);一类是以英文资源为主的法学免费资源(见表6-3);一类是仅供校内用户使用的博看畅销期刊数据库与特色文献库(包括民国专题库、贵州地方志数据库、台湾文献联合目录)。

浙江大学光华法学院图书馆是法学院建设的重要组成部分和基础。光华法学院图书馆建筑面积2000多平方米,馆藏10万余册,收录了重要的中外法学图书和期刊,购买了中、英、日、德等语种的法学商业数据库,自建了10余种数字资源,包括学术视频(仅供校内用户访问)、所有订阅期刊的目录页扫描件(可开放获取)、本院教师成果电子版(仅供校内用户访问)、会议文献及其目录电子版(可开放获取)、教师指定参考书(可开放获取)、学生论文(仅供校内用户访问)、文献检索指南(仅供校内用户访问)、图书馆简讯(可开放获取)。

表6-3 厦门大学图书馆法学免费资源列表①

资源名称	资源名称	资源名称
Social Science Research Network	The WWW Virtual Library	Questia—The Online Library
Library of Economics and Liberty	Directory of Open Access Journals(DOAJ)	Project Gutenberg
涉外政策法规数据库	Refdesk: reference, facts, news, free and family friendly	中国民商法律网
中国法律资源网	北大法律信息网	建筑与房地产法律网
A Free Trade Area	中国法律大全	法律杯
FindLaw: Legal Subjects: Administrative Law	Private International Law Database(U.S. Dept. of State, Office of the Legal Adviser)	World Trade Organization
武汉大学环境法研究所	驰名商标查询	WIPO Magazine
WIPO-the World Intellectual Property Organization	ICC International Court of Arbitration	The LawGuru.Com: Internet LawLibrary: Antitrust and Monopoly Law
Law and Economics Resources	网上知识产权杂志	Hieros Gamos: Administrative Law
The American Society of International Law	Guide To European Legal Databases	International Trade (The CornellLegal Information Institute)
《商标大世界》	Office of Fair Trading (U.K.)	美国专利和商标局

---

① 该表是严格按照厦门大学图书馆的免费资源列表制作。

(续表)

资源名称	资源名称	资源名称
Canadian Internet Law ResourcePage: Electronic Commerce	Foreign and International Law Web	International and Comparative Law(Jurist Canada)
Mr Lemelson 专利在线	Europa Homepage	United Nations Home Page
Administrative Law (The CornellLegal Information Institute)	Law about Copyright	The Canadian Maritime LawAssociation (C.M.L.A.)
LawGuru section on Alternative Dispute Resolution, Arbitration, and Mediation	World Wide Web Virtual Library: Arbitration and ADR Canada	Canada: Department of ForeignAffairs and International Trade
Competition Bureau (Canada)	美国商标法	Industry Canada
United Nations Scholars' Workstation	Giaschi & MargolisAdmiraltyLaw.com	ABA Administrative ProcedureDatabase
IGC: PeaceNet	加拿大知识产权局	俄罗斯的知识产权信息
G8 Information Centre, Universityof Toronto	ASIL Guide to Electronic Resourcesfor International Law	Canadian Competition Policy Page: A Project of the SFU-UBC Centrefor the Study of GovernmentBusiness
Disputes.org	日本知识产权协会	版权法的执行规则
The U.S. House of Representatives: Internet Law Library: Transportation and Admiralty Law	Resources for Maritime andAdmiralty Law	International Commercial Arbitration, Professor PeterWinship
International Commercial Arbitration: Resources in Printand Electronic Format	International Documents: International Governmental Organizations	Australian Competition and Consumer Commission
1995 年澳大利亚商标法	欧洲专利公约	InforMare

2. 馆藏资源组织方式(OPAC)

每一所图书馆都有一个联机公共查询目录(On-line Public Access Catalogue),是传统读者目录查询的自动化,是一种通过网络查询馆藏信息资源的联机检索系统,用户可以不受时间地点的限制,查询各图书馆的 OPAC 资源。随着 Web2.0 的发展和 Lib2.0 的兴起,传统的书目信息揭示和检索方式已经无法满足用户的个性化需求,一种新兴的书目形式逐渐发展壮大,称为"Catalog2.0"或者"社会编目"(Social Cataloging)。用户通过输入检索词与评价,分享到新浪微博、豆瓣读书等社交网站平台,能够获得交互式的信息体验,这使得图书馆的 OPAC 越来越符合用户的兴趣和习惯。

以中国政法大学和厦门大学图书馆的 OPAC 系统为例,基于汇文 LIS 建立了一个相对成熟的平台,除了简单检索、全文检索、多字段检索等馆藏信息检索功能,还以类似标签云(Tag Cloud)的形式提供滚动式的热门检索词、热门图书、热门借阅、热门评分、热门收藏和借阅关系图,用户可以通过定位学科群体,浏览法学硕士或博士的借阅关系图;可以通过浏览一本书的相关借阅了解其他相关书籍;还可以将任意馆藏资源分享至新浪微博、豆瓣读书、EverNote 等网络平台;另外,用户通过登录"我的图书馆",能够预约、收藏、评论任何馆藏资源。

(二) 特色服务

高校图书馆肩负着辅助科学研究、存储科学数据的重要责任,随着"大数据"时代的全面来临,单向的学科信息推送服务或者仅仅以教授信息检索课程为主的信息素养(Information Literacy)教育势单力薄,并不能根本满足研究者学科研究的需求。法律图书馆(室)主要扮演藏书、提供自习空间的角色,而学校图书馆掌握了为整个学校师生提供信息服务的"大权"。下面以教育部学位与研究生教育发展中心公布的关于 2012 年全国高校学科评估结果中"0301 法学"一级学科的学科排名为依据,选取了排名前 20 位的中国高校,对各校法律图书馆开展的信息素养教育与法学学科服务进行介绍。

1. 学科服务

从表 6-4 中可以看到(Y 表示有该项服务,N 表示没有该项服务),仅有少数高校图书馆构建了学科服务平台或学科博客。20 所高校图书馆中,30%(15% 平台,15% 博客)的高校图书馆拥有学科服务平台或者博客,而其中,上海交通大学同时搭建法律学科服务平台以及学科博客,并建有 IC^2 创新支持计划,旨在提供"泛学科化服务体系"。这表示,仅有五所高校图书馆创建法律学科服务平台或学科博客。法律学科服务平台的信息版块主要有法律学科资源、研究机构、前沿热点追踪、法律实践等,另外还有其他 Web2.0 工具的链接与分享,诸如图书馆的微博主页链接、分享到其他社交网络平台等功能。超过半数的学校仅仅依靠公布学科馆员联系方式来开展学科服务,尚不足以满足研究人员的学科信息需求。

表 6-4 法学学科排名前 20 高校图书馆法学学科服务统计

排名	学校	学科馆员	法律学科服务平台	学科博客
1	中国人民大学	Y	N	N
2	中国政法大学	N	N	N
3	北京大学	Y	N(/研究咨询)	Y
4	武汉大学	Y	Y(LibGuides)	N

(续表)

排名	学校	学科馆员	法律学科服务平台	学科博客
5	华东政法大学	N	N	N
6	西南政法大学	N	N	N
7	清华大学	Y	N	N
8	吉林大学	N	N	N
9	中南财经政法大学	Y	N	Y
10	厦门大学	Y	N	N
11	上海交通大学	Y	Y(IC^2)	Y
12	南京大学	N	N	N
13	复旦大学	Y	N	N
14	南京师范大学	N	N	N
15	山东大学	Y	N	N
16	四川大学	Y	N	N
17	对外经济贸易大学	N	Y(LibGuides)	N
18	苏州大学	Y	N	N
19	中山大学	N	N	N
20	重庆大学	Y	N	N
	Y 总计	12 个	3 个	3 个
	Y 所占百分比	60%	15%	15%

2. 信息素养教育

根据表 6-5,20 所高校图书馆都开设有"用户教学与培训"服务。主要包括数据库商讲座、馆藏资源利用讲座、本科生与研究生的新生专场培训、文献检索课程、学科专场讲座等五种类型的信息素养培训与教学方式。前四种形式面向全校师生开展培训与教学,能够帮助用户迅速掌握正确利用图书馆资源的方法,养成良好的信息搜索习惯;学科专场讲座则是更深层次的学科信息素养教育方式之一,能够为学科研究人员提供更为具体的学科信息获取与利用指导。调查数据显示(Y 表示有该项服务,N 表示没有该项服务),20 所高校图书馆都开设馆藏资源利用相关的讲座,65%的高校图书馆开设文献检索课,提供新生专场培训。虽有超过半数的高校图书馆提供学科专场讲座,但其中有 9 所需要预约,这种被动等待型学科信息素养教育方式不符合当前图书馆倡导的互动式信息服务理念,难以得到进一步发展。而剔除这种被动式信息素养教育方式之后,学科专场讲座的覆盖率只占学校总数的 20%。

以复旦大学图书馆为例,该馆已经建立信息素养教育平台,用户可以通过线上平台自主学习信息检索相关知识,提升信息素养(见图6-1)。多数高校图书馆提供可开放获取的信息检索课件资料,武汉大学更在中国大学慕课(MOOC)上开设信息检索线上课程。以山东大学图书馆为例,该馆灵活利用CALIS(中国高等教育文献保障系统)推出的"高校图书馆员联合问答平台&信息素养教育课件展示平台",向用户提供更多信息素养相关知识(见图6-2)。

表6-5 法学学科排名前20高校图书馆信息素养教育课程统计

排名	学校	新生培训	文献检索课	学科专场讲座	馆藏资源利用讲座(含数据库商培训)
1	中国人民大学	Y	Y	Y(预约)	Y
2	中国政法大学	N	N	N	Y
3	北京大学	Y	Y	Y(预约)	Y
4	武汉大学	Y	Y	Y	Y
5	华东政法大学	N	N	N	Y
6	西南政法大学	N	N	N	Y
7	清华大学	Y	Y	Y(预约)	Y
8	吉林大学	N	N	N	Y
9	中南财经政法大学	Y	Y	Y(预约)	Y
10	厦门大学	Y	Y	Y(预约)	Y
11	上海交通大学	Y	Y	Y	Y
12	南京大学	N	N	N	Y
13	复旦大学	Y	Y	Y	Y
14	南京师范大学	Y	N	Y(预约)	Y
15	山东大学	Y	Y	N	Y
16	四川大学	N	N	Y(预约)	Y(预约)
17	对外经济贸易大学	Y(预约)	Y	Y	Y
18	苏州大学	N	Y	N	Y
19	中山大学	Y	N	Y(预约)	Y
20	重庆大学	Y	Y	Y(预约)	Y
	Y总计	13个	13个	13个	20个
	Y所占百分比	65%	65%	65%	100%

图 6-1　复旦大学图书馆的 eLearning 平台

图 6-2　CALIS 信息素养教育课件展示平台

三、文献分类与标引方法

《中国图书馆分类法》(简称《中图法》)是为适应我国各类型图书情报机构对文献进行整序和分类检索的需要,为统一全国文献分类编目创造条件而编制和发展的。[①] 自 1975 年正式出版《中图法》,到 2010 年 9 月由国家图书馆出版社出版第五版,《中图法》的系列在不断扩大,各种类型与专业的版本也在向电子化和分类主题一体化的方向发展。

《中图法》分为五个基本部类,其基本序列是:马克思主义、列宁主义、毛泽东思想、邓小平理论,哲学,宗教,社会科学,自然科学,综合性图书。在考虑各学科领域的平衡基础上,以国际通用基本学科划分和专业划分为依据,确定了 22 个基本大类,即,A 马克思主义、列宁主义、毛泽东思想、邓小平理论,B 哲学、宗教,C 社会科学总论,D 政治、法律,E 军事,F 经济,G 文化、科学、教育、体育,H 语言、文字,I 文学,J 艺术,K 历史、地理,N 自然科学总论,O 数理科学和化学,P 天文学、地球科学,Q 生物科学,R 医药、卫生,S 农业科学,T 工业技术,U 交通运输,V 航空、航天,X 环境科学、安全科学,Z 综合性图书。其中,法律类有 D9 与 DF 两种类号,中国人民大学、北京大学、武汉大学等的图书馆使用 D9 进行分类,而中南财经政法大学的图书馆使用 DF 进行分类。

《中图法》的标记符号采用拉丁字母与阿拉伯数字相结合的混合制标记符号,以拉丁字母标记基本大类,并可根据大类的实际配号需要展开一位字母标记二级类目,如 DF 法律。在编号制度上基本采用层累标记制,同时采用一些特殊符号,作为辅助标记符号。例如,以"."作为间隔符号,自左至右每三位数字之后加一圆点,使号码段落清晰、醒目、易读。

在图书馆中,藏书排架所使用的编码被称作"索书号",是文献外借和馆藏清点的主要依据,每一个索书号只能代表一种书。通常情况下,索书号由两部分组成:分类号和书次号。分类号依据《中图法》取号;书次号即具有相同分类号的图书的流水次序号,由阿拉伯数字组成。

第三节 中国港台法律图书馆

一、法律图书馆介绍

香港和台湾地区的文化背景与内地文化较为贴近,并擅长吸收各家之所长。总的来说,香港和台湾地区高校的图书馆有如下特点:

(1) 成熟的总分馆制,图书馆总馆主要负责业务开发和制定馆藏策略,法律图书馆大多拥有独立的信息资源收藏体系,从命名可以看出法律图书馆拥有较稳定的

[①] 俞君立、陈树年著:《文献分类学》,武汉大学出版社 2007 年版,第 114—115 页。

资金来源,例如香港大学的法学院分馆被命名为吕志和法律图书馆(Lui Che Woo Law Library)。

(2)学科服务更加细化,针对教师、研究生、本科生,图书馆有不同的服务方式和内容,学科服务平台内容多样,包括学科门户、馆藏数据库与期刊导引、图书在线查询课程、学术热点、专业的学科服务团队等。

(3)馆藏资源建设严格遵循馆藏发展政策①,台湾地区有30所高校图书馆制定了馆藏发展政策,针对服务对象、馆藏范围、采访原则和途径、经费来源都有明确的规定,在馆藏发展的过程中需要学科馆员全程参与,有效避免选书的随意性,保证馆藏发展的科学性和合理性;香港特别行政区的高校也有成熟的馆藏发展政策,特别是针对电子资源的采购,香港大学有3名学科馆员负责对口院系的文献采购,分别负责纸本文献、外文文献、电子资源的采购,这种采访与学科相结合的方式能够有效促进馆藏发展良性循环。

(4)重视联盟机构库建设,可开放获取资源较丰富,2005年台湾大学、政治大学建立机构典藏库,免费开放获取,同时,台湾高校十分注重联盟机构库,用户登录"'全国'文献传递服务系统NDDS",享受免费的馆际互借与文献传递服务;在香港,许多高校也把有关联盟中共建的资源通过筛选链接到平台上,提供一站式服务。

为了调查与介绍法学学科水平较高的香港和台湾地区的法律图书馆,本书以世界四大最具影响力的全球性大学排名(《QS世界大学排名》《泰晤士高等教育世界大学排名》《世界大学学术排名》《US NEWS世界大学排名》)为数据参考,从中选取2015—2016年度法律学科(by Subject-Law)排名前列的两所香港地区大学与一所台湾地区大学,以这三所学校的法律图书馆为代表,介绍其馆藏特色与服务。

(一)香港大学

香港大学图书馆建于1911年香港大学创立之时。现包括总馆和冯平山图书馆、吕志和法律图书馆、牙科图书馆、医学图书馆、教育图书馆、音乐图书馆6个分馆。其中,法律图书馆为鸣谢并表彰吕志和博士对图书馆的慷慨捐赠,特以吕博士之名命名。香港大学吕志和法律图书馆致力于为全校师生及其他工作人员提供学习和研究资源,图书馆藏书2万余册,期刊500余种,馆藏主要来自香港、英联邦国家以及所有亚太地区的重要法律资料。馆藏中包含公法、人权法、国际贸易法、破产法和商法等资料。

(二)香港中文大学

香港中文大学图书馆作为一所首屈一指的研究型图书馆,与大学成员携手创造、存取、传播和保存知识,借以启发及支援香港中文大学的研究、学习及教学。香港中文大学图书馆系统包含大学图书馆、新亚书院钱穆图书馆、崇基学院牟路思怡图书馆、联合书院胡忠多媒体图书馆、李炳医学图书馆、建筑学图书馆和利国伟法律

---

① 张瑞贤:《两岸三地高校图书馆学科服务比较研究》,载《图书馆学刊》2015年第2期,第141—412页。

图书馆等七所图书馆。其中,利国伟法律图书馆通过完善的规划及设计,全面支援法律学院的创新课程,成为法律学术研究和培训的区域中心。位于港岛中区法律学院研究生部的法律资源中心,除为读者提供所需的法学教科书、参考资料及各种法例和案例汇编外,亦收藏法律学院调解资料库的书籍。利国伟法律图书馆主要收藏与法律学院所开办的法律学士、法律博士、法律硕士、法学专业证书、法学哲学硕士及法学哲学博士等课程的教学及研究需要相配合的数据,图书馆馆藏所涵盖的法律领域范围广阔,馆藏重点是普通法司法管辖区及中国法律的原始法律资料(法例及案例汇编),二次文献(书籍、活页及期刊)则涵盖所有法律学院教学及研究相关的法律学科领域,为配合学院的教学研究和各类模拟法庭比赛,馆藏中国际法及比较法数据尤为丰富。

(三) 台湾大学

台湾大学图书馆创立于1928年3月,新总图书馆于1998年11月落成启用,新馆有效缓解了过去分散式人力配置浪费的情况,提供集中典藏空间,提供多元化、专业化与效率化的服务。馆藏书刊数据以配合校内师生教学研究学习需要为主,收藏范围包括文、理、法、医、工、农、管理、公共卫生、电机、社会各领域的图书、期刊、小册子、视听资料等,是台湾地区收藏数据量最多的图书馆。图书馆收藏中外文古籍善本资料逾五万件,如淡新档案、明版线装书、琉球历代宝案、西洋摇篮期刊本等珍贵资料;拥有丰富的台湾史文献、东南亚研究资料、日本明治维新时代的日文文献等。台湾大学图书馆被指定为台湾地区政府出版品寄存图书馆之一,并与六十余个国家和地区、两千余个学术及研究机构交换出版物。其中,法律学院图书室(万才馆)被简称为法律图书馆。法律图书馆位于法律学院的一楼和二楼,总面积约1365平方米,法律学院于1998年7月从原徐州路校区搬至主校区,在法律学院成立法律图书馆,收藏原校区分馆与法政研图书馆的重要法律类藏书与期刊,一楼摆设参考书、现期期刊、过期期刊,设有两间讨论室、一间法律数据特藏室,二楼则为一般图书区,可供外借,全馆共计有180个阅览座位、13台检索计算机。

二、特色资源与服务

(一) 特色资源及其组织

在资源建设方面,香港与台湾的高校图书馆更注重对法律分馆的建设,注重特色资源的分类与收集,并且有更为明确的馆藏发展策略,如,香港的法律图书馆主要收集香港地区和英国的法规、规章、法律报告、摘要和案例,也收藏其他地区的普通法资料,包括非洲、澳大利亚、加拿大、印度、马来西亚、新西兰、新加坡等;在资源组织方面,图书馆更注重资源的数字化与提高资源的可获取性,例如,台湾大学图书馆建设的机构典藏库(NTU Institutional Repository,简称 NTUR),致力于将各个学科领域的学术研究成果长期保存,它对内是研究人员的交流平台,能够保存记录、研究传承与发展,对外则能帮助学校展现研究水平,提高本校学术成果的能见度与影响力。

1. 特色数字资源

除了各个图书馆购买的 Westlaw、HeinOnline 等法律类数据库资源,香港与台湾的图书馆都在建立可供开放获取的机构知识库,虽然开放程度、资源广度与深度尚有不同,但总体来说,特色数字资源种类多样,开放程度较高(见表6-6)。

表6-6 港台法律图书馆数字资源概况对比

		开放获取(Open Access)程度 1 = 访问权限;2 = 书目信息可获取;3 = 全文开放获取	法律类资源整合(丰富)程度 1 = 种类少,数量少;2 = 类型少,数量多;3 = 类型多,数量多
香港大学	数字计划(2 个特色资料库)	3	2
	学术库(Scholars Hub)	3	3
香港中文大学	Library Guide	3	3
	数字计划(博硕论文库)	3	1
台湾大学	华艺线上图书馆	2	3
	NTUR 机构典藏	2	3
	学术资源网(Scholars Gateway)	3	2
	学术库(Academic Hub)	2	3

香港大学吕志和法律图书馆对可供利用的数字资源进行分类呈现,用户可按照部门法(Subject)或者资源的格式(Format)查找所需信息资源;此外,图书馆推进两项数字计划,建设特色资源库:香港基本法草拟过程资料库(Basic Law Drafting History Online,简称 BLDHO)、香港法律历史资料库(Historical Laws of Hong Kong Online),免费开放供用户查询与获取香港法律的相关资料;香港大学专门为本校教师出版物建立可供开放获取的数字化平台,被命名为香港大学学术库(The HKU Scholars Hub),用户可以搜索并获得学者、组织、出版物、专利、奖项基金等内容(见图6-3)。

香港中文大学利国伟法律图书馆搭建了法律图书馆平台(Law Library Guides),在这一平台上为用户展示法律课程相关资料,方便学生提前准备参考书、案例报告等相关资料,以及各类型资源的索引及查找指南、以国家和地区分类的网络资源精选等;在法律图书馆上可以浏览 91 种数据库资源、法律报告;通过图书馆数字计划平台(Digital Initiative),可以查询并全文获取优秀的法律硕士与博士研究生的毕业论文(见图6-4)。

图 6-3　香港大学学术库主页

图 6-4　香港中文大学数字计划平台

台湾大学图书馆的博硕士论文系统为华艺线上图书馆(airiti Library),是台湾地区高校共享学术成果的线上平台(见图 6-5),这一平台包含来自 23 所公立大学、17 所私立大学、17 所技职院校、2 所非台湾地区大学(澳洲阿德雷德大学与香港大学)的博硕士论文资料。用户在使用该线上平台时,可免费获取书目信息及中英文摘要,下载全文需另外付费;台湾大学机构典藏(NTUR)是将该校本身的研究产出,如期刊及会议论文、研究报告、投影片、教材等,以数字的方法保存全文数据,并建立网络平台,提供全文检索与使用的系统。它不是取代期刊发表,而是增加一个研究成果被使用的管道(见图 6-6);台湾大学学术资源网(NTU Scholars Gateway)是为使馆藏多元化并协助本校师生及国内外研究人员进行教学及学术研究而成立,该网站有系统征集且筛选可支持各学科领域教学与研究的优质国内外免费电子学术资源,所收集的法律学网站共1453个(截至2016年7月26日);台大学术库(Academic Hub)导入ORCID(Open Researcher and Contributor ID)机制,以展示该校科研人员的研究领域、学术发表和团队研究成果。

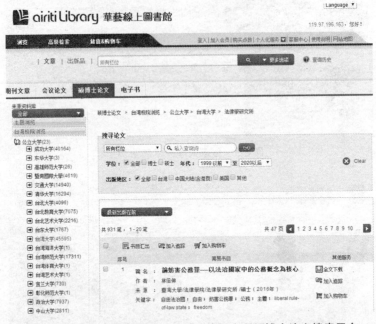

图6-5　华艺线上图书馆台湾大学法律研究所硕博士论文搜索平台

图6-6　台湾大学机构典藏库的法律资源

2. 馆藏资源组织方式(OPAC)

香港与台湾的高校图书馆 OPAC 系统更注重对书目信息的完整揭示与资源检索功能的便捷性,即对 OPAC 基本功能的完善。以香港大学的 OPAC 系统为例,由 Ex Libris 公司开发的 Primo 图书馆统一资源发现与获取门户系统的所有功能均基于 Web2.0 标准构造,结合 SFX 开放链接服务系统,可以为用户提供统一资源的发现与获取服务,内容包括物理与数字馆藏、数据库、电子资源等。通过 API 接口实现对外部搜索引擎(HKALL 港书网)进行检索。在该系统登录后,可以将需要的书籍添加到 e-shelf 中,也可以分享到 Endnote、RefWorks、del.icio.us 等文献管理平台。

(二) 特色服务

1. 学科服务

香港和台湾的高校图书馆注重将服务人群进行细分,包括本科生、研究生、教师等,提供更有针对性的信息服务,而按照学科方向细分的学科服务则交由各专业分馆负责。

香港大学吕志和法律图书馆主要为有法律学科研究需求的教师与学生提供科研支撑与服务,服务平台主要包括法律科学门户,即学科服务平台(Guides & Pathfinders)与法律博客(law weblog)。在学科服务平台上,用户可以联系学科馆员进行邮件咨询,或者浏览、订阅信息,了解法律类电子资源、学科论文写作指南、网络资源等内容。

香港中文大学图书馆将服务细分为"研究支援"与"学习支援"两个部分。"研究支援"与教师和研究生合作,凭借最先进的数码技术和知识渊博的专业团队,支援整个研究生命周期的所有活动,包括开展一个研究项目,以至传播研究成果,具体的服务内容包括:数码学术研究服务、研究咨询服务、研究共享空间、研究茶座、图书馆讲座、引文管理、版权处理。"学习支援"中,学科服务平台(lib guides)共建立 27 个法律学科细分方向的服务平台,这些方向包括中国法、国际法、欧洲法、政府信息、香港法、国际刑法、国际经济法、国际环境法、国际家庭法、国际人权、英国法、法律数据库指南、法律图书馆指南等。学科服务平台内容包括相关课程信息(包括课程参考资源)、资源导览、研究导览等(见图 6-7)。

台湾大学图书馆于 2013 年新成立学科服务组,以支援教师教学与研究,促进研究生学习,成为院系所与图书馆间的桥梁。它了解使用者,满足其咨询需求,并以学科角度推广图书馆的资源服务等为核心任务。服务内容主要包括教师指定参考资料(需登录该校账户查看)以及参考咨询服务。其中,参考咨询的形式多样,既有参考服务部落格(博客),也有资料查询指引、FAQ 的方式。在法律学科方面,图书馆提供一名专业学科馆员,这种泛化被动式的点对点服务相较于香港大学和香港中文大学法律图书馆的学科服务,难以为用户提供长期有效的学科信息。

2. 信息素养教育

香港与台湾的高校图书馆在提供信息素养教育方面已拥有较为成熟的在线学习平台,提供信息素养教育的方式具有多样性、平台界面友好性等特点。

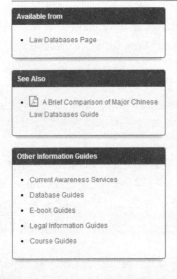

图6-7　香港中文大学图书馆学科服务平台

　　香港大学图书馆为需要学习信息技能(information skills)的用户提供培训(training)与研究指南(research guides),用户亦可从利国伟法律分图书馆的平台进入,浏览信息素养培训的相关信息,综合图书馆与法律分图书馆的教育资源,其信息素养教育主要分为这样两个部分:第一个是研究指南,主要包括对有用的数据库、外网资源的使用介绍,关于如何做研究、写论文的推荐阅读书目,课程书目信息(course readings)需用户登录本校账号查看,针对不同学科的用户群体设计的信息技能在线学习平台DOW(香港大学的Moodle平台,即开源课程管理系统),即使非该校用户也可以使用临时账户登录;第二个是图书馆培训,包括新生培训(orientation)、研究生图书馆工作室(postgraduate library workshop),帮助他们学习信息技能,图书馆课程(课程资料需登录下载),讲座会议(数据库使用指南等主题),ITS(Information Technology Services)Training的最新信息,e-learning Trainings & Workshops(见图6-8)。

　　香港中文大学图书馆的学习支援服务致力于配合学校各种和"教"与"学"相关的活动。专门负责院系联络的馆员会配合学院的课程,提供资讯素养讲座和协助建立及维持学科馆藏。学习支援服务亦会定期举办一般的图书馆讲座及指导课程,以及建立与学科相关的指导网页,以帮助同学们认识相关的资源及其使用方法。主要内容包括:图书馆讲座,协助本科生及研究生提升终身学习效果,支援教研人员发展

图 6-8　香港大学 ITS 的 eLearning 培训课程

信息管理技能,辅助师生学术传播与互动交流,读者亦可预约主题课程;研究通(Research Smart)是可以帮助用户有效应用数字科技及资源进行学术研究的网站(见图6-9);学科资源指引,即学科服务平台;院系联络馆员,其中法律学院共两名联络馆员;进学园,是占地 2000 平方米的创新学习与学术活动场所,有图书馆馆员及专业技术人员为用户的专题研习工作提供支援服务。

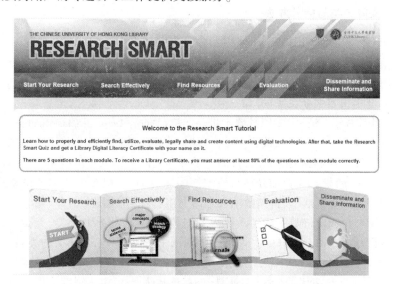

图 6-9　香港中文大学图书馆"研究通"

台湾大学图书馆的信息素养教育主要来源于三个部分:HELP 讲堂,是由学科馆员定期开办的图书馆资源介绍课程,内容包含学科主题文献查询、资料库、书目管理软件 Endnote 以及图书馆服务介绍;用户定制化资源利用讲习,不仅可以配合教师授课需求提供学科主题利用指导,亦可提供学生个别化的利用指导服务,通过网上申请即可(见图6-10);数位学习网(E-learning)包括图书馆资源利用指导、专题课程、采用多功能视讯会议软件 JoinNet 开课的行动讲堂等。

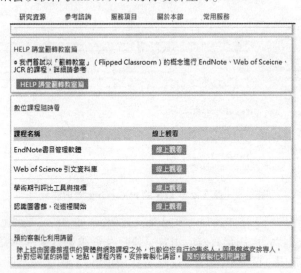

图 6-10　台湾大学图书馆 HELP 讲堂

三、文献分类与标引方法

中国台湾与香港的图书馆所使用的分类法主要是十进制图书分类法和美国国会图书馆分类法(Library of Congress Classification,简称 LCC)。其中,LCC 被用于西文图书的分类,而中日韩文图书主要采用十进制的中文图书分类法。

(一)《中国图书分类法》介绍

《中国图书分类法》大多以杜威十进分类法(Dewey Decimal Classification & Relative Index,简称 DDC)为参照改进而成。现时,应用较为广泛的是赖永祥中国图书分类法,包括台湾、香港及澳门地区,台湾大学开办的图书馆及资讯科学(Library & Information Science)课程均包括介绍与使用该图书分类法;也有少数图书馆使用何日章中国图书十进分类法,如台湾政治大学图书馆、辅仁大学图书馆等。

中国图书分类法以数字 0 到 9 代表不同分类,主要分为十大类,分类号最大为百位数,可有点数,由 0 字开始。赖永祥中国图书分类法中,58 开头的类目为法律,主要包括以下类目:580 法律总论、581 宪法、582 中国法规汇编、583 各国法规、584 民法、585 刑法、586 诉讼法、587 商事法、588 行政法、589 司法制度。何日章的中国图书十进分类法中,法律类则以 350 为开端。以上分类方法的标记符号是阿拉伯数字,为了醒目和便于阅读,第三位与第四位小数之间用小圆点隔开,与 DDC 一样采用小数层累标记制度,用第一位小数标记第一级类目,第二位小数标记第二级类目,依次类推,层层隶属,层层包含。

(二)《美国国会图书馆分类法》介绍

《美国国会图书馆分类法》,即 LCC,是在美国国会图书馆馆长 G. H. 普特南的主持下,以美国国会图书馆的藏书为对象,并参考 C. A. 克特的《展开制分类法》(Expansive Classification),于 1901 年开始编制的一部综合性等级列举式分类法。

各大类以分册形式先后出版,目前总共约 43 个分册,其中"K 法律"类于 1969—1977 年出版。法律类分册共有 12 个,包括:K 法律(总论)、K 类复分表、KBR、KBU 教会法规史、罗马天主教堂法规、KD 英国和爱尔兰的法律、KDZ、KG、KH 美洲、拉丁美洲和西印度群岛的法律、KE 加拿大法律、KF 美国法律、KJ-KKZ 欧洲法律、KJV-KJW 法国法律、KK-KKC 德国法律、KL-KWX 亚洲和欧亚大陆、非洲、太平洋地区和南极洲的法律、KZ 国家法。

LCC 采取混合标记制,采用拉丁大写字母和阿拉伯数字相结合的混合符号。LCC 的标记符号有三个层次:先是用 21 个单一字母表示 21 个基本大类,两个字母则表示二级类目;再是用 1—4 位阿拉伯整数(1—9999)表示展开的各级类目,整数后还可用小数细分;最后是克特字顺号码,是用一个大写字母带 1—3 位数不等。LCC 中的克特字顺号码一般用于标记个人名称、团体名称、地理名称、事物主题、著作名称等,并且被视作没有顺序的小数。

第四节 国外法律图书馆

一、法律图书馆介绍

国外法律图书馆类型多样,从国家级法律图书馆到地方州、县级法律图书馆,从大学法学院图书馆到私人事务所图书馆,应有尽有。尽管在规模、服务等方面各不相同,但这些图书馆的共同之处是广泛收藏法律文献资料,并在此基础上针对特定读者群体提供较高层次的服务。国外法律资源开放获取程度较高,尤其在美国,有丰富的法律资源可供利用(见表 6-7)。

表 6-7 美国部分法律网站简介

序号	网站名称	网站介绍	网址
1	LawGeex	LawGeex 是法律文件分析网。LawGeex 致力于帮助用户在短短几秒钟的时间内获取法律文件的分析报告。LawGeex 将协助用户找出法律文件中的漏洞和不合理的地方,让你在不懂法律知识的前提下拥有一份完整、安全的法律文件。	www.lawgeex.com

(续表)

序号	网站名称	网站介绍	网址
2	Constitute	Constitute 是一个在线国际宪法大全,由谷歌公司成立。Constitute 将世界上超过 150 个国家的宪法数字化,用户可以通过该平台来查询不同国家在不同时代的宪法数据资料。	www.constituteproject.org
3	国会图书馆法律馆	美国国会图书馆法律馆是全美收藏法律文献数量最多、范围最广、综合性最强、质量最高的专业图书馆。	www.loc.gov/law/
4	明尼苏达州法律图书馆	美国联邦版本保存图书馆之一,以保存本地区的法律文献和政府出版物为主,同时选择性收藏联邦资料、加拿大和英国法律资料,特别注重提供现行法律文献指南。	mn.gov/lawlib/
5	洛杉矶高等法院	洛杉矶高等法院(The Los Angeles Superior Court)是致力于解决法律问题的机构。	www.lacourt.org
6	LeGex	LeGex 主要发布美国立法委员可视化图表,通过 HTML5 技术来展示美国立法。有了 LeGex,你就可以很直观地了解每个议员的提案,各党派的立案主题,同时也可以通过筛选模式进行筛选查看。	legex.org
7	World Law Direct	WORLD Law Direct 是领先的法律解决方案和互动服务供应商,创建了一款可以解决四千多个常见法律问题的自动化系统。	www.worldlawdirect.com
8	LawDepot	LawDepot 是领先的 DIY 法律文件与模板出版商,能够让用户很容易地创建法律文件,引导用户完成整个过程。	www.lawdepot.com
9	Justia	Justia 是一家面向律师和学生的法律信息网站,提供免费的法律资源,包括案例法、法规、规章和其他法律信息。Justia 的用户主要为来自世界各地的律师、企业、学生和消费者。Justia 一词是拉丁语"公正"的意思,这也是 Justia 网站的宗旨。	www.justia.com
10	Westlaw	Westlaw 法律在线数据库是全球最强大的在线法律研究工具,它提供来自全球的大量法律信息以及时事新闻和商业资讯。对于来自学院和政府的用户,Westlaw 是进行快速、有效法律研究的最理想的平台;而对于从事法律实务的律师和公司法务人员,这个强大的工具提供增值信息,帮助在瞬息万变的商业社会中更快、更明智地作出决策。	www.westlaw.com

(续表)

序号	网站名称	网站介绍	网址
11	FindLaw	FindLaw 是全球最为流行的法律网站之一,提供无偿的法律信息以及最全面的律师索引,用户通过搜索类别与区域可以轻松地找到关于他们法律问题的解答甚至是一名辩护律师。	www.findlaw.com
12	HG.org	HG.org 是最早的在线法律和政府信息网站之一,成立于 1995 年 1 月。HG.org 由 Lex Mundi 创办,它是一家独立的大型法律网络公司,目标是让法律专家、企业和消费者更方便地获取法律、政府信息以及相关的专业信息。	www.hg.org

为了调查与介绍法学学科水平一流的国外法律图书馆,本书以世界四大最具影响力的全球性大学排名(《QS 世界大学排名》《泰晤士高等教育世界大学排名》《世界大学学术排名》《US NEWS 世界大学排名》)为数据参考,从中选取 2015—2016 年度法律学科(by Subject-Law)排名前十五的大学,以美国、英国、澳大利亚的大学为例,介绍具有代表性的法律图书馆(见表 6-8)。

表 6-8　QS 法学学科排名前十五的大学
QS World University Rankings by Subject 2015—Law

range	overall score	university	location
1	99.8	Harvard University	US
2	96.7	University of Cambridge	UK
3	96	University of Oxford	UK
4	93.7	Yale University	US
5	92.2	New York University(NYU)	US
6	90.7	Stanford University	US
7	90.3	London School of Economics and Political Science (LSE)	UK
8	89.4	The University of Melbourne	Aus
9	87.9	University of California, Berkeley (UCB)	US
10	86.9	Columbia University	US
11	86.5	UCL (University College London)	UK
12	86.4	University of Chicago	US
13	85.5	The University of Sydney	Aus
14	84.7	National University of Singapore (NUS)	SG
15	84.1	The University of New South Wales	Aus

（一）美国法律图书馆

1. 哈佛大学（Harvard University）

哈佛大学图书馆（体系）是世界上最大的大学图书馆，拥有 1500 多万册图书；包括 90 多个不同专业的学术分馆，分别设立在波士顿地区、华盛顿特区、意大利的佛罗伦萨市及世界其他一些城市，仅在哈佛大学校本部就有 49 所分馆。哈佛大学法学院图书馆成立于 1817 年，是世界上最大的学术法律图书馆，并不断创新发展，以满足法学院的需求。1981 年，图书馆进行重组，并提供一个标准化的"机读"目录；1988 年，馆藏图书超过 145 万册；2009 年，图书馆再次重组，简化功能、提高效率、扩大服务，以满足不断增长的新需求。图书馆旨在提供实证研究（empirical research）的支持，收集更多跨学科的国际材料，并支持哈佛法学院的学习项目。图书馆的研究特藏包括：中东及伊斯兰法律资料、东亚法律、古罗马及教会法律、犹太法律等。

2. 耶鲁大学（Yale University）

耶鲁大学图书馆是美国最大的研究图书馆之一，拥有丰富的资源，甚至包括古老的纸莎草纸、早期印刷书籍的电子数据库等。通过扩大物理和数字馆藏等方式，整个图书馆系统能够收集世界各地的方案和资源信息，并与 facebook、twitter 连接，方便读者转载与分享感兴趣的内容。在耶鲁大学图书馆里，大约有 500 个充满活力且思维多样化的工作人员为图书馆的各项服务出谋划策，为全世界提供着创新和灵活的阅读服务。它的馆藏分布于 22 个建筑物之中，其中包括最大的史德林纪念图书馆、Beinecke 古籍善本图书馆和法学院图书馆。耶鲁大学利廉·戈德曼法律图书馆（Lillian Goldman Law Library）是耶鲁大学的法学院图书馆，馆藏超过 80 万册纸质文献，其中有 20 万册外国与国际法资料。图书馆设立于 Sterling Law Building，共 5 层楼。

（二）英国法律图书馆

1. 剑桥大学（University of Cambridge）

剑桥大学图书馆始建于 1424 年，是世界上最大的图书馆之一，建馆近 600 年，藏书 600 余万册，中文藏书约 10 万种，包括商代甲骨、宋元明清代各类版刻书籍、抄本、绘画、拓本以及其他文物。剑桥大学图书馆总馆下设学科种类齐全的分图书馆，除了科技期刊图书馆、医学图书馆和法律图书馆外，还有各系和各学院分别设立的专业图书馆，共 141 所专业图书馆，其中，与法律相关的图书馆包括：国际法研究中心（Center for International Law）、非洲研究所（African Studies）、Squire 法律图书馆（Squire Law Library）。在 Squire 法律图书馆中，大部分资源都是可开放获取的，少数保存本可以通过图书馆的咨询台获取，包括古代法律历史资料、法律传记和众多著名法律文本的旧版本。

2. 牛津大学（University of Oxford）

牛津大学图书馆（Bodleian Libraries）是英国最大的大学图书馆系统，图书馆历时 400 年，共有 30 余所分馆，藏书超过 1200 万册。牛津大学图书馆可以分为两类：主要研究型图书馆（Major Research Libraries）和单独型图书馆（Individual Libraries）。

大学本身拥有的研究型图书馆,为全校师生提供服务,这类图书馆叫做主要研究型图书馆,如牛津大学图书馆、牛津大学法律图书馆、拉德克利夫科学图书馆、萨克勒图书馆、社会研究图书馆、泰勒制度图书馆等。单独型图书馆,是指各系、科、学院的图书馆。牛津大学法律图书馆作为研究型图书馆之一,共四层楼,藏书超过55万册,该图书馆仅提供研究咨询服务,不提供借阅服务。

(三) 澳大利亚法律图书馆

1. 墨尔本大学(University of Melbourne)

墨尔本大学图书馆囊括了图书、报纸、期刊、国会资料、声讯视觉资料、缩微印刷品、CD-ROM 数据库等。墨尔本大学的图书馆是澳洲最古老和最大的图书馆之一,拥有藏书超过300万册,涉及语种超过20种。此外,墨尔本大学的每个学院也各自拥有自己的图书馆,方便学生学习和查阅资料。法律图书馆(Law Library)服务点设在法学院三楼。用户可以查询借阅信息、讨论室使用信息。同时,图书馆的工作人员可以为用户提供法律研究方面的帮助,包括对法律数据库使用方法和研究课题规划提供建议。

2. 悉尼大学(University of Sydney)

悉尼大学图书馆是南半球最大的大学图书馆,占地5.3万平方米。现在的 Fisher 图书馆已成为悉尼大学图书馆的主馆,拥有馆藏印刷型文献500余万册、计算机书目记录140余万条、250余个电子文献资源数据库、5.4万余种电子期刊,为学校教学科研活动提供了极为丰富的信息资源。图书馆已建立起"实体资源""电子资源"和"以馆际互借及文献传递服务为支撑的全球图书馆资源"三个层次的文献资源保障体系。由主馆 Fisher 图书馆和20个专业分馆构成的庞大的图书馆服务网络为全校师生以及社会各界提供高效、及时、便捷和多样化的信息服务,以用户为本,构建大学图书馆信息资源保障及服务体系。悉尼大学法律图书馆(Law Library)又被称作"Herbert Smith Freehills Law Library",主要支持法学院的教学与科研活动,共有学科馆员17名,分别负责不同的研究方向。

二、特色资源与服务

(一) 特色资源及其组织

在资源建设方面,美国、英国、澳大利亚的高校图书馆承担主要的资源体系构建任务,不仅注重对本馆特色资源的保护与数字化,同时拥有丰富的数据库资源。美国与英国的高校十分重视学科分馆建设,法律图书馆主要承担学科服务与信息素养教育的任务,是连接法学院师生与图书馆资源的重要桥梁;在资源组织方面,美国的高校图书馆采用一站式的搜索方式,提供统一的 OPAC 搜索平台,界面简洁易操作,英国的高校图书馆根据资源形式、资源主题分类,提供种类多样的搜索平台,可供用户选择。

1. 特色数字资源

美国的法律图书馆不仅拥有丰富的数据库资源,更注重对数字资源合理分类并以最直观的方式呈现给用户。哈佛大学共有法律类数据库资源 110 种，包括比较法、国际法等用于法律相关研究的数据库，还有大量关于数据研究的数据库，包括商业、公司、财税、市场、银行、政府等相关数据，方便民商法与经济法等方向的研究者使用数据资源。耶鲁大学法律图书馆共有数据库资源 264 种，并按照资源主题与类型进行分类：实证与数据类数据库、国外与国际类数据库、历史研究类数据库、法律历史类数据库、最高法院数据库。此外，哈佛大学法律图书馆将馆内珍贵历史资料与特色馆藏数字化保存，并以开放获取的形式向公众开发，其中包括法律相关工作者的手稿资料、法律相关的艺术资源等。

英国的法律图书馆拥有丰富的数据库资源以及可供开放获取的其他网络电子资源。剑桥大学 Squire 法律图书馆采用字顺方法为法律类数据库（Legal Databases）排序，共 57 个法律数据库可供使用。在牛津大学 Bodleian 法律图书馆中，共有 191 种法律类电子资源，其中包括相当多可开放获取的网络电子资源，例如美国国会图书馆的法律研究报告（Legal Reports）、DOAJ 免费资源搜索平台等，可供牛津大学校内外的法律研究者使用。在特色馆藏方面，剑桥大学 Squire 法律图书馆特别介绍了五个主题的法律资源，包括英国法律（English Law）、国际公法（Public International Law）、法律冲突（Conflict of Laws）、国外比较法（Foreign & Comparative Law）、欧盟法律（European Union Law）。用户可以通过这些介绍快速查找相关资料，包括电子资源、纸质资源以及相关法律中心或学会的网站。牛津大学的 Bodleian 法律图书馆拥有数量较多的特色馆藏资源，包括伊斯兰法律特藏、知识产权中心特藏等，仅供该校教职员工与研究生阅览。

澳大利亚的法律图书馆不仅拥有丰富的数据库资源，更提供多种分类组织方式供用户选择。墨尔本大学法律图书馆网站建于法学院网站内，图书馆拥有丰富的法律数据库资源，分类方式包括字母字顺、研究主题、资源类型、司法权国别等，共有数据库资源 112 种。悉尼大学法律图书馆网页设置于学校图书馆网站之内，其资源与服务均来自于学校图书馆的统一管理，法律类数字资源共 94 种，包括数据库、案例、立法、期刊数据库与新闻资源、国际法资源等主题分类，其中也有少数免费的网络资源或搜索引擎，如 Google Scholar 等。在特色馆藏方面，墨尔本大学法律图书馆拥有丰富的法律历史收藏，包括早期的法律文本、政治小册子等，能够帮助法律研究者很好地了解澳大利亚联邦早期的殖民历史与维多利亚早期的法律实践。

2. 馆藏资源组织方式（OPAC）

美国的高校图书馆 OPAC 系统均为一站式检索系统，通过简洁统一的检索界面可以搜索该校图书馆内的全部资料。哈佛大学图书馆所使用的 OPAC 系统为 Hollis +，在 Hollis + 中能够搜索到哈佛大学的馆藏书籍、期刊、地图图片、档案资料、手稿、音乐视频、分数数据，以及大量的数据库资料（见图 6-11）。检索途径包括主题词、题名、关键词等。检索结果的限定包括限定为同行评议期刊、限定文献载体（如书籍或报纸）、限定为特定图书馆（如法律图书馆）等。用户登录"我的账户"或者"我的研究"，能够收藏和管理感兴趣的资源，并查看历史借阅记录。耶鲁大学图书馆所使用的 OPAC 系统为 Morris 目录系统,检索界面简洁易操作,书目信息内容详细,包括目录页的展示,可获取的 MARC 数据等。用户通过修改检索条件(二次检索)、收藏到"我的书单"(save to my list)、预约、保存书目记录、寻找相似资源等操作,能够获得较好的资源检索体验。

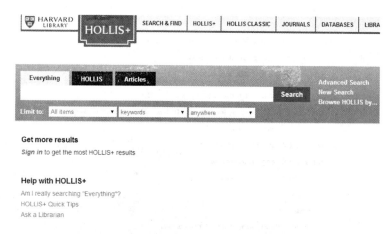

图 6-11　哈佛大学图书馆的 HOLLIS + 检索平台

英国的高校图书馆 OPAC 系统具有分类详细的多个检索平台。剑桥大学 Squire 法律图书馆提供五个 OPAC 系统,包括 Newton 目录(见图 6-12)、Squire Serial Holdings、Library Search、其他 UK 目录(COPAC 和英国图书目录)、Worldcat 等。其中,Newton 代表剑桥大学某个图书馆的目录,例如校图书馆、医学馆、法律馆等,Library Search 则代表能检索到全校所有馆藏资源的目录系统。牛津大学法律图书馆为用户提供 2 个 OPAC 系统,包括 SOLO 和 OxLip + 。SOLO 囊括了牛津大学图书馆的绝大多数馆藏资源,包括图书与期刊、ORA(研究档案资料)等;OxLip + 则是一个数据库与其他电子资源的搜索引擎,用户可以通过 OxLip + 查找包含所需法律条款、立法、案例法等信息的数据库资源,也可查找电子期刊(e-journals)的内容信息。除此之外,法律图书馆还为用户提供五个在线目录,包括 COPAC(英国高校馆藏资源联合目录)、Allegro、FLAG(英国国外法律收藏指南)、WorldCat(世界范围的图书馆联合目录)、English Short Title Catalogue(英国图书馆的部分资源)。

澳大利亚的高校图书馆拥有一站式 OPAC 系统以及其他主题的目录系统。墨尔本大学图书馆的 OPAC 系统能够为用户限定检索结果到具体某个图书馆,如法律图书馆;也可限定查找资源的载体类型,包括数据库资源、期刊、图书等。另一个目录系统为 Bonus + ,共有 14 个成员馆联盟的资源搜索平台,用户可以进行馆际互借。悉尼大学图书馆也拥有一个可以查找几乎所有资源的目录系统,检索途径包括关键词、题名、作者、期刊名、电子书名、主题词、馆藏地点、索取号、ISBN/ISSN 号等。除了基本检索与高级检索之外,还可以使用交叉检索(cross search)。交叉检索是该校图书馆开发的一个创新 OPAC 平台,旨在为用户提供便捷高效的知识发现工具,用户

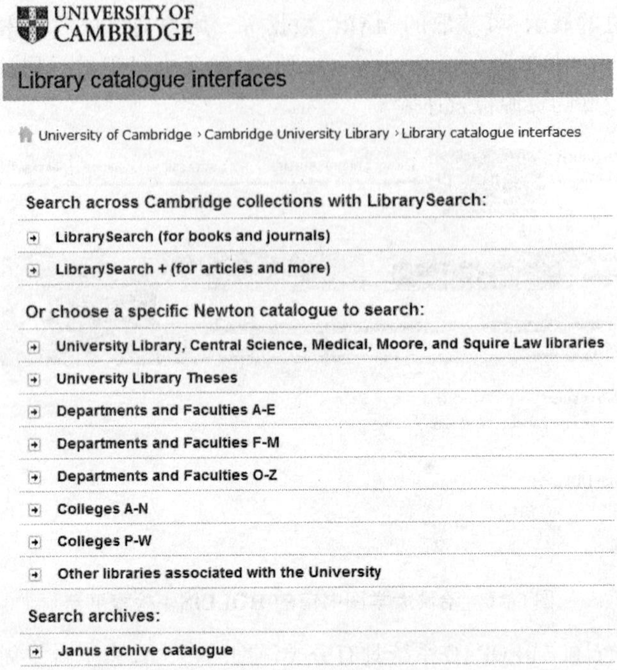

图 6-12　剑桥大学图书馆的 Newton 检索平台

只需通过"三步走"检索到所有相关信息资源,包括电子资源与纸质资源。

(二) 特色服务

1. 学科服务

学科服务包含的内容与形式是多样化的,其中,学科导航/门户(research guide)的建设是非常重要的一部分。与国内部分高校图书馆所建设的学科门户网站最大的不同点是,英美法律图书馆具有更详实的学科研究方向细分,例如,法律学科作为一门社会科学,其中涉及的部门法种类可达八种。美英法律图书馆建设的学科门户主题各有不同,其中包括:家庭法、专利法、著作权法、国际法、立法法、法律论文写作指导等。学科馆员为帮助本校师生科学研究,精心挑选并确定学科门户的建设主题。

对美英澳三个国家的法律图书馆进行调查,可以发现,它们的学科导航服务可以被分为三种类型:R1 型是被动型的学科导航服务,法律图书馆为每个研究方向提供一名学科馆员及其联系方式,需要用户主动联系与询问(requests)馆员;R2 型为资源利用导向型,图书馆将与该学科主题相关的资源(resources)集中分类呈现给用户;R3 型为交互式的 Web2.0 信息交流模式,以博客(blogs)的版面设计呈现资源分类,用户可随时与学科馆员(博主)进行交流,查看并利用上面的信息资源。R2 类型的学科导航能够从问题出发,引导用户逐步深入,了解并获取自己所需的资源;R3

类型更适合年轻的用户群体,在移动设备终端关注并订阅学科门户网站,获得研究方向相关的学科信息;而 R1 类型则是最简单的学科服务方式,虽然能够以一对一的形式帮助用户解决学科研究相关问题,但单向被动式的服务最终难以实现从点到面的服务广度与深度。从下表(表 6-9)中可以看出,以上法律图书馆所构建的学科导航服务平台都能做到整合本馆资源,为用户提供有针对性的学科研究导航服务。

表 6-9　美英澳法律图书馆学科导航/门户类型

学校	法律图书馆	学科导航/门户
哈佛大学	Harvard Law School Library	R2
剑桥大学	Squire Law Library	R2
牛津大学	Bodleian Law Library	R3
耶鲁大学	Lillian Goldman Law Library	R2
墨尔本大学	Law Library	R3
悉尼大学	Law Library	R3

美国的学科服务大多是问题导向型,服务立足于资源,关注于将图书馆的资源进行整合与分类,为用户解答研究各个阶段的问题。哈佛大学法律图书馆的学科服务即属于问题导向模式。进入法律图书馆首页,首先需要回答的问题是你的研究需要做什么?包括需要研究咨询、寻找研究主题与方向、资源搜索(HOLLIS+)、注册培训课程等。哈佛大学法律图书馆共有 60 个研究主题,每个研究主题之下还有多个(包括一个)细分方向。相关的研究资料都被整理成目录供开放获取。耶鲁大学法律图书馆主要有三个形式:(1)研究帮助(research help),用户通过在网上填写表单并预约与学科馆员的一对一服务;(2)法律新闻与博客(news & blogs),以博客形式为用户推送法律新闻,扩展用户阅读广度;(3)研究导航(research guides),共六个主题,包括美国法律研究资源、国外法律研究资源、法律实证研究资源、历史研究资源等。

英国的学科服务注重内容的丰富与有效性,更新速度快,主题分类详细。剑桥大学图书馆的学科服务主要由两部分组成,一是需要用户联系学科馆员的研究支持(research support),一是属于 R2 型的学科导航(research guides),法律图书馆将导航分为八个不同主题单元,包括英国法律、英国宪法改革、国际法电子资源、国际法庭、比较公法等。牛津大学图书馆的学科服务主要通过图书馆导航(Oxford libguides)实现,属于 R3 的类型,内容包括学科导航(subject guides)、研究培训会(workshops)、研究技能(research Skills),其中,法律学科的研究方向被细分成 40 个不同的主题(topics),立法(jurisdictions)资源也按照国家地区被划分为 29 个不同的导航单元。

澳大利亚的学科服务相对于美国与英国,服务方式较为单一,服务内容不够丰富。墨尔本大学图书馆的学科导航(LibGuides)属于 G3 类型,在法律学科之下共有

46个细分的研究方向导航,但只有部分导航页面内容较丰富,且内容更新较慢,一个学科馆员需要管理多个导航页面。悉尼大学图书馆主要提供两个方面的学科服务,一方面是按照研究周期(research lifecycle),分步骤提供研究帮助(见图6-13);另一方面是通过学科导航(guides)平台与用户进行互动式的学科资源交流,法律学科被分为12个方向,包括行政法、亚太地区法律、商法、宪法、刑法、环境法、人权法、国际法、税法等。

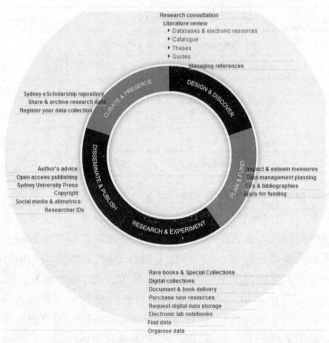

图 6-13　悉尼大学图书馆的研究周期(Research Lifecycle)表

2. 信息素养教育

美国的高校图书馆注重提高用户(尤其是学生)的学科信息素养水平。美国大学与研究图书馆协会(ACRL)于2015年通过的《高等教育信息素养框架》中,对高校学生的信息素养提出了六大框架要素(frame)[①]:权威的构建性与情境性(authority is constructed and contextual);信息创建的过程性(information creation as a process);信息的价值属性(information has value);探究式研究(research as inquiry);对话式学术研究(scholarship as conversation);战略探索式检索(searching as strategic exploration)。

美国高校的法律图书馆在学科信息素养教育方面有较为成熟的经验,主要表现在以下三方面:一是注重实践性信息素养教育,为学生提供课程学习辅导、科研入门指南,例如,哈佛大学法律图书馆为用户提供 TLC 解决方案(teaching, learning, &

---

① 韩丽风等:《高等教育信息素养框架》,载《大学图书馆学报》2015年第6期,第118—119页。

curriculum solutions)、法律实证研究学习(empirical legal studies)平台(见图6-14),帮助教师与学生学习掌握教学研究的最佳实践工具、技术与方法;耶鲁大学法律图书馆每学期开设法律研究(legal research)相关的课程。二是注重创新性信息素养教育。加州大学伯克利分校始创的"本科生图书馆资源研究奖励计划"(library research award for undergraduates),在美国的多所高校图书馆广泛展开,开发了网络信息教育平台,并提出了科学的评估标准①。三是注重多元化提供信息素养教育方式。Anee R. Diekema 等人②研究重构信息素养教育新模式——基于问题学习模式(problem-based learning,简称为 PBL),旨在开发多元化的学生信息素养教育方式。③

> Empirical Legal Studies is a growing field of legal study which emphasizes the use of empirical research approaches similar to other social science disciplines such as economics, political science, sociology, and psychology. For an excellent discussion on the merits of empirical legal research see Heise (1998). Recognizing the prominence of this field of inquiry, Harvard Law School has developed a program to assist faculty members and students who are interested in pursuing systematic, empirical studies of important legal questions. This site offers useful resources for designing, constructing and analyzing an empirical research study, as well as information regarding support services offered by Harvard Law School. For more information, please contact our Empirical Research Services department.
>
> 1. Designing an Empirical Legal Study: Basic process of designing an effective empirical research study and developing testable hypotheses.
> 2. Collecting Data: Recommendations on retrieving data and links to sources.
> 3. Analyzing Data: A guide to what to do with the data.
> 4. Presenting Results: Best practices in presenting statistical data and results.
> 5. Publication Process: The study is completed, now what? Some tips on navigating the publication process.
> 6. External Resources: Additional helpful resources.
> 7. Contact Information: Contact Arevik Avedian.

图 6-14 哈佛大学法律图书馆的法律实证研究学习"七步骤"

英国与澳大利亚图书馆的信息素养教育内容相对较少,形式较为传统。牛津大学法律图书馆主要为用户提供关于数据库使用的指导、撰写论文引用格式的说明等;悉尼大学图书馆则为用户提供线上学习(elearning)平台,作为教学支持(teaching support)的一部分,这个学习平台被称作"Learning Management System"(简称为 LMS),需要用户登录使用。

---

① 阙忱忱、田稷:《美国高校创新性信息素养教育模式的探析——以华盛顿大学"本科生图书馆资源研究奖励计划"为例》,载《图书馆学研究》2012 年第 8 期,第 23—26 页。
② Anne R. Diekema, Wendy Holliday, Heather Leary. Re-framing information literacy: Problem-based learning as informed learning, *Library & Information Science Research*, 2011(33):261—268.
③ 程芳、冯倩然:《中美高校图书馆学科信息素养教育比较研究》,载《高校图书情报论坛》2014 年第 1 期,第 2—5 页。

三、文献分类与标引方法

（一）美国的图书分类与标引

美国的图书馆使用最为广泛的分类方法是《美国国会图书馆分类法》(Library of Congress Classification,简称 LCC)。LCC 分类方法与标记制度的介绍详见第五章第三节。

LCC 的特点包括：(1) 实用性强，专为美国国会图书馆排架使用而编制，从类目安排到号码配置，都处处考虑藏书的实际需要；(2) 类目详尽，多达 20 多万个，成为世界上类目最多、篇幅最大的分类法；(3) 不仅可以适用于综合性图书馆，而且也适用于相应的专业图书馆；(4) 及时反映新学科和新主题，美国国会图书馆设有专门部门管理 LCC，根据馆藏变化及时修订类表，并按季编印发行《LCC 的补充和修改》，及时报道 LCC 类号的修订信息；(5) 各大类分别独立编制，出版时间和版本不统一，没有统一的编制体例以及通用复分表和总索引；(6) 基本采用顺序标记制，类号简短，但类号不能表达类目间的等级关系，助记性较差；(7) 应用 LCC 号码被载入美国国会图书馆发行的印刷卡片和机读目录，以及美、英等国出版图书在版编目数据中，除了美国国会图书馆以外，LCC 还被美国许多高校图书馆、专业图书馆以及其他国家的图书馆所采用。

（二）英国的图书分类与标引

英国许多高校图书馆选择使用自编的分类方法为图书分类标引。剑桥大学图书馆所使用的分类方法是"three-figure"分类法，属于分面分类法，这是图书馆为了开放阅览而设计的。

分类号码(classmark)能够反映资源的类型，如，R 表示"阅览室参考馆藏"；S 表示"非开放获取图书"；P、L、T、Q 分别表示"一次文献""二次文献""选定刊""死刊"。Classmark 的编号主要由四个要素组成：(1) 主题要素，即三位数的阿拉伯数字和三个小数点(通常网络在线目录被显示为一个冒号)，这组符号被用来定义文献的主题内容；(2) 外型要素，即一个(或两个)表示文献尺寸大小的小写字母，例如"e"表示不超过 16cm，"d"表示 17—21 cm，"c"表示 22—25 cm，"b"表示 26—31 cm 等；(3) 时间要素，即描述文献出版时间；(4) 次序要素，即用于区分同分类主题、尺寸和出版时间的书所赋予的次序号码(running number)。

法律类的主题号码段为 250—298，包括 250 法律通论，251—65 英格兰法律，267 爱尔兰法律，268 苏格兰法律，269—72 古代法律，273 教会法律，274 盎格鲁—撒克逊、凯尔特人法律，279—98 其他国家法律。

（三）澳大利亚的图书分类与标引

澳大利亚的图书馆大多采用的是《杜威十进分类法》(Dewey Decimal Classification & Relative Index,简称 DDC)。DDC 是世界上流传最广、影响最大的一部文献分类法，于 1873 年由美国的麦维尔·杜威(Melvil Dewey,1851—1931)设计，因其使用阿拉伯数字十进(小数)制号码作标记符号而著称，是一部综合性等级列举式分类方法。

　　DDC 共分 10 个大类:000 总论,100 哲学,200 宗教,300 社会科学,400 语言学,500 自然科学,600 技术科学,700 美术,800 文学,900 历史、地理。为适应科学技术发展和文献出版的需要,从第十六版起,逐步将一些体系过于陈旧的类目彻底改编,在新版本出版前单独印行一二个类的改编表,供用户试用,被称为"凤凰表"。这种连续的局部更新,使 DDC 既跟上新知识的发展,又保证了分类法的稳定性。DDC 已用 30 多种文字出版,被 135 个国家和地区采用,成为世界上历史最久且使用最广的分类法。

　　其中,法律类的详细分类情况如下:340 法律,341 国际法,342 宪法及行政法,343 军法、税法、贸易法、工业法,344 社会法、劳工法、福利法及关系法,345 刑法,346 私法,347 民事诉讼法及法院,348 法律(法令)、行政法规、诉讼,349 各国法律。

　　DDC 采用的标记符号是通俗简明的阿拉伯数字,全部数字符号按照小数来理解,按小数值的顺序来排序,第三位与第四位小数之间用小圆点隔开。DDC 的标记制度为小数层累标记制,用第一位小数标记第一级类目,第二位小数标记第二级类目,依次类推,层层隶属,层层包含。

下 篇
检索与利用篇

第七章　图书的检索

第一节　基本理念及基础知识

一、书籍是人类文明的结晶

当人类进步到以文字、图书、符号等媒介将信息记录到各种载体上，进行交流、传播并保存信息时，就产生了图书。历史上出现的记载文字的典册，被称为典籍，或文献，它兼有文书、档案、书籍之意。随着历史文献的发展变化，记载文字、图像、符号的出版物，被称为图书。有人认为，图书是"有目的地用各种手段把文字记载在一定载体上，其内容能提供很多人阅读和多次使用的各种著作或材料汇编"[①]；也有学者这样表述图书："以记录和传播知识为目的，用文字或其他信息符号系统地记录在一定形式载体材料上的著作物。"[②]

目前，图书包括实物图书和电子图书，前者可直接阅读，后者需要通过阅读软件和硬件才能阅读。无论图书形式如何变化，它有以下五要素：

(1) 可传播的知识信息，即必须经过拷贝复制广泛传播，使公众能得到，如印刷、复印、电子文件的网络传播；

(2) 记录知识的文字、图像及其他信息信号，如声音、动画、视频等；

(3) 记载文字、图像及其他信息信号的物质载体，无论是最初的实物图书还是现在的电子图书，都有一定的载体，有的载体近可触摸，如纸、光盘、IC 卡（Integrated Circuit Card，集成电路卡，也称智能卡、智慧卡），有的载体是远在异地的服务器；

(4) 基本的生产技术和工艺，如刻画、抄写、印刷、光电技术录入及 Ebook 制作软件等记录制作方式，和收集、整理、编辑、撰写、注释、翻译等著述方式；

(5) 必要的装帧形式和电子图书格式，如卷轴、册页、碟盘、XEB 格式、PDF 格式等。

人类走到今天，图书已经不是往昔模样。识别图书的国际通行编码 ISBN（International Standard Book Number，国际标准书号），不仅仅作为印刷型图书的标识码，还标识数字出版物。换言之，根据国际标准书号管理中心定义的图书，在什么介质上出版并不重要，只要它是基于文本、面向公众、一次性（非连续）出版，它就符合 ISBN 标识范畴。ISBN 也被用来识别每一独立的包括应用程序在内的数字出版物。也就是说，当下，一个独立的数字出版物（a separate digital publication）相当于

[①] 谢灼华主编：《中国图书和图书馆史》，武汉大学出版社 2005 年修订版，第 6 页。
[②] 肖东发著：《中国图书出版印刷史论》，北京大学出版社 2001 年版，第 11 页。

一本图书。①

当然,一个独立的数字出版物,必须符合图书的五要素的要求。根据国际标准书号中心的定义:一个单独的数字出版物有特定的电子书标题。如果需要特定的设备或软件来阅读这本书,又或者不同的用户被提供的功能不同(如拷贝、打印、出借等),即使编辑的内容是相同的,那么这每一次的变化就是一个独特的产品,就是一个单独的数字出版物,必须有自己的ISBN。②

从知识信息与载体如胶似漆难以分离的传统图书,到数字时代知识信息与载体若即若离的电子图书,都见证着、记录着并传播着人类文明的进程。

二、图书在基本人权中的位置

(一)图书文献是供所有人使用的

大众免费阅读图书,在今天看来,理所应当。印度图书馆学家阮冈纳赞(S. R. Ranganathan)的图书馆工作的五原则中图书是供所有人使用的观念被世界接受,经历了漫长的过程,颇为不易。③

在西方,17世纪以后,王公贵族拥有自己的印本图书馆。19世纪,图书馆仍只是上层人士的俱乐部。阅读在哥伦布时代之前的中美洲仅限于少数社会精英,直到上两个世纪,印度形成了一个严格的阅读等级制度。④ 一位来自苏格兰的美国富翁安德鲁·卡耐基(Andrew Carnegie)倡导的财富福音(The Gospel of Wealth)的动机让富人开始面向众人提供免费图书服务。财富福音论认为富人的财富,除本身生活必需外,全是受托的财产,应该贡献于有益于社会的事,而启蒙是对社会大众疾苦最有效的疗法。⑤

在中国,春秋战国时期,中国的士大夫阶层就有自己的私家藏书。秦朝焚书坑儒之后,私家藏书衰落,官府藏书出现,并占主导地位。到纸的发明、写本书的出现后,魏晋南北朝开始私家藏书;及至明清,私家刻书与藏书占有了一定的历史地位。同西方一样,无论是官府藏书还是私家藏书,图书的使用仅限于士大夫等贵族阶层。到了近代,西学东渐,中国图书馆致力于启迪民智,从此图书文献走向普通民众。

---

① ISBNs are not only for print books; in fact it is of no relevance in what medium a publication is made available. Provided it is text-based, available to the public and a one-off (not serial) publication then it will qualify for ISBN assignment. ISBNs should be used to identify each separate digital publication (including apps). 参见国际标准书号中心:Guidelines for assignment to e-books, https://www.isbn-international.org/content/guidelines-assignment-e-books,2015年7月26日访问。

② https://www.isbn-international.org/content/guidelines-assignment-e-books,2015年7月26日访问。

③ a. Book are for use; b. Every reader his [or her] boo; c. Every book its reader; d. Save the time of the readers; e. Library is a growing organism. 参见:S. R. Ranganathan, "The Five Laws of Library Science", Bangalore:Sarada Ranganathan Endowment for Library Science. 1988, p.9.

④ 〔新西兰〕史蒂文·罗杰·费希尔编著:《阅读的历史》,李瑞林等译,商务印书馆2009年版,第93页。

⑤ 〔日〕小野泰博著:《图书和图书馆史》,阚法箴、陈秉才译,北京大学出版社1988年版,第2页。

如今图书文献供所有人使用的观念已深入人心。在当今信息社会,这一观念演变为不仅自由获取和传播信息是人类的基本权利,正如受教育是人的一项基本权利一样,检索与利用图书的能力,也成为一项基本人权。

随着信息技术的发展,新的载体形态的出现,知识信息依附载体的紧密度下降。有保持原纸质图书装帧形式的电子图书,有完全打破原印刷装帧形式的独立的数字出版件(因独立的数字出版成品的体量有比原传统出版物更小的可能,在此称之为数字出版件)。人们也常用电子图书、数字资源、信息资源、文献信息等来描述新的图书形态。图书馆也被称为文献信息中心,与时同时,出现了一个与获取利用图书文献信息的能力相关的术语——信息素养(Information Literacy)。

(二)信息素养成为信息社会的一项基本人权

"信息素养"概念源自西方发达国家,最早由美国信息产业协会主席 Paul G. Zurkowski 在 1974 年提出,其意为"人们在解决问题时利用信息的技术和技能"。他估计美国只有1/6的人口真正了解获取逐渐出现的新信息的途径,并对个人的经济及社会生活产生绝对影响。[①]

根据《韦伯词典》,literacy 指 "the quality or state of being literate",而 literate 指 "able to read and write"。也就是说 literacy 就是指读写能力、文化素养。文盲和无知严重阻碍人类社会的发展,联合国在非洲的 21 世纪扫盲政策与计划仍在实施。2015年联合国教科文组织向5个国家的5个组织颁发了扫盲奖。[②] 也就是说人类社会在致力于解决文盲问题的同时,已跨入了信息扫盲阶段。

到1989年,美国图书馆协会下属的研究图书馆协会(Association of College & Research Libraries,ACRL)出版的白皮书《信息素养的最终报告》中指出:"具有信息素养的人能够知道什么时候需要信息,能够有效地获取、评价和利用所需要的信息。"[③]

总之,信息素养是信息社会的人必须具备的一种基本能力,一种知道何时需要信息,并有效地获取、评价信息,最后利用所需信息达到个人在知识、经济、社会生活中的目标的能力。

2002年国际图联(the International Federation of Library Associations and Institutions,简称 IFLA)的格拉斯哥宣言(Glasgow Declaration)宣告:自由获取和传播信息是人类的基本权利。[④]

---

① 参见〔美〕国家信息论坛·Paul G. Zurkowski, http://infolit.org/paul-g-zurkowski/ [2015-07-26]。
② 联合国新闻(中文版), http://www.un.org/chinese/News/story.asp?NewsID=24395 [2015-07-26]。
③ See Presidential Committee on Information Literacy: Final Report, http://www.ala.org/acrl/publications/whitepapers/presidential [2015-07-26]。
④ "The fundamental right of human beings both to access and to express information without restriction." 参见 The Glasgow Declaration on Libraries, Information Services and Intellectual Freedom, Proclaimed by the Council of IFLA 19 August 2002, Glasgow, Scotland http://www.ifla.org/publications/the-glasgow-declaration-on-libraries-information-services-and-intellectual-freedom, [2015-07-08]。

由于信息和通信的进步加大了贫富差距，联合国教科文组织及国际图联在2003年及2005年的信息素养会议上分别发表了《布拉格宣言》(Prague Declaration) 和《亚历山大宣言》(Alexandria Proclamation)。《布拉格宣言》申明利用信息和通信技术，自由使用所需信息，实现个人在社会上、职业上、教育上的目标，这是数字世界的基本人权。也即自由利用信息进行终身学习是数字世界的基本人权。①《亚历山大宣言》更进一步指出，信息素养不仅必需，而且是一项基本人权。②

同样，我们可以在美国白宫网站找到奥巴马于2009年在美国全民信息素养月签署的公告文件，该文件指出："在新的现实面前，除了基本的读写算能力外，具备信息素养也同等重要。"③

回首历史，人类社会进步到图书的出现，图书由供少数特权人物使用，到图书文献供所有人使用，到如今使用图书文献、利用信息的基本能力即信息素养（information literacy）成为人类社会的基本人权，这是人类社会一项巨大进步。从供公众使用到公众使用能力的培养成为一项基本人权，这一过程，见证着人类社会文明的进程。

三、法学教育与名著阅读

回顾世界高等教育理念的发展历程，从英国纽曼（John Henry Newman）培养绅士的博雅教育理念、德国洪堡（Wilhelm von Humboldt）发展科学的学术自由教育理念，到美国查尔斯·范·海斯（Charles Van Hise）服务社会的"威斯康星思想"，以及如今的多元多层次办学理念，高等教育经历了从培养社会精英，到培养不同类型不同层次的人才的变化。各高校秉承的理念不同，培养的人才有别。

博雅教育是培养一种与主流相适应的智慧，培养为社会服务的绅士、公职人员。洪堡理念主张通过研究与自由的结合、研究与教学的统一，培养献身科学的学者。威斯康星思想是要把学生培养成有知识、能工作的公民，并把知识传播给民众，使得劳工子弟能获得实用的大学教育，使大学走出围墙。如今的高等教育百花齐放，多元思想办学、多层次目标办学，入校的学子们必须自己确立自己的个人目标，确定自己要成为什么样的人。有使命感的阅读对高校学子来说，是必需的。

毫无疑问，作为未来法学或曰法律的从业者，属于博雅教育范畴。追求公平正义是人类社会永恒的话题。当今世界的主流是：公共政策、法律皆以公平正义为前提。而公平正义又是非常复杂的一种利益平衡，现代社会有许多同样正当的利益发

---

① The Prague Declaration—"Towards an information Literate Society" (Prague, Czech Republic, 20—23 September 2003), publication year 2005, http://portal.unesco.org/ci/en/ev.php-URL_ID=19636&URL_DO=DO_TOPIC&URL_SECTION=201.html (2005-01-08), [2015-07-08].

② In today's complex world/environment, the participants affirmed that information literacy is not just a necessity, but a basic human right that promotes social inclusion in all nations. 参见：Alexandria Proclamation on Information Literacy and Lifelong Learning, http://www.unesco.org/new/en/communication-and-information/resources/news-and-in-focus-articles/all-news/news/alexandria_proclamation_on_information_literacy_and_lifelong_learning-2/#.VayiepWJgrg (2006-06-01), [2015-07-08].

③ https://www.whitehouse.gov/assets/documents/2009literacy_prc_rel.pdf, [2015-07-27].

生冲突,需要进行复杂的判断。无论是治理国家、制定政策法律,还是管理社会、领导某一利益共同体,都需要对复杂利益关系及未来发展进行合理的判断、宏观的把握。法律、法学从业者的历史使命就是维护社会的公平正义,把握社会不同利益集团间复杂的利益关系。按照19世纪博雅教育的理念,培养法律人才,就是培养有智慧、有哲理、有修养,献身人类社会永恒事业的绅士。

以美国这个超级大国为例,这是一个法官说了算的国度,重大争议由联邦最高法院的9个大法官说了算。① 而且自20世纪初至2007年,美国经历19位总统,有10位总统在任总统之前有学习或从事法律专业工作的经历。②

博雅教育理念体现在高校教学中以名著阅读、名著原典阅读讨论为核心。因为名著包含人类永恒的价值,大量的真理性知识和丰富的精神文化传统。从某方面说,对名著的广泛涉猎,会促使人们对人类古往今来高层次的知识,有一种把握和理解。

美国非常著名的汉德(Learned Hand)法官(美国联邦最高法院的第十位大法官)提出过一张书单。书单中除法律著作,还包括其他领域的著作,从修昔底德(古希腊哲学家,《伯罗奔尼撒战争史》的作者),到柏拉图、亚里士多德……这是理解人生、人类历史、理解人类社会的一个非常重要的基础。另外再加上法律课的训练,才能像律师一样思考。③

菲利克斯·法兰克福特(Felix Frankfurter)借用汉德法官的话说:"法官在解决宪法问题时,应该要熟稔阿克顿和梅因;熟稔修昔底德、吉本与卡莱尔;熟稔荷马、但丁、莎士比亚和弥尔顿;熟稔马基雅维利、蒙田;熟稔柏拉图、培根、休谟和康德;以及这些人专门就法律问题留下来的著述。"④

的确,法学不是一个纯粹理性的事业,也不是传统的精密科学的学科。法律从业者从事着实践理性的职业。在这种人为理性中,一些知识很难以编码知识(言传)的方式传承,更多的是在实践中意会(非编码知识)。同样,人们无法按在学院中的成绩来预测这类从业者的潜能、前途。只能意会不能言传的实践理性,更多的是靠非编码知识的学养来意会。而学养既要通过丰富的社会经历,还要通过大量的阅读来养成。

四、图书区别于报刊的特点

本章的图书是指以单行本或多卷册(在限定的期限内出齐)形式出版的印刷型或非印刷型出版物。相对报刊等其他出版物,图书有知识内容系统全面、稳定成熟的特点。它是前人科学成就的总结,是传播知识的最好形式。尤其是参考价值高的

---

① 何帆著:《大法官说了算:美国司法观察笔记》,法律出版社2010年版,序言。
② 〔美〕威廉·A.德格雷著:《美国总统全书》,周凯等译,社会科学文献出版社2007年版。
③ 贺卫方:《十字路口的法律教育:北京大学法学院2005级新生讲座》,中国法学网,http://www.io-law.org.cn/showNews.asp? id = 13442 (2015-08-04)。
④ 何帆著:《大法官说了算:美国司法观察笔记》,法律出版社2010年版,第29页。

图书,会重复再版。一般来说,图书具有以下三大特点:

(一) 系统全面

图书的知识内容具有系统全面的特点。它根据一定的主题、观点,全面系统论述相关主要知识、观点,即使有百科性质的图书,其内容体系也按一定的体例进行有机组织。与杂志不同的是,即使是文集式图书,其文体也相对统一。

(二) 成熟稳定

图书的内容知识相对成熟、稳定。报刊重时效,图书贵持久。图书出版周期长,一部图书从着手编写到出版,长则几年几十年,短也需要一年以上。一部精品图书应该经得起时代的考验,具有相当的稳定性。与报刊探讨还未形成公知定论的知识相比,图书也需要具有前瞻性,但图书所涉及的知识、信息应尽量科学、详实,使其具有持久的生命力。当然也有如过眼云烟的畅销书。

(三) 独立出版

图书具有一次性、非定期的特点,即使是丛书或套书,也不是以固定周期进行连续出版。①

五、图书物理构成与检索字段的关系

一部完整的图书由封皮、书名页、版权页、前言、目录、正文、附录、参考文献、索引、后记等组成。

(一) 封页与书名页

图书封皮包含有书名、著作责任者(作者/著者)、出版者、定价、ISBN 号等字段的信息。它一般由出版社美术编辑设计,包括封面(封一)、前封里(封二)、后封里(封三)、封底(封四)和书脊。

书名页(扉页)一般包含正书名、并列书名及书名的其他形式、作者、著作方式及出版者等内容。书名页还含附书名页,记载多卷书、丛书名及其主编、译著、多语种书、会议录等信息,一般在扉页之前,如为译著,则记录原书名、作者及出版者等。通过书名页可以更深入地了解图书的内容特征及图书的背景情况。目前的书名页适用的是中华人民共和国国家标准 GB/T 12450-2001。

书名在字段检索中常被称为题名字段(title)。无论是正题名、副题名、并列题名、书脊题名、丛书名,以及为了检索方便由编目员给定的题名,都属题名字段,都可以作为检索的途径。编目员给定的题名,是指各图书馆分编人员根据出版物的内容属性,为方便读者检索所确定的题名。以测绘出版社出版的《106CM 地形/政区中、英文地球仪,四柱式木座 11-10-63》为例,编目员给该出版物确定的题名为"地球仪",方便检索。

(二) 著作责任者与著作责任方式

责任者检索字段(author),包括编者、作者、翻译、改编者以及导演、编剧,等等。

---

① 邵益文:《试析图书的特点和作用》,载《出版工作》1985 年第 12 期,第 35—37 页。

书名页记录了著作(作品)产生的不同责任方式,如著、编、编著、改编、译、编译、执笔等。著作方式不同,或者说责任方式不同,其内容特征有区别。

著、编著、编都是我国《著作权法》确认的创作行为,主要区别在独创性程度和创作的结果的不同。

著,独创性最高,产生的是绝对的原始作品。如果作品不是基于任何已有作品产生的,作者的创作行为就可视为著。一部以"著"方式产生的作品,也有适量的引文,但必须指明出处,并且引文只是作品的论据,不构成对已有作品的实质性使用。

编,独创性最低,产生的是演绎作品,属于知识的再组织。将原有的知识体系,按照作者的理解进行搜集、梳理、汇编。

编著,则处于二者之间,在汇编、整理、诠释原有知识的过程中,有一些创新。

编译,类似编著,但独创性略低,在译的过程中进行汇编。①

(三) 扫一扫版权页

版权页一般在书名页的背面,包括在版编目(cataloguing in publication,CIP)数据、版权说明及出版、经销、印刷机构,及其他版本情况如版次、开本、印张、字数、印次、印数及定价等。通过版权页,能获知作品的生命历程。有时版权内容在封底右下角也会有反映。

版权页中,国际标准书号 ISBN(见下文)以及正在推出的图书二维码都是重要的检索途径。在网络下通过手机扫一扫 ISBN 的条码及二维码都可以检索到网络上有关该书的信息,了解图书的内容及其他相关情况。

(四) 正文字段(Text)

一般全文检索可以检索到前言、正文、附录与后记等内容。在中文图书的全文检索中,还可以检索到目录内容。但英文图书,如 Westlaw 中的目录仅作为正文中的一个链接点,用来了解图书的内容与结构。

目录即图书正文的目次。扫视目录可对书的内容及结构一览无余。目录一般以篇(编)、章、节以及标题级次对内容进行条理。阅读正文前,先浏览目录,有助于读者了解阅读内容和把握阅读进度。

前言(序及版本说明),以简明扼要、重点突出的文字,说明书的指导思想、意图、中心内容与要点,编写的原则、方法、过程,以及图书的适用范围、读者对象等。再版图书会说明新版与旧版的区别。通过前言,可以溯及成书前的因缘际会和书中的精华与要点。在一般数据库中,用全文搜索能搜索到前言的内容。

正文是全书的核心,包括论述文字、图表以及注释文字。电子图书中,正文字段是重要的检索途径,通过正文字段,可以检索出某句话、某个术语、特定的人名、地名以及特定的公式等在正文中的位置。

后记(跋),也属全文检索的范围,一般在全书的最后,对写作过程中或写作结束

---

① 李苘编:《金融编辑之视角》,中国金融出版社 2012 年版,第 304—311 页。

后的一些情况进行说明，及表达感悟，还可以对著作形成过程中提供帮助的机构和个人表示谢意。

（五）图像（Image）、表格（Table）与附录的检索

图像、表格的搜索功能可搜索到附录中的表格，也可搜索到正文中的图像与表格。比如中华数字书苑等电子图书数据库，就可以以图像、表格为检索对象来实现对表格、图像的检索。

附录是将正文中所涉及的相关资料，如法律法规、数据、表格、文献等，在正文之后提供。这些内容如果放在正文中，会影响正文的结构，不呈现出来又削弱论述的可信度，故附在正文的末尾，以备读者在阅读、研习过程中查阅。在一般的数据库中，用正文搜索可以搜索到附录的内容。

（六）参考（Reference）与注释（Footnote）字段

参考文献一般在学术著作书后，列出书中引用或参考的文献、论文及资料的信息。科研是建立在前人研究的基础上，列出参考文献是尊重前人研究成果，呈现图书所引用借鉴的其他文献。注释是对正文中的某一内容作进一步的解释或补充说明的文字，主要包括释义性注释和引文注释。形式上，注释分夹注、脚注及尾注。在检索中有些数据库作为 reference 字段和 footnote 字段。

（七）图书内部索引

索引一般用于体系庞大、内容繁多的大部头学术著作或者辞书，列出主题内容并指引书中所在位置。根据目录阅读图书，相当于由浅入深，或由理论到实践，或顺着作者的思路，研读内容；而索引的作用，是当读者意欲了解图书某主题、某人名、某术语在图书何处有论述时，可根据字顺索引（或其他方式如分类索引）指引的页码，进行详细了解。索引包括内容主题、人名、地名、学名、术语、缩略语，等等，有些还包括中外条目对照索引。由于电子图书全文检索功能的完善，目前，附在书后的索引部分也逐渐消失。

六、国际标准书号

（一）国际标准书号相关知识

国际标准书号（International Standard Book Number，以下简称 ISBN）是国际通行的标识图书（monographic publications）的独一无二的识别码。ISBN 是机器可读的 EAN-13 位条码的形式，一般印在图书等出版物的版权页或封底的下部或出版物外部。它由 EAN·UCC 前缀、组号、出版社号、出版序号、校验码等五部分组成 13 位编码，书号编码和条码编码完全一致。

1966 年在柏林的第三届国际图书市场研究与图书贸易合理化会议上首次讨论制定一种国际通用、唯一、简单的图书编号系统。国际标准化组织（International Standard Organization，以下简称 ISO）的信息文献工作技术委员会为此成立研究制定国际标准的工作组。

ISO 于 1972 年颁布 ISBN 国际标准，规定了用分 4 段的 10 位编码作为国际通行

出版物的唯一标识码,并于2007年1月1日实行由13位编码组成的新版ISBN。我国自此以后出版(包括再版、重印)的图书、音像制品和电子出版物,也从征订目录到版本记录一律由10位改为13位中国标准书号,与全球出版物编码及ISBN保持一致。①

(二) 国际标准书号的结构

现行13位ISBN由五段组成:[EAN·UCC前缀]—[文种与地区号]—[出版社号]—[书序号]—[校验号]。

1. EAN·UCC前缀——产品标识码

978是国际物品编码协会(EAN·UCC)分配给图书的产品标识码。国际物品编码协会前身是欧洲物品编码协会(European Article Number,简称EAN),1981年更名为国际物品编码协会。2002年,美国统一代码委员会(Uniform Code Council,简称UCC)加入国际物品编码协会。EAN与UCC之间达成了联盟协议,共同开发、维护和管理EAN·UCC系统。

2. 文种与地区号

文种与地区号又叫组号(Group Identifier),最短的是一位数字,最长的达五位数字。

ISBN中心称文种与地区号为注册组段(Registration Group Element)。把全世界自愿申请参加国际标准书号体系的国家和地区,划分成若干地区:如0、1代表英语,使用这两个代码的国家有:澳大利亚、加拿大、爱尔兰、新西兰、波多黎各、南非、英国、美国、津巴布韦等;2代表法语,法国、卢森堡以及比利时、加拿大和瑞士的法语区使用该代码;3代表德语,德国、奥地利和瑞士德语区使用该代码;7是中国出版物使用的代码。

3. 出版社代号

该段号由其隶属的国家或地区ISBN中心分配,允许取值范围为2至5位数字。如北京大学出版社代码为301,人民出版社为01。

4. 书序号

ISBN中心称书序号为Publication Element,由出版社自己给出的某书在该出版社顺序号。出版社的规模越大,出书越多,书序号就越长。

5. 校验号

校验号也称检验号、检验码(check digit),由检验码前面的12位数字通过模数10的加权算法计算得出,用以检查国际标准书号编号的正确性。②

如本书ISBN为978-7-301-27982-3,表示由中国(第二段地区代码7)的北京大学

---

① 《关于实施新版〈中国标准书号〉国家标准的通知》,2006年10月颁布,中华人民共和国国家新闻出版广电总局网站,http://www.gapp.gov.cn/news/1663/102904.shtml。

② 参见 Alexander Bogomolny, ISBN Encoding from Interactive Mathematics Miscellany and Puzzles, http://www.cut-the-knot.org/Curriculum/Arithmetic/ISBN.shtml;EAN-13 Encoding http://www.cut-the-knot.org/Curriculum/Arithmetic/EAN13.shtml.[2016-11-29];并参见中国国家标准GB T 5795-2006附录C。

出版社(第三段出版社代码301)出版的第27982种(第四段书序号)图书(第一段国际物品图书代码978)。其检验号3用来验证本书标准书号的正确性。

七、国际录音制品编码

图书形式多样,有纯纸质图书,有随书附光盘的图书,有光盘与图书共同组成的图书,其中包括录音制品。与图书的ISBN一样,录音制品也有ISRC(International Standard Record Code,国际标准音像制品编码)。

(一) 国际录音制品编码相关知识

《中国标准录音制品编码》(GB/T 13396-2009)国家标准即新版ISRC标准,自2012年1月1日起施行。它是由新闻出版总署批准设立的中国标准录音制品编码中心(简称中国ISRC中心)制定的与国际接轨的用来标识录音制品和音乐录像制品的具有唯一性的编码。这里的录音制品指已录制加工完成的声音成品,或每一可独立使用的曲目篇节;音乐录像制品,指由音频信号和视频信号录制的制品,其中构成该表演性音乐制品的全部或主要部分为音频信号,主要有MTV、MV、卡拉OK、演唱会等。

国际标准化组织于1986年公布了一项国际标准(ISO 3901-1986),规定了一个可在国际范围内通用的、对每个国家的每个音像出版者所生产的每一种音像制品以及其中每一项独立节目可唯一标识的标准编码——国际标准音像制品编码(ISRC)。1989年,国际标准化组织(ISO)授权英国伦敦的国际唱片业协会(International Federation of Phonographic Industry,IFPI)作为ISRC编码的国际注册机构,负责ISRC编码在世界范围内的推广、管理和实施。1992年1月1日起开始试行。此时,英、法、荷、瑞典等西欧国家及美、日、加、印、澳等也都先后决定采用ISRC编码。ISRC编码已成为一个国际性的音像制品编码系统。

(二) 国际录音制品编码结构

国际标准音像制品编码(ISRC)的结构形式如下:[ISRC国家码]—[出版者码]—[录制年码]—[记录码]—[记录项码],其总长度恒为12个字符。

1. 国家码

本段代表音像出版者所在国家的代码,由2个大写英文字母组成。IFPI根据国际标准《国家和地区名称代码》(ISO 3166)的规定,分配ISRC编码给成员国。我国的国家码为"CN"。

2. 出版者码

出版者码即音像出版者的代码,由定长的3个字符的数字、字母组成。出版者码由出版者所在国家的ISRC国家中心负责分配和管理。

3. 录制年码

录制年码指被编码的音像制品的录制出版完成年份,取该年份的最后2位数字。

4. 记录码

记录码是标识某种音像制品的整体代码,由 4 位或 3 位数字组成。在录制出版年度内,记录码的数字应顺序编号。

5. 记录项码

记录项码是标识某种音像制品中每一项独立节目的代码,由 1 位或 2 位数字组成。即每个 ISRC 编码,最多可包含 99 个独立的节目。

需要说明的是,上述记录码和记录项码两个数据段是需要配合使用的。其原则是:记录码长度加记录项码长度恒等于 5 位数字。记录码和记录项码均由该音像制品的出版者确定。

八、电子图书(e-book)

(一) 电子图书的概念

前文所述国际标准书号中心的 ISBN 分配标准规定,只要是基于文本、面向公众、一次性(非连续)出版物,它就属于国际标准书号的标识范畴。每一独立的数字出版(包括应用程序)都属于图书。

《韦伯词典》对 e-book 的定义是:a book composed in or converted to digital format for display on a computer screen or handheld device。

我们认为,电子图书是由数字技术(程序软件)将文本转换成数字格式,再通过数字技术(程序软件)将数字格式转换成可读文本显示在计算机屏幕或移动设备上的图书。

电子图书的内容除了有著作文本之外,还包含对文本进行单项或多项检索的索引和检索软件。这些隐含在电子图书后的检索软件,可根据读者需求对全文进行检索,远远超出了原纸质图书仅对特定术语进行检索的索引功能。还可通过电子图书的软件(或阅读器),通过拷贝、打印、摘抄、笔记、点评、书签等形式,将内容再记录下来。此外,有些软件或阅读器内置多部字典,可为读者提供生词查询、实时翻译、相关信息、图书管理等功能。

(二) 电子图书的要素

电子图书有各种格式,如 PDF、EXE、CAJ、CHM、UMD、PDG、JAR、PDB、TXT、BRM、WDL、XEB 等等。对于读者来说,电子图书只有两种表现形式:完全显示图书实物原貌、模拟实物图书阅读、鼠标点击翻页的电子图书,以及只有图书内容、没有图书形式的电子图书。

无论格式如何、形式怎样,电子图书有三要素:内容、软件、硬件。即知识内容、制作并显示知识内容的程序软件、用来阅读的硬件如计算机、阅读器等。

九、数字对象唯一标识符

DOI(Digital Object Identifier)的意思为"数字对象标识符"。

(一) DOI 系统及 DOI 号

DOI 系统由国际 DOI 基金会(International DOI Foundation,以下简称 IDF)创建于 1998 年。该系统是面向互联网工作环境设计的。

DOI 号由 IDF 永久性地分配给一个对象,为该对象的当前信息(包括该对象在互联网上的位置和资料等)提供可解析的持久性网络链接。该对象的信息可不断改变,但其 DOI 号保持不变。一个 DOI 号可在 DOI 系统中解析为一种或多种与该 DOI 号所标识的对象相关的值,如 URL、电子邮箱地址、其他标识符和描述性元数据。DOI 系统不是根据所指对象的内容种类(如格式等)进行定义,而是参照其功能实现和使用环境进行定义。①

2010 年 11 月,DOI 系统(ISO 26324 Information and Documentation—Digital Object Identifier System)经国际标准化组织批准成为正式的 ISO 国际标准。2012 年 5 月,DOI 正式出版印刷。

根据中华人民共和国国家标准 GB/T 7714—2015(《信息与文献参考文献著录规则》)对 DOI 号的定义,DOI 号"是针对数字资源的全球唯一永久性标识符,具有对资源永久命名标志、动态解析链接的特性"。

首先,DOI 的意思是数字对象标识符,意指一个对象的数字标识符,而不是一个数字对象的标识符。这里的"对象"是指任何实体(实体的、数字的或抽象的事物)、资源、类别、许可;第二,数字标识符是指网络可操作的标识符,也就是提供可操作、可互操作的持久链接;第三,DOI 最初的聚焦的实体是文件或媒体如文章、数据集,现在也引入到类别和许可上,并扩展到其他方面。② 也就是说 DOI 是一种对包括互联网信息在内的数字信息进行标识的工具。它不是对内容的标识,而是对内容使用环境的标识。

传统实体图书的 ISBN 及其条形码作为某种书的唯一标识,便于管理利用。而网上文档一旦变更了网址(URL),就消失得无影无踪,一旦加上 DOI,如同图书在现实世界中贴上身份标签的条形码,文档在网络世界就有了身份标识。

(二) DOI 编码结构与含义

DOI 号结构式为"前缀/后缀"两部分,即 < DIR > . < REG > / < DSS > 。

< DIR > 为 DOI 的特定代码,其值为 10,以区别于其他应用处理系统(Handle System)。

< REG > (Registrant Code)是 DOI 注册机构的代码,由 DOI 的管理机构 IDF 负责分配,由四位阿拉伯数字组成。

后缀 < DSS > 即 DOI 后缀字符串(DOI Suffix String),由 DOI 注册代理机构,主要

---

① DOI 手册(中文版), http://www.doi.org/doi_handbook/translations/chinese/hb.html, [2015-07-28]。

② Key Facts on Digital Object Identifier System, http://www.doi.org/factsheets/DOIKeyFacts.html (2015-06-22), [2015-07-28]。

是学术出版商自行给出,规则不限,但必须在该出版商的所有产品中具有唯一性。

如在中南财经政法大学"Wiley Blackwell"数据库中,你可以看到"150 Contractual Problems and the Solution"一书的信息。其中印刷版的 ISBN 是 978-1-405-12070-8,在线电子版的 ISBN 是 978-0-470-75945-5,其数字对象唯一标识号为 DOI: 10.1002/9780470759455。

在 ISBN 号的第三段 405、470 分别代表该出版社(因 John Wiley & Sons, Ltd 和 Wiley Blackwell 合并,所以在 ISBN 中有两个不同代码),而在 DOI 号前缀的前半段 10 是 DOI 特定标识代码,后半段 1002 是该出版社代码,斜杠"/"后的后缀字符串是出版社自行给定的、出版社自己的具有唯一性的编号,此处显然将该书电子版的 ISBN 作为该书在该出版社的唯一身份号(图 7-1)。①

图 7-1　图书的 DOI 结构与 ISBN

在网络中该书的每章节 DOI 号也会不一样,其章节的 DOI 号,在全书的 DOI 号后将章节号作为每章的网络身份号,如该书第 12 章的 DOI 号在全书的号后增加了"ch12"成为 10.1002/9780470759455.ch12(见图 7-2)。②

期刊的 DOI 与图书的不同,如以中南财经政法大学外文数据库"剑桥大学 2011 版回溯期刊"库中的杂志 *Law and History Review* 为例,在 Volume 29(2011, Issue 01)的一篇文章 *Contumacy, Defense Strategy, and Criminal Law in Late Medieval Italy*,其 DOI: http://dx.doi.org/10.1017/S0738248010001239。③

DOI 的命名结构使每个数字资源在全球具有唯一的标识性。DOI 不同于 URL(Uniform Resource Locator),它是数字资源的名称,而与地址无关。实际上它是一种 URI(Universal Resource Identifier, 统一资源标识符)或 URN(Universal Resource Name, 统一资源名称),是信息的数字标签和身份证。有了它,就使信息具有了唯一

---

① "150 Contractual Problems and their Solutions", http://onlinelibrary.wiley.com/book/10.1002/9780470759455, [2015-07-29]。

② "Chapter 12. Adjudication", http://onlinelibrary.wiley.com/doi/10.1002/9780470759455.ch12/summary, [2015-07-29]。

③ http://journals.cambridge.org/action/displayAbstract?fromPage = online&aid = 8080563&fileId = S0738 2480100 01239, [2015-07-29]。

图 7-2　图书章节的 DOI

性和可追踪性。

（三）DOI 的工作原理与特点

1. DOI 的工作原理

DOI 由处理系统（handle system）和元数据框架构成，二者为 DOI 提供从单一解析到多重解析的应用。

首先应用的单一地址解析机制为用户提供了对数字资源的永久性访问。为了避免资源地址的改变造成用户链接失效，DOI 系统对资源地址进行了有效的管理。

出版商为其每项资源注册 DOI 时，要同时向处理系统主机提交资源的 DOI 名称和网址（URL）。出版商负责对 DOI 数据进行维护，当资源地址发生改变，如网络期刊文章从现刊目录转到存档目录时，出版商应通知处理系统主机作相应的改变，以确保链接的有效性。

当用户点击资源的 DOI 索取信息时，用户的请求被传送到处理系统服务器上，处理系统服务器将 DOI 解析为 URL 返还给用户终端，使用户实现对资源的访问。

在后台进行的这一切，对用户来说，无需理会资源地址的任何更动，面对的始终只是同一个 DOI。理论上，DOI 提供的资源链接具有永久有效性。

一个数字对象可能会有许多相关资源，以及多个复本安置在不同地方。DOI 处理系统的多重解析机制也可使一个 DOI 指向多个相关的 URL 以及其他类型元数据。

2. DOI 的特点

（1）通用与唯一并举。DOI 系统已在全球普遍使用，成为数字出版行业的国际标准。各国相关产业链的参与者遵循统一的 DOI 标准对数字对象进行标识、解析链接，降低产业的技术沟通成本和社会沟通成本，促进跨国别、跨语言、跨系统、跨机构的资源链接和共享利用。作为数字化对象的识别符，DOI 具有全球唯一性，以保证正确访问。

（2）持久与兼容并存。某一 DOI 标识符一经产生就永久不变，不随其所标识的数字化对象的版权所有者或存储地址等属性的变更而改变。其兼容性体现在 DOI

码的后缀中可以包含任何已有的标识符,如国际标准书号 ISBN,国际标准刊号 ISSN(International Standard Serial Number),国际标准文本代码 ISTC(International Standard Text Code)等(见前文图 7-1、图 7-2)。

(3)互操作性与及时更新。DOI 系统提供与数字对象相关的元数据,可以使不同的应用系统了解 DOI 标识符代表的数字对象,从而保证不同的应用系统之间的互联互通。不仅如此,在 DOI 系统中,还对 DOI 关联的元数据进行动态更新,保证 DOI 标识符提供的信息的有效性。也即保证数字对象的链接地址及时更新,避免"死链"的产生。

DOI 是图书文献资源管理与时俱进的产物,是数字融合和多媒体应用发展趋势下,管理数字网络内容识别的通用框架。

第二节 图书的检索

一、繁琐复杂的手工图书检索

检索图书的第一步就是利用图书目录。联机目录出现以前,有不同载体版本的实体书目在逝去的历史中起到搜索书海中特定图书的作用。

(一)检索古籍

史志书目,即"正史"中记录图书的"艺文志"或称"经籍志",如汉代班固撰的《汉书·艺文志》《隋书·经籍志》,以及《唐书》《宋史》《清史稿》中的《艺文志》《经籍志》等。另外还有查找以上历代艺文志的索引如中华书局《艺文志二十种综合引得》。

综合性古籍书目如清代撰成的《四库全书总目》,可以检索清乾隆以前的古籍。如古代法律类图书分布在其"史部·诏令奏议""史部·政书"类。

丛书目录如上海图书馆编的《中国丛书综录》及其补正,是我国的一部大型丛书目录。在其史部"政书类"下的"刑法之属"可以检索古代法律图书。

馆藏古籍目录是查找古籍的重要工具。如利用国家版本图书馆编的 1980 年由中华书局出版的《古籍目录》可检索 1949 年 10 月到 1976 年 12 月出版的各类古籍。另有 1959 年由中华书局出版的北京图书馆编的《北京图书馆善本书目》及上海图书馆编的《上海图书馆善本书目》等。

方志目录如中国科学院北京天文台主编,中华书局于 1956 年出版的《中国地方志联合目录》,反映了 190 个图书馆、博物馆、文史馆及档案馆收藏地方志的情况。

(二)检索新中国成立前图书

新中国成立前图书目录有不少。由北京图书馆编、书目文献出版社于 1986 年开始出版的大型回溯性书目《民国时期总书目》,收录了 1911—1949 年出版的中文图书。上海图书馆编印的《中国近代现代丛书目录》收录了 1902—1949 年各地出版的丛书。

专科目录如刘希绍等编,1985 年陕西人民出版社出版的《中文法学和法律图书目录》,收录了辛亥革命后到新中国成立前的中文法学图书。

(三) 检索新中国成立后联机编目前图书

由国家版本图书馆编的《全国总书目》及《全国新书目》(月刊)、北京图书馆编的《中国国家书目》以及地方版图书目录和专科目录,另外《新华书目报》是检索在版图书的重要目录。这些都是联机编目出现以前检索图书的重要工具。

二、利用 CADAL 检索古今中外图书

人类历史进入到键盘鼠标为笔、无形的网络为书的时期,以上林林总总繁复的中文图书目录,几乎被 CADAL(China Academic Digital Associative Library,大学数字图书馆国际合作计划)取代。截至 2014 年 2 月底,CADAL 的资源合计 2748688 册(件)。其中古籍 236581 册、民国图书 173836 册、现代中文图书 720178 册、地方志 17404 册、外文图书 707659 册。① 当然,如果需要详细深入的检索,可以利用古籍收藏丰富以及有地方特色古籍的图书馆的馆藏目录,如国家图书馆、北京大学图书馆等图书馆馆藏目录。

(一) 使用 CADAL 的特点

1. 注册

因该系统实行图书借阅模式,要求验证读者身份。高校读者须在本校校园网 IP 范围内注册登录后,可以免费阅读。未注册的用户只能阅读古籍、英文图书及不在版权期的图书。注册用户才允许借阅图书,可以享受系统提供的个性化服务,可以向系统管理员提交使用中遇到的问题。

2. 项目合作单位的 IP 范围内能借阅所有图书

CADAL 数字资源中,60% 尚在版权保护期内,为了尊重著作人的知识产权,同时向所有合作单位提供在线服务,CADAL 网站在数字版权保护(DRM)技术基础之上,实现了一套模拟实体图书馆借阅业务的数字图书借阅服务模式,即:对于无版权图书,允许公众自由访问,但对于版权图书,如果来访用户的 IP 地址在项目合作单位 IP 地址范围内,则该用户可以借阅任何一本书的任何一个章节。但是如果来访用户的 IP 地址不在项目合作单位 IP 地址范围内,则该用户可以浏览该书目录,不能借阅。

3. CADAL 的重点在于保存和在线阅读

CADAL 开始于 2002 年,其采集包括图书在内的数字对象的目的是为了资源信息的保存和在线阅读。所以其采集的数字对象(包括图书)是有实物资源支持,或由

---

① CADAL 项目资源入库总数,http://www.cadal.cn/zydt/index1402.htm (2014-02-28),[2015-08-10]。

官方提供的原生电子数据。① 只支持在线浏览,不支持下载,不支持拷贝等。

4. 中文名称各异的 CADAL

CADAL 前身为"高等学校中美数字百万册图书馆合作计划"(China-America Digital Academic Library,简称 CADAL)。CADAL 项目第一期,中美双方计划共同数字化 100 万册中英文图书。其中,从美国数字图书馆联盟高校选择 50 万册英文图书资源,从中国高校图书馆选择 50 万册中文图书资源。

随着 CADAL 影响力的扩大,合作伙伴除中美两国外,还有印度的十几个高校及机构、埃及、澳大利亚等国的计算机专家和图书馆也参加了项目建设,因此,在中文语境下的名称又为"高等学校中英文图书数字化国际合作计划,英文仍为 China-America Digital Academic Library,CADAL。

事实上,开始于 2009 年的第二期项目,资源增加到了近 275 万册(件),但 CADAL 数据库名称,在有些高校图书馆资源列表中一直沿用早期的名称。例如:在中南财经政法大学名为"中美百万册数字图书馆合作计划 CADAL",北京大学名为"CADAL 电子图书(China-America Digital Academic Library)",西南政法大学则直接称为"CADAL 数字图书馆",位于成都的电子科技大学的名称则为"百万册书数字图书馆 CADAL",湖南师范大学则直接命名为"中美百万册电子图书(免费)"等等。

5. 所有 CADAL 网址最终都指向浙江大学

本项目由国家投资建设,作为教育部"211"重点工程,由浙江大学联合国内外的高等院校、科研机构共同承担,项目负责人为浙江大学的潘云鹤院士。所以,各高校的 CADAL 链接的网址皆为浙江大学的 CADAL 中心,即 http://www.cadal.zju.edu.cn,包括在国家 CADAL 管理中心的主页 http://www.cadal.cn,通过检索框中检索后,直接跳转到浙江大学的 CADAL 主页。

6. 建设中可部分检索古今中外图书

CADAL 项目建设的总体目标是:构建拥有多学科、多类型、多语种海量数字资源的资源系统。但在目前边建边用的过程中,主要是中英文图书,而且一般都是早前出版的图书。比如查找美国法学家理查德·波斯纳(Richard A. Posner)的英文图书,可以检索到 5 种图书,其中文译著也只能检索到《法官如何思考》《公共知识分子:衰落之研究》《性与理性》《衰老与老龄》等 4 种图书。

(二) CADAL 检索方法

CADAL 提供"搜全部"的默认检索方式,如果需要进一步具体搜索,可点击选择"搜书名""搜作者"的按钮选择检索途径,同时还可以在"类型"选择中,选择是"英文"图书,还有其他如"民国图书""现在图书",如果图书过多也可以在"出版社"选项中,选择不同的出版社出版的图书(见图 7-3)。

---

① 见标准规范集·数字对象采集规范,http://www.cadal.cn/bzgf/。

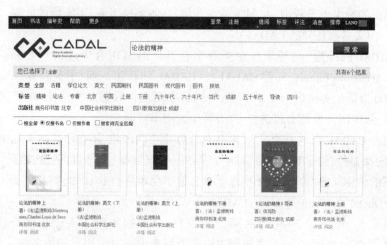

图 7-3　CADAL 检索选项

三、利用馆藏 OPAC 检索本地馆纸质图书

检索本地纸质图书（或其他实体图书如光盘或其他音像制品）既可利用各馆的统一检索平台（也称发现系统），也可以直接利用各馆馆藏目录（OPAC 系统）。

统一检索平台（发现系统）一般位于图书馆主页的显要位置。它是将不同的检索系统整合在一个平台上，通过相同的入口，进行各种检索。它应该既可以检索出某馆包括电子图书、电子期刊及数据库在内的各种资源，也可以检索非本馆的其他联盟机构的资源。当然，目前的发现系统（统一检索平台）还未达到理想状态。利用统一检索平台检索各馆本地馆藏，也是基于 OPAC 系统，因而在此仅介绍 OPAC 系统。

（一）馆藏 OPAC 系统

OPAC（Online Public Access Catalogue）指联机公共目录、线上公共目录，是基于互联网的开放系统，又称馆藏 Web OPAC 系统。它是图书馆通过其自动化管理系统对每种每册藏书的形式特征、内容特征进行有效揭示与标识，加以管理并提供给读者借阅的系统工具，也是读者有效、迅速、准确地检索定位所需图书的检索工具。

馆藏 OPAC 系统，一般位于各馆主页显要位置，让读者直接在检索框内键入内容检索本馆图书，再确定图书所在的书库及书架位置。以理查德·A. 波斯纳的《法律的经济分析》为例，要在西南政法大学图书馆找到此书，先通过图书馆主页，利用"馆藏目录检索"—"图书"，利用"高级检索"，输入已知书名、作者或其他信息，就能获知该书不同版本在西南政法大学图书馆的不同馆藏地点，每册书的详细信息。在中南财经政法大学图书馆要找到此书，进入该校图书馆主页，点出"馆藏书目检索"

进入检索界面,可了解该书的内容简介及内容目录、索取号、不同馆藏地点及其在馆情况。

因各馆利用不同的自动化管理系统,馆藏目录的检索界面有差异。有提供简单检索、高级检索及专业检索界面的,有提供模糊检索与精确检索的,有些直接限定某几种基本检索途径,或只能提供定长字数的检索,等等。总之,无论是何种自动化管理系统,都会从图书的题名、责任者、内容及形式特征提供充分的检索途径和方法。

(二) 馆藏 OPAC 系统提供的检索途径

1. 题名检索

题名即通常所说的图书书名。包括正题名、副题名、交替题名、并列题名,等等。也就是说通过题名检索可以检索图书的主要题名、"又名"、译著的原文题名、丛书名、分卷名、章节名,以及编目人员根据图书情况所给予的题名。

2. 责任者检索

责任者及作品的内容表达人,包括作者、编著者、表演者、译者、绘制者等对图书负主要责任的人。责任者检索包括个人作者姓名及团体机构、会议名称等,超过3个的同一责任形式的责任者一般只能检索出前3位。根据新的规则,在不久的将来将会实现对超过3位责任者的检索。

3. 内容标引检索

馆藏的内容标引,主要从学科分类、主题标引等方面进行。图书馆编目员通过图书馆自动化管理系统,根据图书的内容属性对图书进行学科分类,标引分类号、索取号、主题词及关键词,系统根据分类号、索取号管理图书。内容标引产生的分类号、索取号、主题词包括关键词,都可成为检索的切入点。

有关法律图书的分类,在《中图法》中有两种分类体系。西南财经政法大学和中南财经政法大学采取的是法律类第二分类体系(见第十章中的"《中图法》法律类第一、二分类体系")。

索取号(Call Number)因图书馆不同而有区别。一般图书馆通常采取分类号加辅助号。辅助号一般有种次号、著者号,比如中南财经政法大学、西南政法大学、中国政法大学的索取号采取"分类号/种次号",而西北政法大学图书馆则采取"分类号/著者种次号"。比如高利红著的《动物的法律地位研究》一书在中国政法大学的索取号为 D912.604/5,在北京大学中心图书馆的索取号为 D912.604/9,在西北政法大学图书馆的索取号为 D912.604/G231。

还有图书馆在同一个图书馆会采取不同的索取号。比如国家图书馆有些区是按"编目年/分类号/库内种次号",有些区则是按"编目年/分类号/著者号",采取以编目年为先导,再按分类号和其他辅助号排的管理方法,减轻了图书倒腾书架的压力。如《动物的法律地位研究》一书在国家图书馆的中文图书借阅区的索取号为"2006/D912.6/glh",在中文基藏的闭架库房为"2005/D912.6/7"在北区中文图书区为"2005/D912.6/glh"在法律参考阅览室为"2009/D912.6/glh"在书刊保存本库为"2005/D912.6/8",而在中文基础闭架库房为"2005/D912.6/7"。

4. 身份特征检索

图书在不同的范围有不同的身份标识。在国际范围有国际标准书号(ISBN)及国际录音制品编码(ISRC),进入到各个图书馆后,又有代表在馆身份唯一标识码——条码号(相当于传统图书馆的财产号),进入不同的书库或阅览室后,有不同的排架号。

ISBN、ISRC以及条码号、排架号都可作为检索图书、定位图书的重要途径。

图书在馆身份标识的条码号,是根据图书进入图书馆后分编加工入藏顺序给定的流水号。条码号是实体图书最为具体的身份标识,它不同于ISBN一种一号,而是一册一号。

图书的排架号在不同的时期、不同的图书馆有不同的表现形式。在传统技术管理模式下,通常索取号也被称为排架号,如前文所述由分类号加上其他辅助号如著者号、种次号、编目年、库房号等组成。由于图书的异地存储成为图书馆的发展趋势,无线射频识别技术(Radio Frequency Identification,RFID)在图书馆的应用,排架号已经不能像原来的索取号那样对图书进行学科内容定位了,取而代之的是对物理位置的定位。因此,排架号是不可忽视的检索途径。

5. 高级检索和专业检索

仅以某一途径检索,会出现多个检索结果,如要进行精确检索,需要多种途径配合检索。高级检索和专业检索就是多途径配合的检索(见图7-4)。

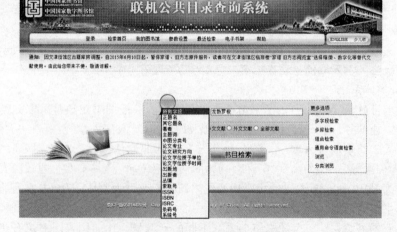

图7-4　国家图书馆OPAC检索

四、利用本馆数据库检索本馆电子图书

电子图书既存在于电子图书数据库,也包含在其他综合型或信息型数据库中。

鉴于目前的发现系统(统一检索平台)没有达到理想状态,检索电子图书仍然需要利用各数据库自带的检索系统进行,本章节仅选择读秀学术搜索作为检索中文电子图书检索工具进行介绍。

(一)使用读秀学术搜索检索中文图书

由于读秀学术搜索(简称读秀)由超星公司出品,读秀可搜索出超星电子图书、读秀数据库和各馆已数字化的图书。

1. 使用读秀的特点

(1)若某馆同时购买了读秀和超星电子图书,读秀可以一次性检索出该馆的纸本馆藏、数字化的电子图书以及读秀数据库的电子图书。

(2)检索出结果后,各馆数字化的图书可以在线全文阅读,如果安装了超星阅读器后可下载全书;非本馆电子图书,可以试读或部分阅读,或者通过邮箱有限制地进行文献传递。

(3)也可以通过读秀了解他馆馆藏。由于使用读秀及超星数字图书馆的用户较多,读者在利用读秀检索的同时,可以了解所检索图书的纸本在其他图书馆的收藏情况,便于通过馆际互借或文献传递向其他图书馆求助(见7-5)。

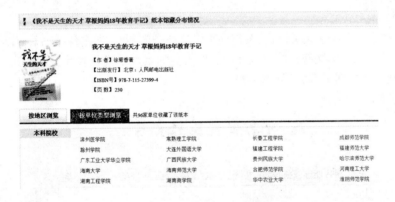

图7-5 所检索纸本图书在全国馆藏分布情况

(4)可以进行知识检索,即全文检索。可检索出正文中的术语、句子,再通过检索结果,点击进入检索结果所在图书的某章节。

2. 图书检索方法

点击检索框上的"图书"即选择了图书检索。图书检索提供了一个分类导航方式和三个方式的检索。

(1)分类导航

分类导航就是按照《中图法》将图书分为22大类,将22大类再细分成下级类目,读秀的分类导航可导航至3级类目。比如法律类,可导航到22大类之"政治 法律"—"法律"—"国际法"(见图7-6)。

图书分类导航的优点是可以通过分类了解某类图书的情况,比如,通过时间的

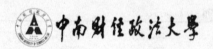

图 7-6　图书分类导航

降序排列,可以浏览某类图书的最新出版情况,或通过图书的升序可以浏览某类图书较早的版本。

(2) 图书普通检索

在搜索框直接输入关键词,关键词可定位到全部字段,如定位到书名、作者或主题词,然后点击"中文搜索",可以在中文图书数据资源中进行查找;或点击"外文搜索"可获得外文图书资源(见图 7-7)。

图 7-7　图书普通检索

(3) 图书高级检索

高级搜索中包括"高级检索"和"专业检索"。

在高级检索状态下有两种用法:一是在任意检索框中输入要检索的关键词,并任意选择一字段如丛书名或作者;二是用几个途径组合检索以达到更专指、精确的检索效果(见图7-8)。

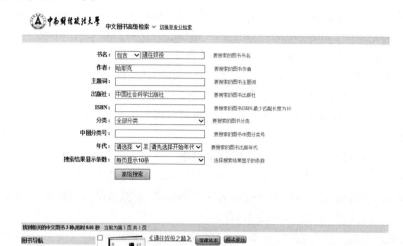

图7-8　图书高级检索

如果说图书的高级检索是利用布尔逻辑中的"与"进行精确检索,专业检索就是利用布尔逻辑中的"与""或""非"进行公式组合检索。每个检索系统利用布尔逻辑检索的逻辑符号是有区别的。读秀的字段符号与布尔逻辑符号使用注意事项如下:

A. 所有符号均为半角符号;

B. T=书名,A=作者,K=关键词,S=摘要,Y=年,BKs=丛书名,BKc=目录;

C. 逻辑符号:"*"代表"并且"(与),"|"代表"或者"(或),"—"代表"不包含"(非);

D. 其他符号:"( )"括号内的逻辑优先运算,"="后面为字段所包含的值,">"代表大于,"<"代表小于,">="代表大于等于,"<="代表小于等于;

E. 大于小于符号仅适用于年代Y,如果只有单边范围,字段代码必须写前边,如Y<2013,不允许写出2013>Y;且年代不允许单独检索;

F. 双引号""""代表精确检索,不让系统自动拆分所要检索的词。

如:题名含有"知识产权"或者关键词中含有"版权",出版年范围是2013至2015年(含边界),表达式为:(T="知识产权"|K="版权")*(2013<=Y<=2015)。

(二) 利用Westlaw检索英文法律图书

英文法律数据库如LexisNexis在线法律数据库和Westlaw法律在线数据库都包含有法律专著。本章以Westlaw为例。

Westlaw收录了世界一百多个国家和地区的综合性法律资料,包括法律法规、判例、法学期刊、专著、教材、词典和百科全书。最全面的是美国、欧盟、英国、澳大利亚、加拿大、香港这六个国家和地区的资料。这些信息被整合成一些基本数据库。比如收录了《布莱克法律词典》第九版(Black's Law Dictionary, 9th)、《美国法律精解》(American Law Reports)、《美国法律大百科》(American Jurisprudent)、《美国法律释义续编》(Corpus Juris Secundum)、《美国联邦法典注释》(USCA),等等。

2016年2月更新的 Westlaw 平台,既体现了法律资源的特点,同时更适合大多数普通用户的使用习惯。平台首页呈现浏览(Browse)与检索(Search)两大功能。并且随着在不同的层级中浏览,也可在不同层级的范围中检索。在浏览与检索中自由转换,既可以根据浏览的组织顺序来浏览,也可以根据浏览的内容范围,再检索该浏览范围的具体内容。

浏览相当于传统图书目录学中的目录检索。浏览方式的优点是,通过浏览可以了解整个数据库的大概图谱,更便于了解整个知识体系。通过了解概貌,再逐级进入具体的图书的阅读。如果说浏览是从一般到具体,则检索是直接从具体到细节。

1. 通过浏览方式阅读美国法律图书

浏览图书的方法是,首先在 Westlaw 主页,点击"All Content"(全部内容)标签,然后点击"Secondary Sources"(二次文献)进入按类型、按地区、按主题组织的二次法律文献版块。

(1) 从文献类型(By Type)途径浏览阅读

Westlaw 将法律二次文献分为:美国法律报告(American Law Reports)、法律期刊(Law Reviews & Journals)、法律报纸通讯(Legal Newspapers & Newsletters)、法律图书等(Texts & Treatises)、法律重述与原则(Restatements & Principles of the Law),等等。

按文献类型浏览方法是:从 All Content——Secondary Sources——By Type——Texts & Treatises——American Jurisprudence 2d——Abandoned, Lost, and Unclaimed Property(书中按字母顺序的第一个主题)。也就是说浏览按这样的顺序:Westlaw 主页的全部内容——二次文献——文献类型——图书著述——《美国法理学(第二版)》——具体的法律问题正文(见图7-9)。

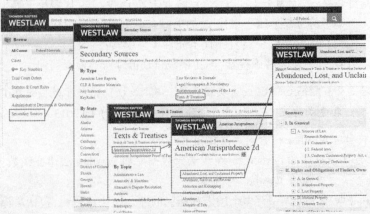

图7-9 Westlaw 按文献类型浏览阅读图书

《美国法理学》第二版"American Jurisprudence 2d"相当于实时更新(最近一次更新是2016年2月)的一部百科全书,是对美国法理学的全面论述。进入该书具体的主题后,就可按照目录章节进行阅读了。

(2) 从文献主题(By Topic)途径浏览阅读

法律二次文献的主题有按字母顺序组织的(如海事海商法、反垄断法、破产法、商法等)26个主题。

浏览的方法以商法为例,顺序是 All Content——Secondary Sources——By Topic——Commercial Law——Texts & Treatises——Modern Law of Contracts——Chapter 3——§3:1,即 Westlaw 主页的全部内容——二次文献——主题(商法)——图书著述——专著《现代合同法》——章节——正文(见图7-10)。

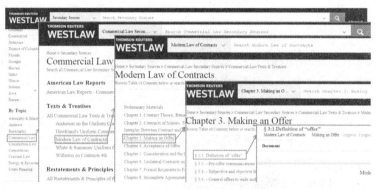

图7-10　按主题逐级浏览阅读图书

(3) 从地区(By State)途径浏览阅读图书

美国法律的二次文献按地区组织编排的次序是 A—W 的51个州的字顺。浏览的方法以阿拉巴马州为例,顺序是 All Content——Secondary Sources——By State——Alabama——Texes & Treatises——Alabama Law of Damages——Chapter 3——§3:1,即 Westlaw 主页的全部内容——二次文献——阿拉巴马州——图书著述——专著《阿拉巴马州的损害赔偿法》——章节——正文(见图7-11)。

地区浏览方法,还可以直接选择 State Materials——Wisconsin——Secondary Sources——Texes & Treatises——Wisconsin Practice Series——Trial Handbook For Wisconsin Lawyers 3D——Chapter 1. Role of and Right to Attorney,即各州资料版块入手,选择具体的州如威斯康星州,再选择二次文献的资料类型中的专著,最后在"威斯康星州实践丛书"中的《威斯康星州律师审判手册》各章节开始阅读。

总之,地区浏览法既可以依"二次文献——州——专著"途径浏览阅读具体的图书,又可以从"州资料——二次文献——专著"途径,浏览到图书的具体章节。

2. 浏览阅读美国以外地区英文法律专著

Westlaw 除收录美国法律专著外,也收录其他国家(地区)法律专著。浏览方法是进入主页中的 All Content 选择 International Materials。

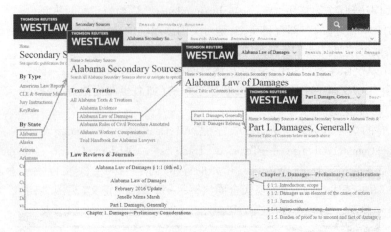

图 7-11　按地区逐级浏览阅读图书

International Materials 收录美国以外的其他国家(地区)的法律一二次文献。其内容是按辖区和内容类型来组织,因此浏览途径也分两种:

(1) 文献类型途径浏览阅读

文献类型有案例、行政资料、法律法规、专著、期刊以及其他一些法庭文件。以我国香港地区为例,从文献类型浏览阅读图书的步骤(见图 7-12):

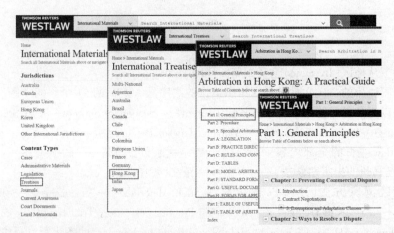

图 7-12　Westlaw 美国以外地区图书类型浏览方法

International Materials——Treatises——Hong Kong——Arbitration in Hong Kong:A Practical Guide——Parts 1——Chapter 1。也就是说从文献类型入口浏览的步骤为:国际资料——专著——香港——《香港仲裁实用指南》——章节——正文。需补充说明的是,点击进入某专著(即以专著为单位的数据库)后,书名下有一行浏览提示,浏览提示后的蓝色圆形内的感叹号,隐藏着对该专著的内容、作者及版权项的简短介绍,点击可展开查看。

(2) 从辖区途径浏览阅读

Westlaw 辖区中除美国及列表中列出的澳大利亚、加拿大、欧盟、香港、韩国及英国等六个辖区外,在其他辖区(Other International Jurisdictions)中还包括中国和中国台湾在内的 33 个辖区。

以浏览有关中国的法律专著为例,从辖区的浏览步骤是(见图 7-13):

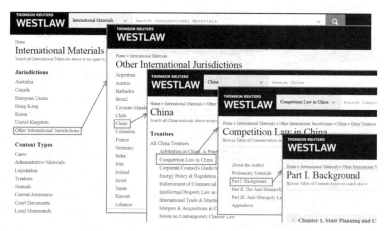

图 7-13　Westlaw 美国以外地区图书辖区浏览方法

International Materials—Other International Jurisdictions—China—Treatises—Competition Law in China—Part 1—Chapter1。也就是说,从辖区入手浏览法律专著,先从国际资料版块开始,进入其他(非美国)国际辖区版块,再选择具体的国家和地区,最后选择二次文献类型中的专著,再浏览阅读具体的图书。

依以上步骤,阅读专著《中国竞争法》后,虽然该书内容部分有作者的详细介绍,书前蓝色圆形内的感叹号仍隐藏有该书的作者及内容简介。

3. Westlaw 法律专著检索方法

(1) Westlaw 基础检索

基础检索即在页面顶端的搜索框搜索。可以搜索的类型根据提示(enter terms,citations,database,anythings…),用引称、多个引称、当事人名称、专著的名称、关键引用、出版物或数据库、术语和连接词、自然语言即描述型词语都可进行检索。即基础检索既可以从书名进行整体检索,也可以通过基础检索框进行章节和正文的检索。

书名的检索,可以通过逐级点击 All Content—Secondary Sources—Tools & Resources—Secondary Sources Index,进入二次文献字顺索引库。通过字顺来找自己需要的专著,或者在二次文献索引的检索框输入书名进行检索。

Westlaw 基础检索方法从主页的检索框开始。由于 Westlaw 的检索框(包括高极检索)都嵌在任何一类或一个具体数据库的主页,既可以通过返回链接回到主页,也可以直接点击数据库名称回到主页。因此,在每一页最顶端的搜索框,都可以通过全文搜索引擎完成不同类型的检索任务。

如要查找移民与国家安全方面的问题,直接在 All Content 主页的搜索框,输入"immigration and national security",搜索结果从左侧提示栏可知是包括所有一次和二次法律文献的资料,其中二次文献就有 1 万条之多。这种搜索结果是基于正文中含有"immigration""national"以及"security"三个单词的所有文献。因此,要想检索到图书,必须进行多重限定(见图 7-14)。

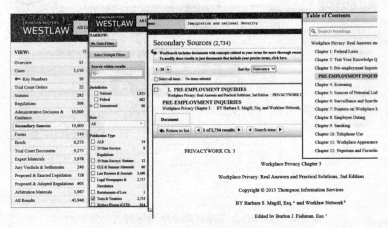

图 7-14　图书的基础检索

首先选择二次文献点击"Secondary Sources"后,左侧进一步限定栏与点击"Case"的限定栏是有区别的。二次文献的检索限定栏(Narrow)与前文浏览法律专著紧密相连,如在左侧限定检索中,有辖区(Jurisdiction)、出版物类型(Publication Type)、出版物名称选择(Publication Name)、作者(Author)以及时间段(Date)等限定。

如果点击出版物类型中的"Texts and Treatises",有 2734 个结果(2016 年 2 月 14 日检索),其默认排列法是按内容相关度(Relevance)来排列。也可以根据日期及引用的多少来排序(Most Cited)。

由于是全文检索,其检索结果与读秀"知识搜索"所呈现的结果类似,即呈现的是图书中的章节。图 7-14 的检索默认相关度最高的是"预就业调查"(PRE-EMPLOYMENT INQUIRIES),要知道检索出的章节出自哪本书,点击"PRE-EMPLOYMENT INQUIRIES"正文,可知书名、作者及版权信息,如果要了解全书的情况,点击正文右上方工具"Table of Contents",全书的章节就全部展示出来。

(2) 图书的高级检索方法

Westlaw 图书高级检索方法与中文图书检索方法类似。其高级检索有两个含义:其一,除基础检索中利用自然描述语言或关键词检索外,还可以用术语与连接扩展词检索;其二,字段(Field)检索。

① 术语与连接扩展词检索图书

术语与连接扩展词检索就是在基本检索框或高级检索框中,在关键词之间输入代表其逻辑关系和位置关系的布尔逻辑扩展符(连接扩展词的含义请参见第十章"布尔逻辑连接扩展符的含义一览"),以实现特定意义的检索。以图 7-14 和图 7-15 为例,虽然二者都是在二次文献的基础检索框中键入完全相同的关键词,但后因者增加了连接符"+s"和引号,二者的检索含义有区别,检索结果也相距甚远。后者的检索式"+s"表示前后两个关键词在同一个句子中,而且第一个关键词必须在第二个词的前面,引号表示引号内的词是词组,不可拆分。

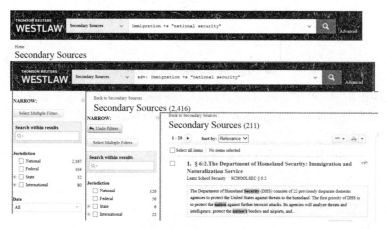

图 7-15　术语与连接扩展词检索图书

图 7-15 当输入检索词与连接扩展符,点击检索链后,在检索结果页面,基础检索框中出现了表示高级检索的"adv:",检索结果是没有连接扩展符的图 7-14 的 1/5;再进一步在出版物类型中限定为专著(Texts and Treatises),最后结果仅为 211 条(2016 年 2 月 14 日检索),是图 7-14 检索结果的 1/10。也就是说术语与连接词的检索专指度更高。

② 字段检索

Westlaw 图书的高级检索步骤是由主页(All Content)进入二次文献(Secondary Sources)后,点击页面检索框 Research 旁边的 Advanced 进入高级检索固定制式检索页面。

固定制式的高级检索页面由五部分组成:上方的基础检索框、左侧上方的关键词布尔逻辑(与或非)检索框、左侧下方的字段检索框、右侧上方的字段图示链接、右侧下方的连接扩展符含义解释。

图书检索包括字段依次有:时间(Date)、题名(Title)、引证号(Citation)、作者(Author)、文献的引导信息(Preliminary)、正文(Text)。

在固定制式的高级检索界面中,在不同字段输入检索词,基础检索框自动生成高级逻辑检索式(见图 7-16)。

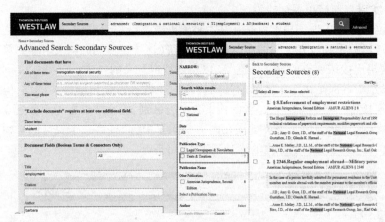

图 7-16　高级检索固定制式检索

比如用图 7-14 的检索词(immigration，national security)检索题名包含"employment"而正文中不包含 student、作者为 Barbara 的所有时间段的二次文献为 8 条，其中专著为 7 条。

Westlaw 的图书字段检索比中文图书的字段检索，多了引证号(Citation)与题头序文(Preliminary)两个字段(见图 7-17)。

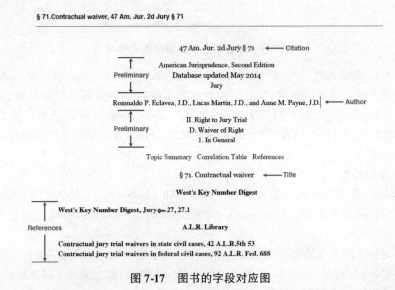

图 7-17　图书的字段对应图

引证号是指文献的身份标识号，如图 7-17 引证号中 AM. Jur. 2d 指《美国法理学》第二版的缩写。题头序文相当于检索出的文献所在的图书章节中的各种信息。

五、利用联盟 OPAC 系统检索他馆纸电图书

当在本馆纸质馆藏和电子馆藏检索不到所需图书时,可以通过各种馆际联盟的馆际互借(Inter-Library Loan,简称 ILL)系统获得纸质图书,或通过文献传递系统获得电子图书。目前,在中国大陆有三大图书馆联盟,即高校图书系统、科学院图书馆系统以及公共图书馆系统。

(一) 利用 CALIS 的公共目录及 E 读

CALIS 是指中国高等教育文献保障系统(China Academic Digital Library & Information System),是经国务院批准的我国高等教育"211 工程""九五""十五"总体规划中三个公共服务体系之一。CALIS 的宗旨是,在教育部的领导下,把国家的投资、现代图书馆理念、先进的技术手段、高校丰富的文献资源和人力资源整合起来,建设以中国高等教育数字图书馆为核心的教育文献联合保障体系,实现信息资源共建、共知、共享,以发挥最大的社会效益和经济效益,为中国的高等教育服务。

CALIS 管理中心设在北京大学,下设了文理、工程、农学、医学四个全国文献信息服务中心,华东北、华东南、华中、华南、西北、西南、东北七个地区文献信息服务中心和一个东北地区国防文献信息服务中心。此外,还自然形成各省市自治区的服务中心,如北京地区高校图书馆文献资源保障体系(Beijing Academic Digital Library & Information System,简称 BALIS)、湖北省高等学校数字图书馆(CALIS 湖北省信息服务中心)等等。

从 1998 年开始建设以来,CALIS 管理中心主持开发了联机合作编目系统、文献传递与馆际互借系统、统一检索平台、资源注册与调度系统,形成了较为完整的 CALIS 文献信息服务网络。截至 2015 年 12 月 31 日,参加 CALIS 项目建设和获取 CALIS 服务的成员馆已达 1203 家。[①]

1. 利用"CALIS 联合目录公共检索系统"检索

(1) CALIS 联合目录公共检索系统

检索系统入口之一为:http://opac.calis.edu.cn,可进行简单检索或高级检索。一般高校图书馆在主页或在数据库列表中提供链接。如中国政法大学图书馆在主页"服务"下有"Calis 联合目录"链接。

如要检索波斯纳(Richard A. Posner)著的《法官如何思考》中文译本或英文原版,利用其高级搜索,通过题名"How judges think"和责任者 Posner 限定检索,检索出 2 个版本的英文原著和 1 个版本的中文译著(见图 7-18)。再点击"馆藏"一栏中的"Y",可知全国哪些高校馆提供馆际互借或文献传递服务(见图 7-19)。然后在"选择馆"一栏,勾选一图书馆,进行馆际互借,一般尽量选择本地区的图书馆进行馆际互借。

[①] CALIS 联合目录成员馆详细清单(截止到 2015 年 12 月 31 日),http://lhml.calis.edu.cn/calis/lhml/lhml.asp?fid=FA04&class=4,2016 年 11 月 30 日访问。

图7-18　CALIS联合目录公共检索系统①

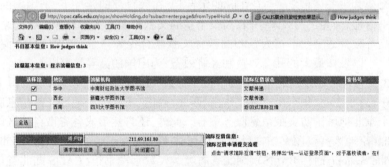

图7-19　CALIS成员馆提供馆际互借或文献传递情况②

(2) CALIS馆际互借申请提交流程

根据CALIS联合目录检索结果(图7-19),选择馆际互借图书馆,点击"请求馆际互借"按钮,弹出"统一认证登录页面",对于高校读者,在相应的页面中选择要登录的高校,即自己所在学校的名称,点击"去该馆登录",在新页面输入用户名和口令。登录后进入申请信息页面,填写相应的信息后点击"提交"即可发送馆际互借申请。

如果申请人的所属馆没有安装CALIS馆际互借系统,无法实现系统之间的挂接。这时可以点击"发送Email"按钮,采用Email方式向馆际互借员发出馆际互借申请。

2. 利用E读检索

(1) E读

E读的全称"开元知海E读(EduChina)"。它是在国家教育部领导下,在高校图书馆工作委员会主持下,全国高校图书馆共同努力下,在CALIS联合目录公共检索系统数据库基础上,被发展为既包括印刷型书刊目记录,又包括电子资源、古籍善本、非书资料、地图等书目记录,还能连接图片、影像、全文数据库的多媒体联合数据

---

① 2015年8月9日检索结果。
② 同上。

库。也就是说,既可以通过 E 读检索本校馆和全国各高校馆的纸质图书,也可以检索其他高校馆的电子读书;既可以通过 E 读进行纸质书刊的馆际互借,又可以通过 E 读进行文献传递(见图 7-20)。

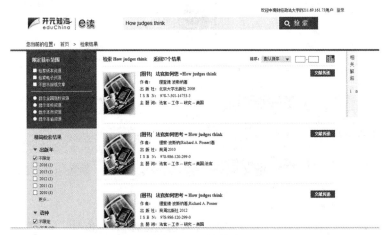

图 7-20　E 读检索

(2) E 读入口

E 读的原始检索入口有两个:一是 CALIS 中心入口,通过 http://www.calis.edu.cn 的资源检索框检索后,直接跳转至 E 读主页;二是直接进入 E 读主页 http://www.yidu.edu.cn 进行检索。

E 读在不同的馆有不同的名称、不同的入口,最后都指向 CALIS 中心的 E 读主页。由于其前身是 CALIS 联合目录,因此在有些馆直接称之为 CALIS,如中南财经政法大学图书馆的友情链接下的 CALIS 链接的就是 http://www.calis.edu.cn。有的馆将 E 读作为一个选项与本馆检索平台整合在一起,如中南财经政法大学和西南政法大学图书馆(见图 7-21)。

(3) E 读的使用方法

读者使用自己所在的大学图书馆,并用自己在本校图书馆的读者证号(一卡通)及读者卡密码登录。在本校借阅图书得不到满足时,可通过 E 读进行馆际互借和文献传递,并享受 E 读提供的参考咨询及其他服务。

北京地区的大学图书馆则通过 BALIS 进行馆际互借和文献传递。BALIS 实际上是北京地区的 CALIS 和 E 读。

(二) 利用 CASHL 及图书馆文献传递服务系统

1. CASHL 开世览文

中国高校人文社会科学文献中心(China Academic Social Sciences and Humanities Library,简称 CASHL)是在教育部的统一领导下,本着"共建、共知、共享"的原则、"整体建设、分布服务"的方针,为高校哲学社会科学教学和研究建设的文献保障服务体系,是教育部高校哲学社会科学"繁荣计划"的重要组成部分,也是全国性的唯

图 7-21　E 读检索在高校图书馆的不同标识

一的人文社会科学文献收藏和服务中心,其最终目标是成为"国家级哲学社会科学资源平台"(http://www.cashl.edu.cn)。

CASHL 的建设宗旨是组织若干所具有学科优势、文献资源优势和服务条件优势的高等学校图书馆,有计划、有系统地引进和收藏国外人文社会科学文献资源,采用集中式门户平台和分布式服务结合的方式,借助现代化的网络服务体系,为全国高校、哲学社会科学研究机构和工作者提供综合性文献信息服务。

CASHL 于 2004 年 3 月 15 日正式启动并开始提供服务。目前已收藏有 7500 多种国外人文社会科学领域的重要期刊、900 多种电子期刊、20 余万种电子图书,以及"高校人文社科外文期刊目次库""高校人文社科外文图书联合目录"等数据库,提供数据库检索和浏览、书刊馆际互借与原文传递、相关咨询服务等。任何一所高校,只要与 CASHL 签订协议,即可享受服务和相关补贴。

CASHL 于 2008 年度开始大批购入特藏文献。首批引进大型特藏文献多为第一手的原始档案资料,涵盖历史、哲学、法学、社会学、语言学、经济学等多个一级重点学科,涉及图书、缩微资料、数据库等不同介质,系北京大学、复旦大学、武汉大学等知名学者强力推荐。目前共有 70 种大型特藏文献供文献传递或者借阅。

CASHL 目前已拥有 200 多家成员单位,包括高校图书馆和其他人文社会科学研究机构。个人用户 2 万多个,接受检索请求达千万次,原文传递请求 17 万多篇。CASHL 的资源和服务体系由两个全国中心、五个区域中心和十个学科中心构成,其职责是收藏资源、提供服务。一般高校馆都提供 CASHL 链接。

CASHL 图书提供书名浏览、学科分类浏览,以及书名检索、ISBN 检索功能(见图 7-22)。

图 7-22 CASHL 检索

点击检索结果进入馆藏界面,点击检索出的图书,进入馆藏呈现及馆际互借及文献传递页面。如点击图 7-22 中"How Judges Think"一书的 2010 年版,可知四川大学、中南财经政法大学及新疆大学图书馆有馆藏。

2. 文献传递

一般高校图书馆都提供文献传递服务。读者既可以通过前文所述的 CALIS、CASHL,还可以根据与所在高校图书馆的合作单位进行文献传递。比如中南财经政法大学除了通过 CALIS、CASHL 进行馆际互借与文献传递外,还可以向国家图书馆、上海图书馆申请馆际互借和文献传递,也可以为本校读者向国外的一些图书馆如大英图书馆、美国俄亥俄州图书馆联盟、美国 CARL 公司的 Uncover 中心申请原文文献复制及传递服务。

六、公共领域网络图书及网上书店

从图书馆以及图书馆所拥有的数据库中获得图书是值得信赖的。从图书馆获得的信息资源远比一些网站,如商业网站和个人网站获得的信息更值得信赖,在图书馆里获得的知识,可以帮助验证并创造更多的知识。学术研究需要站在前人的肩膀上,需要承担社会责任,而图书馆正是这样担负全人类文献资源传承与传播责任的机构。现阶段图书从出版到成为图书馆的馆藏还需要一段时间,因此,要获得最新图书,还需要通过其他渠道。

在网络社会有许多免费阅读下载图书的网站,不免带着这样或那样的意图。因此,在不能确定绝对绿色或安全的情况下,不具体介绍网络公共领域的图书检索。

不少网络都会有网络读书频道。在读书频道的"书库""文学""云阅读"等等,能找到免费图书。比如新浪读书频道、搜狐读书、腾讯网文学、人民网读书频道、网易云阅读等,除了一些新书外,一般版权保护期外的作品在网上能搜索到全文。

网上书店有很多,如亚马逊网上书城、当当图书网,以及一些出版商和书商的网上书店。通过这些网上书店,可以获得最新中外文图书资讯。另外,如果有网上书店的电子阅读器,可阅读网上书店的免费电子书,比如世界名著等。

网络读书频道及网上书店,一般提供分类或主题浏览和检索功能。

总之,检索获得图书的渠道有多种:

第一,如果某高校图书馆的统一检索平台(也称资源发现系统)比较先进,那么通过图书馆的一站式检索平台,既可检索本馆的纸质馆藏,也可检索本馆的电子图书;既可以检索其他馆的纸质馆藏,也可以检索其他馆的电子馆藏,再通过馆际互借、文献传递来获取;还可以通过这个检索平台直接检索出书目,推荐图书馆采购。

第二,目前的情况下应该先检索本馆纸质馆藏或电子馆藏,如果在本馆检索不到,可以通过CALIS、CASHL系统,以及本馆的文献传递服务系统,申请馆际互借和文献传递。

其三,直接查找网上书店、出版社网,或某些读书网,可以了解最新资讯,并购买图书。

其四,要全面检索图书,国家新闻出版总署的负责保存中国出版物样本的版本图书馆(http://www.capub.cn)出版的年鉴性质的《全国总书目》,以及月刊《全国新书目》是较好的选择。

实习

1. 利用 CADAL 检索弗洛伊德的《精神分析引论》的中英文版阅读。
2. 利用读秀知识搜索,检索"经国家,定社稷,序民人,利后嗣者也"的出处。
3. 利用 CALIS 联合目录检索《法官如何思考》英文原版在哪些高校图书馆有收藏。
4. Westlaw 收录的《香港仲裁实务指南》(*Arbitration In Hongkong*:*A Practice Guide*)一书的第二章讲述的内容是什么?
5. 通过 Westlaw 二次文献查找美国《统一合伙法案》(Uniform Partnership Act)最新修订版(Last Amended)。

参考书目

凌斌著:《法科学科必修课:论文写作与资源检索》,北京大学出版社2013年版。

第八章 论文的检索

第一节 中外期刊论文检索

期刊(periodical)是指由固定名称、周期出版、刊载多篇论文的连续出版物。[①] 期刊自产生以来一直是学术交流与传播活动中重要的媒介。

正式出版的期刊有国际标准的连续性出版标号(International Standard Serial Number,ISSN)。如ISSN1002-896X为《法学研究》的国际标准刊号。

电子期刊(electronic journal)是指以数字形式存在,通过网络传播的期刊。它包括只在网上出版发行的纯电子期刊以及数字化的纸本期刊。

期刊数量巨大,判断期刊学术质量的常用方法是看其是否是核心期刊或是同行评审刊。

核心期刊是指那些信息密度大、内容质量高、论文寿命长,被引率、被索率、被摘率、借阅率也较高,能代表某学科、专业最新发展水平和趋势的期刊。[②] 由于核心期刊能代表这一学科的研究水平和发展方向,追踪这些期刊的论文,就能站在学科的最前沿,跟上学科发展的步伐。某专业的核心期刊可通过文献计量学的方法来确定,目前中文核心期刊以中国科学信息研究所编辑出版的《中国科技引证报告》和北京大学图书馆编辑出版的《中文核心期刊要目总览》中收录的期刊为准。需要说明的是,这两种工具书所收录核心期刊均是印刷版期刊,对于纯电子期刊来说,目前没有相关的统计和评价。目前外文核心期刊基本以美国科技信息所出版的《引文索引》(Web of Science)以及美国工程信息公司出版的《工程索引》(Ei)中收录的期刊为准。

同行评审刊是指文章在发表之前,由编辑部聘请同行专家对论文进行评审,决定是否发表。这样做的目的是保证期刊所刊载的论文质量。目前无论是纸本期刊还是电子期刊,都拥有大量的同行评审刊。

期刊论文检索包括纸本期刊论文和电子期刊论文的检索,期刊论文的检索可以利用馆藏OPAC系统(见第七章)、期刊网及信息数据型数据库进行,还可以利用各种期刊联合目录检索本馆以外的期刊论文,以进行文献传递。历史上曾经通过《全国报刊索引》或者《人大复印报刊资料索引》确定论文所在的期刊。随着时代的发展,人们逐渐舍弃了专门索引的利用,转而利用全文期刊数据库,检索期刊论文的电子版和纸质版,如需纸质版,再通过OPAC系统索取期刊。

---

① 周文骏著:《图书馆学百科全书》,中国大百科全书出版社1993年版,第375页。
② 李金庆编著:《信息时代期刊管理》,光明日报出版社2005年版,第31页。

一、新中国成立后期刊论文的检索

中文电子期刊的发展始于20世纪90年代初期,目前比较有影响的电子期刊数据库有清华同方知网(北京)技术有限公司的中国学术期刊(含光盘版和网络版,著作权皆归属《中国学术期刊(光盘版)》电子杂志社有限公司)、万方数据资源系统的《中国学术期刊数据库》及重庆维普咨询公司的《中文科技期刊数据库》。它们基本囊括了所有学科的主要中文期刊。此外,中文信息数据型数据库也包含中文期刊数据库,如北大法宝和北大法意都包含法学期刊数据库。

(一)《中国学术期刊网》(中国知网)

《中国学术期刊网络出版总库》(简称《中国学术期刊网》),是由中国学术期刊(光盘版)电子杂志社和清华同方知网(北京)技术有限公司出版发行,是连续动态更新的中国学术期刊全文数据库。完整收录学术期刊8068种,其中创刊至1993年3500余种,1994年至今7700余种,全文文献总量4000多万篇,收录完整率99.9%,核心期刊收录率96%。《中国学术期刊网》全部期刊分为10个专辑:① 基础科学,② 工程技术Ⅰ,③ 工程技术Ⅱ,④ 农业科技,⑤ 医药卫生科技,⑥ 哲学与人文科学,⑦ 社会科学Ⅰ,⑧ 社会科学Ⅱ,⑨ 信息科技,⑩ 经济与管理学。(见图8-1)。

《中国学术期刊网》提供3种类型的数据库:题录数据库、题录摘要数据库和全文数据库。其中题录数据库和题录摘要数据库属于参考数据库类型,只提供目次和摘要,可以在网上免费检索。全文数据库需要付费使用。

图8-1 中国学术期刊网络出版总库

在中国知网首页,点击导航中"期刊"的链接,进入中国学术期刊库的检索界面。中国学术期刊网络出版总库提供两种检索模式:文献检索和期刊导航(见图8-2)。

1. 文献检索:检索单篇文献

(1) 通过导航浏览查询文献

该数据库检索系统主页左侧提供了学科分类目录,分为10个专辑,每个专辑又

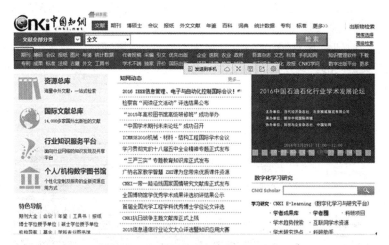

图 8-2　中国学术期刊网络出版总库

分为 3 级子目录。

以检索"商法"方面的论文为例。其具体方法是：在左侧"选择学科领域"处，选择社会科学 I 辑→民商法→商法，检索控制条件及检索内容均为空，点击检索文献，检索结果处显示 1531 篇文献。（见图 8-3）。

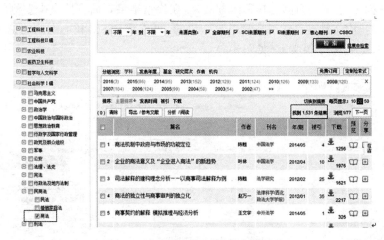

图 8-3　中国学术期刊网络出版总库

（2）导航与元数据检索组合检索文献

选择学科后（或默认全选），输入检索条件检索文献。元数据检索方式包括检索、高级检索、专业检索、作者发文检索、科研基金检索、句子检索及来源期刊检索。默认检索方式为检索模式。来源类型包括：全部期刊、SCI 来源期刊、EI 来源期刊、核心期刊、CSSCI 期刊。通过关键词的选取、二者逻辑关系以及字段的选择实现。

以检索"美国食品安全法"相关论文为例。其具体方法是：首先选取关键词"美国"和"食品安全",二者直接出现在"主题字段",二者是"并且"的逻辑关系。"主题"字段是期刊全文库中最常用字段,它包括论文的标题、摘要和关键词。二者的逻辑关系是"并且"意味着"美国"和"食品安全"两个关键词同时出现在论文的标题、摘要或者关键词的位置才能满足条件。点击检索文献,检索结果处显示 109 篇文献(见图 8-4)。

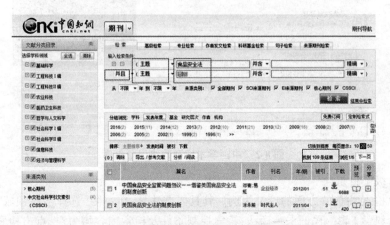

图 8-4　中国学术期刊网络出版总库

以检索核心期刊为例。其具体方法是:在检索结果页面直接点击左侧的"来源类型"中的"中文社会科学引文索引"(CSSCI),可查看 CSSCI 核心期刊的论文全文。检索结果处显示 11 篇文献(见图 8-5)。

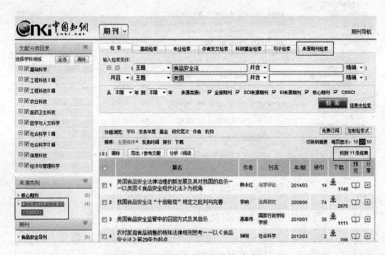

图 8-5　中国学术期刊网络出版总库

检索到文献的分组或排序:默认的是发表年度和主题排序。分组,指用户可对检索结果进行分组聚类,分组的类别包括:学科、发表年度、基金、研究层次、作者、机构。排序是指用户可根据主题、发表时间、被引及下载对检索出的文献进行排序。

以检索学科最新发表的论文为例。其具体方法是：在左侧"选择学科领域"处，选择社会科学Ⅰ辑，在检索结果页面直接点击"排序"后面的"发表时间"，检索到的45条检索记录结果会按照论文的发表时间降序排列，最新发表的论文会排在结果列表的最前面（见图8-6）。

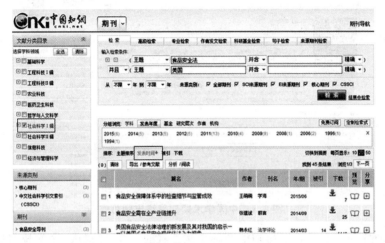

图 8-6　中国学术期刊网络出版总库

以检索本领域最有学术影响力的论文为例。其具体方法是：在左侧"选择学科领域"处，选择社会科学Ⅰ辑，在检索结果页面直接点击"排序"后面的"被引"，45条检索结果会按照论文的被引用次数降序排列，被引用次数最多的论文就会排在结果列表的前方，论文的被引次数是衡量一篇论文学术水平的重要指标。可以通过上述方法筛选出本领域最有学术影响力的论文（见图8-7）。

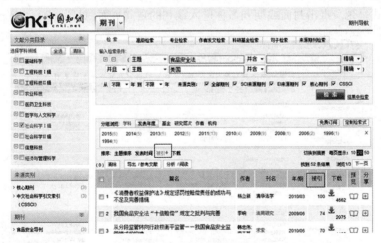

图 8-7　中国学术期刊网络出版总库

检索结果:可将知网节链接分享到腾讯、新浪、网易微博及人人网和开心网。检索结果列表中,点击篇名,进入该篇文献的知网节页面(见图8-8),可详细查看该篇文章的篇名、作者、作者单位、摘要等基本信息。

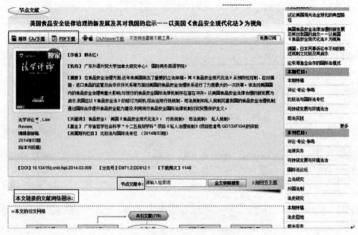

图8-8 中国学术期刊网络出版总库

知网节页面提供 CAJ 和 PDF 两种全文下载的方式,还提供"全文快照搜索"帮助用户即使不下载全文也能对检索的内容快速定位阅读。值得一提的是该页面提供节点文献链接的文献网络图示,反映节点文献研究的背景、依据以及后续研究情况。如果需要持续关注节点文献的被引用和其他更新情况,知网节页面有免费订阅功能提供帮助。

2. 期刊导航:检索整本期刊

期刊导航包括三种检索方式:专辑导航、首字母导航及检索词检索,检索结果以封面形式呈现。点击封面或期刊名称进入该刊的独立页面(见图8-9)。

图8-9 中国学术期刊网络出版总库

分两种页面形式,一种为优先出版刊物,另一种为非优先出版刊物。两者页面上的差别在于优先出版刊物页面提供该刊各年及各期的目次,非优先出版刊物页面提供各年各期的最新内容。

以检索法学核心期刊为例。其具体方法是:点击左侧"核心期刊导航"、右侧"法律"检索到法律类核心期刊 29 条(见图 8-10)。

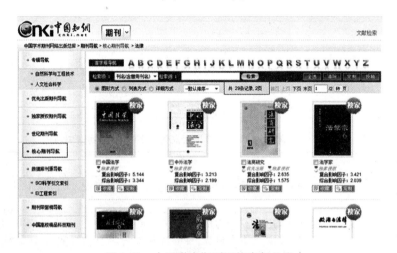

图 8-10 中国学术期刊网络出版总库

表 8-1 《中国学术期刊网络出版总库》的常用检索字段①

字段名称	说明
主题	为系统默认的检索字段。检索范围:中英文篇名、中英文关键词、中英文摘要
篇名	在中、英文篇名中检索
关键词	在关键词字段中检索,包括作者给出的中英文关键词及机标关键词
摘要	在中、英文摘要中检索
作者	在作者字段中检索
刊名	包括中、英文刊名
参考文献	检索范围为文章所提供的参考文献列表,包括参考文献的篇名、作者及刊名
全文	在文章的正文中检索
年	文章发表的年代
期	以两位字符表示,如 01 表示第 1 期,增刊和合刊分别用 S 和 Z 表示,如 S1 表示增刊 1
基金	在基金名称字段中检索,用于检索获得基金资助的文章
ISSN	国际标准刊号

---

① 花芳编著:《文献检索与利用》,清华大学出版社 2014 年版,第 45 页。

表 8-2 《中国学术期刊网络出版总库》的限定条件①

限定条件	说明
数据年代	可检索自 1980 年以来的数据；可限定为某年，也可以限定为最近 1 周、最近 1 月、3 个月或半年内入库的最新数据。
期刊来源	按国内外文摘数据的来源期刊设定检索范围。可选择 EI 来源刊、SCI 来源刊、核心期刊。系统默认为全部期刊。
检索匹配	模糊匹配按单个字检索，精确匹配按词组检索。
结果排序	可以按时间或相关性排序。记录的相关性根据检索词在记录中出现的次数确定，检索词在某条记录中出现的次数越多，则该记录排序时也越靠前。
每页显示记录条数	设定每页显示的命中记录数，最多每页显示 50 条，系统默认为每页显示 20 条记录。

表 8-3 《中国学术期刊网络出版总库》的常用期刊索引②

浏览方式	说明
刊名字顺表	按所收录的期刊的名称字顺编排。单击某一字母，将显示所有以该字母开头的期刊刊名
专辑导航	将所收录的期刊按学科分为以下 10 个专辑：基础科学、工程科技Ⅰ、工程科技Ⅱ、农业科技、医药卫生科技、哲学与人文科学、社会科学Ⅰ、社会科学Ⅱ、信息科技、经济与管理学
核心期刊	可浏览 CNKI《期刊库》所包含的各学科的核心期刊，以 2004 年版的"中文核心期刊要目总览"为标准
数据库刊源	可浏览被国内外文摘要数据库收录的期刊，包括 CA 化学文摘、SA 科学文摘、SCI 科学引文索引、EI 工程索引、中国科学引文数据库等
主办单位	按期刊主办单位分类，包括学会、出版社、大学等
地区	按期刊出版地分类，包括华北、华东、华南、东北、西北、西南、华中
刊期	按出版周期分类，包括年刊、半年刊、季刊、双月刊、月刊、半月刊、旬刊、周刊
世纪期刊	指已回溯的期刊。通过此方式，可以查看有哪些期刊可以看到 1994 年以前的数据

（二）《中国学术期刊数据库》（万方）

《中国学术期刊数据库》（Chine Science Periodical Datebase，CSPD）是万方数据知识服务平台的核心内容之一，收录自 1998 年以来国内出版的各类期刊 7600 余种，其中核心期刊 3000 种，年增 300 万篇，周更新 2 次，涵盖理、工、农、医、经济、教育、文艺、社科、哲学、政治等学科。从 2001 年开始，数字化期刊已经囊括我国所有科技统计源期刊和重要社科类核心期刊，多达 2987 万条的海量数据库资源。（见图 8-11）

---

① 花芳编著：《文献检索与利用》，清华大学出版社 2014 年版，第 45 页。
② 同上书，第 47 页。

图 8-11　中国学术期刊数据库

《中国学术期刊数据库》提供浏览和检索两种功能。

可以按学科、地区或刊名字顺浏览期刊。期刊页面提供刊物的信息，如封面、主编、主办单位、联系方式、相关栏目等，可进行刊内检索。

在期刊页面点击"检索论文"或是"检索刊物"，可分别对论文和期刊进行检索。

快速检索：多个检索字段的组合，不提供限制性检索条件和排序功能。

高级检索：可以按标题、作者、刊名、关键词、摘要、全文、DOI 等字段进行检索，并可利用发表日期、被引用次数、有无全文来限定检索结果。

专业检索：检索表达式使用 CQL(Common Query Language)检索语言。

知识脉络检索：有两大功能，在文本框内输入一个关键词，点击后面的"知识脉络检索"可以了解到有关这个词在每一个时间段内在系统中命中的数量。通过这个数量可以判断某个研究课题在数量上的发展趋势。也可以在文本框内输入多个关键词，然后点击后面的"比较分析"，可以了解到这几个词在每个时间段内在系统中命中的数量。通过比较，可以判断两个词在不同时间点上的研究数量。

系统会自动生成一些相关词，用户可以选择这些词。系统会自动将结果可视化展示。

检索结果：可按照期刊、年份、学科主题等分面浏览检索结果。

排序方式包括：经典论文优先、相关度优先和最新论文优先。

以检索 2006 年以来发表的有关"美国食品安全法"的论文为例。具体方法为：首先选取关键词"美国"和"食品安全"，二者直接出现在"主题字段"，二者是"与"的逻辑关系。年代限定为"2006—2016"，限定"政治、法律"类学科，点击检索文献，检索结果处显示 107 篇文献(如图 8-12)。

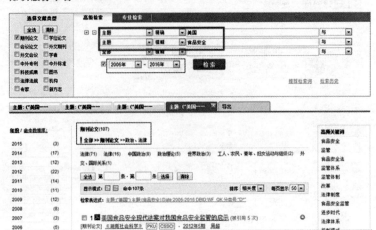

图 8-12　中国学术期刊数据库

（三）中文信息数据型法律数据库

中文信息数据型法律数据库有北大法意、北大法宝及法律门系统数据库（见第五章法律资源概述的法律专业中文数据库部分），本章仅以"北大法宝"为例。

"北大法宝"的法学期刊数据库（www.pkulaw.cn/qk）全方位收录法学核心期刊，为从事法律实务和法学研究的专业人士精心打造，提供专业的法学期刊服务，是国内覆盖年份最完整、更新最快、使用最便捷的专业法学期刊检索系统。收录国内法学类核心期刊、优秀的非核心期刊、集刊、英文期刊以及部分期刊目录，包括北大法学院院刊、各研究中心刊物，所有刊物覆盖创刊号至今发行的所有文献。尤其是对英文期刊的收录，是国内收录英文期刊最多的法学期刊数据库。同时根据文章内容对所有刊物进行细致整理，满足用户一站式查询需求。结合"北大法宝"联想功能，提供全方位检索方式，可按文章标题、作者、作者单位、法学类别、期刊名称、期刊年份等进行导航浏览，且提供 word、pdf、txt、html 版本下载方式，更方便用户引用文章（如图 8-13）。

二、民国、晚清期刊论文的检索

《全国报刊索引数据库》是由文化部立项、上海图书馆承建的重大科技项目。目前该数据库已回溯至 1833 年，成为收录数据量超过 5000 万条、揭示报刊数量达 5 万余种的特大型文献数据库，年更新数据超过 500 万条。该数据库提供普通检索、高级检索、学科检索、期刊检索（见图 8-14）。

第八章 论文的检索

图 8-13　北大法宝

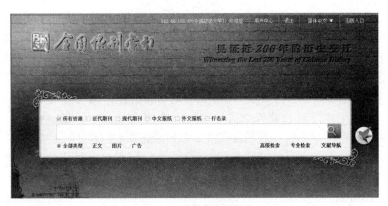

图 8-14　全国报刊索引

（一）《晚清期刊全文数据库》(1833—1911)

《晚清期刊全文数据库》由《全国报刊索引数据库》编辑部出版，共收录了 1833—1911 年间出版的 300 余种期刊，25 万余篇文献，几乎囊括了鸦片战争、洋务运动、戊戌变法和辛亥革命等重要时期出版的所有期刊。其中有宣扬妇女解放和思想启蒙的妇女类期刊，有晚清小说大繁荣时期涌现的四大小说期刊，有为开启民智、传播新知而创办的白话文期刊，有介绍先进技术、传播科学知识的科技类期刊。是研究晚清历史的用户必备的数据库检索工具。可以按照期刊和文章分别检索。用户可以通过题名、著者、主办单位、刊名、分类号、年份及期号等途径对文献进行检索、浏览并下载全文。

（二）《民国时期期刊全文数据库》(1911—1949)

《民国时期期刊全文数据库》由《全国报刊索引数据库》编辑部出版，收录 1911—1949 年间出版的 2.5 万余种期刊，近 1000 万篇文献，内容集中反映这一时期的政治、军事、外交、经济、教育、思想文化、宗教等各方面的情况。作为历史档案的重要组成部分,《民国时期期刊全文数据库》具有极为重要的学术价值和史料价值,它丰富了报刊数字资源,方便用户进行关于民国时期历史的学术研究。该数据库采用便捷的检索服务平台,用户可从标题、作者、刊名、分类号、年份及期号等途径对文献进行检索、浏览并下载全文。同时,用户还可以使用期刊导航功能,直接浏览和下载期刊原文。

三、我国台湾地区法律期刊论文的检索

(一) 月旦知识库

月旦知识库(大陆地区专用版)以完整收录全球华文文献为目标,包括期刊文献、图书文献、词典工具书、两岸常用法规、精选判解、教学案例、博硕论文索引、题库讲座等共八大子库,50万篇全文数据,运用智能型跨库整合交叉比对查询。该知识库提供三种检索功能:简易查询、文档查询和指令查询。

1. 期刊库

其期刊库的收录标准以台湾 TSSCI 中文核心期刊总览中的指标为依据,收录范围从 1952 年 5 月发表的文章至今,且每日更新。共有法学、高等教育、金融保险、公共管理、医疗卫生五大学科专辑,内容包括:TSSCI 期刊 17 种,专业学刊 108 种。

2. 法学期刊库

期刊库中不仅收录台湾法学 TSSCI 核心期刊如《台湾大学法学论丛》《东吴法律学报》《政大法学评论》《台北大学法学论丛》《东海大学法学研究》《台北大学法学论丛》《中原财经法学》等,还包括月旦法学系列杂志如《月旦法学杂志》《法学新论》《月旦法学教室》《月旦释读文摘》《月旦民商法杂志》《月旦财经法杂志》《中德私法研究》《月旦裁判时报》等(见图 8-15)。

3. 使用特点

该库的特色功能有:可运用智能型跨库整合交叉比对查询;繁简体并存及中英文转译,并且不断新增两岸专业用语转译功能;使用繁体字或简体字皆不影响检索结果。

(二) 台湾学术期刊在线数据库

台湾学术期刊在线数据库(Taiwan Scholar Journal Database,TWS)是第一家获得国家新闻出版广电总局批文许可引进的台湾期刊全文数据库。其文献内容涵盖台湾学术期刊出版总量85%以上,是目前收录台湾指标期刊最完整的数据库。

台湾学术期刊在线数据库收录学科包括:政治经济、历史、法学、管理学、经济学、心理学、医学、文学、教育学、物理、化学、天文学、语言学、图书信息学、电机工程等 31 门学科。期刊收录时间范围主要是 2000 年以后出版的期刊,且每日更新,每月持续新增 3000 余篇电子全文。收录期刊 1349 种,全文数据量约为 34 万篇。

台湾学术期刊在线数据库支持简体检索。即大陆地区使用者输入简体字可检索出繁体字文章书目,同时支持简体界面,用户可使用习惯的方式使用系统。TWS

第八章 论文的检索

图 8-15 月旦知识库

支持依学科、出版单位、汉语拼音、英文刊名等浏览功能。在用户个性使用上，支持书目编辑管理，支持将所需要的文章书目以 REFWORK 软件进行书目汇出；支持期刊文章网页浏览、打印，或储存电子全文文件（PDF），以及下载打印。

四、英文法律论文的检索

（一）Westlaw 法律在线数据库

Westlaw 数据库收录了 1500 余种法学期刊，覆盖当今 80% 以上的英文核心期刊。汤森路透法律信息集团在自己出版诸多法律期刊的基础上，还收录大量知名的国际法律期刊，如 Harvard Law Review［1949 年（第 63 卷）至今］、Yale Law Review 等。Westlaw 数据库提供浏览和检索两种功能。

1. 浏览期刊论文

期刊论文分两部分浏览：浏览美国期刊论文是通过 Westlaw 主页，从 All Content（全部内容）—Secondary Sources（二次文献）—By Type（文献类型）—Law Reviews & Journals（法律评论与期刊）进入到美国的分别按地区和按主题组织的期刊论文浏览入口；浏览美国之外其他国家和地区期刊论文是从 All Content（全部内容）—International Materials（国际资料）—Content Type（文献类型）—Journals（期刊）进入期刊浏览页面（见图 8-16）。

2. 检索期刊论文

Westlaw 支持期刊名称检索、Citation 引称号检索、自然语言检索、论文名称检索及高级检索。Westlaw Search 的搜索引擎，可以自动识别法律语言以及搜索格式。

以检索"个人信息（personal identity information）安全（security）方面"的论文为例，在主页的检索框内输入"how to ensure the security of personal identity information"，

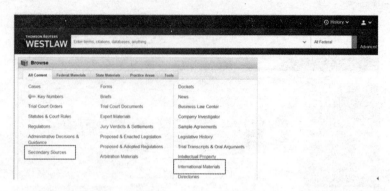

图 8-16　Westlaw 数据库

在检索结果列表中,按照内容类型进行排列,在检索结果列表中选择 Secondary Sources 二次资源类型。对二次资源结果,可根据需要按照相关度(Relevance)、被引频率(Most Cited)、时间(Date)进行排序。Overview 提供各种类型文献中最相关结果推荐阅读。结果中查询(Narrow),可输入更多的关键词再次筛选(见图 8-17)。

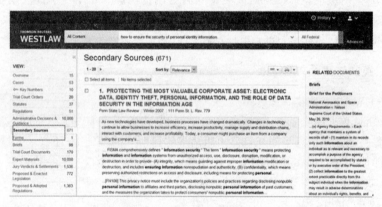

图 8-17　Westlaw 数据库

对二次资源进行筛选用 Narrow 的功能键。Search within Results 可在检索框内输入关键词,二次查询。Jurisdiction 可按照管辖筛选、Date 可按照时间筛选、Publication Type 可按照二次资源的出版类型进行筛选,如书籍、期刊评论、新闻报纸等。Publication Name 可以按照出版物名称进行筛选(见图 8-18)。

输入二次查询关键词"China",筛选与中国有关的二次资源出版物类型,勾选期刊评论。二次资源结果按照被引用频率(Most Cited)排序(见图 8-19)。

选中一篇高被引期刊文献"Information Privacy in Cyberspace Transactions"。Keycite 为您提供与此文章相关的其他资料。Citing Reference 是引用或者评论此文章的其他参考资料。Table of Authorities 是本文引用或者讨论的案例(见图 8-20)。

第八章 论文的检索

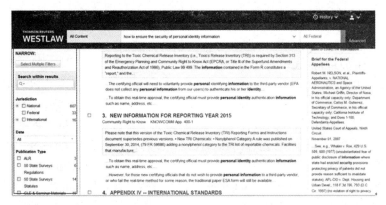

图 8-18　Westlaw 数据库

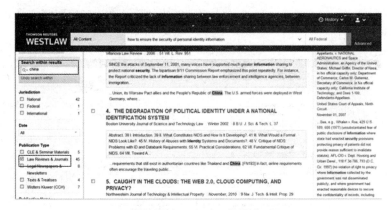

图 8-19　Westlaw 数据库

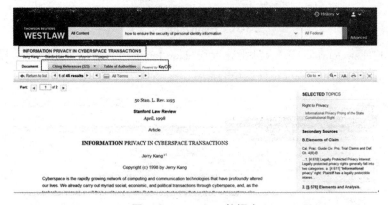

图 8-20　Westlaw 数据库

选中某一段落后,系统会提示:Save to Folder[保存到在线文件夹(个人账号密码可用)],Add a Note[添加注释(个人账号密码可用)],Highlight[高亮标出(个人账号密码可用)],Copy with Reference[复制粘贴,自动生成脚注]。

(二)HeinOnline 法学期刊全文数据库

HeinOnline 法学期刊全文数据库(http://heinonline.org)是基于 PDF 浏览格式的全文法学文献数据库,现有 2600 余种法学期刊。HeinOnline 法学全文数据库收录的全球法学文献可以回溯到 16 世纪。法学期刊全文数据库提供三种常用检索方式,"Full Text"关键词检索(输入作者名找到某作者发表的所有文章;通过输入关键词找到和关键词相关联的某一类文章)、"Citation"引证号检索(输入某一确定的引证号精确地找到某一篇文章)、"Cataloge"期刊名检索(输入需要的期刊进行检索,可以找到所收录的这本期刊的所有卷次,可以不间断地阅读期刊的每一期或有选择性地阅读)。

以 Law Journal Library 为例,先点击页面左边的第一个子库标题"Law Journal Library"(见图 8-21)。

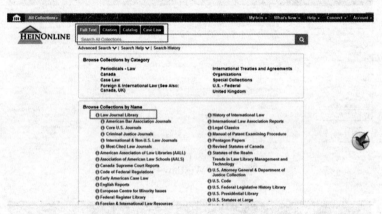

图 8-21　HeinOnline 数据库

点击"Law Journal Library"后,进入到"Law Journal Library"子库的检索界面(见图 8-22)。此后,就可实现各种途径的检索。

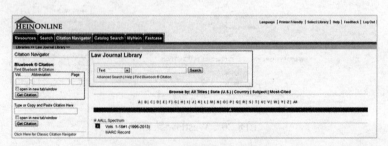

图 8-22　HeinOnline 数据库

1. 引证号检索 Citation Navigator

国际期刊的每一篇文章都有一个对应的引证号,以方便研究者准确地引用和找到某一篇国际期刊上发表的文章。国际期刊文章的引证号一般由三部分组成,即卷号、期刊名缩写以及起始页码。例如某篇文章的引证号:108 Har. L. Rev 26,其代表的意思是:《哈佛法律评论》第 108 卷第 26 页的一篇文章。

引证号检索就是输入某篇期刊文章的引证号能够精确地找到该篇文章。以检索在 Harvard Law Review 第 108 卷第 80 页上的一篇文章为例,在检索框内输入引证号"108 Harv. L. Rev. 80"。(需要注意的是,在输入到 Harv 时,对话框会弹出下拉的选项,会将 Harvard 大学出版社所出版的所有法学期刊列出,只需要选择其中的 Harv. L. Rev.)点击检索框下的 Get Citation 就会进入到所要找的文章的页面。另外也可以直接复制粘贴引证号,然后点击检索框下的 Get Citation 就会进入到要找的文章的页面(见图 8-23/8-24)。

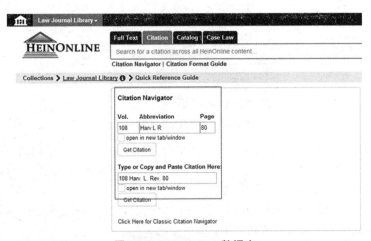

图 8-23　HeinOnline 数据库

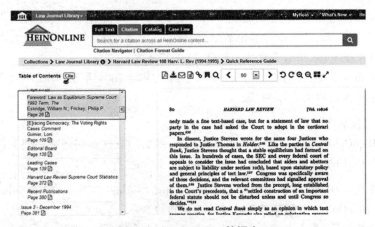

图 8-24　HeinOnline 数据库

2. 关键词检索 Search

选择某一子库,如"Law Journal Library",选择点击"Search"选项卡,进入关键词检索界面,输入关键词找到某一类的文章;通过输入作者名,找到作者发表的所有文章;通过输入关键词,找到研究领域的所有相关文章。

(1) 模糊检索:适用于初级检索者,输入一个关键词进行检索

以检索关于反倾销(Antidumping)的论文为例,在检索框中输入"Antidumping"然后点击"放大镜"符号进行检索,检索到7521篇文章(见图8-25)。

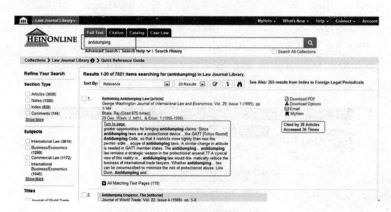

图 8-25　HeinOnline 数据库

因为检索结果多,在结果中进行二次检索,例如以检索关于"中国的鞋子的反倾销"的论文为例。在页面中点击"Search Within Results"按钮进入下一个检索界面。并通过限定条件,缩小检索范围,进行二次检索。

(2) 精确检索:Advanced Search 适用于中级或高级检索者。通过关键词的限定来准确地找到某一类文章或某个作者的所有论文。

以检索 2005—2013 年发表的关于中国的鞋子的反倾销的论文为例。方法是,点击 Advanced Search 键,在对话框中输入关键词,并用 AND 连接,在时间上限定为 2005 年至 2013 年,还可以作其他的限定,比如说只在某种刊物中找,或只在法学的某个学科中限定,根据需要来进一步限定(如图 8-26)。

点击 Search 键,得到检索结果(如图 8-27),显示 2005 年至 2013 年发表的有关中国鞋子反倾销的文章为 58 篇。

3. 寻找某种期刊并浏览(Catalog Search)

在 HeinOnline 数据库中寻找到某种期刊,然后浏览这本期刊某一期上的所有文章,或某一期的某几篇文章或某几期文章。

以查找 North Carolina Journal of International Law and Commercial Regulation 期刊为例,在 HeinOnline 数据库首页精确输入该刊的名字(见图 8-28)。

选择某一卷,并点击进去看相关的文章。例如查看第 34 期的相关文章,点击 34

第八章　论文的检索

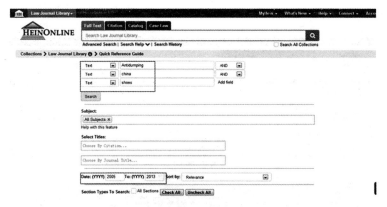

图 8-26　HeinOnline 数据库

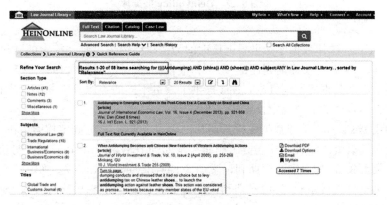

图 8-27　HeinOnline 数据库

图 8-28　HeinOnline 数据库

(2008—2009)即可,页面左边为这一期杂志中各章节和文章的情况,可以分别点击查看相关文章(见图8-29)。

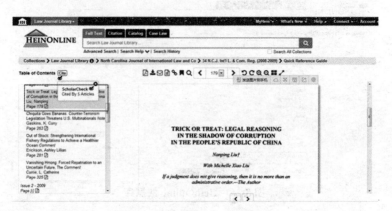

图 8-29　HeinOnline 数据库

(三) Lexis.com 法律数据库

　　Lexis.com 法律数据库是世界上最大的为法律研究提供全文检索的联机服务系统之一,收录 900 种法律期刊评论、杂志和报告,大多可以回溯到 1980 年。与一般的搜索引擎以及数据库不同,Lexis.com 提供了大量不同的资源及资源组合进行选择。用户可根据自己的需要确定检索的范围。

　　利用 Lexis.com 法律数据库检索期刊论文的步骤是,首先确定检索范围,即选择独立资源还是资源集合。独立资源例如某本期刊 Harvard Law Review。期刊检索中常用的资源集合,如美国法学期刊论文(US Law Review Journals)。确定检索范围可以通过浏览分类目录确定,检索期刊论文选择文件夹中的二次法律资源(Secondary Legal)(见图 8-30)。

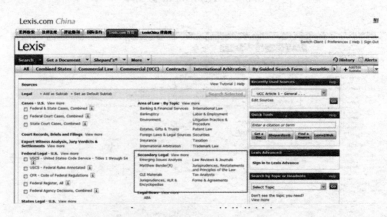

图 8-30　Lexis.com 法律数据库

在 Lexis.com 中,还可以通过 Find A Source 的方式直接搜索资源,找到所需的资源或者资源集合,在结果列表中确定检索的范围(见图 8-31)。

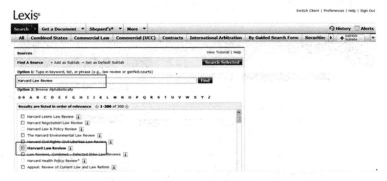

图 8-31　Lexis.com 法律数据库

确定检索范围后,即可进入到检索界面。数据库提供高级检索(Advanced Search)、自然语言检索(Nature Language)、简易检索(Easy Search)(见图 8-32)。

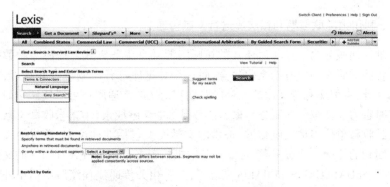

图 8-32　Lexis.com 法律数据库

(四) Kluwerlawonline 数据库

Kluwerlawonline 数据库收录仲裁方面(自 1984 年以来全套)的 10 份期刊,近 5000 篇期刊评论文章全文。期刊名称为:International Journal of Arab Arbitration (《阿拉伯国际仲裁期刊》)、Arbitration International (《国际仲裁》)、Asian International Arbitration Journal (《亚洲国际仲裁期刊》)、ASA Bulletin (《瑞士仲裁协会公报》)、Spain Arbitration Review (《西班牙仲裁》)、Journal of International Arbitration (《国际仲裁期刊》)、Arbitraje: Revista de Arbitraje Comercial y de Inversiones (《仲裁:中国商业银行和投资仲裁》)(西班牙语)、Revue de l' Arbitrage (《仲裁审查》)(法语)、Revista Brasileira de Arbitragem (《巴西仲裁》)(葡萄牙语)、Indian Journal of Arbitration Law (《印度仲裁期刊》)(见图 8-33)。

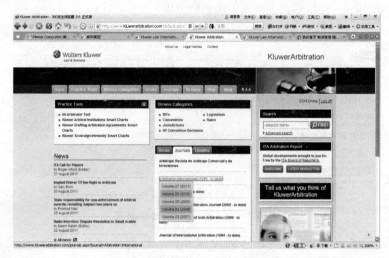

图 8-33　kluwerlawonline 数据库

五、利用馆际联盟期刊目次库进行文献传递

文献传递服务为一种非返还式的馆际资源共享服务方式。任何一种数据库都不可能将法学研究中所有论文收集全，每一个数据库都各有侧重点和特点，同类库之间的互补，索引库和全文库的互补以及期刊论文的传递服务可以使法学研究工作变得省时省力。文献传递服务是根据读者提供的文献线索（本馆未收藏文献），向国内外文献收藏单位申请文献传递，提供的文献类型包括期刊论文、学位论文等文献资料。期刊的传递方式有多种，可以浏览本机构图书馆网页查找其加入的文献传递组织，如 CASHAL、CALIS 和 BALIS 系统等，按照相关传递流程注册申请中外文期刊即可。

对于外文期刊论文比较便捷的还有"读秀知识库"的"外文百链"传递功能。

"读秀知识库"国外期刊论文传递满足率为 80% 以上，一般申请之后 24 小时内可在指定的邮箱接收到论文全文，而且传递方法非常简单。

（一）教育部的 CASHL 外文期刊目次库

CASHL（见第七章"图书的检索"中有关"利用 CASHL 及图书馆文献传递服务系统"部分）含有"高校人文社科外文期刊目次库"（http://www.cashl.edu.cn）。CASHL 可为查找期刊论文的用户提供的服务内容有：高校人文社科外文期刊目次库查询、高校人文社科核心期刊总览、国外人文社科重点期刊订购推荐、文献传递服务、CASHL 馆际互借等。

截至 2015 年底，CASHL 期刊目录库已收录 2 万多种人文社会科学外文期刊，其中核心期刊 4505 种，可提供刊名检索和学科浏览，以及基于目次的文献传递服务。（见图 8-34）。

第八章 论文的检索　　211

图 8-34　高校人文社科外文期刊目次数据库

（二）科学院系统的全国期刊联合目录库

全国期刊联合目录数据库（http://union.csdl.ac.cn/reader/query.jsp）属于科学院图书馆系统联盟的成果。它创建于 1983 年，由中国科学院文献情报中心牵头研建，包括全国西文期刊联合目录数据库、全国日文期刊联合目录数据库、全国俄文期刊联合目录数据库、全国中文期刊联合目录数据库 4 个子库；学科范围覆盖数学、物理、化学、天文、地理、生命科学、农业、医药、信息科学、工业技术、社会科学等；成员馆遍布全国，包括 400 余家主要的大型公共图书馆、中国科学院系统图书馆、中国社会科学院系统图书馆、各大部委的情报所、科研系统的图书馆、重点高校的图书馆和军队卫生系统的图书馆等。截至 2015 年底，全国期刊联合目录数据库共收录西文印本期刊 5.4 万种，馆藏 26.8 万条；收录日文印本期刊 7000 余种，馆藏 2.5 万条；收录俄文印本期刊 6500 余种，馆藏 1.8 万条；收录中文印本期刊 1.9 万种，馆藏 8.3 万条（见图 8-35）①。

图 8-35　全国期刊联合目录数据库

---

① http://union.csdl.ac.cn/1.jsp,[2015-12-02].

（三）高校图书馆系统的 CALIS 外文期刊网

CALIS(http://www.calis.edu.cn)外文期刊网是面向全国高校广大师生的一个外文期刊综合服务平台。它是普通用户获取外文期刊论文的最佳途径，也是图书馆馆际互借及文献传递的强大基础数据源。该平台收录 10 万余种高校收藏的纸本期刊和电子期刊信息，其中有 4 万多种期刊的文章篇名信息，每周更新，目前期刊文章的篇名目次信息量达 8000 多万条（见图 8-36）[①]。

图 8-36　CALIS 外文期刊网

六、利用网络检索法律期刊论文

（一）利用 Google Scholar 检索法律期刊

Google Scholar 是一个学术搜索引擎，是 Google 的一个子集，通过它可以检索学术文献，包括所有学科的经过同行评议的期刊论文、学位论文、专著、预印本、摘要和技术报告等，其内容来自学术出版社、学（协）会、预印本文库、大学文库中的文章，还有网站上的学术文章。

（二）开放获取期刊(Open Access Journal)

开放获取(Open Access，简称 OA)是国际学术界、出版界、图书情报界为了推动科研成果的自由传播，利用互联网发起的运动，兴起于 20 世纪 90 年代。按照布达佩斯开放存取先导计划(Budapest Open Access Initiative，BOAI)中的定义，OA 是指某文献在 Internet 公共领域里可以免费获取，允许任何用户对其全文进行阅读、下载、复制、传递、打印、检索、超级链接该文献，并为之建立索引，用作软件的输入数据或其他任何合法用途。用户在使用该文献时不受财力、法律或技术的限制，而只需在存取时保持文献的完整性。对其复制和传递的唯一限制，或者说版权的唯一作用是

---

① http://ccc.calis.edu.cn/index.php，[2016-03-06]。

使作者有权控制其作品的完整性及作品被准确接受和引用。作为一种新型的学术交流手段,OA 资源凭借其免费获取的强大优势,使得学术信息可以无障碍地、更高效地传播。①

开放存取期刊(Open Access Journal)是指任何经过同行评审,以免费的方式提供读者或机构取用、下载、复制、打印、分享、发行或检索的电子期刊。开放存取期刊作为一种新型的、免费的学术电子期刊,发展至今涵盖了几乎全部的学科领域。下面介绍法学研究中可以利用的开放期刊平台。

1. SOCOLAR:Open Access 资源一站式检索服务平台

中国教育图书进出口公司用近 4 年时间开发了 SOCOLAR:Open Access 资源一站式检索服务平台(可简称 OA 平台),该平台收录了大量 Open Access 期刊、Open Access 机构仓储等学术资源,并向最终用户提供一站式文章级检索和全文链接服务。平台现有 6147 种 Open Access 期刊和 842 个 Open Access 机构仓储,总计数量为 2389 万多条文献标题(截止到 2014 年 10 月 15 日),资源周更新。涵盖学科广泛,主要包括:医药卫生 2403 种;人文社科 588 种;经济 1267 种;生命科学 925 种;工业技术 1234 种;数理化 504 种;天文学、地球科学 310 种,等等。同时提供这些文献的高速链接,通过链接可获取全文。

网址:http://www.socolar.com/

2. Open Access Journal——中国图书进出口(集团)总公司

截至 2015 年底,中国图书进出口(集团)总公司开发的 Open Access Journal,收录了国外 1000 多家出版社的 46224 种期刊的 24871152 篇目次和文摘数据,并保持时时更新。其中包括 29306 种 Open Access Journals 供用户免费下载全文。

网址:http://cnplinker.cnpeak.edu.cn/

3. GoOA——开放获取论文一站式发现平台

GoOA——开放获取论文一站式发现平台,是中国科学院立项启动、由中科院文献情报中心实施建设的 OA 期刊服务平台,截至 2015 年底已完成 4055 种高质量 OA 期刊的遴选,和 1955 种关键保障 OA 期刊体系的遴选和全文采集、存储;集成知名出版社自然科学领域及部分社会科学领域的 OA 期刊及其论文全文(数量不断增长中),提供 OA 期刊和论文集成发现和免费下载、OA 期刊投稿分析、关联检索、知识图谱分析、用户分享等特色功能,以支撑中科院乃至国内外用户对高质量 OA 期刊的发现和利用。

网址:http://gooa.las.ac.cn

4. DOAJ (Directory of Open Access Journals)开放获取期刊

DOAJ 开放获取期刊,是 2003 年 5 月由瑞典的隆德大学图书馆 Lund University Libraries 开发,最初收了 350 种期刊,截至 2013 年收录的开放存取期刊超过 9900

---

① 肖珑主编:《数字信息资源的检索与利用》,北京大学出版社 2013 年版,第 447 页。

种、文章150多万篇。目前,有5687种期刊能够检索到文章级别,即能检索篇名、关键词、摘要等。该目录收录的均为学术性、研究性期刊,具有免费、全文、高质量的特点。其质量源于所收录的期刊实行同行评审,或者有编辑作质量控制,对学术研究有很高的参考价值。涵盖农业和食物科学、生物和生命科学、化学、历史和考古学、法律和政治学、语言和文献等17个学科主题领域,收录社会科学的期刊较多。

网址:http://www.daoj.org

七、期刊评价工具

学术期刊评价通常指依照既定标准,采取定量评价和定性分析相结合方法,对期刊的学术质量、使用状况和发展特点等多方位情况加以多维度综合分析与评价,旨在通过多指标引文分析反映作者、机构、地区、期刊的学科贡献及影响力,定位各学科的实际发展状况,追踪各学科研究热点和前沿;在揭示期刊及其所刊载论文客观规律的基础上,力图实现其科学价值和社会效用的最大化。法学研究中常用的中文期刊评价工具包括《中文核心期刊要目总览》、中文社会科学引文索引数据库(CSSCI)、中国人文社会科学引文数据库(CHSSCD)。法学研究中,外文期刊评价工具包括 Web of Science 数据库中的社会科学引文索引(Social Sciences Citation Index,SSCI)和期刊引证报告(Journal Citation Reports,JCR)、基本科学指标数据库(Essential Science Indicators,ESI)。

(一)《中文核心期刊要目总览》

《中文核心期刊要目总览》由北京大学图书馆和北京十几所高校图书馆共同研制,是国内最早、影响最广泛的期刊评价体系。自1992年起每四年出版一次,2011年起每三年出版一次,至今共出版七版,第七版于2014年12月出版,评定期刊1983种。评价对象是内地出版的全部中文期刊,采用分学科、多指标、定量和定性评价相结合的评价方法,评价指标包括:被索量、被摘量、被引量、他引量、被摘率、影响因子、他引影响因子、被重要检索系统收录、基金论文比、web下载量、论文被引指数、互引指数。其中法律类核心期刊29种。

(二)中文社会科学引文索引数据库

中文社会科学引文索引数据库(CSSCI)是由南京大学中国社会科学研究评价中心于1998年开发研制。评价范围是人文社会科学领域的学术期刊。数据库从全国2700余种学术期刊中选出学术性强的期刊作为来源期刊,采取定量与定性评价相结合的方法进行评价。主要根据期刊的被引总次数、影响因子等指标与各学科专家意见来确定来源期刊。《中文社会科学引文索引》有印刷版、数据库网络版和光盘版,可以提供多种信息检索途径。来源期刊(2014—2015)收录法学期刊21种、扩展版来源期刊(2014—2015)法学期刊10种、收录集刊(2014—2015)法学期刊23种。

(三)中国人文社会科学引文数据库

中国人文社会科学引文数据库(CHSSCD)是中国社会科学院文献信息中心于1996年建立的。评价范围是人文社科学术期刊。2004年正式出版《中国人文社会科学核心期刊要览》,目前出版的还有 2008 版和 2013 版,2013 版确定核心期刊 484 种。分学科的人文社会科学期刊采用分学科总被引、学科影响因子、期刊总被引三个引文指标,综合性人文社会科学期刊采用学科总被引、学科影响因子、期刊总被引三个引文指标。

(四) Web of Science 数据库

Web of Science 数据库收录了 12,000 多种世界权威的、高影响力的学术期刊,内容涵盖自然科学、工程技术、生物医学、社会科学、艺术与人文等领域。其中社会科学引文索引 SSCI(Social Sciences Citation Index)收录 3,100 多种期刊,可以一直回溯到 1900 年。与自然科学领域的期刊相比,社会科学领域期刊的引文数量和影响因子比较低,区域性的研究很重要。

(五) 期刊引证报告

期刊引证报告(Journal Citation Reports,JCR)是一个独特的多学科期刊评价工具。JCR 是唯一提供基于引文数据的统计信息的期刊评价资源,对期刊的引用与被引用情况进行系统的归类、整理和分析。它从期刊的载文量、论文的被引用频次等原始数据出发,利用统计方法对期刊在相关学科中的相对重要性作出定量评价。JCR 可以在期刊层面衡量某项研究的影响力,显示出引用和被引期刊之间的相互关系。通过对参考文献的标引和统计,JCR 包括自然科学(Science Edition)和社会科学(Social Sciences Edition)两个版本。JCR-Social Sciences 涵盖来自 52 个国家或地区的 713 家出版机构 3,000 多本期刊,覆盖 56 个学科领域。对于已被 Web of Science 收录的期刊,期刊的影响因子、期刊的总被引频次、立即指数、被引半衰期等一系列引文分析指标被用来评估期刊的影响力,Journal Citation Reports 数据库提供了对每一期刊的深入分析数据。

(六) 基本科学指标数据库

基本科学指标数据库(Essential Science Indicators,ESI)是由美国科技信息所(ISI)于 2001 年推出的一个文献评价分析工具。它以 Web of Science 引文数据库的数据为基础,将 10 年间发表的论文的被引情况按照作者、研究机构、国家及期刊进行统计分析,由此给出有影响力的科学家、研究机构、国家(地区),有影响力的期刊以及论文等信息。主要统计指标包括:论文数量、论文被引用频次总和以及论文篇均被引频次。

第二节 学位论文及会议论文检索

一、学位论文数据库

学位论文(thesis,dissertation)是作者为获得某种学位而撰写的研究论文。学位论文分为博士论文、硕士论文和学士论文三种,其中博士论文有较高的参考价值。

纸本学位论文除了收藏于学位授予单位外,还要提交复本给国家指定的其他收藏单位。随着信息技术的发展，各学位授予单位也建设了学位论文数据库。例如中国政法大学建设了《政法博硕论文库》，为保护作者的知识产权，政法博硕论文库不提供全文下载，只提供包括题录在内的前16页的浏览。本校师生因教学、科研需要论文全文的，图书馆提供文献传递服务。

法学研究中常用到的博硕士论文检索资源包括万方数据资源系统中的中国学位论文全文数据库和中国知网中的中国优秀博硕论文全文数据库、中国高等教育文献保障系统中的CALIS学位论文中心服务系统、中国国家图书馆、北京大学的学位论文、中国民商法律网的学位论文检索，以及香港大学学位论文库、CETD中文电子学位论文服务等。

(一) 中文学位论文检索

中文学位论文检索重点介绍中国优秀博硕论文全文数据库(中国知网)、中国学位论文全文数据库(万方)和CALIS学位论文中心服务系统。

1. 中国优秀博硕士论文全文数据库(中国知网)

中国优秀博硕士论文全文数据库是由中国知网平台提供服务，收录从1984年至今的博硕士学位论文。包括全国431家培养单位的博士学位论文和697家硕士培养单位的优秀硕士学位论文，是目前国内相关资源最完备、高质量、连续动态更新的中国优秀博硕士学位论文全文数据库。目前，累积博硕士学位论文全文文献2922625篇。数据日更新。检索功能可参考中国期刊全文数据库检索系统的介绍。

2. 中国学位论文全文数据库(万方)

中国学位论文全文数据库(China Dissertation Database, CDDB)，是由北京万方数据股份有限公司开发，通过万方数据知识服务平台提供服务。收录始于1980年，收录300万篇，年增30万篇，并逐年回溯，与国内900余所高校、科研院所合作，占研究生学位授予单位85%以上，涵盖理、工、农、医、人文社科、交通运输、航空航天、环境科学等学科。

该数据库提供简单检索、高级检索和浏览3种检索途径，可按学科、专业目录或学校所在地分别进行浏览。

3. CALIS学位论文中心服务系统

CALIS学位论文中心服务系统面向全国高校师生提供中外文学位论文检索和获取服务。目前博硕士学位论文数据逾384万条，其中中文数据约172万条，外文数据约212万条，数据持续增长中。该系统采用e读搜索引擎，检索功能便捷灵活，提供简单检索和高级检索功能，可进行多字段组配检索，也可从资源类型、检索范围、时间、语种、论文来源等多角度进行限定检索。

该系统能够根据用户登录身份显示适合用户的检索结果，检索结果通过多种途径的分面和排序方式进行过滤、聚合与导引，并与其他类型资源关联，方便读者快速定位所需信息。

该系统提供国内外大量学位论文的在线浏览全文或者在线浏览前16页论文的服务，对无法在线获取的全文，系统提供全文传递联合保障服务。通过点击检索结果页面的文献传递按钮,进入文献传递服务页面,选择用户所在的图书馆,系统自动将用户带入其所在图书馆的文献传递服务系统并可在此提交文献传递请求,帮助用户获取所需要的学位论文全文。通过本系统开展学位论文文献传递服务,提交申请并获得文献传递服务的用户会获得一定的补贴。

该系统提供学位论文按学科浏览服务,增加了用户获取论文的途径。系统提供成员馆浏览服务,可以按省浏览提供学位论文数据和提供文献传递服务的成员馆。在成员馆浏览页面,显示成员馆是否支持统一认证服务或馆际互借服务。支持统一认证服务的成员馆用户可以单点登录使用本系统的全部服务,支持馆际互借的成员馆支持基于本系统的文献传递服务。①

(二) 西文学位论文库

国外博硕士学位论文的检索,常用的数据库有两个,一是 OCLC FirstSearch-WorldCat Dissertations(OCLC"信息第一站"博硕士学位论文),二是 ProQuest 博硕士论文全文数据库。两者的检索方法分别介绍如下。

1. OCLC FirstSearch-WorldCat Dissertations 检索国外博硕士学位论文

OCLC FirstSearch Service(第一检索)现称"信息第一站"。它是大型综合的、多学科的数据库平台,涉及广泛的主题范畴,覆盖所有的领域和学科,共有数十个子数据库。其中 WorldCat Dissertations(博硕士论文数据库,含全文资源)收集了 WorldCat 数据库中所有的博硕士论文和以 OCLC 成员馆编目的论文为基础的出版物。WorldCat 博硕士论文库最突出的特点是其资源均来自世界一流的高校图书馆,如哈佛大学、耶鲁大学、剑桥大学、牛津大学、柏林大学等,共有 1800 多万条记录,其中 100 多万篇有免费全文链接,可以免费下载,是学术研究中十分重要的参考资料。该数据每日更新。

以查找著作权"侵犯知识产权"(copyright infringement)相关博硕士学位论文为例。具体方法:进入"OCLC FirstSearch-WorldCat Dissertations"首页,数据库提供基本检索、高级检索、专家检索和历次检索四种检索途径。以高级检索为例。如图 8-37。

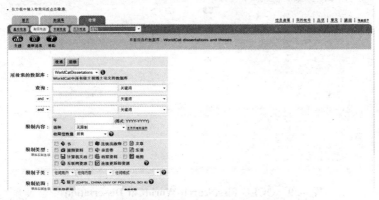

图 8-37 OCLC FirstSearch-WorldCat Dissertations

---

① http://etd.calis.edu.cn/etdportal/pages/others/readerguide.html,2016 年 3 月 23 日访问。

在首页左侧"查询"旁边的检索框中输入关键词"copyright infringement"（字母不分大小写），查询范围默认为"关键词"，也可点击下拉菜单选择其他查询范围，如"主题"和"题名"。在页面"限制类型"右侧选项中勾选"互联网资源"（在 WorldCat Dissertations 库中检索博硕士学位论文一定要在首页选择"互联网资源"），点击页面下方的"检索"键。如图 8-38。

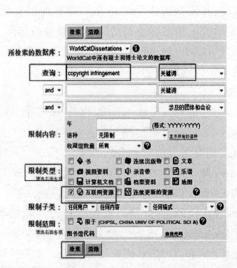

图 8-38　OCLC FirstSearch-WorldCat Dissertations

检索结果页面共 108 条记录，从记录列表中可见每一条记录下方有一个或是几个链接，点击这些链接尝试获取该篇论文的全文。如图 8-39。

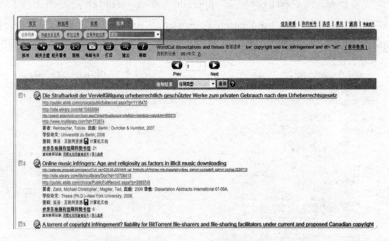

图 8-39　OCLC FirstSearch-WorldCat Dissertations

2. ProQuest 博硕士论文全文数据库检索国外博硕士论文全文

ProQuest 公司是世界上最早及最权威的博硕士论文收藏和供应商，该公司的

ProQuest Dissertations and Theses(PQDT)数据库可提供200多万篇国外高校博硕士论文的全文。从2002年起,国内部分高校和研究机构图书馆组成了"PQDT全文数据库采购联盟"共同从PQDT数据库中挑选并订购电子版学位论文全文,并在国内建立《ProQuest博硕士论文全文数据库》服务器提供服务,联盟的成员馆均可共享《ProQuest博硕士论文全文数据库》中已购买的学位论文全文。截至2015年底该库已收录国外博硕士学位论文近50万篇,每年增加数万篇论文。涉及文、理、工、农、医等多个学科领域。

目前"ProQuest学位论文全文中国集团"在国内建立了三个镜像站。用户可登录任一网站检索并下载全文。

数据库网址:
CALIS(北京大学)服务器:http://pqdt.calis.edu.cn
上海交通大学服务器:http://pqdt.lib.sjtu.edu.cn
中国科学技术信息研究所服务器:http://pqdt.bjzhongke.com.cn

ProQuest博硕士论文全文数据库在中国的检索系统是由北京中科公司及CALIS共同开发。数据库支持全文检索,提供简单检索及高级检索、学科导航。用户可以通过学科浏览以及论文发表年度等对检索结果加以限定。该数据库使用中文界面,提供个性化服务功能,用户通过免费注册获得账号后,登录即可根据个人需要和爱好设置和定制个性化服务,包括设置和订阅兴趣学科、管理收藏夹、保存检索历史等。

以查找著作权"侵犯知识产权"(copyright infringement)相关博硕士学位论文为例。

具体方法:进入ProQuest学位论文全文检索平台首页,点击页面右侧的"高级检索"。如图8-40。

图8-40 ProQuest学位论文全文检索平台

进入高级检索页面,在页面中间第一个检索框中输入关键词"copyright infringement",检索范围默认为"标题"(右侧下拉菜单提供"摘要",都能保证检索到相关记录),右侧的"所有词"改为"短语"(下拉菜单中提供"所有词""任一词"),能使关键词作为一个单位检索,提高检索结果的相关性和有效性。点击页面下方的"检索"键。如图8-41。

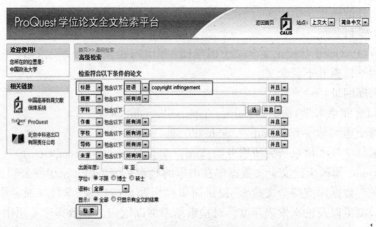

图 8-41　ProQuest 学位论文全文检索平台

检索结果页面,共有 29 条按照相关度降序排列的记录,点击页面上方的"出版时间",通过出版时间降序排列检索结果可以找出最新的论文;点击页面右侧的"一级学科""发表年度"和"学位",分别可以查看检索记录所涉及的学科分类、发表年度分布和学位情况;点击页面检索结果中任一条记录下方的"查看PDF全文",可下载该篇论文全文。如图 8-42。

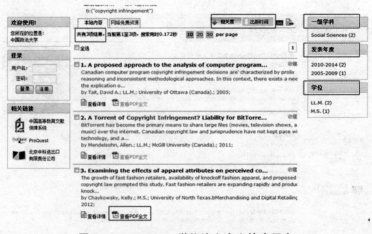

图 8-42　ProQuest 学位论文全文检索平台

在页面检索框内直接输入关键词，系统执行关键词全文检索（默认全文检索），只要关键词在一篇学位论文全文中出现一次就会被检索出来。使用快速检索方法会出现很多不相关的结果。

二、会议信息及会议论文检索

会议是重要的信息交流渠道，可获得本学科领域、行业范畴内的最新学术研究、产品开发成果信息，了解新政策、新发展、新动态等信息。会议类型有国际性会议、全国性会议、地区性会议、学会、协会等专业会议。会议文献是指在学术会议上宣读和交流的论文、报告以及其他相关资料。会议文献的类型有会前、会中、会后出版物（会议录 Proceedings，会刊 Transaction，会议论文 Conference Papers）。对于法学研究中会议信息、会议文献的检索可以利用中国学术会议在线、中国知网的《中国重要会议论文全文数据库》以及万方数据资源系统中的《中国会议论文全文数据库》等商业数据库。

（一）会议信息的网上检索途径

1. 会议预告

会议预告（Forthcoming Conferences）是网上的会议资源导航，收录多个学科、专业和多个国家、地区的会议网站及印刷版检索工具，并有链接。其会议索引（Indexes to Conference）按会议的主办机构与会议名称的字顺排列，如要了解某一机构主办的会议或某一会议的情况，点击相关项目便可。[①]

2. 各专业机构网站

各专业范围内一些世界性、地区性学术团体、学术组织、学会、协会等机构的网站提供近期该机构主办的或本领域一些大型学术会议的信息，或有关会议主页的链接。有些大型会议还专门开设网站，随会议筹备、举行等进程报道相关内容，甚至会有主旨发言的摘要、演讲材料等。

3. 中国学术会议在线

中国学术会议在线由教育部科技发展中心主办，为用户提供学术会议信息预报、会议分类搜索、会议在线报名、会议论文征集、会议资料发布、会议视频点播、会议同步直播等服务。[②] 在网站中可以浏览需要的会议信息，从会议预告、会议通知、会议回顾三个栏目中获取需要的会议信息。在首页中部查看到最新发布会议，以及即将召开的会议。

该网站还可以通过学科分类检索。即点击想查阅的会议信息所属学科来查找所需信息。也可通过站内资源检索，在会议检索中通过输入要查找的会议名称或关键字来检索相关的会议信息。要了解已经召开过的会议情况，则在会议回顾栏目查找。在精品会议、报告视频、特邀报告三个栏目中可以观看或者查找需要的视频资

---

① 黄如花编著：《网络信息的检索与利用》，武汉大学出版社 2002 年版，第 120 页。
② http://www.meeting.edu.cn/meeting/introduction.jsp，2016 年 3 月 2 日访问。

料。通过会议论文页面的检索栏,可以检索相应的论文。①(见图8-43)

网址:http://www.meeting.edu.cn

图8-43 中国学术会议在线

(二) 会议论文数据库

1. 中国重要会议论文全文数据库(中国知网)

中国重要会议论文全文数据库是由中国知网出版,由国内外会议主办单位或论文汇编单位书面授权并推荐出版的重要会议论文。重点收录1999年以来,中国科协系统及国家二级以上的学会、协会、高校、科研院所,政府机关举办的重要会议以及在国内召开的国际会议上发表的文献。其中,国际会议文献占全部文献的20%以上,全国性会议文献超过总量的70%,部分重点会议文献回溯至1953年。已收录出版国内外学术会议论文集29,176本,累计文献总量2,648,578篇。②

2. 中国学术会议文献数据库(万方)

中国学术会议文献数据库(China Conference Paper Database,CCPD)是万方数据知识服务平台的一个子库,收录始于1983年的290万篇论文,涉及4000个重要的学术会议,年增20万篇全文,每月更新,以国家级学会、协会、部委、高校召开的全国性学术会议为主,数据库提供检索论文和检索会议。内容包括:文献题名、文献类型、馆藏信息、馆藏号、分类号、作者、出版地、出版单位、出版日期、会议信息、会议名称、主办单位、会议地点、会议届次、母体文献、卷期、主题词、文摘、馆藏单位等。该数据库是国内目前收录会议数量最多、质量最高的,为用户提供全面、详尽的会议信息,帮助读者及时了解国内学术会议动态和科学技术水平。③

---

① http://www.meeting.edu.cn/meeting/userGuide.jsp,2016年3月2日访问。

② http://epub.cnki.net/kns/brief/result.aspx? dbprefix = CIPD,2016年3月2日访问。

③ http://web.cupl.edu.cn/html/library/library_632/20151110142458116966738/2015111014245-8116966738.html,2016年3月1日访问。

3. 会议录引文索引数据库

会议录引文索引数据库(Conference Proceedings Citation Index,CPCI)由美国汤森路透公司出版,汇集了以图书、科技报告、预印本、期刊论文等形式出版的各种国际会议文献,提供综合、全面、多学科的会议论文资料。

CPCI 通过 ISI Web of Knowledge 平台提供服务。

CPCI 包含《科学会议录引文索引》(Conference Proceedings Citation Index-Science,CPCI-S)和《社会科学与人文科学会议录引文索引》(Conference Proceedings Citation Index-Social Science Humanities,CPCI-SSH)两个子库。CPCI-S 涵盖了所有科技领域的会议录文献,包括了农业、生物化学、生物学、生物工艺学、化学、计算机科学、工程、环境科学等学科。CPCI-SSH 涵盖了社会科学、艺术及人文科学的所有领域的会议录文献,包括了艺术、经济学、历史、文学、管理学、法学、哲学、心理学等学科。

CPCI 是查询世界学术会议文献的重要的检索工具之一。它收录的国际会议水平高、数量多,收录的信息量大,检索途径多,因此在同类的检索工具中影响最大。成为检索正式出版的会议文献的主要工具。CPCI 不但可以检索会议论文的信息,还可以检索会议文献引用或被引用的情况。

4. OCLC 会议文献数据库

OCLC FirstSearch 检索系统平台上包含 ProceedingsFirst 和 PaperFirst 两个会议文献数据库,其数据皆来自于大英图书馆文献提供中心(The British Library Document Supply Center,BLDSC)收集到的世界各地出版的国会、研讨会、大会、博览会、研究讲习会等各种会议的会议资料。

会议录索引数据库(ProceedingsFirst)是 OCLC 为世界各地的会议的会议录所编纂的索引。会议论文索引数据库(PaperFirst)是 OCLC 为国际会议所发表的会议论文所编纂的索引。ProceedingsFirst 和 PaperFirst 数据库的每条记录中都包含了大英图书馆相应的馆藏纸本会议文献的馆藏址,同时 OCLC 把 Worldcat 数据库中的数据与 OCLC 会议文献数据库整合在一起,可提供除大英图书馆外的,世界范围内其他图书馆或文献提供机构收藏相应的纸本会议文献的情况。需要会议文献全文的用户可通过馆际互借和文献传递服务获取全文。

实习

1. 请利用 Heinonline 数据库检索 2005 年到 2015 年发表的关于"反倾销"的论文。
2. 请利用 Westlaw 数据库检索"美国医疗保险制度改革"相关的论文。
3. 请利用万方数据库检索 2006 年至今发表的关于"美国食品安全法",来源类型为"核心期刊"的论文。
4. 请利用中国知网检索"精神病患者作证"方面被引频次最高的论文。

5. 请利用 Lexis.com 数据库检索引证号为"25 Food Drug Cosm. L. J. 495"的论文。

1. 周文骏著:《图书馆学百科全书》,中国大百科全书出版社 1993 年版。
2. 李金庆编著:《信息时代期刊管理》,光明日报出版社 2005 年版。
3. 花芳编著:《文献检索与利用》,清华大学出版社 2014 年版。
4. 黄如花编著:《网络信息的检索与利用》,武汉大学出版社 2002 年版。
5. 肖珑主编:《数字信息资源的检索与利用》,北京大学出版社 2013 年版。

第九章　概念与统计数据的检索

第一节　概念的检索

一、概念的检索的意义

概念是思维的细胞,也是思维的最基本的要素。它是在列举事物的外部特征基础上,概括事物的内在含义后得出的抽象的定义。"概念"有一种含义就是"含义"。这里谈到的概念,也称概念含义,或概念内容,它是指一个词语或一个名称的含义。概念词是指概念的语言表达的形式,常称为名词术语。概念的检索也常称名词术语的检索。

也有人认为,没有语言没有概念也能思考,因为有一些非语言的思考形态。比如有的小说家用心像来创作,有的物理学家宣称自己的思考是几何的,不是文字的,而爱因斯坦应该是视觉思考者。但无论是哪种思维倾向,最终仍需要通过通用的文字或符号来表达。于是,人们仍需要依照母语切割自然界,再把自然切割组合成概念,并与语言形态相结合后组合。这种一致性是每个语言社区内的人所公认的,且是每个人都要遵守的:只有通过这个相互同意的协定,人们才能沟通。①

概念是理论建构的基础,是逻辑存在的基础。科学理论一方面通过提供概念,对客观现象进行表述;另一方面通过概念之间的关系预设,证实或反证客观现象之间的关系。科学研究中的演绎法,就包括概念演绎方法。因此,从一个概念到另一个概念的逻辑推演进程,也是从一种本质发展到另一种本质的进程。②

概念是交流的基本元素,在科学研究中每个学科、每个理论流派内部都通用着一些独有的概念和观点,即专业术语促进了学科内同行之间的交流。当然,也有因对同一现象用了不同的概念或名词,造成交流的错位。同样,学科与学科之间的相互理解,也需要通用共识的概念来搭建交流平台。因此,共识的概念是人们用心铸造的一个交流平台,是达成共同讨论的基石。只有在一个坚实稳定的平台上,交流才得以完成。反之,"没有概念这种精炼的、浓缩的认知形式,人们在交流思想和传递认知成果时就会发生很大的困难"③。

---

①　〔美〕史迪芬·平克著:《语言本能:探索人类语言进行的奥秘》,洪兰译,汕头大学出版社2004年版,第67页。
②　李红章著:《概念框架与思想解读:马克思哲学解读状况的反思》,黑龙江大学出版社2010年版,第13—14、19页。
③　魏纪东著:《篇章隐喻研究》,上海外语教育出版社2009年版,第192页。

"概念是为生活而存在的！"①生活是不断变化的,致使概念呈现不稳定的特征或不确定性。比如概念词仍是那个词,其含义却不是原来的含义,这是一种常见的现象。因此,追溯概念的历史,确定概念的含义,是搭建交流平台的开始。

基于以上认识,我们来认识概念的检索。

二、通过词源类字词典追溯含义演变

要真正了解概念的含义,需要对概念字词演变的历史进行了解。即对概念追根溯源。中文可以通过《说文解字》《广韵》《尔雅》《康熙字典》《中华大字典》及《辞源》等字词典,对词的源头进行追溯。英文有《通用英语词源词典》及《牛津英语词源词典》用来追溯源流。其中《牛津英语词源词典》是目前较常用的词源词典。

（一）历史上的字词书及字典

东汉许慎编撰的《说文解字》是第一部系统通过分析字形来考证文字本义的字典。它探讨字源、分析汉字形体结构,说明古人造字本意。

《尔雅》是我国古汉语词汇学、词义学的发端,训诂学的始祖。它收集整理了汉代以前的2910个古汉语词语,解释先秦到西汉初年这些词语的意义和用法,是后世词曲的始祖。之后,形成了一系列以雅命名的词书,至今仍有参考意义。

韵书归纳字音,审音辨韵。为写作韵文者检查押韵之用,虽以字音为主,也兼及形与义,具字典功能。最早韵书出现在三国时期。宋真宗时陈彭年编撰的《广韵》是现存最完整、最早的从字音来考证字的读音的字典。《说文解字》和《广韵》是后世字典的始祖。

清代康熙年间由张玉书、陈廷敬等近30位人士编纂的《康熙字典》,是中国首部以字典命名的大型官修汉语字典。该字典收字丰富、引证详尽,不拘泥于古说,以其完备性、权威性、规范性和实用性著称,是考察字词源头的必查之典。在其刊行的两百年间是最大的字典,直到1915年《中华大字典》的问世。

1915年由陆费逵、欧阳溥存等编,中华书局出版的《中华大字典》以《康熙字典》为蓝本,纠正谬误、查遗补阙,改善体例,扩大收字范围,是中国旧字书的终结、现代字词典开始的里程碑。1981年又出新版本。

（二）《汉语大字典》

1986—1990年由川、鄂两省编写人员共同编写,四川辞书出版社和湖北辞书出版社共同出版的、被列入中华人民共和国常备书目,被编入《吉尼斯世界大全》,当今收集汉字单字最多的《汉语大字典》,古今兼收,源流并重。它除了从字的形、义、音上对文字进行考释外,每单字条目收列楷体、甲骨文、金文、小篆、隶书等形体;在字音上,既注现代标准读音,还标注了上古的韵部和中古的反切;在字义上,既注重常用义,还考释了生僻义和生僻字的义项。2010年重新修订出版收列单字达6万多。

---

① 〔德〕鲁道夫·冯·耶林著:《法学的概念天国》,柯伟才、于庆生译,中国法制出版社2009年版,封底。

中国的字典从最初收字 9353 个的《说文解字》,到宋朝的《类篇》、明代的《字汇》收字皆达 3 万多,到清代《康熙字典》收字近 4.7 万,《汉语大字典》收字 6 万多。这些都可作为考证字源、词源的典籍。

(三)《辞源》

《辞源》作为词源性词典,同时也是百科性辞书。自从 19 世纪"西学"传入后,产生了很多与原义不同的新词新义。如"民主",原义是指民的主宰者,与人民有参与国家管理等权利的"民主"相反。这种背景下,需要一部释义辞书辅助西学的推广。另外,我国固有文化的语言研究长期沉溺于训诂,词的观念不强,一直只有字典,需要一部词典。商务印书馆编译所的高梦旦认为,国无辞书,无文化可言,急需编一部综合性辞书。经过 50 多人 8 年的努力,商务印书馆 1915 年出版该词典。《辞源》作为一部百科性词语词典,古今中外、数理、技术、历史、地理、人物无所不包。它的特点是查清每个词最早使用的年代。对每一词条,列出尽可能早的书证,对译自西文的词则注明其外文原文。现在最新版本是 2009 年版。

(四)英语词源词典

1721 年,由纳撒尼·贝利(Nathan Bailey)编纂的《通用英语词源词典》(*An Universal Etymological English Dictionary*),在词的注音、音节划分、词源考证等方面都可谓现代词典的开篇之作,共收约 4 万个词条。词典截止到 1802 年出了 30 版,主要以收录词汇为主。

1966 年 C. T. Onions 博士主编的《牛津英语词源词典》(*The Oxford Dictionary of English Etymology*,ODEE),由牛津大学出版社出版。词典描述了 3.8 万个单词,注明每一词条进入英语的确切时期,标明单词起源与初入英语时的原始拼写形式,给出意义变化较大的词条在不同阶段的简明释义,标明每一词条的归属类别。

三、利用语言类字词典检索共识含义

利用社会共识概念交流的主体不仅仅是一般普通人,还包括特定领域的专业人士以及某些学科的学者。比如,财经人士在执行合同时,需要用大众公认的概念,来确定经济合同语词中的外延以便更精确地实现合同的效力;同样,法官在审案时,遇到法律条文含义不明确,除了使用法律专业概念的含义,还需要利用公众普识的概念含义来确定概念的内涵与外延,从而使棘手的案件脱离其所处的语言困境。这也是法官接纳社会共识的态度的体现。正如鲁道夫·冯·耶林所言:"法律来自于概念"①。

检索社会共识的中文语言字词典有:《新华字典》《现代汉语词典》《汉语大字典》《汉语大词典》等。

由商务印书馆出版,经几十年的修订和使用的《新华字典》和《现代汉语词典》,

---

① 〔德〕鲁道夫·冯·耶林著:《法学的概念天国》,柯伟才、于庆生译,中国法制出版社 2009 年版,第 96 页。

是最具规范性和权威性的公众普识字词典。

《新华字典》自从1953年出版以来,修订了11次,发行了4.5亿多次。[①] 它一直与时代同步,凝聚着几代学人的心血和智慧,伴随着几代人的成长,影响了亿万民众的语言生活,为中华民族的文化普及和教育事业的发展作出了巨大贡献,先后获得"国家图书奖荣誉奖"等奖项,蜚声海内外,被誉为"国典"之一。

(一)《现代汉语词典》

《现代汉语词典》是我国的一项重要文化建设工程。它是第一部确定现代汉语词汇规范的中型词典。该词典始编于1958年,先后由我国著名语言学家、中国科学院哲学社会科学学部委员吕叔湘和丁声树先生担任主编,参加编写的人员有数十人。编写和修改完成后曾先后印出"试印本"和"试用本"送审稿,直至1978年正式出版。迄今该词典已经过6次修订,2016年9月第7版问世。

《现代汉语词典》第7版在继续保持其原有风格的基础上,注重和吸收近年来学术界相关研究的最新成果,具科学性和时代感;同时在学术准备上,围绕修订内容进行了专项研究和社会调查,有扎实的学术基础。该词典出版几十年来,在促进我国语言文字规范化和语文教育、文化建设诸方面发挥了重要的作用,赢得了很高的学术荣誉,先后荣获国家图书奖、国家辞书奖、中国出版政府奖等多个奖项,版权输出日本、韩国、新加坡等国家,在海内外享有极高的声誉,堪称汉语辞书发展史上的一个里程碑[②]。《现代汉语词典》从初版至第7版的面世,被印刷了400多次,发行5000万册以上,是检索公众普识概念的重要词典。

(二)《汉语大词典》

《汉语大词典》是古今并收、源流并重的语文性大词典,是国务院确定的国家文化建设的重点科研项目。这部词典的编纂方针是"古今兼收,源流并重",强调"语文性"和"历史性"。

该词典由罗竹风主编,吴文祺等8人副主编,在近二十年时间里,先后有来自山东、江苏、安徽、浙江、福建和上海的一千多位语文工作者和各方面人士从事编写及资料工作。许多著名学者和教育界、文化界、出版界的前辈参与了总体设计。

《汉语大词典》在1978年列入国家重点科研项目。1979年组成了编辑委员会和学术顾问委员会(前身为编写领导小组),1980年在上海成立了专职办事机构汉语大词典编纂处。在汉语大词典工作委员会领导下,经过全体编写人员坚持不懈的努力,第一卷于1986年出版。至1994年,全书出齐。该词典正文为十卷,附录一卷,共收字2.2万个,收词37.5万余条,约5000万字,插图2253幅,是到目前为止最大的一部汉语词典。它全面地收集了汉语从古至今的词语,包括单字、复词、词组、熟语、

---

① 周洪波、李峰:《〈新华字典〉第11版出版》,载教育部语言文字信息管理司组编:《中国语言生活状况报告2012》,商务印书馆2012年版,第162页。

② 周洪波、赵春燕:《〈现代汉语词典〉第6版出版》,载教育部语言文字信息管理司组编:《中国语言生活状况报告2013》,商务印书馆2013年版,第168—174页。

典故、通用的专科词语等。如果说《辞源》重在探源,《汉语大词典》则重在以例句体现词语含义的发展。

(三)《牛津英语词典》

《牛津英语词典》(Oxford English Dictionary,简称 OED)花费了七十多年的时间,创造了 12 册初版,1928 年正式出版完毕。由于该词典堪称西方语文学和英语词典史上最权威的登峰之作[①],常被国内报章称为《牛津英语大词典》。《牛津英语大词典》第二版(20 卷)于 1989 年完成,所收录的词条增加到了 61.5 万个,引证例句数量达 250 万个;截至 2005 年 11 月 30 日,《牛津英语词典》收录了大约 30.11 万个词条,此外,还列有 15.7 万个派生词和词组以及 16.9 万条短语,使总词汇量达到了 62.71 万个。2000 年《牛津英语大词典》(第二版)完成网络版并上线,网络版每三个月更新一次内容;《牛津英语大词典》(第三版)的编辑工作于 1993 年开始,预计 2018 年完成。[②]

这套巨著被誉为"词典之王"。它收录了自公元 1150 年以来的所有英语词汇,包括编纂时已经不再使用的单词。

OED 的指导原则,是收集大量英语出版物及其他记载中的引语,用这些引语来说明每一个词的意义和用法。其理由是:只有收集并出版经过选择的引语,词典才能以高度准确性来充分显示每一个词的多方面特征。引语能够准确说明一个词在许多世纪的发展过程中是怎样使用的;它怎样经历了词义各种色调的细微变化,以及发音和拼写的演变,更重要的是,每个词是在什么时候如何第一次进入这种语言的。找到例证,充分探讨一个词在过去的一切。[③]

大词典的目的就是要描绘词汇的出生与成长过程,解释或描绘我们这个常识世界,即界定这个世界。该词典标注了每个单词第一次出现的时间,并对单词和词源作出了详尽的解释,是检索词源的重要工具,是学习或运用一种语言的最权威的指导,并已经成为现代文明世界的通用语言词典。

四、利用综合性辞典查询公认权威的含义

综合性辞典是检索概念的重要工具。关于辞典与词典的差别,《现代汉语词典》《汉语大词典》中的释义认为词典同辞典,但根据使用情况看,词典多侧重语言方面,而辞典多侧重知识百科方面。

《辞海》《牛津英语词典》及《韦氏第三版新国际词典》等综合性权威辞典,皆可用来检索概念的公认的、权威的含义。

(一)《辞海》

《辞海》从 1915 年创意、启动,前后经 4 位主编,署名编辑 57 位,历时 21 年,

---

① 秦晓惠、李翔:《国内外〈牛津英语词典〉研究的新进展》,载《辞书研究》2014 年第 1 期。
② 张勇先著:《英语发展史》,外语教学与研究出版社 2014 年版,第 202 页。
③ 〔美〕温切斯特著:《教授与疯子》,杨传纬译,百花文艺出版社 2002 年版,第 20 页。

1936年由中华书局出版,经过多次修订:从1965年版经1979年版后,每10年修订一次,现在的最新版是2009年版。《辞海》,是中国最大的综合性辞典。它以字带词,是兼有字典、语文词典和百科词典功能的大型综合性辞典,开创了百科辞典的先河,也是人们案头必备的工具书。

(二)《韦氏第三版新国际词典》

1961年出版的《韦氏第三版新国际词典》(Webster's Third New International Dictionary)是一部综合性词典,是世界语言学界公认的最权威的英语词典之一,我国常称原名《美国英语词典》。该词典五年一修订。

在美国,韦伯斯特的名字就等同于"词典"。从1807年开始,韦伯斯特着手编写《美国英语词典》(An American Dictionary of the English Language,简称ADEL)。该词典于1828年出版,为两卷四开本,收录词条70,000个,比以往任何一本英语词典收录的单词都多,首次印刷98,000套。《美国英语词典》被称为"韦氏词典"(Webster's Dictionary)。

美国的"韦氏词典"经历了一个不断修订的过程。在韦伯斯特去世之后,"韦氏词典"的版权被Merriam家族收购。之后的美国英语词典被冠以Merriam—Webster的名称。1890年,词典改名为《韦氏国际英语词典》(意即通用于所有英语国家)。1909年出版时改名为《韦氏新国际英语词典》(第一版),1934年该词典出了第二版。1961年出版《韦氏新国际英语词典》(第三版)。

五、利用百科全书查找全面系统的含义

百科全书多采用条目形式对各个学科知识的定义、概念、原理、方法、历史和现状等作出符合其实际面貌、内容的解释和叙述,对一些内容丰富、历史悠久、影响深远的课题,则可用上数页、数十数百页的篇幅专文论述。条目的解说除了文字,还包括插图、表格。每条末尾,一般附参考书目。百科全书被称为"没有围墙的大学",兼有教育和查考的功能,具有先进性、客观性、学术性、权威性、准确性。

(一)《中国大百科全书》

《中国大百科全书》从1978年开始,历时15年完成74卷的出版。由胡乔木任总编辑委员会主任,全国上百个部委、几百所院校和科研机构参与,2万余名一流专家学者撰写条目。这是一部具有权威性的大型(1.26亿字,77859个条目)综合性百科全书。它以条目的形式,按学科分卷全面系统地介绍科学知识及基本事实。在正文条目后有介绍某学科大事年表和供寻检的条目汉字笔画索引、条目外文索引、内容索引。卷内条目有完备的参见系统,部分条目附有参考书目。其内容包括哲学、社会科学、文学艺术、文化教育、自然科学、工程技术等66个学科和领域,并附有5万余张图片,卷页浩瀚,内容宏富。

《中国大百科全书·法学》(修订版),中国大百科全书出版社2006年出版。该书作为中国大百科全书的法学分卷,是查找法学专业概念的首选之书。

(二)世界著名百科全书 ABC

A 即《美国百科全书》(*The Encyclopedia Americana*,EA),共 30 卷,是美国最早的综合性百科全书。在英语百科全书中,其内容的权威性仅次于《新不列颠百科全书》,收录约 6 万个条目。自 1923 年起,每年出版一卷《美国百科年鉴》(Americana Annual),作为该全书的补编。内容偏重美国和加拿大的历史、人物和地理资料。人物条目和科技内容条目篇幅较大,前者占 40%,后者占 30% 多。

B 即《新不列颠百科全书》(*The New Encyclopedia Britannica*,EB),共 32 卷,又称《不列颠百科全书》(*Encyclopedia Britannica*,EB)。它被认为是现代最有权威的大型综合性百科全书。《不列颠百科全书》已有 220 多年的历史,1768—1771 年初版于英国爱丁堡,后来由于战争引起经济上的困难,1920 年版权转让给美国,现由芝加哥的不列颠百科全书公司出版。自 1974 年第 15 版后,改名为《新不列颠百科全书》,且其编纂方法采用《百科类目》《百科详编》《百科简编》"三合一"。《百科类目》有 1.5 万个条目,是全书的结构框架图,提供可参阅的知识体系总表,每个条目均指向《百科详编》。《百科详编》(17 卷)是主体,条目均由世界各国著名学者、专家撰写。每一条目末尾,都附有相关的参考书目,指引进一步研究。《百科简编》(12 卷),既是一部可独立使用的百科词典,又附参考文献和索引,并指明参见《百科详编》的大条目和页码。《百科简编》已翻译成中文,名为《简明不列颠百科全书》。

C 即《科里尔百科全书》(*Collier's Encyclopedia*,EC),共 24 卷,是一部 20 世纪新编的大型英语综合性百科全书。约 2.5 万个条目,其中,社会科学占 20%、人文科学占 30%、科技占 15%、地理和地区研究占 35%,并着眼于普通人日常感兴趣的主题以及实用的现代题材,如电视修理、捕鱼方法、公文程式、急救等。适用对象广泛,雅俗共赏;材料更新及时,内容新颖可靠,重事实轻论点;参考书目的编选为各家百科全书之冠。

六、利用专业权威辞典检索专业权威含义

专业性辞书是检索专业概念的重要参考工具书。一种价值观念的发展要想影响到法律,上升为最有力的行为规范,必须通过法律的概念之网,因为法学在一定的意义上可以理解为是一门概念的管理学。这门学科认为,通过将社会现象和事物概括为概念,就能把握世界。①

专业词典释义的重点在于对专业术语的立界。比如法律词语有两类,一类是法律事务领域特有的,如"标的""灭失""诉讼保全""先行给付"等;另一类法律词语也可以运用于法律领域外,如"故意""逮捕""识别""证据"等。后者在用于法律事务时,有特定的准确内涵,如果将在法律事务中的表达,等同于日常生活的表达,会引起轩然大波甚至社会事件。只有利用专业词典,才能更准确地理解这类术语。

---

① 高利红著:《动物的法律地位研究》,中国政法大学出版社 2005 年版,第 4 页。

2000 年美国诉米德公司（U. S. v. Mead Corp. ）一案中，美国最高法院支持上诉法院的判决，原因是海关选择的牛津定义（Oxford English Dictionary），而非美国用法（Webster's New World College Dictionary 及美国传统词典），且牛津的相关定义不符合美国法律的结构与普遍含义。①

（一）《中华法学大辞典》

这是由千人协作完成的、中国检索出版社出版的大型法学工具书。它是以法律专业人员为使用对象的大型学术性工具书。从 1985 年起着手编辑工作，参加撰稿者近千人。包括法学各部门的知名专家、学者和政法各部门的负责干部、业务骨干。本辞典广泛收集古今中外有关法学以及与法学关系密切的各个词汇。辞典分 10 卷，包括：法学基础理论卷、法史卷、宪法学卷、民法学卷、劳动法卷、行政法学卷、经济法学卷、刑法学卷、诉讼法学卷、国际法学卷等，辞典的编撰实行各卷主编负责制。该辞典不仅包含大陆为主体的两个制度、四个法域，还收录反映港澳台法律制度、法学思想和法律观点的词条。

（二）《法学词典》

它是新中国出版的第一部法学辞书，是一部中型的综合性法学专科词典。共收词目 4562 条，中国社会科学院法学研究所组织的编辑委员会，上海辞书出版社于 1980 年初版，1984 年出增订版，1989 年第 3 版。词目涉及古今中外法学各领域中的术语、学说、人物、著作，具有科学性和实用性。

（三）《法律辞典》

该辞典是一部实用性法律辞书，由中国社会科学院法学研究所法律辞典编委会编，法律出版社 2003 年出版。该辞典具有实用性，反映出版时新的法律部门的新知识与全球化的特点，共收条目 7300 余条。包括法理学、国际法、国际私法、国际经济法、经济法、民法、商法、宪法、刑法、刑事诉讼法、民事诉讼法、行政法、行政诉讼法、知识产权法、中国法制史、中国法律思想史、外国法制史、外国法律思想史、刑事侦查学、法医学、司法鉴定学等学科中的制度、术语、法律、学说、学派、人物、著作等。

（四）《牛津法律大辞典》

《牛津法律大辞典》（The Oxford Companion to Law）及《新牛津法律大辞典》（The New Oxford Companion to Law）是享誉世界的权威性法律类工具书。初版由英国学者戴维·M. 沃克（David M. Walker）编纂，牛津大学出版社 1980 年出版。新版由彼得·凯恩（Peter Cane）、乔安妮·科纳干（Joanne Conaghan）重新编撰，于 2008 年由牛津大学出版社出版，并更名为《新牛津法律大辞典》。

我国有两个以其 1980 年版为基础的翻译版本：北京社会与科技发展研究所译的光明日报出版社 1988 年版、由李双元等翻译的法律出版社 2003 年版。内容覆盖各法学学科，还包含与法学有关的政治学、社会学、经济学等诸多领域，是法学研究

---

① 可在 Westlaw 中用该法庭文件引证号 2000 WL 1193076（U.S.）检索。

者和法律工作者必备的法律工具书,也是了解英美普通法系法律思想和法律制度及欧洲大陆的法律制度的重要辞书。全书收词 8400 余条,约 275.1 万字。有些词条末尾处附上了参考书,并在全书的附二列出了参考文献,为深入研究提供了丰富、详细的资料线索。

(五)《布莱克法律词典》

《布莱克法律词典》(Black's Law Dictionary)是英语国家最权威的法律词典。该词典第 1—6 版由亨利·坎贝尔·布莱克(Henry Campbell Black)主编,西部出版公司(West Publishing Co.)于 1891 年出版。此后,经过 9 次大修,于 2014 年出至第 10 版。

该词典第 1 版的全称是《法律词典:美、英古今法学术语与词语释义——国际法、宪法、商法重要术语;法谚选;大陆法与其他国家法律制度名选》。第 2 版名字更长:《法律词典:美、英古今法学术语与词语释义——国际法、宪法、教会法、商法、法医学重要术语;法谚选;罗马法、近代大陆法、苏格兰法、法国法、西班牙法、墨西哥法及其他国家法律制度名选;缩略语表》。此后 3—6 版改名为《布莱克法律词典:美、英古今法学术语与词语释义》。从第 7 版起至今名为《布莱克法律词典》。

一百二十多年来,《布莱克法律词典》通过不断修订满足人们对于法律辞书的需求。今天,《布莱克法律词典》被认为是英语国家中最权威的综合法律词典、"标准法律词典"、标准的参考书目,广为世界各国学者和法官所引用,它是联邦最高法院引用频率最高的法律词典。[1] 目前,Westlaw 独家收录了布莱克法律词典的最新版即第 10 版。

还有其他如美国第一部法律词典《布维尔法律词典》,以及在学者心目中占重要地位的美国的《巴伦坦法律词典》等等,不一一列举。

(六)其他专业辞典

法律词典编纂史中有两大种类:法律术语词典和司法解释词典。英国的《斯特劳德司法词典》(Stroud's Judicial Dictionary)是有代表性的司法解释词典。

法律是用来管控社会,解决社会问题的,因此,在立法、执法过程中,在法学研究过程中,都需要理解其他非法律范畴,非法学领域的其他专业的概念,理解其他国家的法律和非法律领域的概念。因此,在检索概念中,除了利用各部门法、分支法的专业辞典,如《经济法词典》《合同法辞典》,还需要利用如《美国法律辞典》《英国法律辞典》等,还需要利用双语对照的法律词典;此外,也利用其他学科的专业辞典来理解在法律、法学活动中涉及的概念。

七、利用法典、司法解释及判例检索概念具有法律效力的含义

德国著名法学家鲁道夫·冯·耶林有言:"法律来自于概念"[2]。每一法条的制

---

[1] 屈文生著:《从词典出发:法律术语译名统一与规范化的翻译史研究》,上海出版社 2013 年版,第 130 页。

[2] 〔德〕鲁道夫·冯·耶林著:《法学的概念天国》,柯伟才、于庆生译,中国法制出版社 2009 年版,封底。

定及实施必须依赖概念对行为、事件进行界定。

世界有两大法系,大陆法系(Civil Law Family)和英美法系(Common Law Family)。前者以法典为核心,后者以判例为轴心。这两大法系各有侧重,又相互融合。

(一) 通过法典、法律法规检索具有法律效力的含义

大陆法系又称法典法系或成文法系。它以法国、德国为代表。成文法,就是指用文字写成的,具有书面形式的,并经立法机关依法定程序通过的法律。世界上大约有70个国家的法律属大陆法系,主要分布在欧洲大陆及受其影响的其他一些国家。法国、德国、意大利、荷兰、西班牙、葡萄牙等国和拉丁美洲、亚洲的一些国家的法律都属于大陆法系。

大陆法系起源于罗马法,而它的三个子系——法国法、德国法和斯堪的纳维亚法(或北欧法系),分别建立在1804年的《拿破仑法典》(《法国民法典》)、1896年的《俾斯麦法典》(《德国民法典》)和《瑞士民法典》的基础之上。

在大陆法系中,基本的法律规范是用具有高度概括性的概念来表达的。其概念既是社会生活中具体法律现象的抽象,也是法律秩序中法律价值的载体和法律目的的代表,同时还是联结整个法典结构、实现法律规范整合的媒介和纽带。自然,在法律运行的过程中,即在司法过程中,如何理解、解释和应用法律也必须依赖、借助对概念的理解。也就是说大陆法系的法律思维方式以概念为中心。

在法学理论上,其学术风格表现为概念法学。大陆法系注重概念和法典的内在逻辑体系,期望通过一套逻辑严密的概念体系,形成结构严谨的法典,长久地将各种法律现象有条不紊地纳入法律制度的调整范围。①

综上所述,用来界定法律行为的概念,也可以称为具有法律效力的概念,这类概念需要利用法典、法律法规、司法解释等具有法律效力的文本来查询。也就是通过具有立法权的国家机关制定的规范性文件来查找,其表现形式有:宪法、国际条约、法典、行政法规等。

再延伸理解,一些具有行政效力的概念,即通过行政文件中定义的概念,是用来执行文件的依据。这类概念通过不同范围的行政文件进行检索。

另外,成文法有其局限性和滞后性。司法解释则有弥补成文法的局限性和滞后性的特殊功能。司法解释是具有中国特色的司法制度,在司法实践中发挥了非常重要的作用。我国《立法法》规定法律解释权归立法机构,即属全国人大常委会专属权。但在法律运行过程中,也赋予最高人民法院和最高人民检察院一些解释权。因此,在理解法律概念的过程中,通过司法解释来查找相关有法律效力的概念也是途径之一。

(二) 通过判例来确认具有法律效力的含义

与大陆法系相对应的还有另一重要法系,即英美法系(Common Law Family),又

---

① 蔡守秋著:《基于生态文明的法理学》,中国法制出版社2014年版,第272页。

称普通法法系,是指以英国普通法为基础发展起来的法律的总称。绝大多数以英语为官方语言的国家都属英美法系。它首先产生于英国,自17世纪英国开始对外进行殖民扩张以后,英国法也随之在英国之外传播。后扩大到曾经是英国殖民地、附属国的许多国家和地区,包括美国、加拿大、印度、巴基斯坦、孟加拉、马来西亚、新加坡、澳大利亚、新西兰以及非洲的个别国家和地区。我国香港特区和大多数英联邦国家包括开曼群岛、英属维尔京群岛都普遍属于英美法系。英国是普通法系的发源地,英美国家(地区)的许多重要法律制度都源自英国。

与大陆法系的成文法相对的是英美法系的判例法。判例法不具有立法文件的表现形式,而是通过法官的判决表现出来。也就是说英美法系国家是法官造法,法官有某种程度的立法权。法官的判决一旦生效,就成了具有法律效力的判例。判例就是指判决中所体现的法律规则。判例成立后,法官在以后的审判中必须遵守此种法律规则。英美法系中把这种既定判例审判案件的原则称为"依循判例"。也就是说,法官审判案件时,不能任意作出判决,而要依据已有的判例行事。他必须从过去的判例中找出一个适合本案的判例,并以此为标准,对本案作出判决。法官在寻找适用于本案的判例时,也不得任意为之,他必须找出与本案的案情、案由相同的判例。①

判例法的法官是严格的个人负责制。法庭是合议制,实行少数服从多数的原则。判决书上必须载明参加审判的各位法官的个人意见,并且要由个人签名负责。若法官们的判决意见和判决理由完全相同,由一人执笔一份判词,共同签名。若判决意见相同,判决理由各异,每位法官需自行写出持不同意见的判词。判例法的判决书更像是各个法官的个人意见书,因此,判决书一般很长。英美法系国家(地区)法院的判决书会汇编成书,供律师、法官及学者研究和运用。这种判决书本身就是判例,就是法律。

因此,通过判例来查询概念是理解具有法律效力的概念内涵与外延的一个不可忽略的重要途径。

八、利用专著、论文等学术文献检索学界正在探讨的概念

在学术探讨上,只有对概念词进行精准明确的定义,思想的探讨和科学的研究才能在一个共同的平台上进行,才能相互碰撞,才能出现思想的火花。而理论的研究、思想的探讨又以小细胞即概念为切入点。因此,要想了解概念,概念的起源或概念的变迁,也可以从理论探讨的重要园地——论文和专著开始。

在学术研究中,尤其是在法学研究领域,与英美法系国家的法官的作用相对应的是,大陆法系的法学家们在立法与司法方面的重要历史作用,更不容忽视。因此,从专著和论文中检索概念并研磨概念,是学术研究不能越过的过程。

---

① 吴大英主编:《比较法学》,中国文化书院1987年版,第78页。

从专著和论文中检索概念，可以通过电子图书的全书检索和论文中全文检索或概念检索。有些论文数据库如中国知网已经开发了概念检索的功能（如图9-1）。电子图书的全书检索功能也可用于检索概念。

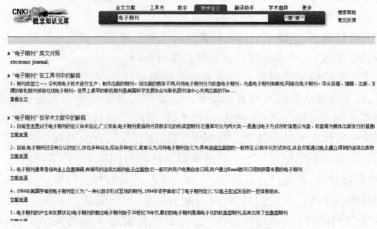

图9-1　学术文献数据库概念检索功能

九、电子资源中检索概念的方法例举

（一）电子法律词典

中文电子法律词典在电子图书的数据库中都有收录，由于检索及使用方法类似电子图书及词典的检索，在此不一一详述。此处只简列收录词典的数据库。

1. 读秀搜索

用"法律词典""法律辞典"和"法学词典（或辞典）"作为关键词，可搜索出读秀中与法律相关的词典进行利用（见图9-2）。

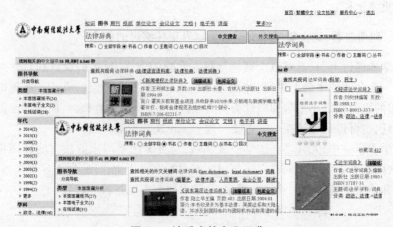

图9-2　读秀中的专业词典

2. 月旦知识库中的法律词典

在月旦知识库中直接显示了词典工具书专栏,点击进入后就可浏览检索使用(见图9-3)。

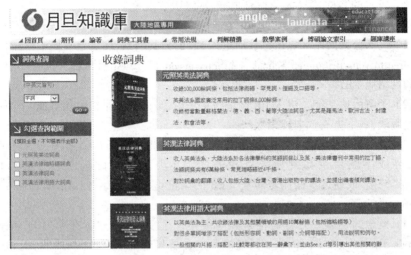

图 9-3　月旦知识库中的法律词典

3. 中华数字书苑中的词典

中华数字书苑数据库中有工具书库,此库中包含有各种字词典(见图9-4),包括法律方面的专业词典。既可以在工具书检索平台中检索各工具书中的内容,也可以通过进入某词典,直接进行书内阅读和检索;既可以根据其搜索引擎的提示在词条中检索,也可以在正文中检索。

图 9-4　中华数字书苑中的辞书

(二) 英文百科全书

利用百科全书查找概念,以《不列颠百科全书》(EB) 为例。方法是点击学校图书馆的 EB 链接。各校图书馆的 EB 名称不相同,中南财经政法大学图书馆的电子资源列表给定的名称是"《大英百科全书》网络版数据库"。

百科全书利用方法:

(1) 进入公共网站。点击链接后进入 EB 的公共网站,网页上方提示"Click here for ad-free to your Britannica School or Library account"。点击进入所在高校图书馆所订阅的网络版 EB。

(2) 了解版块功能。进入 EB 网络版主页后,页面上方是检索块页面、下方是页面浏览版块,右下方有词典检索版块。

(3) 百科全书的浏览方法。百科全书的浏览,相当于通过纸质图书的目录,如分类目录或字顺目录找到所要查找的词。方法是通过页面顶上方菜单栏的"Browse"链接,或通过页面浏览版块。EB 的浏览可以通过字顺(Alphabetical)和分类(Subject)。

(4) 概念的检索。有普通检索和高级检索选项,右下方还有专门的 Merriam-Webster's database,即韦氏词典。高级检索主要是利用布尔逻辑(与或非)对检索词进行组合检索。这三种方法殊途同归。

(5) 在普通检索框中输入要检索的词后,出现默认的百科全书检索结果,选择"Dictionary"或"Thesaurus"即可实现概念检索了。

以检索"fraud"为例,在普通检索框输入检索词,点击"GO"后,默认的检索结果是百科全书的页面。在左侧筛选栏进行筛选即可(见图9-5)。

图 9-5　EB 检索步骤图

(三) 英文法律词典

英文法律词典的利用以《布莱克法律词典》为例。Thompson Reuters Westlaw 收录有该词典,目前最新版为 2014 年更新的第 10 版。

检索方法是进入 Westlaw 主页后,在浏览栏中"All Content"下选择二次文献"Secondary Sources",点击进入二次文献页面后,右侧的"TOOLS & RESCOURCES"下有"Black's Law Dictionary",点击进入词典界面即可检索了(见图 9-6)。以检索"刑事诈骗""破产欺诈"为例,直接将要查的术语"criminal fraud""bankruptcy fraud"输入到词典检索的固定制式中的"Dictionary Term"框中即可,或者直接在词典上方的检索框中输入"CA(Criminal Fraud)"表述在词条中检索。"CA"代表 Captain 字段。

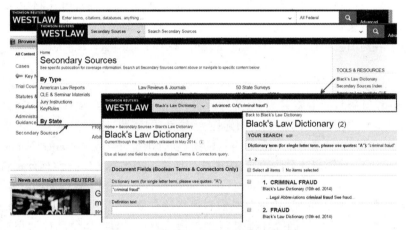

图 9-6 《布莱克法律词典》检索步骤

第二节 统计数据的检索

一、关于统计资料

(一) 统计资料的简要历程

统计资料,是通过各种统计工作,搜集、汇集、整理的数字或数字图表。从古代人结绳记事起,人类依靠数量科学推动着人类社会的发展。人类的先知们凭借自身与观察到的经验,发现了数据对于人类社会的物质生活和精神生活的重要价值。

我国的统计事业发源极早,《禹贡》被认为是最早的土地统计资料。晚清,科学、系统的统计工作开始渐受重视。1859 年,上海海关开始编制海关关册。1906 年,清政府在宪政编查馆之下设立统计局,专事全国统计事宜。民国时期尤其是南京国民政府时期,统计事业得到新的发展,各级政府展开大量的、经常性的统计工作,积累了丰富的统计资料。这些统计资料以数字形式,如实地记录政治经济及社会现象,如当民国期间,中国政府因达成中日关税协定而宣称取得外交的巨大胜利时,立法院的《统计月报》却在量化分析的基础上得出了"就这个协定来说,中国是十分失败的了"的结论。① 统计数据作为国际性的语言,帮助从政府到民间、从生活到科学中发现并解决实际问题。

新中国成立后,为适应国家需要,进行了从抽样调查、普查,到年报、季报、月报制度化的常规统计,为国家各行各业的发展提供决策依据。而如今在大数据时代,统计数据无时无刻不在描述着政治、经济及社会现状,并预示着未来趋势。

统计表明,整个人类文明所获得的全部数据有90%是过去两年内产生的。大数据时代给人类带来无限的数据信息、数据知识和数据财富,同时,也带来无限的数据困扰。② 在这个统计与计算机结合的、大样本的大数据时代,每一天,海量的数据被收集、交换、分析和整合。随着数据公开运动的到来,政务公开是时代潮流,数据流通的时代也将来临。美国政府创立网站(http://www.data.gov)为大数据的公开创造条件。我国国家统计局同样创立网站(http://data.stats.gov.cn)为政务公开创造条件。

(二)统计资料的形式

传统统计资料的主要形式有:统计月报、季报、统计年鉴、统计索引、统计摘要等。统计资料根据空间维度可分:国际性、区域性、国家性、地方性;根据内容范围可分综合性、专业性、专题性。国际综合性的如《联合国统计年鉴》(United Nations Statistical Yearbook),全国综合性的如《中国统计年鉴》、美国官方综合性统计资料汇编《美国统计摘要》(Statistical Abstract of the United States),全国专业性的如《中国对外经济统计年鉴》,地方的如《中国分县农村经济统计概要》。根据时间范围可分:现实性、历史性,如《中华民国统计提要》《中国历代户口、田地、田赋统计》;根据载体形态及获得方法可分:纸本及其电子版统计资料、信息及数据型数据库统计资料、网上统计资料。

法律统计数据一般包括:执法队伍建设方面的基本数据,如法官的人数,警察占总人口的比例等;与法律实践和法学研究相关的经济、社会方面的统计数据;法律实践方面的业务统计数据,如全国法院审结案件的数量,离婚数与结婚数的比例,等等。

二、利用传统统计月报季报检索月度、季度统计资料

统计月报、季报的查找,分两类:一类是历史统计月季报(类似过刊)的查找,另一类是当年月季报(类似现刊)的查找。查找途径分三种:

(一)馆藏纸质统计期刊的检索

纸质期刊,直接通过馆藏目录即可检索。以中南财经政法大学图书馆刊名含"统计月报"为例(见图9-7)。

---

① 童蒙正:《中日关税协定的研究》,载《统计月报(立法院统计处)》1930年第5期,第54~98页。
② 高书国:《大数据时代的数据困惑》,载《教育科学研究》2006年第1期,第24~30页。

题名	责任者	出版项	页码	价格	索取号	详细信息
统计月报	作者《统计月报》编委会编	北京：线装书局，2012	20册	CNY12000.00 (20册)	CS32/30	详细信息
广东统计月报		1947,1；编者；广州			C8/28	详细信息
河南统计月报		1935,1；该处			C8/24	详细信息
台湾物价统计月报		该处；台北			C8/47	详细信息
统计月报		该处；南京			C8/19	详细信息
统计月报		该处；南京			C8/21	详细信息
统计月报		该局；南宁			C8/31	详细信息
中国统计月报	中国经济景气监测中心主办	北京：中国统计出版社，1985,1	v.		C8/77	详细信息
中华民国金融统计月报					C8/69	详细信息
中華民國台灣地區金融統計月報	中央銀行經济研究处编	该杂志社；台北			C8/69	详细信息
中華民國台灣地區金融統計月報	中央銀行經济研究处编	该杂志社；台北			C8/69	详细信息
中华民国台湾地区金融统计月报					C8/69	详细信息
Monthly bulletin of statistics /	Statistical Office of the United Nations : Bulletin mensuel de statistique / Bureau de	Lake Success, N.Y., USA :The Office, 1947-	v.		C8/2	详细信息

图 9-7　纸质统计月季报检索

（二）数字化统计月季报的检索

"数字化的纸质统计月季报"在此是指以图像文件的形式、保持着原纸质刊的形式,既可通过纸质载体获得,也可通过电子媒介获得的期刊。

例如,要查找民国时期的统计月报,可以利用"上海近代期刊全文数据库（1833—1949）"检索,比如前文提到的童蒙正一文《中日关税协定的研究》刊在 1930 年的南京国民政府立法院统计处编制的《统计月报》第 5 期,文中绝大部分是统计表格。"上海近代期刊全文数据库"与原上海图书馆编制的《全国报刊索引数据库》是同一平台,包含 2 个子库:《晚清期刊全文数据库(1833—1911)》和《民国时期期刊全文数据库(1911—1949)》,该平台还包含近代上海出版的第一份英文报纸《北华捷报/字林西报全文数据库》(1850—1951)。使用方法:

1. 从月季报、月季刊整体来使用统计资料

通过"期刊导航"进行分类浏览或刊名首字母浏览,或者通过"期刊导航"从刊名、主办单位、创刊年、出版地等途径检索。

分类浏览必须了解《中图法》,比如一般综合性统计资料在 C8 统计类,检索经济类统计资料则在 F222 下,其他专类统计各入其类。

检索则需要了解刊的四要素之一。如以刊名检索,比较灵活,通过刊名所含关键词即可检索查询(见图 9-8)。根据 2015 年 10 月 2 日的检索,民国时期统计连续

出版物刊名,含"统计月报"31 种、"统计月刊"18 种、"统计季刊"7 种、"统计季报"6 种、"统计年报"20 种、"统计年刊"1 种、"统计年鉴"2 种。

图 9-8　电子统计月季报检索

2. 直接检索统计月季报中的统计数据资料

选择"文献检索"中的普通检索、高级检索或专业检索来查找统计数据。首先根据所要查的时段,选择数据库。比如要查民国时期上海犯罪人数,首先选择"民国时期期刊全文数据库",确定要检索统计数据的关键词,再选检索字段"题名"或"全字段"进行检索(见图 9-9)。

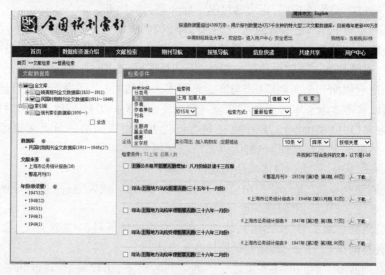

图 9-9　月季报中统计数据的检索

三、利用统计资料的电子期刊检索统计数据

目前,电子期刊无公认定义,此处选择的定义是具有普通期刊一般特征,以数字化形式存在,且只能通过电子媒介得到的连续出版物。因此,此处的统计资料电子期刊,是指没有纸质媒介版的统计资料期刊,它包括月报、季报、年报等统计资料。

电子期刊《中国经济与社会发展统计数据库》(以下简称《中经社统计库》)是经国家新闻出版总署音像电子和网络出版管理司批准、由《中国学术期刊(光盘版)》电子杂志社有限公司编辑出版的国家级电子期刊,中国国内统一刊号为:CN11-9126/Z。该杂志社还得到中国统计出版社(国家统计局下属出版机构 http://csp.stats.gov.cn/)授权,可将其统计资料数字化,并可拆分使用(图9-10)。

图 9-10　统计资料电子期刊

《中经社统计库》的"最新季月度数据"子库来自国家及各省市统计局、其他政府统计部门历年及最新经济运行季月度数据。在最新月季度数据首页,可以通过选择地区、指标类别、指标名称,或者直接输入指标名称和年份,来检索统计资料。比如通过选择"中国——主要金融指标[s]——2002至2015年最新人民币对欧元汇率每月平均数",检索结果会有从2002年至今的每个月人民币对欧元平均汇率的走势图(见图9-11)及明细表。同时,数据图可选择弧线图或柱状图,还可选择是否用其他的显示方式,如3D显示。

《中经社统计库》的"年度数据分析"子库的统计数据来自统计年鉴、行业/部门年鉴和调查统计资料的年度数据。其"行业分析"子库的统计数据来自国家统计局历史及最新行业数据,以及年鉴资料的行业数据。其行业数据依据《国民经济分类》的国标GB/T4754-2000及GB/T4754-2011。其"国际数据分析"子库统计数据来自《国际统计年鉴》以及国际银行、联合国、OECD(Organisation for Economic Co-operation and Development,经济合作与发展组织,简称经合组织)等国际组织的年度数据。

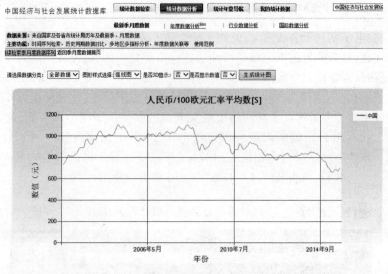

图 9-11　统计资料电子期刊月度数据走势图

由于电子期刊的灵活性，使得用户可以通过统计资料电子期刊，从不同角度检索统计数据。用户既可以从行业分类入口查询，也可以从地区入口检索；既可以从月、季、年度进行检索，还可以通过选择指标直接边检索边进行数据分析，自动生成统计数据分析报表或图（见图9-12）。

图 9-12　统计资料电子期刊数据自动处理分析

四、利用年鉴检索统计数据

（一）年鉴概述

年鉴，是一种以年为周期，逐年出版的连续出版物，主要反映上一年度某行业、学科、领域、单位、企业各方面有关事物、事件的发生、发展、成就、成果等情况。其特点是以年度为周期的、连续的、信息密集、详实反映某领域的现实成果。即使不是纯粹的统计年鉴，统计数据也是年鉴内容的极其重要的组织部分。以《中国法律年鉴》为例，除了有专门的"统计数据"部分以外，最高人民法院、最高人民检察院各自的年度工作报告都有丰富的数据来说明一年的工作实绩。以下例举几种法律相关年鉴：

1.《中国法律年鉴》

本年鉴编辑部编辑，法律出版社1987年开始出版，1990年卷改为中国法律年鉴社出版。每年一卷。每卷《年鉴》均收录上一年的资料，例如2000年卷收录1999年的资料。该年鉴主要栏目有：中国法制建设概况、法律、行政法规、法规清理工作、地方性法规选载、中国签订和参加的国际条约、司法文件选载、案例选编、法学各学科发展概况、法学学术会议、法制刊物简介、司法统计资料、中国法制建设大事记等。

2.《中国社会治安综合治理年鉴》

中央社会治安综合治理委员会编，法律出版1996年起出版。已出1991—1992、1993—1994、1995—1996、1997—1998共四卷。该年鉴系统反映了全国及各地综合治理工作的情况，并刊载了有关文件，其中也包括若干统计数据。

3.《人民法院年鉴》

本书编辑部编，人民法院出版社1992年起出版，首卷为1988年卷，以后每年一卷。主要栏目有：各级法院概况、法院工作报告、法律选登、司法解释和有关文件、典型案例、司法统计资料等。

4.《中国检察年鉴》

本书编辑部编，中国检察出版社1989年起出版。首卷为1988年卷，以后每年一卷。主要栏目有：检察工作概述、工作报告、法规文件选载、重要会议简介、检察刊物介绍、大事记、统计资料等。

5.《中国司法行政年鉴》

法律出版社1996年起出版。反映上一年公证、律师、监狱、劳教、法制宣传、法学教育等方面的概况、法规和统计数据等。

检索统计数据可以用四种年鉴检索方法：纸质年鉴、数字化年鉴、电子年鉴、网上年鉴。

（二）纸质年鉴的检索

纸质年鉴作为工具书其统一标识的分类号为"-54"，其分类是各入其类。比如《中国教育年鉴》在《中图法》中的分类号为"G52-54"，"G52"指中国的教育事业，"-54"为年鉴在《中图法》中的统一标识号。再如《中国法律年鉴》在各馆因采用的法律类分类体系不同有不同的分类号，但统一的标识"-54"不变，要么为"D92-54"，要么是 DF2-54。有些图书馆将工具书专门集中管理,为纸质年鉴的利用提供便利,也有一些图书馆各入其类,则需要在各类中去查找年鉴。

查找年鉴的方法,可以直接根据所需要查询数据的学科,通过主题词、关键词、分类等直接查找馆藏目录,获知其目录信息、所在馆藏地及排架号等信息后,再获取年鉴查询数据(具体方法,参见第七章"图书的检索")。

(三) 数字化年鉴的检索

数字化年鉴是将纸质年鉴进行数字化,既保持了纸质年鉴的原貌,又可利用电子图书的优势,直接检索到年鉴中的内容。

以"中华数字书苑"的年鉴库为例,该年鉴库有统一的检索平台,支持简单检索、高级检索,并支持按书浏览、书内检索。

"中华数字书苑"统一的检索平台显示有"年鉴条目""年鉴""年鉴插图""年鉴统计数据""指标解释"等检索途径。其中"年鉴"整体检索和"年鉴条目"检索最为便利。即如果利用统计数据,可能通过"年鉴条目"进行检索。统一检索平台利用,既可在指定的年鉴中检索(见图9-13),也可以在不确定使用什么年鉴时使用。不确定时可将限定检索内容的关键词,输入到"年鉴条目"检索框中检索。

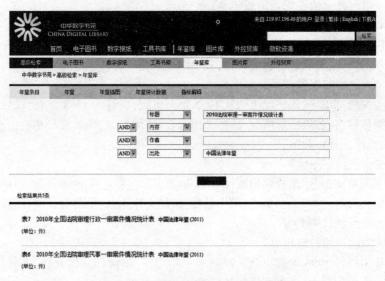

图 9-13　年鉴统一检索平台统计数据检索

"中华数字书苑"书内检索,可以直接通过统一检索平台,在年鉴选项中检索到某种年鉴后,进行书内检索。书内检索的方法,就是直接在检索框中输入限定内容的不同关键词。如在《中国法律年鉴》内,输入"2010""一审案件"及"统计表",即可在2010年的年鉴中,检索到 2010 年全国法院各类一审案件情况统计表(见图9-14)。

图 9-14　年鉴书内检索

此检索的缺点是统计表中的指标无法检索，只能通过表名检索。比如，要检索 2010 年全国律师刑事辩护情况数据，只能通过表名中的"律师"来检索，而无法通过律师表下的"刑事辩护"指标来进一步限定检索。另外，关键词只能少于表名包含的关键词，不能多于表名中包含的关键词，否则检索不到结果。比如《中国法律年鉴》中的统计表一般是反映全国的情况，但若表名中未含"全国"，用户检索的时候，加入了关键词"全国"就无检索结果，而该年鉴中表名并没有统一的规范，有些表名含"全国"，有些反映全国情况的表名却无"全国"。从该例检索中可知，在使用"中华数字书苑"年鉴库时，对正文文字的检索与对正文统计表的检索相比，前者强于后者。

（四）利用电子年鉴的检索

从年鉴概念的内涵来看，属于连续出版物，年鉴实际上是年刊。从年鉴的出版形式来看，由于年鉴的出版有时采用的是 ISBN 号，有时又用 ISSN 号，因此，年鉴有时被当作普通图书中的工具书，有时作为电子期刊中的年刊。利用电子年鉴（电子年刊）也就是利用电子期刊数据库中的年刊。

此处所述电子年刊是指以数字化形式存在，且只能通过电子媒介获得的年刊。由于电子期刊以数字形式编辑，因此，不仅可以通过统计表名进行检索，还可以通过统计数据中的指标进行检索。前文提到的通过数字化年鉴的检索，虽然同样是检索某年度的律师的"刑事辩护"数据，在数字化年鉴中只能检索到表名，即统计表的名称。但是，如果通过电子期刊中的年度数据，则可以直接通过"刑事辩护"指标来检索。《中经社统计库》的"年度数据分析"子库，实际上就是电子年鉴（见图 9-15）。

以图 9-15 为例，通过选择地区"中国"输入检索指标关键词，或者选择指标，根据选择指标勾选自己需要查询的数据，然后，输入需要检索的年份，点出生成分析报表。结果如图 9-16 所示，系统根据年鉴的各年度数据自动生成表格或图表。

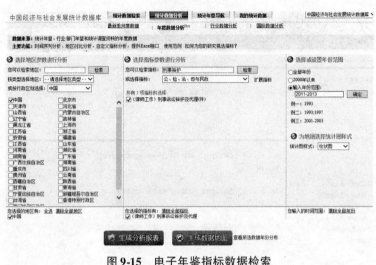

图 9-15 电子年鉴指标数据检索

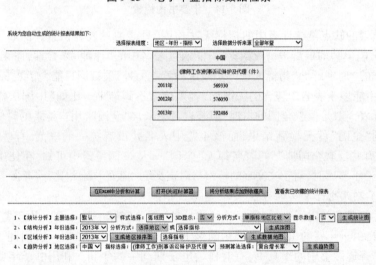

图 9-16 电子年鉴指标数据检索结果

(五) 获取网络上的电子年鉴

由于数据公开、政务公开的趋势,一些官方的年鉴也可以从网上获得。因此,充分利用网络了解并获得年鉴是一个可用的选项。如用"年鉴 site:gov.cn"或者"统计年鉴 site:gov.cn"可查出我国政府网站中的统计年鉴信息(见图 9-17)。同样用检索式"Statistical yearbook site:un.org"查联合国网站年鉴,用"Statistical Abstract of the United States site:gov"可以检索出著名的美国《统计摘要》。以此类推,可以检索到其他国际组织的年鉴。

图 9-17　检索获取网络政府部门年鉴

五、检索数据型数据库统计资料

（一）数据型数据库

与前文的文献型、书目型、全文型等以文献单元为最小单位的数据库相比，还有以事实、概念、事件及数据等知识单元为最小单位的事实型、数据型数据库。尤其是存储数字数据和某些特殊符号组成的代码的数据库，是检索统计资料的较好选择。如国泰安研究服务中心 CSMAR 系列数据库、Wind 资讯数据库、巨灵金融数据平台、中国经济信息网数据库等等都全部或部分包含数据型数据库。本部分以"EPS 全球统计数据/分析平台"为例。

EPS（Economy Prediction System）数据平台，又称经济性预测系统，是集数值型数据资源和分析预测系统为一体的综合性信息服务平台。它集成整合了各类数据资源，形成了全球经济、宏观经济、贸易外经、区域发展、产业运行、企业数据等多个数据库集群，包含 45 个数据库，有超过 16 万个统计指标的时间序列，数据总量 40 亿条，并且每年递增 2 亿条左右。

EPS 数据平台含中英文双语版，其开发设计参考了 SAS、SPSS 等分析软件的设计理念和标准，将数值型数据与数据分析预测工具整合在一个开放的系统平台中，提供跨库检索、数据处理、统计分析、建模预测和可视化展现于一体的系统功能，提供从数据获取、数据处理、分析预测、多样展现到本地保存的一站式数据服务。

（二）检索方法

登录数据库界面后检索方法是：第一，先根据要查询的数据，在左侧的数据库选项区选择数据库；第二，在中间的维度设置区选择列显示的时间维度、目标维度（Indicator)以及详细分类指标(Classify),维度设置区因数据库的不同而有不同的选项;第三,点击维度设置区下面的"查询",右侧的数据显示区则显示出查询结果;第四,根据自己所需要的格式,选择显示区上方的不同的显示方式图标,并可进一步选择各显示方式下属的特有显示方式;第五,根据自己的需要,选择数据显示区所提供的计算分析工具,进行分析计算;第六,最后可根据自己的需要导出不同的数据显示文件。

比如要查找进入我国的 2013 年月度入境人数的男女各年龄段情况,各入境的交通工具,可通过双击选择《中国旅游数据库》,选择其中的"综合库"(每次选一个库查询),再选择"入境人数",在时间(Time)的维度设置区设置时间 2013 年的 12 个月份、总计选项以及统计选项中的年龄段与交通工具,查询后数据展示区呈现出所选择的"表格"数据展示方式(见图 9-18)。

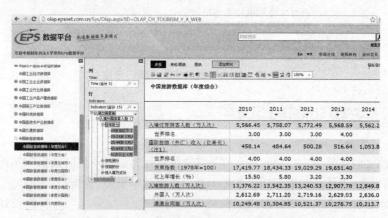

图 9-18 利用数据型数据库检索统计数据

六、检索网络统计资料

(一)利用综合搜索引擎检索统计数据

1. 利用"关键词 inurl:stats"检索式

统计网站的统计资源定位器(Uniform Resource Locator,URL,也称统计资源定位符)即网络资源的地址,一般会含有资源定位符"stats"。"关键词 inurl:stats"的检索式检索目标是含有统一资源定位符"stats"的网站,即在统计网站中检索与关键词相关的网页。

要检索统计网站可以利用适当的搜索引擎及有统计字样的资源定位符。谷歌搜索和百度搜索可以使用"关键词 inurl:stats"检索式,但百度的搜索效果有待加强,尤其是对非汉语的网站搜索效果有极大的改善空间(见图 9-19)。

使用"关键词 inurl:"检索式须注意:冒号必须是半角状态下的冒号,既英语中的冒号;紧跟"inurl"的冒号与后面输入的内容之间不能有空格(下面检索式同)。

不同的搜索引擎使用方法不同,百度可以截取网址中的一部分或多部分定位

第九章　概念与统计数据的检索　　251

图 9-19　利用"inurl:stats"在统计网站中检索统计数据

符,比如,要在政府统计网站中搜索与关键词相关的统计网页,可以使用检索式"关键词 inurl:stats.gov",在教育网站中检索统计数据可用检索式"关键词 inurl:stats.edu",在政府网站检索统计数据可用"关键词 inurl:gov",如此类推。

比如,用谷歌或百度检索联合国网站含有 statistics 关键词的网页,可用检索式"statistics inurl:un"(un 是联合国的缩写,含在联合国网站的统一资源定位符中)。若更进一步希望在联合国统计网站检索有关某关键词的统计数据,用"关键词 inurl:unstats"检索式会有较具体的检索结果(见图 9-20)。图 9-20 的检索式"population inurl:unstats"的目标是,在联合国统计网站中检索人口统计数据。其检索结果中的第一条链接的就是联合国统计署的《人口年鉴》(Demographic Yearbook)(http://unstats.un.org/unsd/demographic/products/dyb/dybcensusdata.htm),显示 1995 年至今联合国的人口普查数据(Population Censuses' Datasets:1995—Present)。

图 9-20　利用"inurl:unstats"在联合国统计网站中检索统计数据

总之，inurl 检索式的含义是 in the Uniform Resource Locator，即指"包含在统一资源定位符中"，也就是主要利用网页链接中的字符串或关键词进行限定。inurl 检索式，可以利用将 URL 左右截断的截词方法。利用该检索式的基本条件是知道某些机构的缩写，了解域名类型的基本知识。比如要用"inurl："检索图书馆网站的内容，必须知道图书馆英文通常缩写为 lib。统计网站的 inurl 除了用"stats"外，还可以用代表统计数据的"census"及"data"。

2. 利用"site："检索式检索统计网站的统计资料

"关键词 site:网站后截"检索式，可以检索出特定网站的内容。

（1）使用 site 检索式的注意事项

① site 检索式是利用后方一致的检索方法（截词检索的一种；左截词），将检索内容限定在特定类型网站及其频道中。比如在谷歌、雅虎或必应（百度无此功能）搜索中，分别用"关键词 site:uk""关键词 site:be""关键词 site:es"等检索式，则分别可搜索出英国、比利时和西班牙网站与关键词相关的内容。如果再分别用"关键词 site:ac.uk""关键词 site:edu.au""关键词 site:edu.cn"则可分别在英国、澳大利亚和中国的教育网站搜索。这样根据所要确定网站的具体程度，从后向前截取网站网址。

② "site"后面的冒号的前后无空格。

③ 关键词既可以放在"site"之前，也可以放在"site:…"后，搜索结果相同，关键词与"site"之间空一格，但如果是中文，则搜索引擎会自动识别。

④ site:后的定位符一般不用"www"，除非有特定的目的，否则会出现漏检的情况。

⑤ 该检索式与"关键词 inurl："的区别是"site："相当于后方一致检索，"inurl："是截取网址中间的定位符。比如同样在中国政府网站检索青少年犯罪数据，检索式分别是："'青少年犯罪' site:stats.gov.cn""'青少年犯罪' inurl:stats.gov"（见图 9-21）。

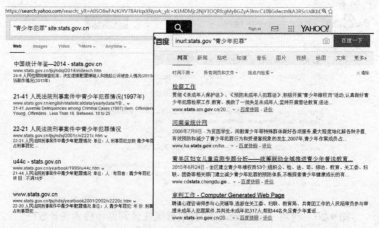

图 9-21　雅虎"site："检索与百度"inurl："检索比较

(2) 搜索出统计网站

① 利用"site:stats.gov.cn"检索式搜索中国政府统计局及各省市统计局网站（见图9-22）。

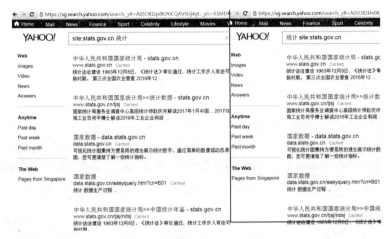

图 9-22　搜索中国政府统计网站

② 利用"stats site:gov.国家顶级域名缩写"（美国网站无国家顶级域名缩写，部分为 usa.gov）可搜索出英语国家各国政府统计网站，如"stats site:gov.au""stats site:gov.uk"分别可检索出澳大利亚及英国政府统计网站。

③ 利用"site:data.gov.国家顶级域名缩写"搜索各英语国家政府大数据公开网站。如"site:data.gov.uk""site:data.gov.au"可分别搜索出英国及澳大利亚政府大数据公开网站（见图9-23）。

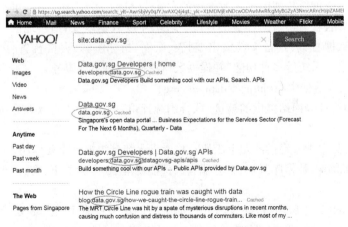

图 9-23　搜索英语国家政府大数据公开网站

(二)利用官方权威统计网站查询统计数据

1. 中华人民共和国统计局(http://www.stats.gov.cn)网站

国家统计局网站有四个重要版块对查询统计数据有非常重要的作用(见图9-24):

第一,链接版块,提供各地方政府统计网站、其他各国统计网站、政府机构网站、地方政府网站、国际组织网站链接;

第二,统计数据频道(http://www.stats.gov.cn/tjsj),提供月度、季度、年度、行业及国际等多种现成的统计数据;

第三,最新发布版块,提供最新发布的统计数据;

图9-24 国家统计局统计数据网站

第四,数据查询版块即国家大数据中心(http://data.stats.gov.cn),可称为国家统计数据库网站,含有丰富的详实的月度、季度、年度数据以及普查、地区、部门、国际数据,方便数据查询,具备文件输出、制表、绘图、指标解释、表格转置、可视化图表、数据地理信息系统等多种功能,并提供数据挖掘、数据下载服务。

2. 联合国大数据中心(http://data.un.org)

通过我国统计局网站提供的链接"联合国统计司"网站,可以进入联合国大数据中心。

联合国大数据中心提供的四个版块对检索世界统计数据有重要作用:

第一,Databases数据库版块,在犯罪、教育、能源等20个大类下,有34个统计数据库;

第二,Search检索版块,是联合国大数据中心的统一检索平台。如要检索2012年世界贫困人口数据,在统一检索平台上输入关键词"poverty population"和2012,就可检索出"世界发展指标数据库""千禧年发展目标数据库",查找世界各国在国家贫困线下的人口数和百分比(见图9-25);

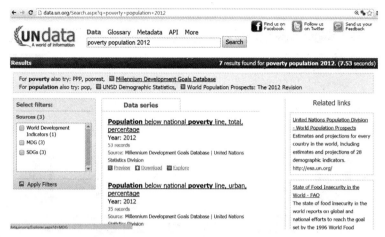

图 9-25　联合国大数据中心网站检索平台

第三，Country data services 国家大数据服务版块，提供世界各国统计数据官方网站链接；

第四，Updates 最新数据版块。

3. 美国联邦数据网站(http://fedstats.sites.usa.gov)

在我国国家统计局提供的国外各国统计网站链接中，在联合国大数据中心的国家大数据服务版块中，都可找到美国联邦统计网站链接网址。该网站下又提供美国各部门的统计网站的链接，如经济分析局、司法统计局、劳动统计局、运输统计局、经济研究服务中心、国家农业统计服务中心、国家教育统计中心、国家卫生统计中心、国家科学与工程统计中心、美国人口普查局、美国能源信息管理局，等等。

七、利用其他统计资料检索历史统计数据

（一）资料性图书

统计数据不仅存在于统计资料性工具书中，如年鉴，还存在于一些综述性的图书中，比如某区域发展概览、某行业的展望等。

在纸质资源的分类标引及组织管理中，凡统计资料一般会在学科分类号后再加标"-66"表示统计资料，给读者多一个辨识标记，以便在茫茫书海中能一眼辨识出来。

这类图书的统计数据如果已数字化，可通过电子图书进行整体检索后，再进行书内检索或阅读。有些可以通过电子图书数据库中的全文检索功能检索出来。

统计数据除分布在普通图书中外，期刊论文及课题研究报告中，也含有对某一专题的调研数据。这类数据的检索，可通过图书检索和论文检索获取。

（二）电子图书数据库检索统计资料性图书

"中美百万册数字图书馆合作计划 CADAL"（参阅第七章"图书的检索"）数据

库是个不错的选项(见图9-26)。

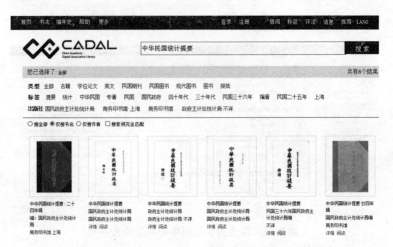

图9-26 CADAL统计资料检索

在CADAL中检索到要查找的统计资料图书后,点击图书进入借阅即可,翻阅图书进行查阅(见图9-26)。

方法一是通过目录浏览查阅。由于历史统计数据都散布在各类统计资料类图书以及各种发展概况综述性图书中,这些历史图书许多没有完全数字化,所以,要检索利用其中的统计数据,一般利用图书目录,找到所需某类的数据类资料。要在《中华民国统计提要》中查阅民国期间的教育相关统计数据,则通过点击翻开该电子图书后,点击教育类去查阅这段时期的高校数、学生数等相关数据(图9-27)。

图9-27 CADAL统计资料借阅

方法二是利用表格名称关键词进行全文检索,或书内检索获得相关数据。虽然有些重点的历史图书数字化程度高,但一般历史图书的数字化还未到表格内部的指标,而表格的名称有可能作为正文文字已经数字化。

另外还可以在其他电子图书库检索含有统计数据的资料性图书。比如,要查找《中国历代户口、田地、田赋统计》一书,试试在"中华数字书苑"中检索(见图9-28)。

图9-28 中华数字书苑统计资料检索与阅读

1. 请利用中国知网、中华数字书苑、读秀及月旦知识库中的词典及百科全书来检索自己正在研习的相关概念。

2. 请利用各种工具书给"文化认同"(cultural identity)进行定义。

3. 请利用 Westlaw《布莱克法律词典》检索概念"Stare decisis"的含义,并利用其"Legal Abbreviations"检索以下缩略语的全称"China L. Rep.""CIA""Civ. St.""Harv. L. Rev.""U. C. C.""U. S. C. A."。

4. 请在案例美国诉米德公司(U. S. v. Mead Corp.)一案的法庭文件"Brief of Filofax Inc., Amicus Curiae, in Support of Respondent"的结论中,了解有关日志(Dairy)概念作为私人文件或非私人文件属性的含义的论述,了解该案选择不同词典的解释对该案的影响。

5. 请在民国期刊全文数据库中检索民国时期某年度犯罪数据。

6. 请在 EPS 或国家大数据中心检索"入境旅游情况[s]",并检索1994年至2015年英国进入中国的入境旅游人数的月度数据。

7. 请利用年鉴检索2009年全国公证基本情况统计数据。

8. 请利用电子期刊"中国经济与社会发展数据库"检索2000年以来我国"外国留学生在校学生数(本科)"。

9. 请在国家大数据中心通过选择"高级查询"选择"公共管理"指标,检索2011

年我国办理涉外学历公证件数。

参考书目

[1] 王庆著:《词汇学论纲》,中国经济出版社2013年版。
[2] 戚志芬编著:《参考工作与参考工具书》,书目文献出版社1988年版。

第十章　法律文本的检索

第一节　中文法律文本的检索

法律主要指制定法,是指拥有立法权的国家机关依照立法程序制定和颁布的规范性文件。广义的法律,是指一切由国家政权机关制定或认可的具有强制性的规范性文件,如法律、法令、条例、规则、决定、决议、命令等。狭义的法律则是由国家立法机关按照立法程序制定和颁布的规范性文件。

法律规范一般是指抽象意义上的法。法律规则是指法律规范的具体内容,它既可以通过法律条文表现出来,也可以通过判例表现出来。法律条文也被称为规范性法律文本,是指由国家权力机关制定并发布的法律和国家行政机关根据法律制定的行政法规等具有普遍法律效力的文本,也称为立法类文本。

法律文本有正式法律文本与非正式法律文本之别。正式法律文本是指已通过立法程序正式公布的有法律效力的规范性法律文本。非正式法律文本指还处在立法过程中,未正式生效的法律文本。法律文本有法律的标准文本和一般法律汇编中的法律文本之别。

法律传统的不同,使大陆法系与普通法系的法律文本有差异。大陆法系属成文法体系,法典是其最重要的法律文本。普通法系以判例法为主,其法律规则体现在法官判决中,随着普通法体系的复杂化、法典化,进行法律重述的呼声渐起,但判例法仍是普通法系国家最重要的法律。

不同国体的国家的法律文本的结构有区别。在单一制国家,中央的法律文本具有最高法律约束力,是自上而下的一套法律制度,即地方法律不能与中央法律相冲突。而在联邦制国家,州具有独立于联邦的自治权力,也就形成了州与联邦两套法律制度,州有权力通过州议会的表决决定自己的法律。

本书对法律文本的介绍将主要集中在中文法律文本检索和英文法律文本检索。

一、中文法律法规标准文本的检索

(一)《中华人民共和国全国人民代表大会常务委员会公报》

根据2015年修订的《中华人民共和国立法法》(以下简称《立法法》)规定,全国人民代表大会或常务委员会通过的法律由国家主席签署主席令予以公布。法律签署公布后,及时在全国人民代表大会常务委员会公报和中国人大网以及在全国范围内发行的报纸上刊载。在常务委员会公报上刊登的法律文本为标准文本。

《中华人民共和国全国人民代表大会常务委员会公报》(以下简称《全国人大常委会公报》)是全国人民代表大会常务委员会的正式出版刊物。公报主要登载全国人民代表大会及其常务委员会通过的法律、决定、决议、报告、人事任免以及国务院、中央军事委员会、最高人民法院、最高人民检察院的工作报告和检查法律执行情况的报告,是全国人大及其常委会宣传民主法制建设、宣传人民代表大会制度的重要刊物。

检索全国人大及其常委会通过的法律的标准文本,既可以通过纸质版的《全国人大常委会公报》,也可以通过中国人大网(www.npc.gov.cn)的"常委会公报"频道。该频道除了提供从1957年至今按年代卷期编排的《全国人大常委会公报》外,还提供当年现刊的整本的PDF版。此外,该频道还对公报提供标题检索和全文检索(见图10-1)。

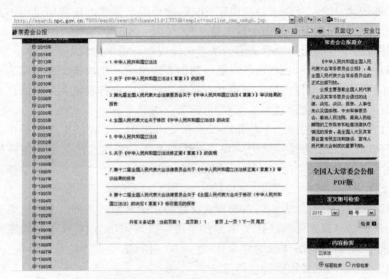

图10-1　全国人大常委会公报检索法律法规标准文本

(二)《中华人民共和国国务院公报》

行政法规由总理签署国务院令公布。有关国防建设的行政法规,可以由国务院总理、中央军事委员会主席共同签署国务院、中央军事委员会令公布。行政法规签署公布后,及时在国务院公报和中国政府法制信息网以及在全国范围内发行的报纸上刊载。在国务院公报上刊登的行政法规文本为标准文本。因此,检索行政法规的标准文本,可直接通过《中华人民共和国国务院公报》(以下简称《国务院公报》)检索。

《国务院公报》是1955年经国务院常务会议决定创办,由国务院办公厅编辑出版的面向国内外公开发行的政府出版物。检索行政法规的标准文本,既可以通过检索纸质《国务院公报》,也可通过国务院网站的政策频道(www.gov.cn/zhengce)的国务院公报版块检索。该版块收藏着从1954年至今的《中华人民共和国国务院公报》(见图10-2)。

图 10-2　国务院公报检索行政法规标准文本

（三）各地人大常委会公报、地方人民政府公报

地方性法规由制定该地方性法规的人民代表大会主席团或者人民代表大会常务委员会发布公告予以公布。公布后,及时在本级人民代表大会常务委员会公报和中国人大网、本地方人民代表大会网站以及在本行政区域范围内发行的报纸上刊载。在常务委员会公报上刊登的地方性法规、自治条例和单行条例文本为标准文本。因此,检索地方性法规、条例以及地方政府规章的标准文本,可利用各地人民代表大会常务委员会公报以及地方人民政府公报。

检索各地人大常委会公报,可以通过检索纸质版公报,或通过地方人大网站的人大常委会公报版块进行查询。如湖北人大常委会公报版块（www.hppc.gov.cn/rdgg）提供"公报年份""公报编号"和"关键字"检索。比如仅仅在"关键字"检索框输入"污染治理",就能检索出《湖北省水污染防治条例》《湖北省湖泊保护条例》《湖北省耕地保护条例》等一系列湖北的有关"污染治理"的地方性法规、条例。

地方政府规章由省长、自治区主席、市长或者自治州州长签署命令予以公布。地方政府规章签署公布后,及时在本级人民政府公报和中国政府法制信息网以及在本行政区域范围内发行的报纸上刊载。地方人民政府公报上刊登的规章文本为标准文本。检索地方政府规章的标准文本,直接通过地方政府公报的纸质版或电子版来查询。同样以湖北省政府公报检索为例,可直接进入湖北省政府网站（www.hubei.gov.cn）"政府信息公开指引"版块中的政府公报频道（http://gkml.hubei.gov.cn/index.htm？classInfoId=991）(见图10-3)。

图 10-3 地方性法规与政府规章标准文本检索

（四）国务院公报和部门公报

部门规章签署公布后，及时在国务院公报或者部门公报和中国政府法制信息网以及在全国范围内发行的报纸上刊载。在国务院公报或者部门公报上刊登的规章文本为标准文本。因此部门规章标准文本的检索直接通过国务院公报或部门公报进行。

国务院公报的检索见前文行政法规标准文本的检索。部门公报的检索可直接通过国务院网站（www.gov.cn）的"国务院部门网站"链接，进入各部门网站的"信息公开"版块。

本部分以教育部为例，进入教育部网站（www.moe.gov.cn），点击"公开"版块，可直接进入"公报公开"版块（www.moe.gov.cn/jyb_xxgk/gk_gbgg），浏览阅读过期和现期教育部公报。

要检索教育部的规章，可直接在教育部主页，用关键词检索。如要检索有关论文作假处理方面的规章，可直接在检索框输入"学位论文作假"和"教育部公报"，检索结果可知在《中华人民共和国教育部公报》2013 年第 1、2 号（1、2 月合期的月刊）上刊有《学位论文作假行为处理办法》。再进入"公报公开"版块查阅 2013 年公报第 1、2 号。

（五）条约的多种检索渠道

《中华人民共和国缔结条约程序法》规定，以中华人民共和国或者中华人民共和国政府名义缔结的双边条约、协定的签字正本，以及经条约、协定的保存国或者国际组织核证无误的多边条约、协定的副本，由外交部保存；以中华人民共和国政府部门名义缔结的双边协定的签字正本,由本部门保存。经全国人民代表大会常务委员会决定批准或者加入的条约和重要协定,由全国人民代表大会常务委员会公报公布。其他条约、协定的公布办法由国务院规定。中华人民共和国缔结的条约和协定由外交部编入《中华人民共和国条约集》①。

条约的检索途径有:《国务院公报》《全国人大常委会公报》、外交部编辑出版的《中华人民共和国条约集》及外交部网站(www.fmprc.gov.cn)的"政府信息公开"版块下的"条约法律类"。

1. 利用外交部网站中的"政府信息公开"

通过外交部网站"政府信息公开"可浏览、了解我国参加的多边公约和签订的双边条约、双边协定等的目录或具体的文本。

2. 利用《全国人大常委会公报》

通过外交部网站"政府信息公开"不能获得条约文本的,可以通过人大常委会公报进行检索。如要检索《上海合作组织反恐怖主义公约》,可通过中国人大网(www.npc.gov.cn)的"常委会公报"频道检索查得中文本。同样,要检索我国对外缔结的司法协助及引渡条约,通过人大常委会公报可以得到与各国缔结的条约文本、协定文本。

3. 利用《国务院公报》

以中华人民共和国政府或政府部门的名义缔结的双边协定,还可以在《国务院公报》及政府部门公报中检索获得协定全文。如要检索我国和他国政府签订的"自由贸易协定",通过《国务院公报》频道中的"公报搜索"中的标题搜索,可获得结果。

二、中文法律法规的非标准文本检索

(一) 利用纸质版法典、法律法规、条约汇编

1. 法典与法律法规汇编举要

《中华人民共和国法典》是由全国人大常委会法工委编纂、司法部法律出版社2002年出版的。它是一部编纂规模大、法律规范文件形式完整、汇集内容全面、编辑方式科学新颖的大型法律法规汇编,囊括了我国全部现有的法律规范的文件形式,即法律(含法律解释、有关法律问题的决定)、行政法规、地方性法规、自治条例和单行条例、部委规章、地方政府规章、司法解释;涵盖宪法、民法商法、行政法、经济法、社会法、刑法、诉讼与非诉讼程序法七个方面;同时也收录了我国缔结或加入的国际条约。这部法典按法律规范的效力等级分卷汇编,已编纂120卷,现已出版83卷。法典采取可追加增补的活页式,新制定、修改的法律规范文件可以及时不断地增补进去。编辑和出版单位每年追加,长期延续编纂下去。

《中华人民共和国法律法规全书》(1949—1993),简称《法律法规全书》(1949—

---

① 《中华人民共和国缔结条约程序法》,http://www.npc.gov.cn/wxzl/gongbao/2000-12/16/content_5004545.htm。

1993)。全书共 10 卷,由全国人大常委会法制工作委员会审定,民主法制出版社于 1994 年出版。

《中华人民共和国法律汇编》是全国人大常委会法工委编辑出版的第一本法律汇编。第一册收入了 1979 年到 1984 年的 34 部法律。之后分别出版了《中华人民共和国法律汇编(1985—1989)》《中华人民共和国法律汇编(1990—1994)》《中华人民共和国法律汇编(1995—1999)》《中华人民共和国法律汇编(2000—2004)》《中华人民共和国法律汇编(2005—2009)》。2011 年版《中华人民共和国法律汇编》,收入了 239 部法律、14 件法律解释和 74 件有关法律问题的决定,共计 1800 多页,250 多万字。

《中华人民共和国法规汇编》是由国务院法制局(或国务院法制办公室)编纂的时间上连续的法规汇编,从 1956 年开始陆续由法律出版社及中国法制出版社出版,目前已出到 2016 年版,法规汇编到 2015 年底。该法规汇编是国家出版的法规汇编的正式版本,收录全国人大及其常委会通过的法律及决定、国务院公布的行政法规及法规性文件、报国务院备案的部门规章。

《中央人民政府法令汇编》(1949.10—1954.9)简称《法令汇编》(1949.10—1954.9),是由原中央人民政府法制委员会编,由人民出版社、法律出版社于 1952—1959 年出版,是新中国成立初期政策法令的汇编。全书共 5 册。

还有其他形式的如每月出版的新法规汇编,以及我国的英文法规汇编,以及其他不同形式的全国性法律法规、部门法规、专题法及地方性法规汇编,等等。因这些法律法规汇编以书刊形式呈现,可以以检索书刊的方法,来检索法律文本。

2. 条约集汇编举要

《国际条约集》由外交部条约法律司编,从 1955 年开始,由世界知识出版社和商务印书馆先后编辑出版,各集内容按条约签订的时间先后编排,并编有按条约内容和签订国别索引。迄今共出版了 18 集。

《中华人民共和国条约集》,外交部条约法律司编,从 1957 年开始,先后由法律出版社、人民出版社以及世界知识出版社,按年度汇编分集出版,全部收录我国政府及政府各部门同外国或国际组织签订的双边条约及条约性文件,部分包括多边条约。最新一集为 2013 年世界知识出版社出版的第 58(2011)集。

《中华人民共和国多边条约集》,外交部条约法律司编,1987 年开始由法律出版社出版,最新一集为 2009 年法律出版社出版的第九集。

还有其他如刘正江等主编、大连海事大学出版社出版的 13 卷本《国际海事条约汇编》,王铁崖主编、三联书店出版的《中外旧约章汇编》,以及其他民商公约、经贸条约等。

从 2007 年起,这些条约、公约以及其他缔结的协定等,都可以通过外交部官网(http://www.fmprc.gov.cn/)中的"资料"专栏进行检索获得条约全文。

3. 《中图法》法律类第一、二分类体系

图书分类法是以学科分类为基础,结合图书的内容和载体特点来组织图书。每个学科的分类除了用代码(字母和数字)代表学科及其分支外,还用代码来代表内容特点和载体特点。由于时代的变迁,社会思潮的更替及学科的发展,图书分类法需要不断修订以适应社会的发展。我国有三大著名的图书分类法,但绝大多数图书馆采用《中图法》。

1973年出版使用的《中图法》试用本和1980年开始使用的第二版中体现了"社会科学是阶级斗争知识,具有鲜明的阶级性"。因此,在法律等类目的编制上,先按国家分,然后再根据各类的性质和特点,采用其他分类标准。直到20世纪80年代后期,对《中图法》进行大修的呼声越来越高。终于在1988年《中图法》第三版问世。《中图法》前二版保证"政""法"分类体系序列一致,便于从国家角度去研究"法",但它不能满足依"法"进行分类研究的要求。《中图法》第三版根据专业单位提出的依"法"分类的意见,在"D9 法律"原表之后,列出"法律"类的第二分类体系,供法律专业单位选用。

从此,《中图法》法律类,也只有法律类具有两套分类体系供使用单位选择。由于法律第一、二分类体系区别较大,如果将所有图书进行改编,是一项耗时耗力的巨大工程。各图书馆根据性质不同,在法律类两个分类体系中选其一。部分图书一直沿用第一体系,而一些专业图书馆保持着第一、二分类体系并存。以某一时间点为界,分别选用某一法律分类体系分类管理图书。

4. 法律文本在《中图法》中的标识

在图书中检索法律法规需要注意利用权威出版社,同时,各图书馆在图书分类组织管理中为方便读者的使用,会将法律文本集中组织管理。在《中图法》中法律类第一、二分类体系分别用"D9""DF"作为法律类的一级类目标识,此外,还有分别代表"法律文本汇编"的标识。比如若某馆的图书是用《中图法》分类组织的,且法律类图书选择的是第一分类体系的话,其法律汇编的后缀分类标识号为"9"或"09"。

(1) 法律文本在法律类第一分类体系中的体现

法律类第一分类体系的特点是图书先根据国家和地区划分,再根据部门法来组织,最后表现图书的内容和载体特征。这样,相同部门法图书被分散,相同部门法的法律文本也被分散到不同的地区和国家。

以民法法律文本为例,由于法律第一分类体系的法律文本汇编的分类标识为"9"或"09",那么分类号"D913.09"代表世界各国民法法律汇编,"D923.09"代表中国民法法律文本,"D970.309"为美洲民法法律文本,"D971.030.9"为北美民法法律文本,"D971.230.9"为美国民法法律文本,世界综合法律文本汇编则为"D910.9"。以上系列类号中,"D9"代表法律,"D9"后面的数字代表地区(1、2、7、71、712等数字分别代表世界、中国、美洲、北美和美国),"3"代表民法,"09"(根据是否有下位子目确定9前面是否加0)就是代表法律文本汇编。

了解了法律文本汇编的标识,在书海中寻觅图书,根据图书分类号,会比较容易辨识。

（2）法律文本在法律类第二分类体系中的体现

法律类第二分类体系的特点是先根据法律部门及图书的内容与载体特点来划分，再根据国家或地区来组织图书。其优点是将相同的部门法的图书集中后，再按不同的国家与地区依次排列。同样，相同部门法的法律文本也能集中组织后，再按不同的地区和国家依次排列，方便读者查找。

《中图法》法律第二分类体系中部门法的法律文本汇编的标识为"1"或"01"。DF501 代表民法法律文本，DF501(2)、DF501(7)、DF501(71)、DF501(712)分别代表中国民法法律文本、美洲民法法律文本、北美民法法律文本及美国民法法律文本。紧接 DF 后面的"5"代表民法，"1"代表法律文本，"5"和"1"之间加了零是由分类法的取号规则决定。括号里不同的数字分别代表不同的地区和国家。

（二）检索政府网站的法律法规文本

1. 利用综合搜索引擎进行检索

选择合适的搜索引擎，利用检索式"法律法规名称关键词 site:gov.cn"搜索我国所有政府网站；"法律法规名称关键词 site:npc.gov.cn"搜索人大网；"法律法规名称关键词 site:fmprc.gov.cn"搜索外交部网站，等等。这种方法要求对网络域名有一定了解。

2. 检索政府网站"信息公开"或"法律法规"版块

除了前文所述通过公报来检索法律的标准文本外，各政府网站在信息公开版块下都有法律法规专栏。如人大网有"法律法规库"入口，国务院网站在"政策"版块下有"文件"和"法律法规"专栏，同样在"信息公开"版块下也有"法规文件"入口。外交部网站的"资料"版块下有"条约文件"专栏，包含着"条约法规"和"政策文件"。司法部网站有"政策法规"专栏，等等，每一政府部门网站都有相关的"法律法规""法律规章"或"政策法规"等类似专栏。

3. 检索最高人民法院和最高人民检察院司法解释

我国《立法法》承认全国人大常委会通过的法律解释与法律具有同等效力，未阐明由法院颁布的司法解释的效力，但规定最高人民法院、最高人民检察院作出的属于审判、检察工作中具体应用法律的解释，应当主要针对具体的法律条文，并符合立法的目的、原则和原意。并规定最高人民法院、最高人民检察院作出的属于审判、检察工作中具体应用法律的解释，应当自公布之日起 30 日内报全国人民代表大会常务委员会备案。也就是说，实践中，由最高人民法院颁布的司法解释对下级法院的判决有指导作用，具有事实上的法律约束力。

检索最高人民法院的司法解释，可直接通过《中华人民共和国最高人民法院公报》和最高人民法院网站（http://www.court.gov.cn）"权威发布"中的"司法解释"专栏。还可以通过由最高人民法院主管、人民法院报社主办的中国法院网（http://www.chinacourt.org）中的"法律文库查询"（http://www.chinacourt.org/law.shtml）专栏检索法律法规和司法解释（见图10-4）。

第十章 法律文本的检索

图 10-4　检索最高人民法院司法解释

检索最高人民检察院的司法解释,可直接通过纸本《中华人民共和国最高人民检察院公报》,也可以通过最高人民检察院网站(http://www.spp.gov.cn/)的"权威发布"中的"高检公报"和"法律规章"检索电子文本(见图 10-5)。

图 10-5　检索最高人民检察院司法解释

(三) 利用数据库检索法律法规文本

1. 法律数据库中的法律法规库简介

万律(Westlaw China)中国法律法规双语数据库是汤森路透法律信息集团基于 Westlaw 法律信息平台的技术和经验,为中国和英语世界的中国法律执业人士提供的法律信息检索、法律知识及中国法律研究解决方案。该数据库对中国的法律法规以及判例进行整理和归纳。内容每日更新并及时变更效力状态。万律的法律法规库提供新中国成立(1949 年)后的法律法规和国际条约。有中央政府机关、全国各省、直辖市、自治区政府所颁布的法律法规 100 多万条。万律按照法律的层级将其分为宪法法律、行政法规、司法解释、部委规章、地方法规、政党及组织文件、行业规范、军事法规和国际条约等 9 类法律法规文件;并按主题分类为知识产权、外商投资、证券、保险、银行、外汇、上海自贸区等43个主题。

北大法宝数据库包含法律法规检索系统,其法律法规数据库根据效力级别、发布部门、时效性以及法律类别进行编排,既包括港澳台法律法规,也包括中外条约。法宝针对国内法律文献引用领域对法律数据库引证码研究的空白及对法律数据库和网络资源引证不规范的现状,建立了法宝引证码系统。

北大法意的"法律法规库"包括:中国法律法规数据库、中英文本对照版库、新旧版本对照库、香港法律法规库、澳门法律法规库、台湾法律法规库、外国法律法规库、国际条约库、法规解读库、古代近代法规库以及配套规定库等11个子库。总记录数23万多篇,年更新3万部以上。

2. 以北大法意为例的法律法规的检索

各法律法规子库,都分别根据各子库的特点,提供分类浏览与检索功能。本节以北大法意的"中国法律法规库"为例进行说明。

"中国法律法规库"目前功能齐全的有3个版块:分类引导版块、法规检索版块、数据库引导版块。这3个版块之间相互联系、又相互镶嵌。还有一个"集成引导"版块相当于检索版块。

(1) 分类引导版块

此版块相当于分类浏览模式,即将法律法规按层次、主题、专题进行分类编排呈现。

① 按法律法规层级分:宪法法律、行政法规、司法解释、部委规章、政策纪律、军事法规、行业规范、地方法规。各类别按发布主体进一步划分。具体为:

宪法法律:全国人民代表大会、全国人民代表大会常务委员会、全国人大及其常委会下属机构、中央人民政府;

行政法规:国务院、国务院办公厅、政务院;

司法解释:最高人民法院、最高人民检察院;

部委规章:国务院组成部门、国务院直属特设机构、国务院直属机构、国务院办事机构、国务院直属事业单位、国务院部委管理的国家局、国务院议事协调、临时机构;

政策纪律:中国共产党及其中央委员会、中共中央军事委员会、中共中央纪律检查委员会、中共中央各地方党委、中共中央直属机构、其他政党、其他机关;

军事法规:中央军事委员会、中国人民解放军各总部、国防部、各军区、警备区、中国人民武装警察部队;

行业规范:人民团体、行业协会、商业组织、市场中介机构、其他非政府组织;

地方法规:31个省、直辖市、自治区。

② 按主题分:宪法国家法、民商法、经济法、行政法、刑法、劳动社会法、军事法、国际法、诉讼仲裁法。

③ 按专题分:银行、财税、公司企业、新闻传媒、医疗卫生、互联网、证券、公安、海关贸易、知识产权、婚姻家庭、房地产、保险、工商、环境保护、国有资产、交通运输、劳

动法、教育、农业、贸易投资、涉外。

（2）数据库引导版块

此版块将"中国法律法规库"分为中央法规库、地方法规库、政府文件库。

① 中央法规库含：宪法法律、行政法规、司法解释、部委规章、政策纪律、军事法规、行业规范；

② 地方法规库含：31个省、直辖市、自治区；

③ 政府文件库含：国务院文件、各部委文件、其他组织机构文件、地方性文件，各部分又进行逐层分级（见图10-6）：

国务院文件分：国务院、国务院办公厅、政务院；

各部委文件分：国务院组成部门、国务院直属特设机构、国务院直属机构、国务院办事机构、国务院直属事业单位、国务院部委管理的国家局、国务院议事协调、临时机构、其他机关；

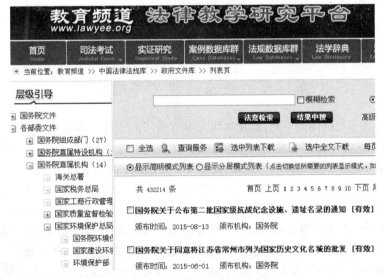

图10-6 法意中国法律法规库

其他组织机构文件分：人民团体、行业协会、商业组织、市场中介机构、其他非政府组织；

地方性文件分：31个省、直辖市、自治区。

（3）法规检索版块

此版块包括法规快速检索和法规高级检索。

普通快速检索可在全库、中央法规、地方法规、政府文件等选项下，进行名称或全文检索。高级检索可在全库、中央法规、地方法规、政府文件等选项下，用法规的名称、全文、文号、颁布机构、颁布时间、法规层级等6个字段进行布尔逻辑组合，并分别显示全部、有效、失效、已修正、待生效、待失效的法律法规。（见图10-7）

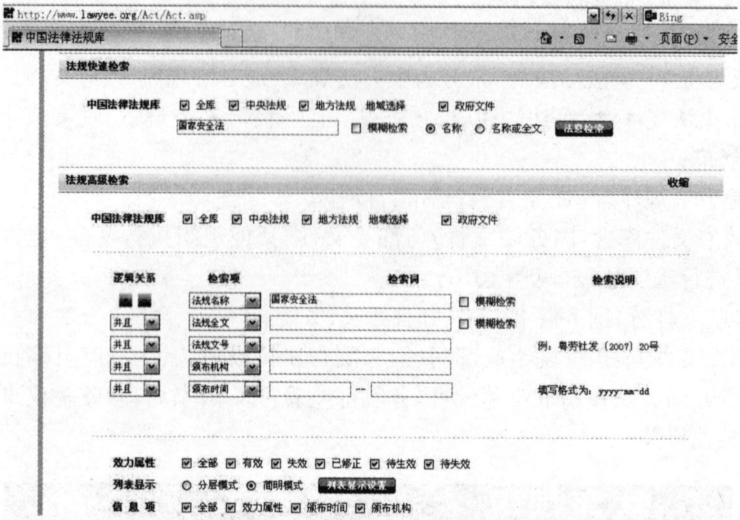

图 10-7 法意中国法律法规库检索

第二节 英文法律文本的检索

由于法系与国体的不同,英文法律文本与中国的法律文本从颁发机构、效力等级、文件形式等方面都有差别。但英文法律文本的检索,也可以仿效前文所述的中文法律文本的一些检索方法。此处,仅述及相关数据库的检索。

Thomson Reuters Westlaw 法律在线数据库(以下简称 Westlaw)收录了各国(地区)的法律条文,其中主要包括英国成文法(1267 年至今全文整理)、完整欧盟法规(1952 年至今)、美国联邦和州法(1789 年至今全文注释)、澳大利亚、加拿大(全文整理)、我国香港地区(1997 年至今)、韩国等主要国家和地区的法律法规。

LexisNexis 原始法律文献资源(Primary Sources)中的成文法中有:美国联邦和各州的立法和法律法规(包括著名的 USCS 美国联邦立法信息服务)、英美立法和政治制度材料、全球其他近 20 个国家的立法、国际公约及多个国际组织的条约(比如欧盟的立法)。

HeinOnline 法律数据库是美国著名的法律全文数据库,收录了美国的法律法规。它包含美国联邦法典文库(Code of Federal Regulations)及美国法令全书文库(U.S. Statutes at Large)。

以上提到的英文数据库包括成文法的法律数据库,都可用于法律法规检索的选项。本节仅以 Westlaw 法律在线数据库的法律文本检索为例。

由于 Westlaw 所收录的国家或地区范围基本是判例法国家或地区,判例法相当于法官立法,即法官通过判例立法,因此,庞大的案例系统对检索法律或说案例提出了严峻的挑战。相应的法律检索系统不仅开发早,而且也相当完善,2016年1月1日升级后,Westlaw 数据库的检索方法更加简单。Westlaw 法律在线数据库是由近3万个子库组成的。这些子库千差万别,有的是一种图书(如图书章节所述);有的是一种期刊,如《哈佛法律评论》(Harvard Law Review);也有的是某类型的案例;或某类期刊如美国法律期刊评论(Journals and Law Reviews)。

其检索方法可通过 WestSearch 检索框检索、Browse 浏览检索。

一、Westlaw Browse 浏览成文法

(一)美国成文法资料浏览

点击首页 Browse 方框中的 All Content,在 Statutes & Court Rules 中可以直接浏览到美国联邦法典注释、美国宪法及联邦规则等成文法全文,也可以浏览美国各个州的州层级成文法全文,包含美国关岛、波多黎各岛、英属维尔京群岛和部落成文法全文(见图10-8)。它同时提供按照法律主题划分的成文法浏览方法。

图 10-8 Statutes & Court Rules 浏览美国成文法

1. 逐级浏览

在原始法律文献中如有《美国法典注释》(United States Code Annotated, USCA)、《美国公法》(United States Public Laws-Current)、《美国法院章程》(United States Court Rule Updates)、《国内税收法典》(Internal Revenue Code)、《破产改革法:众议院法案》(Bankruptcy Reform Act: House Bill H. R. 333)、《破产改革法案:参议院法案》(Bankruptcy Reform Act: Senate Bill S. 420)等法律文本,逐级点击进入后,可以直接按章节号进入法律文本的正文。如从 USCA 进入第17部分版权(Copyright)第一章的§101 定义(Definition)正文,即引证号为"17 U.S.C.A. §101"的法律文本文件的正文(见图10-9)。

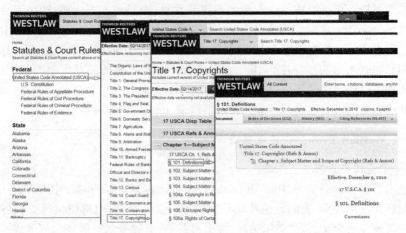

图 10-9　美国法典注释浏览举例

2. 目录浏览法律文本

有些层级较多的法律文本如《美国法典注释》(United States Code Annotated)既可逐级浏览,也可以用 USCA 内的"United States Code Annotated Index"工具来检索相关法律文本。以知识产权法为例,既可以依法典章节顺序浏览,找到 USCA 的第 17 部分的知识产权法,点击打开浏览法律文本的正文(见图 10-9)。也可以通过"United States Code Annotated Index"浏览到知识产权法。浏览方法是在 USCA 页面右侧 Tools & Resources 中点击"United States Code Annotated Index",按照字母顺序浏览在 C 字顺序下出现"知识产权局"(Copyright Office)、"版权"(Copyrights)及《版权使用费和分配改革 2004 年法案》(Copyright Royalty and Distribution Reform Act of 2004)(见图 10-10)。

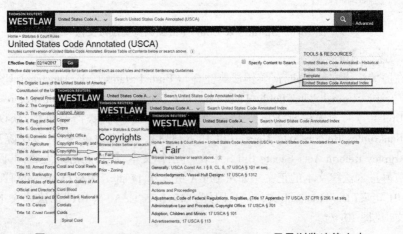

图 10-10　United States Code Annotated Index 目录浏览法律文本

3. 成文法通俗名称浏览法律文本

如果需要了解美国某一具体法案的法律内容的话,可以直接通过 United States Code Annotated Popular Name Table 来进行浏览查询。浏览方法是在 USCA 页面右侧 Tools & Resources 中点击"United States Code Annotated Popular Name Table",按照首字母顺序直接浏览即可。例如查询 1988 年的《被遗弃婴儿援助法案》(Abandoned Infants Assistance Act of 1988)(见图 10-11)。

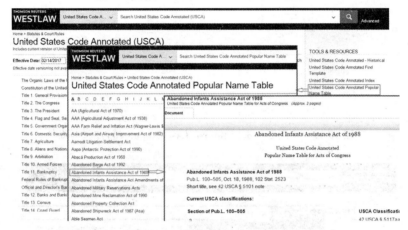

图 10-11　USCA Popular Name Table 浏览法律文本

4. 美国 Uniform Law Annotated 统一法注释浏览

很多中国高校和政府研究者对美国的统一法(Uniform Law)感兴趣,统一商法典(Uniform Commercial Code/UCC)就是一个典型代表。

浏览方法为点击首页 All Content 栏目下的 Statutes & Court Rules,可通过右侧的 Tools & Resources 工具与资源栏目找到 Uniform Law Annotated,点击后即可直接浏览美国各个领域的统一法的全文内容(见图 10-12)。

(二)美国以外地区成文法资料浏览检索

美国以外其他地区的成文法,通过 Westlaw 首页逐级进入后,只能进行检索。

途径一:All Content——International Materials——Jurisdictions——选择国家或地区——Legislation,进入后通过固定制式的高级检索界面检索相关法律文本;

途径二:All Content——International Materials——Content Types——Legislation——选择国家和地区,进入该地区的法律文本库浏览,或通过固定制式的高级检索界面进行检索相关法律文本(见图 10-13)。

从图 10-13 可知,浏览《加拿大信息获取法案》文本的途径之一,是从主页浏览 All Content——International Materials——Jurisdictions——Canada——Legislation——Federal——Access to Information Act,然后浏览具体的章节与正文。

图 10-12　美国统一法(Uniform Law Annotated)注释浏览

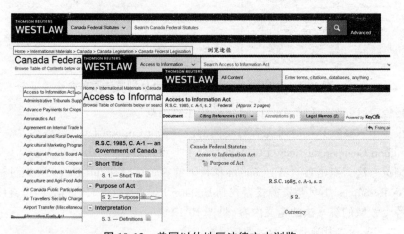

图 10-13　美国以外地区法律文本浏览

(三) 成文法阅读功能工具简介

浏览到具体的成文法文本,或检索出具体的成文法文件后,页面上方及页面右侧有一排可使用的阅读工具,用来阅读了解该成文法律条文的相关情况(见图 10-14)。

现简列 6 种阅读成文法的工具:(1) Document 代表成文法文本,点击它转换到法律正文文件;(2) Note of Decisions 代表法律的解读,点击它可了解与具体案例结合对此法律的解释;(3) History 代表历史文献,点击它可了解此法的修订历史以及历史过程中的立法文件;(4) Citing References 代表引用此法律的文献,点击它可了解到目前为止被引用或者评论的次数、涉及的资料类型以及具体资料列表,点击链接即可进入这些引用文献;(5) Context & Analysis 是与此法律相关的更多分析资料,

第十章 法律文本的检索

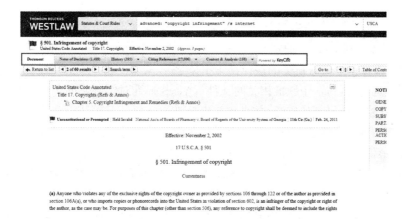

图 10-14 成文法阅读工具

涉及的资料类型在左侧的列表中可见,具体资料列表中页面正中会详细呈现;(6) Power by Keycite 代表关键引用,其最典型的标志是"关键引用旗"(KeyCite Flag),通过 Keycite 快速找到法律内容,了解法律来龙去脉、是否有效及更多的法律状态。

现仅以法律的解读(Note of Decisions)工具为例,来说明这些工具的作用(见图 10-15)。其他工具的使用与阅读案例工具有相似之处,详见案例检索部分。

图 10-15 成文法阅读工具之 Note of Decisions

图 10-14 中是有关著作权侵权的法律文本,是隶属《美国法典注释》的第 17 个主题版权著作权(Title 17 Copyright),第五章著作权侵权与补救(Copyright Infringement and Remedies)第 501 节著作权侵权(§501 Infringement of Copyright)的法律正文,点击 Note of Decisions 工具按钮后,呈现的是对法律文本的解读层次列表(见图 10-15),再点击第六部分责任人(VI. Persons Liable)。图 10-15 中第二层图首先呈现的是对一般责任人的法律解读(Persons Liable Generally),仔细阅读可知有可进一步链接的案例、其他法律文本以及 KeyNumber(参见案例检索)对该法律点的注释。

二、WestSearch 检索成文法

（一）WestSearch 基础检索

WestSearch 是全球顶尖的法律搜索引擎之一，WestSearch 能识别最符合检索主题的关键词，提供与该主题最相关的文件。WestSearch 对文件之间丰富的相关性进行分析，让检索结果更加广泛，并将相关度最高的文件显示在结果清单顶部。由于带注释版本的法令或条例很可能包含了正在检索的关键词，WestSearch 能够检索出最相关、最完整的一系列文件。

每一次使用 WestSearch 进行的检索都会从主页开始。其检索框（包括高级检索），都嵌在任何一类或一个具体数据库的主页，在每一页最顶端的搜索框，通过全文搜索引擎完成不同类型的检索任务。基础检索即页面顶端的搜索框可以搜索的类型根据提示（Enter terms, citations, database, anythings……）有：引称、多个引称、当事人名称、关键引用、出版物或数据库、术语和连接词、自然语言即描述型词语。

（二）名称搜索法

1. 成文法数据库名称搜索法

在 Westlaw 首页 WestSearch 检索框中输入成文法数据库名称，搜索引擎即显示提示。比如在搜索框中输入成文法数据库名称"USCA"，引擎自动询问"Looking for this? United States Code Annotated（USCA）"，以下在自动询问的下拉框中，还提供 Regulations 以及 Statutes & Court Rules。点击数据库名称即可直接进入该数据库进行搜索（图10-16）。

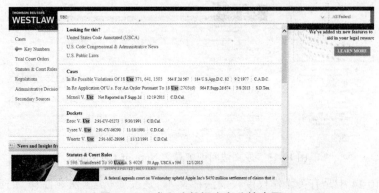

图 10-16　成文法数据库名称搜索图

该检索的关键是知道成文法数据库名称（见表 10-1）。

表 10-1　Westlaw 成文法数据库名称举要

数据库名称	数据库全称	中文名称及数据库内容范围
USC	United States Code	美国法典,包括美国宪法、议会通过的全部法律、各级法庭规则、联邦量刑指南等,涵盖从宪法到 50 卷的各门类法的全美联邦法律。
USCA	United States Code Annotated	美国法典注释,是官方的美国联邦法典的 Westlaw 全注释版本。注释版以重点案例来解释法条。
USCA-POP	USCA Popular Name Index	美国法典通俗名称索引,收录美国法典中的成文法。按照其通俗名称的首字母组织排序。
CFR	Code of Federal Regulations	联邦行政法,包括由 50 种法律法规所组成的联邦法规汇编,及联邦登记处所出现的最新法律变动。
US-ORDERS	Federal Orders	联邦法院规则,包括当前实行的联邦法院规则。
US-PL	United States Public Laws	美国公法,收录了当前美国公法的全部内容。
US-RULES	Federal Rules	联邦规则,包括了联邦破产程序、联邦上诉程序、联邦民事诉讼、联邦刑事诉讼、联邦证据等规则及其他规则的当今美国现行的联邦规则。
UK-LIF	United Kingdom Law In Force	英国现行法律法规,包括 1267 年以来的法律和 1948 年以来含商业贸易、知识产权法、财产法、税法、个人伤害法、诉讼法和法院规则在内的法律文献。
CANST-RULES-ALL	All Canadian Legislation	加拿大立法全集,包括联邦、各省及领土内所有地方的现行法律法规及最近新出台但尚未实行的法律法规。
EU-ACTS	European Union Preparotary Acts	欧盟法律草案集,包括欧盟议会的立法和预算提议、欧盟经社委员会和欧盟中央银行立法建议、欧盟审计院建议及欧盟官方刊物的其他文件。
EU-TREA-TIES	European Union Treaties	欧盟成员国条约集,包括欧盟成员国之间自 1951 年以来缔结的条约。
HK-LEG	Hong Kong Legislation	香港立法大全,包括香港特别行政区的法律和条例,及部分依宪法制定的文件。

2. 成文法法案名称搜索法

成文法法案名称搜索法,只需要在搜索引擎中输入法案的名称,就可直接搜索出有关该法案的所有资料。比如,在 WestSearch 中输入法案名称《破产改革法案》(Bankruptcy Reform Act),搜索引擎会自动提示"Looking for this? Bankruptcy Reform Act of 2001"。点击法案名称即可进入该法案库中进行关键词查询(关键词即 Keyword 检索见下文)。也可不根据自动提示,在检索框中输入"Bankruptcy Reform Act"后,直接点击 Search,即可搜索出与该法案有关的所有一次和二次法律资源。搜索出的结果会显示在左侧的结果列表中,可根据需要点击获取不同类型的文献资料。选择 Statutes 即成文法类型资料(见图 10-17)。

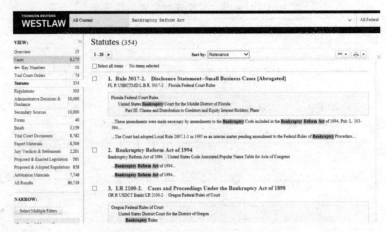

图 10-17　成文法法案名称搜索图

(三) 关键词检索与高级检索

1. 关键词及自然陈述语言检索法

WestSearch 支持自然语言查询,可以是一个单词,一个词组,甚至是一个问题。例如想要查询版权保护方面的相关成文法,可以在搜索框中输入"how to protect copyright?",然后点击右侧代表 Search 的放大镜,即可得到相关结果列表(见图 10-18)。

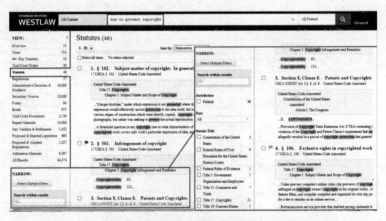

图 10-18　自然陈述语言检索成文法

图 10-18 输入自然陈述语后,检索结果包括案例、成文法及其他一次法律文献和二次文献,选择左侧的 Statutes 即是成文法文件,如果需要,再按左侧的限定(NARROW)方法,如辖区、时间以及成文法名称(Statute Title)来获得在其他成文法中有关保护版权的法律条文。

2. 高级之布尔术语连接扩展符检索法

WestSearch 支持高级检索,高级检索的方式可通过两种途径进行,既可以直接在 WestSearch 检索框中输入布尔术语连接符(Boolean Terms & Connectors),也可以通过 WestSearch 检索框右侧的 Advanced 工具来实现。

关于布尔逻辑连接符及扩展符,可以点击 Westlaw 高级检索,查看高级检索固定制式右边的解释。比如要检索美国互联网著作侵权成文法,从 Westlaw 主页的 All Content 进入 Statutes & Court Rules 后,可在检索框中输入"'copyright infringement'/s internet"检索。其中引号不让"著作侵权"(copyright infringement)词组拆分,并用"/s"使其与"internet"在同一句中(见图 10-19)。

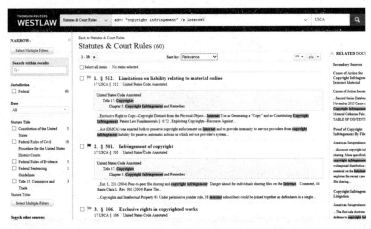

图 10-19　布尔逻辑连接与扩展符检索

要使用布尔术语连接符检索方法,须知各符号的含义及用法(见表 10-2)。

表 10-2　布尔逻辑连接扩展符含义一览

符号	含义	含义及检索结果要求
&	And	逻辑"和",包含其前后两词,如 merger & acquisition
/s	In same sentence	两检索词在一句中
or	Or	逻辑"或",包含检索词之一或者二者都包括。两词之间空格默认为"或"
+s	Preceding within sentence	前一单词在一句中的前面,如 disclos! +s interest
/p	In same paragraph	在同一段中,如 breach /s fundamentally
" "	Phrase	词组的精确检索,如"comparative negligence"表示引号内不可拆分
+p	Preceding within paragraph	两词在同一段,且第一词在第二词之前

（续表）

符号	含义	含义及检索结果要求 例
%	But not	逻辑"非"，检索结果不包含 not 后的词
/n	Within n terms of	两检索词之间相隔不超过 n 个单词，如 physical / 3 injury
!	Root expander	词根扩展，放在词的尾部即用来检索出相同词根的不同结尾的词，如"negligen！"
+n	Preceding within n terms of	前一个在后一检索词的 n 个单词前面
*	Universal character	通配符代替单个字母，如 wom＊n
#	Prefix to turn off plurals and equivalents	在单数形式的检索词前，使检索结果限制为单数，如 #damage 只检索 damage，不包括 damages

3．高级之字段检索法

（1）字段检索法

高级检索包含的两部分涉及两个重要工具的使用。第一个是 Boolean Terms & Connectors，另一个是 Document Fields。即布尔逻辑连接和扩展符检索法以及字段检索法。Westlaw 数据库首页可以直接进行 Advanced 高级查询，也可在类型数据库或具体数据库中点击 advanced 进行具体资料类型的高级查询。进入 Westlaw 主页 All Content 后点 Statutes & Court Rules，就可在高级查询中检索美国成文法。（图 10-20）。

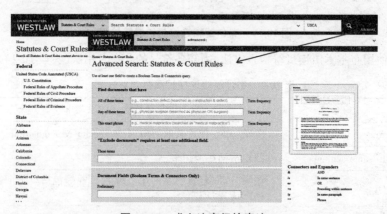

图 10-20 成文法高级检索法

（2）成文法字段

美国成文法字段有题头序文（Preliminary）、标题（Caption）、引称号（Citation）、法律参考（Credits）、正文（Text）。其中题头序文是指成文法属于某法典的哪一部分哪一章什么主题等有关该成文法的大的序目（见图 10-21）。

图 10-21 成文法字段示意图

（四）引称号 Citation 检索

1. 法律引文与引称号

引文（Citation）是用来证明所言所行的是有根据的、可信的和权威的，证明某项研究和行为是建立在前人研究的基础上。一般引用是参考权威的文件与资料。引称号（Citation Number，常简称 Citation），由于所引证的文件与资源名称有长有短，不便表达，须有一个简短明了反映文件及资源的身份编号，即引称号。引称号即是包含有引文名称和被引文献相关的数字的缩略名。

引称号检索法（或引称检索法），就是使用引称号作为检索点的方法。适用于已经知悉欲检索的文件的引称号（citation number）的情况。其优点是检索结果具有唯一性、准确性，无需进一步筛选。

法律引文中的参考资源包括如法院判决（判例）、法庭报告、法律法规、政府文件、条件和法律学术研究文献。①法律引文的难点在于资源名称的缩写。各国法律引用都有自己的标准。即使在美国,其法律引文也有不同的标准。其常用的范本有《蓝皮书标准》(The Bluebook: A Uniform System of Citation)。该标准由哥伦比亚大学法律评论、哈佛大学法律评论、宾夕法尼亚大学法律评论和耶鲁大学的法律杂志审查编辑,是法律引用最常用的指南。它规定对大多数美国法律来源的引文格式。②此外美国还有其他的一些标准如《ALWD 法律引用指南》(ALWD Guide to Legal Citation)③、《芝加哥法律引用手册》(University of Chicago Manual of Legal Citation)。法律引称号就是对引证法律参考资源的缩写。

2. 成文法引称号检索法

成文法引称号由主题号、法律名称缩写和法典节号组成。"版权侵权"法律文本的引称号为"17 U.S.C.A. §501",即代表《美国法典注释》的第 17 个主题第 501 节。

成文法引称号检索方法,在 WestSearch 检索框中直接输入引称号,点击检索按钮,检索结果直接出现引称号所代表的成文法。该方法直接,不需要一步一步限定,但只适合在已知引称号的情况下使用。

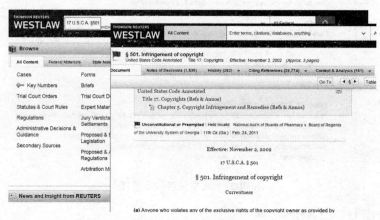

图 10-22　引称号检索成文法例图

还可以用多个引称号同时检索出多个成文法。方法类似单个引称号检索,只不过在不同的引称号之间加上分号";"。如在 WestSearch 检索框中输入"17 U.S.C.A. §502;18 U.S.C.A. §502;19 U.S.C.A. §100"可以检索出有关版权、犯罪与刑事程序、关税方面的成文法。同样,也可以检索多个不同类型,包括成文法和非成文法引称文献(见案例检索部分)。

---

① David Holt, How to Read Legal Citation, http://lawguides.scu.edu/legalcitation, 2016 年 2 月 1 日访问。
② Michelle Pearse, Legal Citation Guides(US-based), http://guides.library.harvard.edu/c.php?g=309930&p=2070190, 2016 年 2 月 1 日访问。
③ ALCD 指 Association of Legal Writing Directors, 即美国法律写作指导协会。

实习

1. 根据我国《立法法》检索您所研习主题的我国相关法律的标准文本。
2. 在法意数据库中利用高级检索方法检索某主题的相关法律、行政法规及部门规章。
3. 在 Westlaw 中检索反恐词根"antiterror!"的法律文本数据库,在检索出的数据库中利用术语联结词(如 antiterror! & "death penalty")检索"反恐和死刑"相关成文法文本。并通过 ResultsPlus 了解与"反恐和死刑"相关的理论文献。
4. Westlaw 中检索美国的《反恐与有效死刑法案》(Antiterrorism and Effective Death Penalty Act)、《农业救济和通货膨胀法案》(Farm Relief and Inflation Act)、《遗弃婴儿援助法案》(Abandoned Infants Assistance Act)、《亚洲开发银行法案》(Asian Development Bank Act)、《国土安全部拨款法案》(the Department of Homeland Security Appropriations Act)。
5. Westlaw 中利用术语联结词(bank s/ act)检索相关的银行法案,并通过选择字段检索相关的教育法案[CA(education /s act)],根据自己研习的专业,编辑术语与联结词检索式检索美国相关法案。
6. Westlaw 中用浏览方法阅读自己研习专业相关的法律文本。

参考书目

[1] 闫国伟、蔡喜年主编:《信息检索与利用》,科学出版社 2011 年版。
[2] 于丽英著:《法律文献检索》(第三版),北京大学出版社 2015 年版。

第十一章　法律案例的检索

案例是指有记录的具体事实。各行各业各领域都有自己的案例。

在法律领域，需要先厘清几个与案例相关的概念。首先根据综合性辞书《辞海》(1989年缩印版)的定义：案件指"涉及法律问题，经司法机关立案受理的事件"。例，指"比照"，"中国古代专指审判案件的成例。经朝廷批准，可作为审判案件的法律根据。"也就是说根据惯例，案例即判例。再根据法律专科辞书《法律文书大词典》(主编刘书孝等，陕西人民出版社1991年版)的定义：案件即诉讼的事件。法院对审理终结的案件就实体问题所作的处理决定，称判决。由法院认定，作为法律依据加以援用的判决，又称判例。

总之，在司法领域，案例指判例，其表现形式为裁判文书，即人民法院各审判庭审理案件所作出的判决书、裁定书。

案例在法学教育中有非常重要的地位。案例是法治的细胞。它既包括了立法，又包括了司法；既包括实体规则，又包括程序性规则；既包括写在字面上的法律，又包括人们心目中所理解的法律；既包括法官所适用的法条，又包括法律适用本身对法律的解释。① 无论是通过举例的方式、用案例来印证法的理论和法则的传统的案例教学模式，还是以学生分析讨论案例为主、辅以教师分析评价的现代案例教学方法，只有通过对大量案例的学习、观察，才能培养具有法律思维和运用法律能力的人才。

案例在司法实践中的作用更不容忽视。尤其是在普通法系(英美法系、判例法系)中，判例的作用几乎相当于大陆法系中的法律文本。法律的推理是判例法的精髓，这种推理不是逻辑三段论式的推理，而是法官根据经验的推理。美国著名大法官奥利弗·温德尔·霍姆斯(Oliver Wendell Holmes)说过："法律的生命不在于逻辑，而在于经验。"② 这些经验体现在法学学者的讲台上、律师雄辩的法庭上、法律人积累的实务中，最终汇入法官们撰写的判决书中。普通法案例包含着丰富的信息，既包括案由、案情、适用法律的情境、律师的意见、判决所援引的现行法，也包括法律背后的理性。每一典型案例都足以对一特定法律问题作出全面的介绍，是法律规则与真实世界的交汇处。正是这种法律理性与现实世界交汇的洪流推动着人类社会滚滚向前。大陆法系也由于近年来与英美法系融合的趋势，越来越重视法官的判决意见和高等法院的司法解释。近些年来，我国司法公正要求"同案同判"，法官自由

---

① 白建军：《案例与学术研究》，载文池主编：《在北大听讲座》(第7辑)，新世界出版社2009年版，第99—118页。
② 张乃根著：《西方法哲学史纲》，中国政法大学出版社1993年版，第252页。

裁量权的行使也使案例指导制度具有正当性。①

在历史上,我国有一些有影响力的案例汇编。最早的《疑狱集》选编了后晋以前的历代断狱案例。《决狱龟鉴》(又名《折狱龟鉴》)来源于正史中自汉至宋的案例故事。《棠阴比事》汇集了《疑狱集》和《决狱龟鉴》,并选取了正史、野史、名人笔记中的案例。还有一些有影响的如:选编先秦和秦汉案例的《奏谳书》《驳案新编》、清朝的《刑案汇览》及其续编,等等。民国时期的案例多与法令、解释混合编辑。我国现代案例汇编多而庞杂,有公检法司汇编的案例,也有法科大学汇编的案例。

第一节 中文案例的检索

一、指导性案例的检索

判例在中国司法工作中一般不被视为法源,无法律效力。但长期以来,最高人民法院所颁布的案例对于下级法院的审判工作有重要的指导作用。指导性案例的发布早在 20 世纪 80 年代就已开展。时任最高人民法院院长郑天翔在 1988 年 4 月 1 日在第七届全国人民代表大会第一次会议上所作的《最高人民法院工作报告》指出:"五年来,最高人民法院正式发布了 293 个案例,主要对一些重大的、复杂的刑事案件统一量刑标准;对一些新出现的刑事案件的定罪量刑问题提供范例,对审理一些在改革、开放中的新出现的民事、经济案件提供范例。"虽然当时发布的案例为"范例",而未明确其指导性,但 1991 年 4 月 9 日时任最高人民法院院长任建新在第七届全国人大第四次会议上所作的 1990 年《最高人民法院工作报告》指出:"通过《最高人民法院公报》公布了一批典型案例,发挥了案例的指导作用。"

2000 年最高人民法院发布了《最高人民法院裁判文书公布管理办法》(以下简称《公布管理办法》),规定日常的裁判文书主要公布形式是,随时在人民法院报网和最高人民法院网上公布;具典型意义、有一定指导作用的案件的裁判文书,不定期地在人民法院报、公报上公布;有重大影响的案件的裁判文书,商请人民日报、法制日报等报刊予以公布;所有公布的裁判文书可装订成册,放在指定部门(出版社的读者服务部)供各界人士查阅;每年将所公布的裁判文书汇集成册,由出版社出版发行。

2005 年,最高人民法院即发布了《人民法院第二个五年改革纲要》(以下简称《纲要》),提出建立和完善案例指导制度。《纲要》指出:"重视指导性案例在统一法律适用标准、指导下级法院审判工作、丰富和发展法学理论等方面的作用。最高人民法院制定关于案例指导制度的规范性文件,规定指导性案例的编选标准、编选程序、发布方式、指导规则等。"

2010 年 11 月 26 日,最高人民法院发布《关于案例指导工作的规定》(法发

---

① 雷磊:《指导性案例法源地位再反思》,载《中国法学》2015 年第 1 期,第 272—290 页。

〔2010〕51号,以下简称"《规定》"),案例指导制度正式落地。《规定》所称的指导性案例,是指裁判已经发生法律效力,并符合以下条件:社会广泛关注的、法律规定比较原则的、具有典型性的、疑难复杂或者新类型的、其他具有指导作用的案例。《规定》指出:"最高人民法院审判委员会讨论决定的指导性案例,统一在《最高人民法院公报》、最高人民法院网站、《人民法院报》上以公告的形式发布。"

需要说明的是,并不是所有的指导性案例或曰裁判文书都可以在网站上检索到。根据《公布管理办法》,涉及国家秘密、商业秘密、个人隐私、未成年人违法犯罪以及过多涉及其他人和事,以及其他不宜在互联网公布的裁判文书不能公布在网上。

(一)最高人民法院公报及最高人民法院网站

1985年,《中华人民共和国最高人民法院公报》(以下简称《公报》)正式创办。《公报》的创办,标志着最高人民法院在历史上第一次实现了司法信息发布的规范化、常态化,是落实司法公开宪法原则的一大举措,也使案例指导工作开始走上正轨。1998年,《公报》由季刊改为双月刊,2004年又改为月刊。《公报》与《全国人大常委会公报》《国务院公报》《最高人民检察院公报》并列为我国四大权威发布。《中华人民共和国国徽法》第7条还专门规定,上述四大权威发布的封面应当印有国徽图案,从法律上明确了国家四大权威发布的地位。

《公报》案例始终是最高人民法院对下级法院进行审判指导的重要方式。在阐述相关法律适用问题的同时,《公报》案例注重总结案例中蕴含的司法价值取向和司法方法论,注重通过案例阐明人民法院衡平利益的思维方法,在以案讲法的同时,注重取得良好的社会效果。

最高人民法院网(www.court.gov.cn)始建于2000年,是最高人民法院的政务网站,是最高人民法院在互联网上唯一的正式身份。在最高人民法院网主页有五个检索入口可查询裁判文书及指导性案例。

1. 检索最高人民法院的裁判文书

进入最高人民法院主页后,点击"裁判文书"频道可以检索到最高人民法院公布的html版和PDF版的裁判文书。两者不同的是html版有最高人民法院公报编辑部给裁判文书冠的案名(图11-1)。

2. 利用"中国裁判文书网"检索中国裁判文书

在最高人民法院的主页找到"中国裁判文书公开"的链接。点击链接即可进入中国裁判文书网。

(1)快捷检索框

快捷检索通过在快捷检索文本框输入关键词即可实现。快捷检索支持关键词联想推荐。在快捷检索框中输入关键词后,联想推荐案由、关键词、审理法院、当事人、审理人员、律师、律所、法律依据八个类型的信息。快捷检索还支持拼音检索,包括全拼和简拼;裁判文书网支持检索记录自动保存,可以保存最近五条检索记录。

(2)高级检索窗口

高级检索通过在高级检索窗口中填写多个信息项来实现。高级检索可以通过

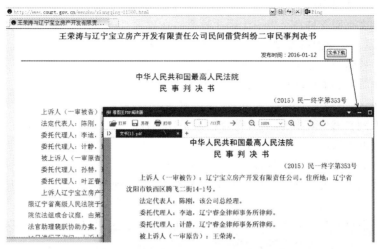

图 11-1　最高人民法院裁判文书频道 html 版

多个信息项组合检索。裁判文书网的高级检索中提供全文、案由、案件名称、案号、法院名称、法院层级、案件类型、审判程序、文书类型、裁判日期、审判人员、当事人、律所、律师、法律依据等共计 15 个信息项的检索,从而实现多信息项组合检索功能(见图 11-2)。

图 11-2　中国裁判文书网的高级检索

上图是在案件名称中输入"巨额财产不明",案件类型为"刑事案件",文书类型为"判决书",法院层级为"全部",最后共检索到 58 个结果(2016 年 1 月 17 日检索)。也可以不通过高级检索浮动检索框,仅通过基本检索框中自动联想显示的检索条件,逐一选择检索条件组合获得同高级检索浮动框内检索相同的效果。

（3）在结果中检索

裁判文书网支持在结果中无限次检索。在列表页检索框中输入或选择新的检索条件，默认在当前检索结果的基础上检索裁判文书。

（4）检索结果显示

中国裁判文书网的检索结果分别在列表页和全文页展现。

① 列表页

在裁判文书列表中，除展现符合检索条件的裁判文书外，还有关联文书以及分类引导树的显示。

关联文书通过文书案号，将一、二审文书关联在一起显示，客观、完整地展现案件的最终结果。关联文书会显示文书的审理程序、审理法院、案号、裁判日期、结案方式五项信息。

分类引导树在列表页左侧，分为关键词、案由、法院层级、地域及法院、裁判年份、审理程序、文书种类七种分类引导。

② 全文页

在全文页中除展示裁判文书的具体内容，还有裁判文书关联文书、目录、概要的展示。全文页的关联文书展示与列表页关联文书的内容相同。用户点击全文页的目录图标，会展开当前裁判文书的目录，再点击目录中的段落名称，会自动定位到裁判文书的相应位置。用户点击全文页的概要图标，会展开当前裁判文书的基本信息和法律依据（见图11-3）。

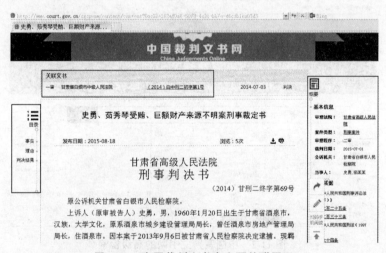

图11-3 中国裁判文书全文页关联展示

3. 利用"中国审判流程信息公开网"

直接利用最高人民法院网站的链接"中国审判流程信息公开网"进入 http://www.court.gov.cn/zgsplcxxgkw/ ，点击"指导案例"可以浏览指导案例。或者直接从人民法院网站主页的"审判业务"进入指导案例。

4. 利用"最高人民法院诉讼服务网"

利用最高人民法院网站的链接"最高人民法院诉讼服务网"进入 http://www.court.gov.cn/ssfww/，进入"便民指南"下的"指导案例"，点击进入就是"典型案例发布"。典型案例发布列表的每一次发布按类型包括多个典型案例。

5. 悬浮链接窗

2016年最高人民法院网站首页根据检索需要，在主页右侧增加了"指导性案例"悬浮链接窗口，点击链接后，可直接由近及远浏览指导性案例。

(二) 中国法院网及《人民法院报》

中国法院网(http://www.chinacourt.org)是全国法院的门户网站，是经最高人民法院批准成立，经国务院新闻办公室批准从事登载新闻业务的综合性新闻网站，并经国家广电总局批准自办视频播放业务。中国法院网在最高人民法院党组领导下，依托人民法院报社开展工作。中国法院网的审判频道包含有典型案例、民事案件、刑事案件、行政案件。

1. 检索中国法院网的案例

(1) 浏览式查询案例

进入主页后找到"审判案例库"链接点击进入。"审判案例库"分指导性案例、典型案例和其他案例。这三类案例库又分别有行政、民事、刑事三大类案例。以指导性案例为例，点击进入"指导性案例"频道后，如再选择进入"民事指导案例"分库，就可从最高人民法院审判委员会讨论通过、2015年4月15日发布的指导案例52号，根据由近及远的时间浏览至指导案例1号。当然，也可以由远及近从指导案例1号至最近的指导案例。

(2) 检索式查询案例

通过主页进入"审判"频道，利用检索栏目，进入"所有栏目"，或者用栏目限定来检索有关案件，如新闻、图文直播、专题报道、地方法院等各种栏目中有关案例的信息。检索案例则可以通过"典型案例""民事案件""刑事案件"及"行政案件"等限定检索，来获得案例频道的典型案例包括指导性案例的裁判要点、相关法条、基本案情、裁判结果、裁判理由以及典型意义(见图11-4)。

2. 检索《人民法院报》案例

《人民法院报》是由最高人民法院举办，面向国内外发行的专业报纸。其国内刊号为:CN11-0194,有纸质版，且在中国法院网有电子版(包含网页版与PDF原貌版)。电子版的使用方法:

(1) 浏览阅读法

进入中国法院网主页找到有"人民法院报"图片为链接标识的链接点，点击报纸图片或"浏览报纸"进入即可阅读当日报纸。阅读报纸也有html版和PDF版两种版式。

浏览报纸网页html版时，可根据鼠标移动所显示的内容标题，点击即可迅速阅读内容。如2016年1月13日第3版上公布的一则案例:《上海浦东审理两起利用微信"钓鱼"犯罪案件》(http://rmfyb.chinacourt.org/paper/html/2016-01/13/content_106939.htm?div=-1)。如果需要阅读报纸的PDF原貌版，点击PDF图标即可进入

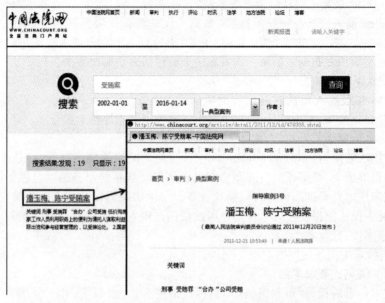

图 11-4　中国法院网审判频道典型案例检索

2016 年 1 月 13 日第 3 版的 PDF 版的网址：http：//rmfyb. chinacourt. org/ paper/images/ 2016-01/13/03/2016011303_pdf. pdf（见图 11-5）。

图 11-5　人民法院报 html 版案例浏览

浏览阅读法，还可以按日期查阅报纸。即可以通过"按日期查阅"浏览往期报纸，2016 年 1 月 13 日通过"按日期查阅"可以浏览阅读到最早 2009 年 12 月 27 日的报纸。

（2）检索查阅法

进入"人民法院报"后，通过点击"全文检索"的搜索后，可以进入"apabi 阿帕比"智搜全文的检索通道。

智能全文检索有"标题""正文""作者"等三个途径,还可以用时间进行限定检索(见图 11-6)。比如通过标题检索"拐卖儿童案",检索到 2010 年 9 月 24 日至 2016 年 1 月 5 日的《人民法院报》上共 9 起案件。其检索提供切词模糊检索功能,比如在标题中检索"受贿案",可以检索到从 2010 年 1 月 9 日至 2016 年 1 月 13 日共 109 起受贿相关案件。

图 11-6　人民法院报案例高级检索

需要补充的是,《人民法院报》上的指导性案例,也可通过"中国法院网"中的典型案例的检索获得(见图 11-7)。图 11-7 是通过人民法院网的典型案例检索,查询到的最高人民法院审判委员会讨论通过、2011 年 12 月 20 日发布的"指导案例 3 号——潘玉梅、陈宁受贿案"。

图 11-7　中国法院网指导性案例检索

二、检索数据库中各种案例

（一）中文法律数据库中的案例库

中文法律数据库法意、法宝、万律（Westlaw China）中文法律信息双语数据库的中文方面也包括案例子库及"裁判文书"子库。

万律全面覆盖了最高人民法院、全国 31 个省、直辖市、自治区地方法院以及包括海事法院在内的专门法院官方公布的近 200 万个裁判文书。既可以通过审理法院分类查找到相应的裁判文书，也可通过案由分类查找到属于特定案由的裁判文书。同时案例精选库收录了由万律编辑甄选的争议点清晰、法律问题论理充分的裁判文书。案号的超链接也可以实现相关裁判文书之间的跳转。

北大法意的案例数据库群包含裁判文书库、精品案例、精选案例、媒体案例库、国际法案例库、外国法院案例库、古代案例库、教学参考案例库、行政执法案例库、香港法院案例库、澳门法院案例库、台湾法院案例库共十二个子库。

本章主要以法宝案例库为例。

（二）法宝案例库

1. 法宝案例库内容

北大法宝的司法案例库已收录 200 多万篇各地法院裁判文书、案例报道，且平均每日新增 500 余篇裁判文书、案例报道。它包括案例与裁判文书、案例报道、仲裁裁决与案例、公报案例、案例要旨五个子库（见图 11-8）。为满足用户一站式查询裁判文书的需求，案例库中的指导案例、公报案例、典型案例都在核心术语、争议焦点、案例要旨等方面做了深加工，对案情进行了剖析与点评。

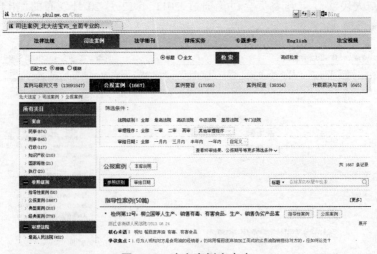

图 11-8 法宝案例库内容

案例与裁判文书包括各级人民法院陆续公布的法院裁判文书。其内容分为刑事、民商经济、知识产权、海商海事、行政等5大类。

仲裁裁决与案例收录了中国国际贸易仲裁委员会及其分会,以及海事仲裁委员会等仲裁机构公布的仲裁裁决与案例。其内容分为刑事、民商经济、知识产权、海商海事、行政等5大类,并按照发布时间进行排序。

案例报道包括各级人民法院陆续公布的最新案例。其内容为刑事、民商经济、行政方面具有典型意义和价值的相关案例,客观、全面地反映案件的动态进展,并有专家对现实生活中遇到的法律问题进行释疑解惑。

公报案例将《最高人民法院公报》和《最高人民检察院公报》单独成库,优化了公报案例的检索项目,支持按照年份和期号检索。

案例要旨是法宝选取近年来的典型案例,由专人对案例的争议焦点进行总结,提炼出关键词,并对法官判案的主要事实和法律依据、裁判理由进行概括描述,形成案例要旨,作为处理相同或相似案件的指导与参考。

2. 法宝案例来源及组织

司法案例精选收录全国各级人民法院公布的各类裁判文书,主要包括最高人民法院及最高人民检察院发布的指导案例、《最高人民法院公报》和《最高人民检察院公报》从创刊号开始至今登载的案例、全国公开出版的上百种案例类书籍中的裁判文书以及社会关注度高的热点案例、案例报道及仲裁裁决案例。

(1) 案例(包括公报案例、案例要旨、案例报导)及裁判文书分三种组织方式:案由、参照级别、审理法院(见图11-9)。其详细组织顺序如下:

图11-9 法宝案例库分类组织

案由按民事、刑事、行政、知识产权、国家赔偿以及执行类别排序,同一类文件按照发布时间先后排序;

参照组织顺序按照参照级别为指导性案例、公报案例、典型案例、参阅案例、经典案例、法宝推荐(案例)、普通案例等;

审理法院组织顺序按照法院级别为最高人民法院、省市自治区地方法院、专业法院。其中省市自治区法院又细分为高级法院、中级法院和基层法院,专业法院又分铁路法院、海事法院、军事法院和知识产权法院以及各专业下属各级法院。

（2）仲裁裁决与案例分两类组织：参照级别和裁决机构。其详细组织顺序如下：

参照级别分为国际经济贸易仲裁和海事仲裁。国际经济贸易仲裁细分为：货物买卖争议、投资争议、金融争议、房地产争议及其他争议等；海事仲裁细分为：船舶救助、船舶碰撞、单证运输业务、船舶租赁及经营、船舶保险及保赔、其他。

裁决机构分为：中国国际贸易仲裁委员会、国际经济贸易仲裁委员会深圳分会、国际经济贸易仲裁委员会上海分会及中国海事仲裁委员会。

（三）法宝案例库的检索

1. 基础检索

（1）基础检索途径与方法

基础检索只提供标题和全文字段的关键词精确检索和模糊检索。在知道所要查询案例的标题中的关键词时,或即使不知关键词,用户根据需要确定关键词后,用标题关键词检索。同样,当需要查询正文内容中包括某词汇的全部文件时,用全文关键词检索比较快捷有效。

（2）基础检索结果显示特点

虽然基础检索操作简单,但因案例库的有序组织,其检索结果显示,则采取了高级检索中的详细筛选条件。结果界面的左侧显示案例所属案由、参照级别、审理法院三大类中的详细类属树,主页面上部显示法院级别、审理程序及文书性质等分类筛选条件,主页面下部显示具体结果的同时还可以根据参照级别顺序与审结日期顺序排列。

2. 高级检索

（1）高级检索的字段与筛选条件

高级检索是根据用户对案例专指性的需求,配置的多个字段检索与限定或曰筛选条件。高级检索除了包括基础检索中的字段精确检索和模糊检索方法外,还包括以下多字段的检索。这些字段有：案由、审理法院、审理程序、终审结果、核心术语、案例要旨、权责关键词、刑罚、指导性案例（来源）、指导案例批次、案件字号、法院级别、代理律师/律所、文书性质、审结日期、争议焦点、参照级别、判定罪名、附带民事赔偿、指导案例编号及发布日期等21种可供选择的筛选。

（2）高级检索部分筛选条件的含义

案由是根据最高人民法院关于民事案由的规定、刑法罪名规定以及规范行政案由的相关规定确定的。案由选择框下的排列顺序为民事纠纷、刑事犯罪、行政作为与不作为、知识产权纠纷、国家赔偿以及执行案等。既可以通过标题或全文检索加案由限定,也可以仅仅通过选择案由将案例与裁判文书库按案由分类检索提取（见图11-10）。案由的选择既可通过所提供的案由列表浏览选择,也可以通过在案由列表中用关键词检索获得。

图11-10　法宝案由检索选项

审理程序有全部、一审、二审、再审、其他审理程序、死刑复核、破产、执行、公示催告、督促、其他等。

终审结果有全部、死刑复核案例、二审维持原判案例、二审改判案例、再审维持原判案例、再审改判案例等。

核心术语是以词或词组反映案例涉及的最紧要的法律适用问题或者对案件的解决具有关键性意义的法律性词语。比如刑事案例中与定罪量刑有关的专业性术语。

争议焦点特指裁判规则的标题，即对裁判要点及文书内容加以概括或评价的简短文字，简要概括本案具有指导性意义的核心内容。其作用在于揭示该文书所体现的审判规则的内容。

案例要旨通常被置于案例之前，以简洁的文字表现出人们对案例中所蕴含的裁判规则的概括、归纳和总结。裁判要点的功能，在于方便后来的法官或其他法律人以简洁的方式认识、了解有关该案例对法律的补充、发展以及对适用相互冲突的法律条款或模糊不清的法律条款的法律解决方案。

权责关键词，主要参考民事、刑事以及行政三大类，从实体法、程序法角度，经过专家指导后整理的与案例法律问题以及刑责认定密切相关的一些法律专业术语（见图11-11 实体法部分权责关键词）。同案由选择的列表一样，权责关键词既可浏览选择，也可通过列表检索框检索再选择准确的权责关键词。

指导性案例依来源划分有全部、最高人民法院及最高人民检察院。

判定的罪名选项是针对刑事犯罪的犯罪性质的名称的选择。检索系统提供所

图 11-11　法宝案例库权责关键词

有的罪名列表供筛选。

还有其他与基础检索中筛选条件相同,如法院级别及参照级别,以及明确知道案例的详细信息的精确定位条件,如指导案例批次、指导案例编号、代理的律师或律师事务所,以及是否有附带民事责任,等等(见图 11-12)。

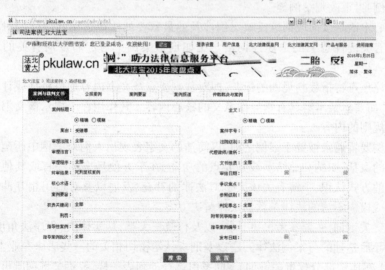

图 11-12　法宝案例库高级检索界面

比如,选择案由为"受贿罪",终审结果为"死刑复核案例",检索出 97 条记录。再根据案由、参照级别、审理法院及审结日期,选择详细阅读。检索结果除了显示案例文书全书外,还显示高级检索的筛选条件中的各项内容(见图11-13)。如果案由旁边个别名称有"注",点击可弹出浮动窗口,对法律中的新增或变更情况进行说明。

图 11-13　法宝案例库检索结果图

根据《公布管理办法》,涉及国家秘密、商业秘密、个人隐私、未成年人违法犯罪、过多涉及其他人和事以及其他不宜在互联网公布的裁判文书的案例,在案例与裁判文书、公报案例以及案例要旨等子库是难以获得的。要了解这类不宜在互联网上公布的案例,可以在案例报导子库中检索。比如在案例报导子库中,选择案由为渎职罪之下的"故意泄露国家秘密罪",可以检索出 21 条案例,再通过当事人"周永康"筛选,则可以得到同一案例两个报导。

三、其他出版物中案例的检索

根据《公布管理办法》的规定,有重大影响的案件的裁判文书,商请《人民日报》《法制日报》等报刊予以公布;每年将所公布的裁判文书汇集成册,由出版社出版发行。也就是案例的检索还有书刊的检索渠道。报刊案例的检索可以参考报刊的检索方法。图书中的案例汇编则利用图书的检索方法。

在图书中检索案例需要注意利用权威出版社,同时,注意各图书馆在图书分类组织管理中为方便读者的使用,会将案例集中组织管理。比如某馆的图书是用《中图法》分类组织的,其案例的后缀分类标识号为"5"或"05"(见第十章"法律文本的检索"中的"《中图法》法律类第一、二分类体系"的内容)。

（一）案例在法律类第一分类体系中的体现

法律类第一分类体系的特点是图书先根据国家和地区划分,再根据部门法来组织,最后表现图书的内容和载体特征。以民法案例为例,分类号 D913.05 代表世界各国民法案例,D923.05 代表中国民法案例,D970.305 为美洲民法案例,D971.030.5 是北美民法案例,D971.230.5 为美国民法案例,世界综合案例汇编则为 D910.5。以上系列类号中,D9 代表法律,D9 后面的数字代表地区(1、2 、7、71、712 等数字分别代表世界、中国、美洲、北美和美国),3 代表民法,05(根据是否有下位子目确定 5 前面是否加 0)代表案例。

(二)案例在法律类第二分类体系中的体现

法律类第二分类体系的特点是先根据法律部门及图书的内容与载体特点来划分,再根据国家地区来组织图书。DF505 代表民法案例,DF505(2)、DF505(7)、DF505(71)、DF505(712)分别代表中国民法案例、美洲民法案例、北美民法案例及美国民法案例。紧接 DF 后面的第一个"5"代表民法,第二个"5"代表案例,两个"5"之间加了零是由分类法的取号规则决定。括号里不同的数字分别代表不同的地区和国家。

第二节 英文案例的检索

一、英文判例(cases)数据库

Westlaw 法律在线数据库收录了美国联邦和州(1658 年至今)、英国(1865 年至今)、欧盟(1952 年至今)、澳大利亚(1903 年至今)、香港地区(1905 年至今)和加拿大(1825 年至今)、韩国的所有判例。除此之外,还提供其他国际机构的判例报告,包含国际法院、国际刑事法院(前南法院和卢旺达法庭)、世贸组织等判例报告。

LexisNexis 的原始法律文献资源(Primary Sources)中的判例部分包括美国联邦和各州的判例法(全面提供美国最近五十年的判例全文,包括早期如 1700 年的部分判例)、其他近二十个国家的判例、多个国际组织的相关判例(比如欧盟的判例)。其中美国案例数据库包含了所有州的案例、联邦案例、最高法院案例等资源分类,让使用者更方便地确定检索的案例范围。

另外,HeinOnline 法律数据库是美国著名的法律全文数据库,也包含 10 万多个案例。

以上数据库都是检索英文判例的重要选择。本章节以 Westlaw 为检索判例的例子。

二、Westlaw 英文案例浏览与阅读

浏览(Browse)相当于传统图书馆学中的目录,其最大的优点是分门别类地展示数据库的概貌。也就是说通过浏览途径,自上而下、自一般到具体、从总体到个别去了解内容。反之,检索(Search)则直接检索某一具体的内容,如某个词、某本书、某条法律条文以及某个案例,等等。

(一)Westlaw 案例浏览

1. 案例版块浏览

Westlaw 案例浏览分美国案例版块和其他国家案例版块浏览。

(1) 美国案例

浏览美国案例的方法：在 Westlaw 主页，点击"All Content"（全部内容）标签，然后点击 Cases 进入美国案例页面（见图 11-14）。

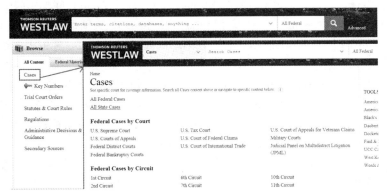

图 11-14　Westlaw 主页浏览美国案例

(2) 美国以外的国家或地区案例

浏览美国以外的案例，通过 Westlaw 首页逐级进入有两种途径：

途径一：All Content——International Materials——Jurisdictions——选择国家或地区——Cases，再浏览不同主题和不同案例报告（库）中的案例；

途径二：All Content——International Materials——Content Types——Cases——International Cases——选择国家和地区，再逐级浏览不同主题和不同报告（库）中的案例。

以英国为例，通过以上两种途径进入英国案例库后，可知其案例是按照不同的部门法（不同的法律报告）以及按照不同的主题组织的（图 11-15）。进入某一具体的案例库后，直接进入高级检索页面。

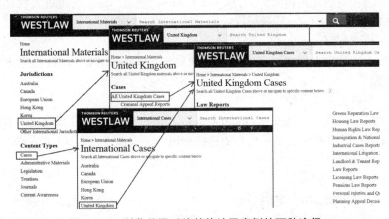

图 11-15　浏览美国以外其他地区案例的两种途径

2. 美国案例组织

在 Westlaw 从浏览开始,点击"All Content"(全部内容)标签,然后点击"Cases"进入美国案例库(ALLC ASES)页面。

美国案例库依次按照联邦法院案例(Federal Cases by Court)、联邦巡回法院案例(Federal Cases by Circuit)、各州案例(Cases by State)、美国其他司法辖区案例(Cases—Other U. S. Jurisdictions)、各主题的案例(Case by Topics)等五大版块组织。

(1) 联邦法院案例(Federal Cases by Court)

目录下有:美国最高法院、美国上诉法院、联邦地区法院、联邦破产法院、美国税务法院、美国索赔法院、美国国际贸易法院、美国退伍军人索赔上诉法院、军事法院、多地区诉讼司法小组等。便于用户根据不同的联邦法院去浏览与检索案例。

(2) 联邦巡回法院案例(Federal Cases by Circuit)

目录下依次按第 1 至第 11 巡回法院、哥伦比亚特区巡回法院和联邦巡回上诉法院等次序组织。

(3) 美国州案例(Cases by State)

该版块汇编了按字母顺序组织的美国所有州的案例,各州案例又包括各州的联邦法律案例和各州法律的案例。一个文档就是一个法院判决。

(4) 美国其他司法辖区案例(Cases—Other U. S. Jurisdictions)

该类按照关岛、北马里亚纳群岛、波多黎各、部落、英属维尔京群岛顺序组织。

(5) 各主题的案例(Case by Topics)

该类下按字母顺序依次有如海事与海商法、动物法、反垄断、破产、民事权利等共 40 个主题或部门法的案例。

3. 美国案例逐级浏览

当逐级浏览进入某一个法院案例库页面后,含三个部分:检索、案例库简介、最新案例列表(10 个)。这三部分都有更进一步的链接使用。

以美国最高法院案例库为例,从"All Content"进入"Cases",再进入联邦法院案例(Federal Cases by Court),最后进入美国最高法院界面。

(1) 检索部分

界面上端是检索框,"Search"后是高级检索"Advanced"的入口(检索方法将在下文介绍)。

(2) 法院案例库介绍

检索框下的"U. S. Supreme Court Cases"名称下,介绍美国最高法院案例库的案例起于 1790 年,并有代表更多信息的链接标识"i",点击进入后,可了解该法院案例库的相关详细信息。

(3) 最新案例列表

该法院最近的 10 个案例会显示在列表上。每一案例可点击直接进入阅读。2016 年 1 月 28 日访问时,最近 10 个案件列表中第一个案件是 2016 年 1 月 25 日处理的伊勒姆(Elem)诉美国穿越航空股份有限公司(AirTran Airways, Inc.,以下简称穿越航空)一案。

(4) 浏览阅读具体案例

进入案例,快速浏览名称、法院、日期和引称索引号码,还可了解法庭意见以及案例所援引法律法规及其他案例。通过阅读可知这是一件没有判决结果发回重审的案件(见图11-16)。

(二) Westlaw 案例阅读

1. 快速浏览案例摘要

像通过司法辖区逐级进入某一法院浏览阅读具体案例一样(见图11-16),快速浏览案例摘要也可以通过主题途径来浏览同一专题的案例。

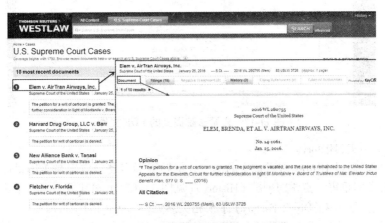

图 11-16 美国最高法院具体案例浏览

主题途径浏览方法是从"All Content"进入"Cases",再进入美国案例中的各主题案例库(Topics Cases),最后浏览到破产法案例(Bankruptcy Cases),有三个功能:得知该案例库包括所有自 1789 年以来的联邦破产案例、包含最新 10 个破产案例的列表和检索破产案例的搜索引擎。

2. 案例阅读部分功能工具简介

(1) 关键引用旗(KeyCite Flag)

关键引用旗是服务于 Westlaw 的引用研究工具,用来标识某法律是否有效,某判例是否可用。红色旗帜,提示本案例至少它所包含的一个法律观点已经不再适用。黄色旗帜,提示本案例尚未被推翻,但是曾被提出异议。蓝色条形旗帜,表明本案例被上诉至美国上诉法院或者美国最高法院(不包括机构提出的上诉)。

(2) 归档(Filings)

通过"Filings"可知所要了解案例提交的档案。仍以图 11-16 伊勒姆诉穿越航空一案为例。

如果要进一步了解案件详细情况可点击"filings",可获得该案提交到美国最高法院的文件列表,并进一步获得列表中的 PDF 格式文件(图 11-17 是图 11-16filings10

个文件中的一个)。

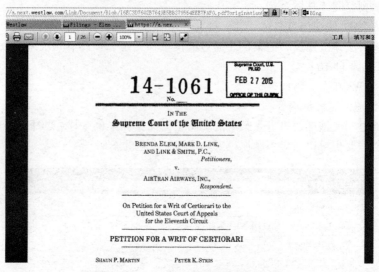

图 11-17　查看法院提交的 PDF 文件

(3) 历史(History)

还可以通过 History 查看该案的历史。伊勒姆诉穿越航空案是美国最高法院未结案例,发回重审。点击"历史"(History)(见图 11-18)可知其诉至美国最高法院之前的 2 个直系历史(Direct History),1 个相关参见(Related References)。

图 11-18 的直系历史中,第一段历史是引称号为"767 F. 3d 1192"的中层法院(Intermediate Court)A 案,即 2014 年 9 月 23 日,在美国上诉法院第 11 巡回法庭上,穿越航空诉伊勒姆案例法律点不适用(红旗);第二段历史是 B 案,即 2016 年 1 月 25 日,最高法院发回重审没有结案的本案。

若再通过 A 案链接,或直接用引称号检索,进入美国上诉法院第 11 巡回法庭案例,可以了解该案件在该中层法院的审理情况。进入后点击其历史功能工具"History"可知,其历史图谱与最高法院的 B 案历史图谱相同(见图 11-18)。

(4) 异议描述(Negative Treatment)

异议描述与关键引用旗(KeyCite Flag)相连,是 KeyCite 的一部分。它是对案例中异议的描述和链接。上图中 B 案未了结,异议(Negative Treatment)描述工具不可用,而 A 案有结果,异议描述工具可用,点击可了解对案例有异议的描述和链接。在异议描述中,B 案虽未结案,但美国最高法院是最有异议的最负面的"Most Negative"(见图 11-19)。

(5) 引用该案件之相关资源(Citing References)

案例引用中提供引用了该案例的其他案例、行政资料、二次文献、摘要和其他法庭材料,能够说明其效力情况。

① 进入引用页面。点击穿越航空诉伊勒姆案(767 F. 3d 1192)的"Citing Refer-

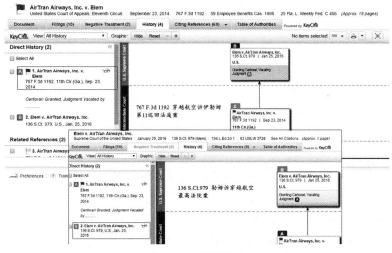

图 11-18 案例历史

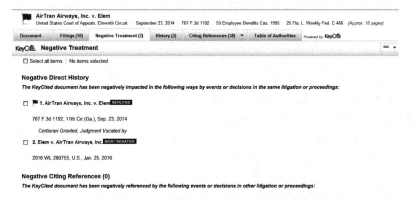

图 11-19 异议描述（Negative Treatment）图

ences"按钮,进入引用页面,页面就会显示引用了案例的相关文献 38 项。其中案例 8 个,书刊论文等法律二次文献有 18 项,上诉法院文件 12 项(见图 11-20)。

② 排序(Sort By)。点击工具栏的 Sort By 按钮,可以改变引用文献的排列顺序。排序方法有 2 种 4 项,即引用讨论程序的深浅排序(Depth:Highest First,Lowest First)和引用讨论时间的先后排序(Date:Newest First,Oldest First)。

③ 筛选(左侧 VIEW 和 NARROW)。

筛选方式有三种:一种是在左侧专栏的 Search within results(结果中搜索)搜索框中输入术语;另一种在左侧专栏中选择文献种类,案例(Cases)、二次文献(Secondary Resources)、上诉法庭文件(Appellate Court Documents)比如案例;第三种就是直接在"Citing References"按钮旁边的选项中选择。

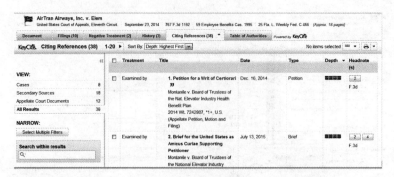

图 11-20　引用该案件之相关资源（Citing References）

④ 引用讨论行为（Treatment）

从上图引用该案（767 F.3d 1192）的资源列表中可知，对该案的引用行为有审查（Examined by）、讨论（Discussed by）、引用（Cited by）以及二次文献的"-"。比如在 2014 年 12 月 16 日美国最高法院的"2014 WL 7242807"一案的调卷申请文件（Petition for a Writ of Certiorari）中提到该案是被审查的（Examined by）。

⑤ 关键引用讨论程度（Depth）

上图引用该案的资源列表中，有程度（Depth）栏，即（KeyCite Depth of Treatment Bars）。该栏显示引用该文献的案例、行政决定或摘要对该被引用案例的讨论程度。

四条绿杠，examined，表明引用该文献的案例、行政决定或摘要对该被引用案例进行了深入的讨论，篇幅通常超过一页纸；三条绿杠，discussed，表明引用该文献的案例、行政决定或摘要对该被引用案例进行了实质的讨论，篇幅通常超过一个自然段，但是少于一页纸；两条绿杠，cited，表明引用该文献的案例、行政决定或摘要对该被引用案例进行了讨论，幅度通常少于一个自然段；一条绿杠，mentioned，表明引用该文献的案例、行政决定或摘要提及了该被引用的案例，通常是在一串引用中。

⑥ 要点注释（Headnotes）

Headnotes 栏中注明了该资源的法律要点，鼠标停留时，显示法律要点的具体内容，及在《美国法典注释》中的章节条款标识。

（6）参考判例（法庭文件）权威性列表（Table of Authorities）

通过权威性列表（Table of Authorities）可以迅速了解该案所援引参考的判例和法庭文件的权威性情况。建议参考红旗和黄旗相关联的参考文件中的法律点要小心。列表有三种排列方法：参考的深浅、引用的先后以及判例名（或法庭文件名）的字母顺序（见图 11-21）。

穿越航空诉伊勒姆一案参考了 39 个判例（Case）和 2 个上诉法院文件（Appellate Court Document）。这些判例和法院文件中曾经被其他案例参考使用的行为有检视（Examined by）、讨论（Discussed by）、引用（Cited by）、取消认可（Abrogation Recognized）、有别于（Distinguished）、拒绝遵从（Declined to Follow）。

以其参考列表中的美国上诉法院第 7 巡回法庭 2014 年 3 月 12 日判决的"Cen-

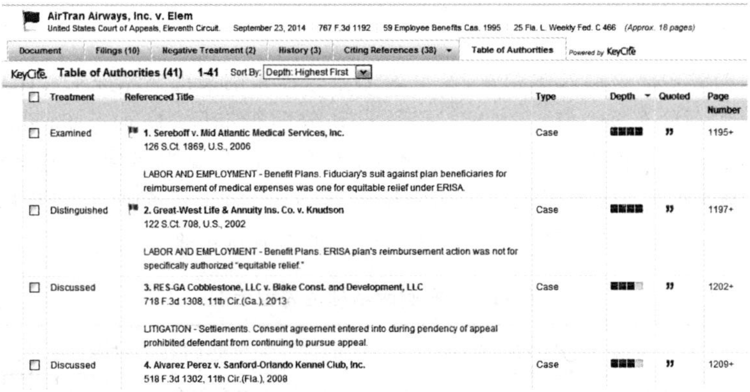

第十一章 法律案例的检索

图 11-21 援引他案或法庭文件权威性列表

tral States, Southeast and Southwest Areas Health and Welfare Fund v. Lewis(745 F. 3d 283)"一案为例。该案列表中标明黄旗,并有附加信息表明该案于 2014 年 10 月 1 日的 Docks Venture,L. L. C. 诉 Dashing 太平洋集团有限公司(Docks Venture, L. L. C. v. Dashing Pacific Group, Ltd,141 Ohio St. 3d 107)案中,被拒绝遵从。列表中显示,判决于 2004 年 8 月 24 日的 Popowski 诉 Parrott(461 F. 3d 1367)案,也标有黄旗。其黄旗的含义是指在 2010 年 9 月 2 日的 Epolito 诉 Prudential 公司(Epolito v. Prudential Ins. Co. of America,737 F. Supp. 2d 1364)案中没有被遵从(Not Followed as Dicta)。

(7)打印(Print)、传送(Deliver)等其他获取文献工具

打印和选择传送方法按钮,可对获得的案例材料,通过邮件、打印或者下载的方式取得。其他如查询历史、保存文献至文件夹等普遍适用的功能工具在此不赘述。

三、Westlaw 案例检索方法

(一)WestSearch 搜索方法概述

每一次使用 Westlaw 进行的检索都会从主页开始。Westlaw 的检索框(包括高级检索),都嵌在任何一类或一个具体数据库的主页,并且随时通过一级一级的回路链接,以及"Westlaw"的主页链接,回到某数据库及起始主页检索。在每一页最顶端的搜索框,都可以通过全文搜索引擎完成不同类型的检索任务。基础检索即页面顶端的搜索框可以搜索的类型根据提示(Enter terms, citations, database, anythings…)有:引称、多个引称、当事人名称、关键引用、出版物或数据库、术语和连接词、自然语言即描述型词语。

如在 All Content 主页的搜索框,输入某人姓名 Smith 或"诉某人(v. Smith)",可以得到正文搜索的结果:Smith 74875 个或"诉 Smith"50793 个,包括案例、法律法规(某法律法规中的案例注释)、法庭文件、二次文献等等(2016 年 1 月 29 日搜索)。但如在案例(Cases)主页的搜索框中搜索则结果皆为案例。

(二) 名称搜索法

1. 案例库名称搜索法

在基本检索框中输入案例库名(见表11-1),搜索引擎即显示提示。比如在搜索框中输入案例库名称"ALL-RPTS",引擎自动分两行询问"Looking for this? United Kingdom Cases"。如果点击第二行的数据库全称即进入该数据库搜索。"ALL-RPTS"是判例报告全集。该数据库内容始于1865年,收录了英国、欧盟及其成员国、欧洲其他国家、世界其他国家(地区)的法院的所有判例报告。

表11-1 案例库名称及内容示例

案例库名	案例库全称	案例库内容及范围
ALLCASES	All Cases	美国联邦案例和各州案例集。
ALLFEDS	All Federal Cases	美国联邦案例全集(1790年以来的美国最高法院、上诉法院、巡回法院、赔偿法院、地区法院、破产法院、与联邦有关的领土法院和军事法院)。
ALLSTATES	All State Cases	美国州判例报告汇编,本数据库内容始于1658年,是美国50个州法院和哥伦比亚特区的地方法院的案例。一个文档就是一个法院的判决。
SCT	All U. S. Supreme-Court Cases	美国联邦最高法院案例全集(自1790年以来)。
SCT-BRIEF	U. S. Supreme Court Briefs	美国最高法院律师诉讼辩护意见书。
SCT-BRIEF-ALL	U. S. Supreme Court Briefs, Petitions & Joint Appendices	美国最高法院诉讼辩护意见、上诉书及相关附件等。
CTA	U. S. Courts of Appeals Cases	美国上诉法院案例集,该数据库包括1891年以来美国上诉法院的案例。
UK-CASELOC	United Kingdom Case Law Locator	1865年以来英国和欧盟的案例。
EU CASES	European Union Cases	欧盟案例汇编,欧盟法院的判决和命令。判决始于1954年,第一审法院案例始于1989,来自欧盟官方杂志的法院判决和命令始于1985年。
CAN-ALLCASES	Canada Cases and Decisions	加拿大案例汇编,部分始于1825年,但绝大多数始于1977年。
AU-ALLCASES	Australia Cases	澳大利亚判例汇编。
HK-CS-ALL	Hong Kong Cases	香港案例报告汇编,内容始于1905年。
S. Ct	Supreme Court Reporter	《最高法院判例汇编》。

2. 案例名称搜索法

只要在搜索引擎中输入案例名称,就可直接搜索出有关某案例的所有资料。比如,如果在 WestlawSearch 中输入案例名称"格列斯伍德诉康涅狄格州案"(Griswold v. Connecticut),就可搜索出有关该案的一次和二次法律资源。在搜索结果的主页上直接显示该判例,在左侧则会显示在不同类型的资源中的结果数量。用户可根据需要点击获取不同类型的文献。

案例库内搜索,即进入案例库后再输入案名,则搜索出有关该案的法院判决、案例报告以及辩护意见等相关判例的原始文献。搜索的结果会显示在左侧,显示不同层级的法院以及不同主题的案例库中的结果数。

3. 当事人名称搜索法

步骤1:检索判例中提到当事人的案例。在案例库中的搜索框内输入某一方当事人或双方当事人的名字即可。如要检索当事人为"Villegas"的案例,直接在案例检索框中输入名字(见图11-22),即可检索出判例正文中提到 Villegas 的案例4307件(2016年2月3日检索)。

图11-22 当事人名称检索

主界面中是按相关度默认显示的案例列表,也可以根据引用最多、使用最多及时间顺序进行重新排序。由于基础检索框默认全文检索,因此,选择相关度排列的结果,所得出的列表比较切合检索要求。它首先显示的是当事人为 Villegas 的案例资料,而不会是正文中提到其他人 Villegas 的案例。

界面的左侧是其他筛选选项,如辖区、时间、法规、主题(刑事案、民事案还是移民案等)、法官、律师、律师事务所、钥匙码、当事人、案卷号等。

步骤2:检索当事人所涉案例。要查案例真正的当事人有 Villegas 的案例,则在左侧选择当事人"Party"进行筛选输入"Villegas",点击继续,再点击"Apply Filters",检索到当事中有 Villegas 的案例583件(2016年2月3日检索)。

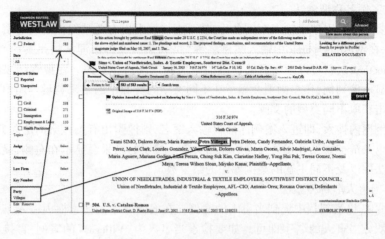

图 11-23 当事人的判例检索

图 11-23 中使用当事人(Party)筛选,就从提到当事人的案例中,筛选出案例当事人包括 Villegas 的案例文件。图 11-23 是按相关度排列的最后一个案例(583 of 583 results)。

(三)案例引称检索法(Find by Citation)

1. 案例引称号检索

案例援引(Case Citation)是判例法地区法律专业人士惯用的一个引证系统。该系统是用来确定识别过去的法院的判决、法律报告,并通过援引所确定的判例,来证明或反驳某观点。一般情况下,当受理上诉的法官判决某案时会写一份解释判决结果的法院意见书。法院意见书经出版机构汇集以法律报告丛书的形式出版。

每个判例在出版的法律报告中的定位号即为案例引称号。不同的司法辖区案例援引的格式各不相同。一般案例的引称号为:"卷号+报告名缩写+案例的始页",比如引称号"381 U. S. 479"的含义是指在《美国案例报告》(United States Reports)第 381 卷的 479 页的格列斯伍德诉康涅狄格州案(Griswold v. Connecticut, 381 U. S. 479(1965))。

不过也有在法院意见书还未出版,公布于网络或主要法律数据库的案例可供引用。这类案例也有不同的缩写表示,如"WL"表示 Westlaw 数据库中美国最高法院的材料。图 11-16 美国最高法院具体案例浏览的伊勒姆诉穿越航空案(——S. Ct——, 2016 WL 280755)是一个被美国最高法院拒绝发放调卷令的案例。

2. 多个引称同时检索法

可以用多个案例的引称号同时检索出多个案例。方法类似单个案例引称号检索,只不过在不同的案例引称号之间加上分号";"。同样,也可以检索非案例引称文献,如在检索框中输入"213 F. 3d 773;228 F. Supp. 483;127 sct 2162;95 Harv. L. Rev. 2015"(见图 11-24)可获得判例资源和学术研究资料。

第十一章 法律案例的检索

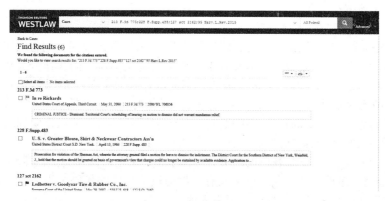

图 11-24　多个引称同时检索法

（四）关键引用（Keycite）检索法

关键引用检索法是 Westlaw 独家提供的引文研究工具，以独特的符号作注记，包括前文所述的关键引用旗、关键引用讨论程度以及异议描述等帮助用户迅速评估引用信息。通过 Keycite 的使用可以让用户快速地找到法律内容，了解法律来龙去脉以及最新法律状态。

如果想要查询某一案例关键引用的情况，即了解某案是否仍然适用，帮助用户查找支持自己观点的案例，可以直接在检索框中输入"Keycite 93 sct 1817"或者"kc: 93 sct 1817"，点击"search"后直接进入到 93 SCT 1817 案的 Keycite 界面即异议描述（Negative Treatment）界面，通过关键引用旗及其具体描述了解案例适用与否等情况（见图 11-25）。

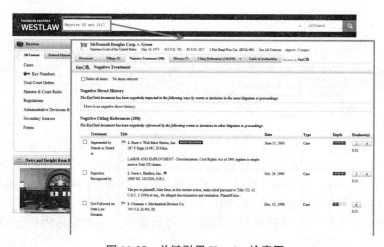

图 11-25　关键引用 Keycite 检索图

（五）案例检索法

1. 钥匙码系统（Key Number System）

钥匙码系统是美国法院和汤森路透旗下 West 公司的律师编辑们将法律眉批分类整理而共同研发的一套法律分类标准。该系统将美国所有的法律分为 400 多个法律专题（Legal Topics），再逐级细分代表不同法律点的主题（subtopics），直到最底层有约 10 万个法律要点（points of law）。每个具体的法律点都被给定一个唯一的代码，即钥匙码（Key Number）。当用户点击某个钥匙码链接，就可以检索到与该钥匙码对应的不同案例的裁判要点。

钥匙码系统的表述与我国的图书分类体系中的主题法体系类似，实际上就是庞大的主题间的隶属关系。我国分类法有字母与数字组成的代码标识表示类目的代号，但主题法体系中还没有代码标识来表示。

2. 钥匙码系统检索方法

首先，访问钥匙码检索系统，既可以通过首页"Tools（工具）"标签访问 West Key Number System 系统，也可以通过浏览 all content 点击"Key Number"进入 West Key Number System；第二，浏览相关主题与钥匙码；第三，使用搜索框，进行相关的法律问题搜索，如输入关于"学生资助"（Student financial aid）的问题，有 10 条检索结果都是钥匙码及其主题隶属关系（图 11-26 只截下 6 条结果）。

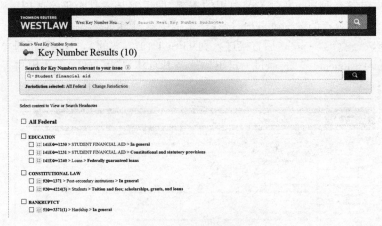

图 11-26 钥匙码检索

点击有关"学生资助"的 10 个钥匙码中的一个 4224（3）中的"Tuition and fees; scholarships, grants, and loans"后，就会出现有关学生学费、奖学金与补助及助学贷款法律点的案例 70 个（见图 11-27，2016 年 2 月 4 日检索）。

在检索结果中，可以继续通过左侧限定，进行更为详细的钥匙码（子主题）、时间、司法辖区、文献类型的筛选。

3. 钥匙码系统的法律点（Points of Law）与判例的关系

Westlaw 所收录的判例都被提炼出多个判决要点（Case headnotes），即法律点。这些判决要点之间形成一个枝杈相连、相属庞大的体系。每一个判决要点都与法律

第十一章 法律案例的检索

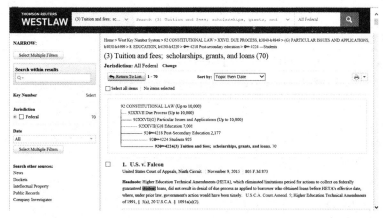

图 11-27 钥匙码检索案例

点相对应,并形成枝权相连点的庞大系统,与钥匙码系统对应。钥匙码系统也可以被看作是裁判要点的分类系统。

用户可以通过钥匙码系统迅速寻找到与某一特定法律要点相关的法律眉批和相应的判例;也可以通过具体的判例中的判决要点的钥匙码,了解某法律及其相关的内容。用户既可根据相关主题或钥匙码,向下具体了解法庭在讨论相关主题时所使用的法律术语和内容,也可向上了解法律实体与程序内容。总之,用户在庞大的判例法体系之中进行有条理的检索,就可检索到该主题相关的所有已出版文献,并通过筛选获得具体需要的文献。

以图 11-27 为例,点击进入第一个案例"U. S. v. Falcon(805 F. 3d 873)",可以看到 Westlaw Headnotes 有关该案的判决要点(表 11-2)。

表 11-2 钥匙码、法律点与判决要点对应关系例表

对应的法律点及成文法条款	钥匙码	判决要点	中文
Constitutional Law;U. S. C. A. Const. Amend. 5(略:美国宪法第五修正案有关实体内容的条款。)	92	Constitutional Law	宪法
	92XXVII	Due Process	正当程序
	92XXVII(G)	Particular Issues and Applications	特殊问题及应用
	92XXVII(G)8	Education	教育
	92k4218	Post-Secondary Education	中学后教育
	92k4224	Students	学生
	92k4224(3)	Tuition and fees; scholarships, grants, and loans	学费和杂费;奖学金,助学金,贷款

（续表）

对应的法律点及成文法条款	钥匙码	判决要点	中文
Education；20 U.S.C.A. §1091a (a)(2)（略：1991年高等教育技术修正案的第三章a款相关条款。）	141	Education	教育
	141EVII	Student Financial Aid	学生资助
	141Ek1238	Loans	贷款
	141Ek1242	Collection of loan debt in general	一般贷款债务集
Constitutional Law；U.S.C.A. Const. Amend. 5（略：美国宪法第五修正案有关程序的条款。）	92	Constitutional Law	宪法
	92XXVII	Due Process	正当程序
	92XXVII(E)	Civil Actions and Proceedings	民间诉讼及程序
	92k3971	Time for proceedings；limitation or suspension of remedy	程序时效；限制和中止救济

点击任何一个钥匙码和左侧的法律点，都可以获得与该钥匙码相关的各种案例；点击左侧的成文法条款链接，就可获得《美国法典注释》中的成文法条款。

（六）自然描述语言与布尔逻辑连接符扩展符检索法

1. 描述型语言检索

自然描述语言检索，就是直接将描述型语言输入检索框中进行检索，如"Can a municipality be held liable for civil rights violations by its employees"。这种检索相当于初级检索，检索结果过多，需要进一步筛选。

2. 术语与连接扩展符逻辑检索

术语与连接扩展符检索（Connectors and Expanders）是利用布尔逻辑符（Boolean），来表达检索词之间的关系。术语与连接符检索方法，实际上是高级检索方法的自由使用。因此，使用布尔逻辑检索方法，需要了解连接符的含义。如果希望检索的两个术语出现在同一句话或者同一段内容中，可以分别用"/s"和"/p"放在两个检索词之间；如果希望两个单词之间的距离为n个单词之内，则可将"/n"置于两术语之间。当然还有表示字段限定、连接、扩展的符号（＋，％，！）。如"district court/s judgment"表示两个术语在同一句中。

比如，欲检索地区法院关于学费的判例，在检索框限定"地区法院"与"判决"检索词在同一句中，并且包含学费的词组"Tuition and fees"。这里用了3种连接符表达"s/""&"及引号来达到检索目的。当用这种方式检索时，检索框自动指引为高级检索"adv："（见图11-28）。

第十一章　法律案例的检索　　313

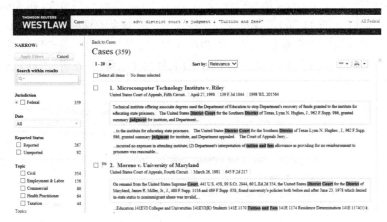

图 11-28　连接扩展符案例检索

（七）案例的高级检索

1. 高级检索界面

高级检索版面能够快速建立精确的查询方式，在特定辖区内更快定位到特定内容，在文档中更快定位到特定信息。方法是：进入案例库 case 后，点击搜索框的搜索键旁边的"Advanced"图标，进入高级检索固定制式的界面（即直接在高级版中填空），该界面有二十多个字段供检索填写。界面的右侧则有对 Boolean 连接符与扩展符的解释和字段的案例对应解释（见图 11-29）。

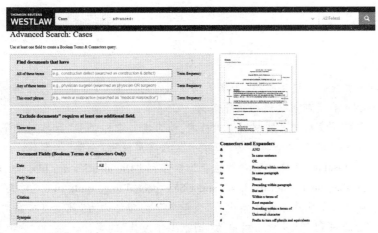

图 11-29　高级检索界面

2. 检索字段与在判例文件中的对应关系

Westlaw 的高级检索界面是固定制式的界面，即根据要求在不同的固定栏目填上内容。高级检索分两大检索功能，一是根据逻辑"和""或"以及"非"填写检索词或词组检索文件；二是根据字段填写要检索的内容即可，比如在 Date 框来限定产生文件的时间范围,在 Citation 填写引证号,在 Party Name 框填写当事人,在 Attorney 字段填写律师等(见图 11-30)。像这样的字段还有二十多个。这些字段与法庭文件对应的段落,在高级检索界面右边的一个 PDF 文件中,都有说明。点击图标进入链接出现如图 11-30 的界面(下图仅显示了陪审团、律师和律师事务所、法庭观点、法官等字段)。

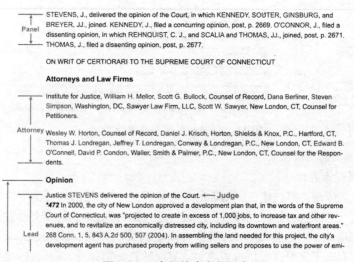

图 11-30　高级检索字段示意图

1. 请根据最高人民法院《关于案例指导工作的规定》发布的指导性案例的公布途径,查找相关自己研习主题的指导案例。

2. 请在中国裁判文书网利用高级检索,检索案件名称含有"巨额财产不明"、案件类型为"刑事案件"、文书类型为"判决书"、法院层级为"全部"的案件。

3. 请在 Westlaw,用陈述式自然语言检索含有 "Dictionaries are like watches; the worst is better than none, and the best cannot be expected to go quite true." 的案例文件。

4. 请在法宝案例库中检索案由为"受贿罪"、终审结果为"死刑复核案例"、权责关键词为"数罪并罚"以及核心术语为"国家工作人员"的案例。

5. 请在 Westlaw 中检索马伯里诉麦迪逊案(Marbury v. Madsion),本案 West Headnote 中第 15 个判例摘要概述是什么?

6. 请在 Westlaw 美国管辖下,检索主题为固定词组的"Abuse of Right"的相关判例,被使用次数最高(Most Used)的一篇判例名称是什么?该案例的历史关系中 Direct History 文件共有几篇?

7. 请在钥匙码系统里面查询到 Trademarks 主题下 Implied License 有几个相关判例可供研究参考?

8. 美国最高法院 2015 年 6 月 26 日就同性婚姻案 same-sex marriage 作出历史性判决,认定《婚姻保护法》中阐释婚姻为"一男一女结合"的定义违宪。请利用 Westlaw 找到此判例名称。

罗伟主编:《法律文献引证注释规范》,北京大学出版社 2013 年版。

第十二章 网络资源检索

第一节 网络信息资源

网络信息资源是指以电子数据的形式将文本、图像、声音、动画等多种形式的信息存放在光磁等非印刷型载体的介质中,并通过网络通信、计算机或终端等方式再现出来的电子信息资源。网络信息资源将分布于世界各地原本相互独立的数据库、信息中心、文献中心等联结在一起,形成一个内容与结构全新的信息整体。网络信息资源的覆盖面极其广泛,涉及科学技术、社会、经济、教育等几乎所有的人类活动领域。要在如此众多的网络信息中发现自己所需要的信息,依靠单纯的手工检索不可能实现。网络信息资源的浏览与检索必须遵循一定的方法,并借助一定的搜索工具,如搜索目录、搜索引擎等。

一、网络信息资源的特点

网络信息资源是通过网络产生和传播的数字化资源。在 Internet 这个信息媒体和交流渠道的支持下,网络信息资源日益成为人们获取信息的首选。与传统信息资源相比,网络信息资源在数量、结构、分布、传播范围、类型、载体形态等方面呈现出许多新的特点与优势。

(一) 网络信息资源的优势

1. 数量巨大,内容丰富

网络信息涵盖各行各业,包括不同学科、不同领域、不同地区、不同语言的各种信息。对于科研人员来说,网络信息内容广泛性的意义显得格外重要。他们可以通过网络获得相关学科领域的最新科研成果、项目进展报告、产品目录等。此外,在网络上人们可以查看股票行情、阅读新闻、倾听音乐、观看电影甚至是拨打网络电话与朋友聊天。

2. 传递快捷

网络信息以电子、光学信号进行传播,传播信息的时间几乎可以忽略不计,信息流通速度大为加快。

3. 更新及时,时效性强

网络信息可以随时发布,可根据需要不断扩充,因此网络信息大多是动态的、变化的,具有很强的时效性。如股市行情、科研的最新资料和最新动态、网络新闻等。

4. 形式多样

网络信息兼备了文本、声音、图像、动画等多种表现形式的特点,给用户带来了生动、直观的感受,而且它是以超媒体和超文本的形式组织起来的。

5. 交互性强

网络信息资源的一大特点就是网络所带来的交互性。由于网络是一种双向媒介,它的传播模式不是一点对多点,而是多点对多点,因此人们随时可以在网络上交互信息。

6. 关联度强,检索快捷

网络信息资源利用超文本链接,构成了立体网状文献链,把不同国家、不同地区、各种服务器、各种网页、各种不同文献通过结点链接起来,增强了信息间的关联程度。各种专用搜索引擎及检索系统也使信息检索变得方便快捷。

(二) 网络信息资源的劣势

从以上网络信息资源的特点,我们可以体会到网络给信息存储与检索带来的巨大变革。但是这浩如烟海的信息资源带给我们的不仅仅是欣喜,同时也带来了一些难题。网络信息资源是在一个几乎绝对开放的环境里产生并发展起来的,其信息容量的增长具有无序性。因此网络信息资源也具有一些自身的劣势,主要表现如下:

1. 分散、无序、不稳定

互联网是开放性的,通过 TCP/IP 协议将不同的网络链接起来。目前,网络信息资源的组织管理没有统一标准和规范。任何个人或组织都可以在网络上发布信息,从而使网络成为一个信息量巨大,却又分散、无序、不稳定的信息源。

2. 信息质量良莠不齐

任何个人或组织都可以在网络上发布信息,而对于发布的信息缺少质量控制措施,使得网络信息繁杂、混乱,质量良莠不齐,这给用户利用网络信息带来了很大的障碍。

3. 缺乏深度

虽然网络信息分布广、传播快、数量大,但信息内容缺乏深度,人们需要的有价值的背景性报道、分析性报道、预测性报道的数量很有限。

4. 缺乏组织

网络信息不像印刷型信息源那样,可以将其很好地组织起来,方便人们的查询利用。目前对网络信息的加工手段还非常有限,大部分是没有经过任何加工的原始信息。

(三) 网络信息资源的新变化

随着 Web2.0 时代的来临,网络信息资源的特点也随之发生了变化,呈现了与网络发展早期不同的特征。

1. 网络信息的新来源:用户生成内容

用户生成内容(User-Generated Content)是 Web2.0 环境下用户向互联网提供的内容。Web1.0 时代,互联网上的内容主要由专业的内容提供商提供,信息的发布权威化、中心化。而 Web2.0 增强了互联网的交互性,因此用户向网络贡献的内容越来越多,信息的发布呈现离散化、去中心化、非权威化、集体创作和协同创作等特点。

2. 网络信息构成的微内容化

微内容(Micro-content)来自于用户产生的各种数据,比如网络评论、图片、收藏的书签、喜好的音乐列表、想要做的事情、想要去的地方、新的朋友等。Web2.0 每天都生产众多的微内容,也消费着同样多的微内容,因此这些微内容的管理、维护、存储、分享、转移成为用户能否有效利用这种网络信息的关键。

3. 网络信息语义化

传统的 HTML 网页数据是没有语义标注的,其传达的语义要靠人来识别,这可能会使信息接受者理解的信息与信息提供者的原意大相径庭,并导致最终用户搜索效果的下降。而 Web2.0 下,出现了 Tag、资源相互关系的标注、根据资源的使用情况由机器自动赋予资源的标注等语义标注技术等。这些语义标注目前虽然还不能完全为机器所自动识别,但是可以做到语义匹配以及聚类等,同时还可以根据用户提供和关注的语义标注,对用户进行搜索习惯和搜索特性的记录。

二、网络信息资源的类型

网络信息由于数量庞大,内容广泛,形式多样,其类型划分一直没有统一的标准。可以将网络信息简单地分为三部分,即印刷型出版物的网络版;电子出版物的网络版;依托计算机网络环境,直接在网络环境中自由传递与存取的各种信息。还可以将网络信息源划分为非正式出版信息源、半正式出版信息源以及正式出版信息源。非正式出版信息源是指流动性、随意性较强的、信息量大、信息质量难以保证和控制的动态性信息源。半正式出版信息源是指受到一定产权保护但没有纳入正式出版信息系统中的信息源,有人称之为"灰色"信息源。正式出版信息源是指受到一定的产权保护,信息质量可靠、利用率较高的知识性、分析性信息源。

按照网络服务的类型,网络信息源可以分为 WWW 信息源、社会网络服务信息源、FTP 信息源、BBS 信息源、TELNET 信息源、Usenet 信息源、BT 信息源等。下面分别进行介绍。

(一) WWW 信息源

WWW 是 World Wide Web 的英文缩写,简称为 Web,中文译名为万维网。万维网并不是一种特殊的计算机网络,它是一个大规模的、联机式的信息储存场所。使用万维网可以很方便地从 Internet 上的一个站点访问另一个站点,能够从整个 Internet 上获取丰富的信息。

万维网的实现依托于应用层——HTTP/HTTPS。当用户在浏览器中输入一个 Web 地址(或 URL 地址)时,Web 浏览器将通过 HTTP/HTTPS 协议建立与服务器上的 Web 服务之间的连接,并将用户请求的信息返回到用户的浏览器上。

1989 年 3 月,欧洲原子核研究委员会(CERN)最先提出了万维网的设计,其目的是为了让居住在多个国家的物理学家更好地协同工作。1993 年 2 月,第一个名叫 Mosaic 的图形界面浏览器开发成功。1995 年著名的 Netscape Navigator 浏览器上市。目前最常使用的浏览器是微软公司的 Internet Explorer。

万维网是一个分布式的超媒体系统,它是超文本系统的扩充。一个超文本由多个信息源链接而成。用户可以利用链接,找到另外的信息源,而这又可以依次类推地找到其他的信息源。所谓的超媒体,就是不仅仅包含文本信息,还包含有诸如图形、图像、声音、动画、视频等信息。

万维网采用的是一种客户机/服务器的工作方式,人们通常所浏览的网页都是存放在服务器上的,所谓的服务器是指运行服务程序的计算机。浏览网页时,人们使用的是浏览器。当我们在浏览器中键入地址或者点击了页面上的链接时,浏览器的客户程序就向服务器发出请求,服务器响应了客户请求之后就会向客户发回所需要的 Web 文档。这就是 WWW 的简单工作原理。

万维网发展至今经历了两个阶段:Web1.0 时代、Web2.0 时代。

Web1.0 时代始于 20 世纪 90 年代,当时的互联网刚刚开放,先进的网络信息技术驱动了 Web1.0 时代的网络。由于技术的限制,网络用户扮演单纯的信息接收者的角色,而专业的网络内容提供商,如门户网站等,扮演着信息的组织者和发布者的角色。可以说,Web1.0 时代网络的特征在于信息的聚集、联合和搜索。这个时代万维网的典型应用有门户网站等。

Web2.0 时代出现在 2000 年互联网泡沫破灭之后,Web2.0 时代是互联网从静态网页集合,转变成为软件服务的载体的过程,博客、社区照片共享服务、集体编辑服务和社会性书签服务等以用户为中心的 Web 服务都是 Web2.0 时代的典型代表。Web2.0 时代网络的特征表现为去中心化、参与和共享、草根性、真实化等方面。

(二) 社会网络服务信息源

社会网络服务是指 Web2.0 出现之后,互联网上提供的具有更强的用户参与度和交互性的各种服务。用户的积极参与和互动让互联网上的服务具有了社会网络的特性。社会网络服务信息源是指用户参与度、互动程度高的社交网络服务中所形成的各种信息资源。

相对于其他网络信息源而言,社会网络服务信息源有其独特之处。

首先,从社会网络服务信息源的技术基础来看,这种信息源主要依托于互联网上的各种 Web2.0 应用而存在。例如,SNS 网站应用、维客应用等。这些应用的产生得益于 Web2.0 技术和思想的发展。

其次,从信息的内容角度看,社会网络服务信息源中的信息绝大多数是"用户生成内容"(UGC),即用户向互联网提供的信息。这种类型的信息质量良莠不齐,数量庞大。同时,信息的个性化很强,常常是某个用户或者某个团体组织在互联网上自己创造出来的内容(如文本内容、图片和视频内容等),或者是按照自己的喜好重新编辑的内容。其创作过程具有很强烈的个性化色彩。此外,社会网络服务信息源中的信息是在用户互动关系基础上流通的信息,是经过好友(或其他社会关系人)筛选的信息,信息的用户体验较高。

再次,从信息发布形式来看,社会网络服务信息源中,信息发布不是由专业的信息提供商集中、按时发布,而是由个体分散、随机地发布。此外,信息来源主体大多数是没有机构支持和商业背景的个体,信息发布的动机也仅仅是展示自己的特色和表达自己的想法,利益驱动性较弱。

这类信息源具体的实例如,体现社会协作的维客(Wiki)、CTS、社交网络服务(SNS)网站、微博等。

下面简单介绍一些典型的社会网络服务信息源。

1. 维客

维客是一种在网络上开放,可供多人协同创作的超文本系统,由沃德·坎宁安于1995年所创。使用者可以在网络基础上毫无障碍地对维客文本进行浏览、创建和删改。维基百科、百度百科等网络百科全书是维客思想的典型应用。基于维客思想的维基百科与传统百科全书最大的不同是,它通过鼓励大众志愿参与编撰来实现一个百科全书计划,而不是依赖少数专业学者来撰写条目。此外,维基百科是开放内容,允许不受限制地复制、修改。由于维基百科是由广大网民实时参与编写的,百科的内容是动态更新的。就像创始人威尔士所指出的那样,"维基百科永远不会完成"。

2. 协作标签系统

协作标签系统(Collaborative Tagging System,CTS)允许Web用户使用自然语言词汇对感兴趣的信息资源添加标签,以实现与他人共享所喜欢的网络信息资源和个人的信息资源的管理。著名的美味书签(delicious)便是标签类站点的典型代表,它提供了一种简单共享网页的方法,为无数互联网用户提供了共享和分类他们喜欢的网页书签的平台。

3. 社交网络服务网站

社交网络服务(Social Network Service,SNS)是指专为帮助人们建立社会网络的互联网应用服务。SNS网站的理论起点是于1967年由哈佛大学心理学教授Stanley Milgram提出的"六度分隔"理论,即通过"熟人的熟人"进行网络社交拓展。目前依据"共同话题""学习经历""出游目的地"等共同特性凝聚成的社区已经成为SNS网站的重要部分,针对特定人群的SNS服务也层出不穷。Facebook是美国著名的社交网站。在我国,比较著名的社交网站有开心网、人人网等。

4. 微博

微博(Mico-blogging)是微型博客的简称,是Web2.0时代兴起的一类开放式互联网社交服务。有学者认为,微博是一种社会化网络与微型博客的结合。微博上的信息绝大多数以用户发布为主,用户既充当信息的传播者又充当信息的接受者。由于发送便捷和字数限制(140字以内),微博信息的实时性强并高度浓缩。最早也是最著名的微博是美国的twitter。2009年8月,中国最大的门户网站新浪网推出"新浪微博"内测版,成为门户网站中第一家提供微博服务的网站。2013年1月,据中国互联网信息中心(CNNIC)报告显示,截至2012年12月底,我国微博用户数量达到3.09亿,网民使用率为54.7%。

（三）FTP 信息源

FTP(File Transfer Protocol)指文件传输协议。FTP 信息源是指在网络上通过 FTP 协议来传送信息的信息源。它是 Internet 上使用最广泛的文件传送协议，它的主要功能就是完成从一个系统到另一个系统的完整的文件拷贝。FTP 允许交互式访问，允许客户指明文件的类型与格式，并允许文件具有存取权限。FTP 很好地屏蔽了各种计算机系统之间的差别，非常适合于在异构网络中的任意计算机中传输文件。

在 Internet 发展的早期阶段，用 FTP 传送的文件约占 Internet 的通信量的三分之一，直到 1995 年，WWW 的通信量才首次超过 FTP。

FTP 的特点是只能复制整个文件，若要存取一个文件，就必须先获得一个本地的文件副本，如果要修改文件，只能对文件的副本进行修改，然后再将修改后的文件副本传回到原来的站点。FTP 也是采用客户机/服务器模式，一个 FTP 服务器进程可以同时为多个客户进程提供服务。

由于 FTP 的特性，它可以传输的信息内容非常广泛。一切可以用计算机存储的信息都可以通过 FTP 来进行传输，例如电子图书、电子期刊、电子报纸、电子版的论文以及软件、歌曲、电影，等等。

针对 FTP 信息源，有专门的 FTP 搜索引擎，其主要功能是搜集匿名 FTP 服务器提供的目录列表以及向用户提供文件信息的查询服务。现在还在使用的 FTP 搜索引擎有北大天网 FTP 搜索(http://bingle.pku.edu.cn)等。

（四）BBS 信息源

电子布告栏系统(Bulletin Board System, BBS)在国内一般称作网络论坛，是一个由多人参加的讨论系统，当浏览者进入讨论区后，可以浏览该区其他访问者留下的文章、问题和建议，也可以发表文章或回复他人。BBS 是一种网络信息源。其最大特点就是开辟了一块"公共"空间供用户读取信息。这些信息所涉及的领域几乎无所不包，不论用户的兴趣是政治、经济、军事还是文化，都可以在特定的 BBS 系统中或 BBS 的特定讨论区找到感兴趣的信息。

BBS 发展早期人们多使用 CTerm/FTerm/STerm 等终端软件登陆 TELNET BBS 站点进行访问。早期 BBS 的访问多基于远程终端协议——TELNET。用户使用终端软件可以在所在地通过 TCP 连接登录到远方的主机上。终端通过 TELNET 协议能把用户的击键传到远方主机，同时也能把远方主机的输出通过 TCP 连接返回到用户屏幕。

20 世纪 90 年代出现的万维网(World Wide Web)技术发展对 BBS 有很大的推动作用，出现了基于 Web 的 BBS。这种基于超文本传输协议(HTTP)的 Web BBS，使用户可以直接用 Web 浏览器阅读文章，无需 TELNET 登录，使用更加方便，表现力更强。从而，BBS 技术逐步走向成熟，BBS 的功能也不断得到扩展。BBS 逐渐被人们接受，并且开始流行。

虽然近年来随着 SNS 网站的兴起，传统的 BBS 论坛的发展趋势放缓。但是，目前高校 BBS 依然是高校学生获取信息、交换信息的重要途径。例如,"北大未名 BBS"是北京大学学生获取信息的重要来源。学生可以从 BBS 上获得课程、工作、娱乐、衣食住行等各方面的信息。

（五）TELNET 信息源

远程登录 TELNET 是一个简单的远程终端协议。用户使用 TELNET,可以在所在地通过 TCP 连接登录到远方的另一个主机上。TELNET 能把用户的击键传到远方主机,同时也能把远方主机的输出通过 TCP 连接返回到用户屏幕。这是一种透明的服务,因为用户感受到键盘和显示器似乎是直接连在远方的主机上的。

TELNET 也使用客户机/服务器模式。用户运行的是客户进程,远方主机则运行 TELNET 服务器程序。一旦用户使用 TELNET 登录到服务器上,就可以使用其全部开放资源。

TELNET 是一种非常好的信息共享工具,它可以很好地屏蔽各种计算机系统之间的差别。虽然 TELNET 的协议比较简单,但是应用领域却很广泛。前面提到,早期的 BBS 网站服务业使用的协议就是 TELNET 协议。除此之外,世界上很多图书馆、研究机构、政府部门都通过 TELNET 方式向公众提供联机检索服务,例如美国国会图书馆信息系统 LOCIS。

远程登录可以获取的资源包括硬件资源,如超级计算机、精密计算程序、图形处理程序以及大型数据库等信息资源。

（六）Usenet 信息源

Usenet 是全世界最大的电子布告栏系统,是一项通过网络交换信息的服务。用户服务组信息源包括:新闻组（Usenet Newsgroup）、邮件列表（Mailing List）、专题讨论组（Discussion Group）、兴趣组（Interest Group）、论坛（Forum）等。虽然名称各异,但实质上都是由对某一特定主题有共同兴趣的一组网络用户组成的电子论坛。在这个论坛中所交流的文章即是一封封的 E-mail,因此其本质就是电子邮件功能的进一步扩展,使人们能更便捷地进行多向交流。目前通过上述各种电子通信组形式传递和交流的信息构成了互联网上流行的一种信息资源,主要包括某个学科领域的新闻、研究动向、最新成果发布、交谈、释疑解惑、讨论、评论等,它是一种最丰富、最自由、最具有开放性的资源。其信息交流的广泛性、直接性是其他信息资源类型所不能比拟的。对于研究人员来讲,已经将其视为获取出版渠道以外的研究性信息的一个重要渠道,可以用于了解学术动态,参与讨论,还可活跃自己的创新思路,或就某些疑难问题或技术环节求助于同行的提示、参考意见,分享有益的经验,其直接、方便快捷、非正式等特点都对学术研究大有裨益。

使用 Usenet,可以通过一个特别的新闻阅读程序（又称新闻阅读器,Newsreader）阅读,也可以将 WWW 浏览器作为新闻阅读器使用。而邮件列表则可使用任何一种电子邮件系统来阅读新闻和邮件,并允许用户向能够作出响应的人发送邮件。它实际上是参加者的一份通讯录,每个参加者均可向这个群组发送邮件,Mailing List 再转发给组内所有的参加者,实现一对多的交互。

上述 Usenet 通常都具有以下功能:(1) 订阅该组;(2) 取消订阅该组;(3) 读取组中文章;(4) 发布文章至该组;(5) 跟随文章(在读取文章中加入心得或建议);(6) 回信;(7) 转信(将所读取的文章转发给其他人)。Usenet 除了上述几种功能外,另外一个重要的功能,就是下载软件和电影资源。Usenet 资源下载的最大好处是速度快,而且不暴露隐私。但是大部分的 Usenet 服务都是收费服务。

(七) BT 信息源

BT 是一种互联网上新兴的 P2P 传输协议,全名叫"Bit Torrent",中文称"比特流",最初的创造者是 Bram Cohen,现在已经独立发展成一个有广大开发者群体的开放式传输协议。用户通过获取 BT 种子文件,再使用 BT 下载软件就可以获得 BT 资源了。BT 种子文件是一个记载下载文件的存放位置、大小、下载服务器的地址、发布者的地址等数据的索引文件,它指引下载软件找到目标资源进行下载。

BT 信息源是现阶段用户获取电影、电视剧、软件等信息资源,尤其是规模较大的数据文件的重要途径。这些规模极大的文件如果通过传统的 WWW 和 FTP 方式传送,会受到存储文件的服务器的性能和通信线路的性能的限制。而 BT 下载是基于 P2P 的网络传输协议,用户在下载信息的同时也充当了信息的上传者,参与的人越多,相当于有越多的服务器,这便提高了传输速度。此外,BT 下载资源通常是免费的。因此,近年来 BT 信息源成为网络重要的信息源之一。

不过,由于 BT 没有统一的发布服务器,所以 BT 的内容发布都是分散的,用户如需要特定的 BT 种子文件,就要到各个 BT 发布网站上去查找。但是目前已有专门的 BT 种子搜索引擎,如 BT 搜搜(http://www.btyunso.com)允许用户一站式地检索网络中存在的 BT 资源。

三、网络信息检索

(一) 网络信息检索常用方法

要在网上获取信息,用户需要找到提供信息源的服务器。所以,首先以找到各个服务器在网上的地址为目标,然后通过该地址去访问服务器提供的信息。一般的检索方法可以有以下几种。

(1) 浏览(Browse)。一般是指基于超文本文件结构的信息浏览。即用户在阅读超文本文档时,利用文档中的超链接从一个网页转向另一个相关网页,在顺"链"而行的过程中发现、搜索信息的方法。这是在互联网上发现、检索信道的原始方法。这种方式的目的性不是很强,带有不可预见性、偶然性,可能会一无所获。因此这种做法只能满足个别的一时之需,相对于整个网络信息的发展,其检索功能似乎是微不足道的。

(2) 借助目录型网络资源导航系统、资源指南。为了对互联网这个无序的信息世界加以组织和管理,使大量有价值的信息纳入一个有序的组织体系,便于用户全面地掌握网络资源的分布,专业人员在对网络信息资源进行鉴别、选择、评价和组织的基础上开发出了可供浏览和检索的网络资源主题指南。综合性的主题分类树体系的资源指南,如雅虎等已是广为人知。而专业性的网络资源指南就更多了,几乎每一个学科专业、重要课题、研究领域的网络资源指南都可在互联网上找到。这类网络资源指南类似于传统的文献检索工具——书目之书目(Bibliography of Bibliography)或专题书目,其任务就是方便对互联网信息资源的智能性获取,对于有目的的网络信息发现具有重要的指导作用。其局限性在于:由于其管理、维护跟不上网络信息的增长速度,导致其收录范围不够全面,新颖性、及时性可能不够强;且用户要受标引者分类思想的控制。

(3) 利用搜索引擎进行信息检索。利用搜索引擎是较为常规、普遍的网络信息检索方式。搜索引擎是提供给用户进行关键词、词组或自然语言检索的工具。用户提出检索要求,搜索引擎代替用户在数据库中进行搜索,并将搜索结果提供给用户。利用搜索引擎进行检索的优点是:省时省力,简单方便,检索速度快、范围广,能及时获取新增信息。其缺点在于:由于采用计算机软件自动进行信息的加工、处理,且检索软件的智能性不是很高,造成检索的准确性不是很理想,离人们的检索需求及对检索效率的期望有一定差距。因此,一般可以用它来检索 Internet 上公开的、免费的信息。

(4) 基于 Web 的联机数据库检索。随着网络技术在数据库检索领域的应用,一些大型的联机数据库通过网络化改造,推出其 Web 版本。它使用 WWW 浏览器在 Windows 界面下交互作业,给用户揭示一篇篇文章的信息,有很强的直观性,也可以检索多媒体信息。Web 版数据库的检索是以超文本为基础,通过超文本的链接来实现的。同时,Web 版的文献数据库检索又将命令检索、菜单检索以及高级检索等方式融为一体,交互使用,集各种检索机制为一体,检索界面友好,有较强的易用性。

(二) 网络信息检索的过程

网络信息检索的过程可以用图 12-1 表示。

(1) 搜索引擎通过巡视软件自动搜集各种网络信息或者由人工搜索信息,然后由专门的标引软件或专业人员对搜集到的信息进行分类标引等处理,并把结果存入索引数据库。这是网络信息检索的前提条件。

(2) 搜索引擎通过 WWW 服务器软件为用户提供浏览器界面下的信息查询。用户根据需要,按照搜索引擎的检索规则,构造合适的检索表达式,并把检索要求输入检索界面中的检索输入框。检索界面为用户与搜索引擎的交互提供了条件。

(3) 搜索引擎对用户的检索提问进行适当的处理,如发现语法错误就返回用户进行更改,有的搜索引擎还能对检索提问进行智能化处理,如加入一些同义词等,然后将提问式与索引数据库进行匹配,并进行必要的逻辑运算。

(4) 搜索引擎将符合用户需要的信息以超文本链接的方式返回,并以 Web 页的形式显示给用户。用户浏览该 Web 页,查找感兴趣的相关信息,然后通过搜索引擎提供的链接直接访问相关信息。

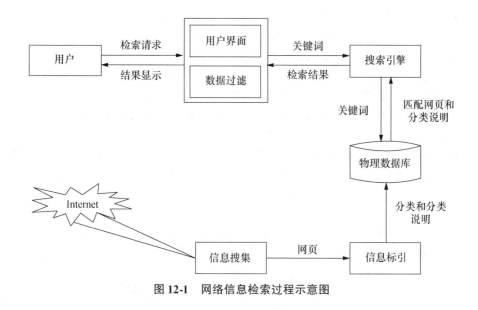

图 12-1　网络信息检索过程示意图

第二节　搜索引擎概述及应用

互联网的迅猛发展,使其所包含的信息数量急剧增长。在这样一个浩瀚无边的信息空间里,如何快速查找、获取所需的信息,已成为人们的迫切需求。为了帮助人们从网络世界中尽快将对自己有价值的信息搜索、挑选出来,网络搜索引擎应运而生,即搜索引擎是为了解决用户的搜索需求而出现的。根据搜索引擎的查询结果,用户就可知道所需信息所处的位置,然后便可获得该信息的详细资料。

一、搜索引擎的概念与原理

（一）搜索引擎的概念

搜索引擎的英文是"Search Engine",本身就蕴含着导航的意思。目前关于搜索引擎的概念阐述比较多,可以概括为广义和狭义两个方面。

广义的搜索引擎泛指网络(尤其是万维网)上提供信息检索服务的工具或系统。在网络环境下,搜索引擎所扮演的角色与传统的手工检索工具在印刷版时代所扮演的角色很近似,二者都是对信息资源进行搜索、发现、组织和整理,并为用户提供多种查询途径。因此,广义的搜索引擎又被称为网络检索工具。它主要面向网络信息资源,并通过 Internet 来提供检索服务。

狭义的搜索引擎是指一种能够根据一定的策略、运用特定的计算机程序从互联网上搜集信息,在对信息进行组织和处理后,为用户提供检索服务,将用户检索的相关信息展示给用户的系统。通常人们所说的搜索引擎指的就是这种狭义概念上的搜索引擎。搜索引擎并不真正地搜索互联网,它搜索的实际上是预先整理好的网页索引数据库。当用户查找某个关键词的时候,所有在页面内容中包含了该关键词的网页都将作为搜索结果被搜出来。在经过复杂的算法进行排序后,这些结果将按照与搜索关键词的相关度高低依次排列。

(二)搜索引擎的工作原理

看似简单的搜索引擎背后涉及包括信息检索、知识表示、自然语言处理、人工智能、计算机网络、分布式处理、数据库、数据挖掘等多个方面的内容。搜索引擎工作时首先对互联网上的网页信息进行搜集,然后对搜集来的信息进行组织,即对搜集来的网页进行预处理,建立网页索引库,实时响应用户的查询请求,最后建立检索机制,对查找到的结果按某种规则进行排序后返回给用户。搜索引擎通过客户端程序接收来自用户的检索请求,现在最常见的客户端程序就是浏览器,实际上它也可以是一个用户开发的简单网络应用程序。通常情况下,一个搜索引擎主要由搜索器、索引器、检索器和用户接口等部分组成,其基本结构如图 12-2 所示。

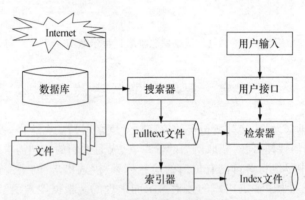

图 12-2 搜索引擎的基本结构

(1)搜索器。搜索器是一个自动收集网页的计算机程序,其功能是日夜不停地在互联网上漫游、发现和搜集信息。搜索器需要尽可能多、尽可能快地搜集各种类型的新信息,同时因为互联网上的信息更新速度太快,因此还要定期更新已经搜集过的旧信息,以避免出现死链接和无效链接。

(2)索引器。索引器的功能是理解搜索器所搜索的信息,由分析索引程序对收集回来的网页进行分析,提取相关网页信息(包括网页所在 URL、编码类型、页面内容包含的关键词、关键词位置、生成时间、大小、与其他网页的链接关系等),然后根据一定的相关度算法进行计算,得到每一个网页针对页面内容中及超链接中每一个关键词的相关度(或重要性),最后用这些相关信息建立网页索引数据库。索引器可以使用集中式索引算法或分布式索引算法。当数据量很大时,必须实现即时索引,以便能跟上信息量急剧增加的速度。索引算法对索引器的性能(如大规模峰值查询时的响应速度)有很大的影响。一个搜索引擎的有效性在很大程度上取决于索引器的质量。

(3) 检索器。检索器的功能是根据用户的查询在索引库中快速检出文档,进行文档与查询的相关度评价,对将要输出的结果进行排序,并实现某种用户相关性反馈机制。

(4) 用户接口。用户接口的作用是输入用户查询,显示查询结果,提供用户相关性反馈机制。其主要目的是方便用户高效率、多方式地从搜索引擎中得到有效、及时的信息。用户接口的设计和实现使用人机交互的理论和方法,以充分适应人类的思维习惯。

搜索引擎的工作原理如图12-3所示,一般包括三部分:数据采集机制、数据组织机制和用户检索机制。数据采集机制是利用检索器对网络上的各种信息资源进行采集,并将采集到的网站信息和网页信息存储到临时数据库中;数据组织机制是采用索引器对临时数据库中的信息进行标引、排序等,整理后形成各种倒排文档,并相应地建立索引数据库;用户检索机制是利用检索器和用户接口提供给用户检索界面,受理用户提交的检索请求,并根据检索要求访问相应的索引数据库,然后将符合检索要求的结果按一定的规则排序后返回给用户。

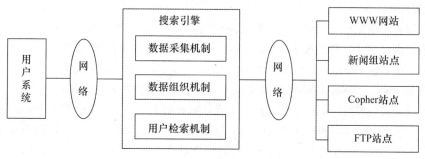

图12-3　搜索引擎的工作原理

(三) 发展中的搜索引擎

作为Internet必不可少的核心技术之一,搜索引擎技术是人们利用海量网络资源的重要工具。目前的搜索引擎,对于不同的用户,如果基于相同的关键词进行搜索,得到的结果基本相同。但是,由于用户的个人爱好、文化背景等不同,虽然使用相同的关键词,但想要的结果却不一样。Google中国原总裁李开复认为,目前的搜索引擎只是对海量的网页进行简单排序,事实上,最聪明的搜索引擎,并非要提供多元化信息,而是能够为用户提供所提出问题的答案,甚至解决问题。因此,随着Internet的快速发展,未来的搜索引擎应该更能够满足用户的信息查询需求。事实上,已经有人指出,整合搜索、社区搜索和移动搜索等正在成为今后发展的趋势。

(1) 整合搜索。用户通过网络搜索获得海量信息是基于信息抓取技术,属于刚性搜索。如果搜索引擎能够通过对用户信息的整合,预知用户搜索的目的,就能从海量信息中整理出用户最需要、最实用的信息,并通过整合其他渠道帮助用户解决实际问题,这就是刚性搜索的软化处理。网络实名、用户注册信息以及IP地址分析等是软性搜索的必要条件。另外,整合搜索不是把搜索结果简单地罗列在一起,而是经过页面搜索、垂直搜索之后,在更高层次上为用户提供最佳搜索,即通过将其他搜索产品的结果整合到网页搜索中,使结果信息内容更加丰富、形式更为多媒体化。整合搜索的前提是基于对关键字的智能分析判断。但是,随着用户需求的提高,对整合检索的要求也越来越高。如何美观、简洁地呈现多种类型的信息、如何提高信息查询结果的精度、检索的有效性与整合的质量,仍然是搜索引擎不可回避的命题。

(2) 社区搜索。社区搜索代表一种理念,即把大众的智慧汇集起来给需要的人(搜索)使用,许多志同道合的人汇集在一起分享思想。比如通过百度旗下的"百度知道",用户可以用提问的形式,将问题提交给搜索引擎,不同的人将会回答提出的问题,过一段时间后大多都能有满意的答案。这些答案汇集起来,逐渐壮大,形成一个知识库。当然,对于很多问题,用户可以直接搜索得到答案。据百度内部人士分析,"百度知道"每天的浏览量都达到千万级,发展势头很猛。其他互联网公司也在做"知识搜索"方面的产品,比如中国雅虎的"知识堂"、奇虎的"经验搜索"、腾讯的"问问"等。虽然大部分都还处于发展初期,不过在不久的将来,知识搜索将会越来越完善。

(3) 移动搜索。随着手机等移动终端的逐渐普及,移动搜索已经成为获取信息资源的重要方式。移动搜索是基于移动网络的搜索技术的总称,用户可以通过 SMS (Short Message Service,短信息)、WAP(Wireless Application Protocol,无线应用协议)、IVR(Interactive Voice Response,互动式语音应答)等多种接入方式进行搜索,获取互联网信息、移动增值服务及本地信息等信息服务内容。目前,移动搜索引擎越来越多。Wap.baidu.com 和 wap.google.com 都是移动搜索引擎。类似这样的搜索引擎还有掌上万事通、中国连线、儒豹手机搜索、易查搜索等。Google 已在全球范围正式发布谷歌中文语音搜索,谷歌手机搜索已经加入中文语音搜索功能,用户只需按下通话键即可进行语音搜索,这是手机搜索与 PC 互联网搜索最大的不同之处。苹果公司也推出了 Siri 语音控制功能。通过这个语音功能,可以把 iPhone 变成一个智能化的机器人,可以实现天气查询、搜索查询等功能。未来的移动搜索将会变得更加的个性化,移动的搜索结果也将基于搜索位置、搜索偏好,以及个人的社交网络信息等不同而不同。

(4) 垂直搜索。垂直搜索是一种专业化的搜索引擎,它是在普通网页搜索引擎的基础上进一步将网页分类细化。垂直搜索引擎是针对通用搜索引擎的信息量大、查询不准确、深度不够等提出来的新的搜索引擎服务模式。其特点就是"专、精、深",且具有行业特色,即与通用搜索引擎的海量信息无序化相比,垂直搜索引擎则更加专业、具体和深入。垂直搜索通常在 Google、Baidu、Sohu、Yahoo 等网页搜索引擎的网页数据库中进行信息整合,定向抽取数据加工整理后,以一定形式返送回用户。由于垂直搜索引擎在信息抓取的过程中已经进行了去重、分类、比较分析、数据挖掘等深度加工,因此,垂直搜索引擎提供给我们的信息具有较高的价值。

二、搜索引擎的类型

目前，Internet 上的搜索引擎很多。按不同的分类标准，可以将它们分为不同的类型。按搜索引擎的内容，可以分为综合类搜索引擎和专业类搜索引擎；按其信息的组织方式，可以分为目录式搜索引擎、索引式搜索引擎和元搜索引擎。

（一）按内容划分

1. 综合类搜索引擎

目前，Internet 上使用的搜索引擎大多数是综合类搜索引擎。这类搜索引擎涉及的内容极其广泛，涵盖了各学科各专业的各类信息，因此这类搜索引擎的规模通常比较大，适合于各个主题的信息查询，能满足各类用户的检索要求，尤其是对于查询跨学科主题有较好的查全率。但是，在检索某一特定领域、特定专业的信息时，效率比较低，查准率不太理想。如著名的 Yahoo、Excite、Google、InforSeek 以及国内的百度、天网、新浪等都是综合类搜索引擎。

2. 专业类搜索引擎

专业类搜索引擎只涉及本领域、本学科专业的信息，因此规模通常比较小。由于这类搜索引擎大都由专业人员编制而成，而且某一学科专业的信息相对集中，因此，它具有"小而精"的特点。在查询特定领域的信息时，使用专业类搜索引擎不但可以提高检索速度，还可以提高专指度，加大检索深度和力量，最终提高查全率和查准率。

（二）按信息的组织方式划分

1. 目录式搜索引擎

目录式搜索引擎主要通过人工发现信息，并依靠标引人员的知识进行甄别和分类，由专业人员手工建立关键词索引，建立目录分类体系。用户在利用目录式搜索引擎时，可进行浏览查询，从最高层目录开始，逐层深入，直到找到所需的信息为止，也可以进行关键词检索。由于这类搜索引擎主要依靠人工编制，所以通常数据库的规模比较小。也正因为人工编制，这类搜索引擎的质量通常比较高，检索效率也较高。如果用户不能详细确定查询的关键词或者用户只想全面了解某一方面的信息，则使用目录式搜索引擎的效果比较理想。最著名的目录式搜索引擎是 Yahoo，它是 WWW 上最早、最著名的目录，是最流行的 Web 导航指南，是网络资源目录的典范。目录式搜索引擎最大的特点是不要求搜索人员明确了解自己的搜索目标，只依赖于分类式目录，层层深入，直接到达自己想找的信息。目前，目录式搜索引擎提供的分类检索所采用的分类体系一般不够科学、严谨，主要是知识领域不全和知识体系不严密所致；类目之间逻辑性差；类名用语不准确且缺少注释，难以判断其外延；类目按字顺排列或随意排列，割裂了类目间的逻辑联系，不利于查询；类目划分不规范，甚至有些搜索引擎分类体系动态性过强，缺乏必要的稳定性。所有这些因素的存在，都限制了搜索引擎的查找精度。

2. 索引式搜索引擎

索引式搜索引擎主要依靠一种被称为"蜘蛛""机器人"等的计算机程序，有规律地遍历整个网络空间，根据网络协议和程序自身的有关约定，记录网上的信息，并对其进行加工、整理，将信息加入到索引数据库。根据一定的规则，及时地对数据库进行补充与修改。用户在使用索引式搜索引擎时，只需输入检索主题的关键词，该搜索引擎就自动将用户输入的关键词与索引数据库进行匹配，然后将符合用户需要的信息以用户希望的方式显示出来。这类搜索引擎主要依靠计算机程序，所以在信息的采集上比较及时，采集信息的范围也比较广泛，但是由于其中的人工干预很少，所以信息的质量不如目录式搜索引擎。索引式搜索引擎一般由四个部分组成：信息搜索模块，蠕虫、爬虫或巡视软件索引模块，查询模块和用户界面模块。目前，著名的索引类搜索引擎包括Google、百度等。

值得注意的是，目录式搜索引擎和索引式搜索引擎之间的界限越来越模糊，大多数的网络检索工具同时提供两种方式的检索，从而使目录式搜索引擎的组织、引导功能与索引式搜索引擎的检索功能很好地结合起来。这种担负了网络资源主题指南和索引双重责任的混合型搜索引擎代表了搜索引擎的发展趋势。

3. 元搜索引擎

元搜索引擎（Meta Search Engine，MSE）又称集合式搜索引擎，它将多个搜索引擎集成在一起，并提供一个统一的检索界面。这样省去了用户记忆多个搜索引擎的不便，使用户的检索要求能同时通过多个搜索引擎来实现，从而获得全面的检索效果。元搜索引擎又可分为并行式元搜索引擎和串行式元搜索引擎。并行式元搜索引擎将多个搜索引擎集成在一起，提供统一的检索界面。当用户输入一个检索问题时，它会自动对该提问进行处理，并同时发送给多个搜索引擎，同时检索多个数据库，将最后结果经过聚合、去重后输出给用户。使用这类搜索引擎时，由于同时运用多个不同的搜索引擎进行检索，而不同的搜索引擎的搜索方式、数据库规模等都各不一样，每个搜索引擎所用的检索时间不同，所以用户通常在输入检索式之后，还要对检索时间进行限制。这是一种集中式检索方式，其最大的优势在于，用户不需要就同一提问反复访问不同的搜索引擎，更不用多次输入检索式，而且因为同时使用多个搜索引擎，同时检索多个数据库，检索的综合性、全面性也有所提高。串行式搜索引擎则是将主要的搜索引擎集中起来，并按照类型等编排成目录，帮助、引导用户根据检索需要来选择合适的搜索引擎。它虽然能集中罗列多种搜索引擎，并将用户引导到相应的工具去检索，但是用户每次检索都只是使用某一种搜索引擎，这与使用普通的搜索引擎是一样的。串行式搜索引擎可以说是一种"搜索引擎的搜索引擎"，它帮助用户克服面对众多搜索工具时的无所适从感，省去了记忆多个搜索引擎地址的不便。

三、常用搜索引擎介绍

（一）百度(http://www.baidu.com)

1. 概述

"百度"二字源于中国宋朝词人辛弃疾的《青玉案·元夕》中的词句"众里寻他千百度"，象征着百度对中文信息检索技术的执著追求。百度公司于2000年1月，由超链分析专利发明人、前Infoseek资深工程师李彦宏与好友徐勇（美国加州伯克利分校博士）在北京中关村创立。百度搜索引擎使用了高性能的"网络蜘蛛"程序——"东方之蛛"，自动地在互联网中搜索信息，可定制高扩展性的调度算法，使得搜索器能在极短的时间内收集到最大数量的互联网信息，其搜索范围覆盖了中国大陆、香港、台湾、澳门以及新加坡等华语地区和日本、欧洲、美洲的中文站点。百度搜索引擎的核心技术是其中文分词技术，可智能识别中文人名、地名、概念、专有名词等中文独有的语义特征，使用户的信息搜索更加精确。

2. 百度的搜索功能

（1）基本搜索

百度目前提供基本搜索和高级搜索两种搜索方式，默认为基本搜索。基本搜索只需在搜索文本框中输入关键词，然后单击"百度一下"或者按回车键即可。如查询关于"大数据技术"的信息，只需要在搜索文本框中输入"大数据技术"五个字，就能搜索到许多关于大数据技术方面的网站和网页。百度提供对新闻、网页、贴吧、MP3、图片、视频等内容的限定检索，系统默认为网页搜索，用户可以根据自己的需要来切换相应的检索界面。

百度的关键词搜索支持布尔逻辑关系。

① 逻辑"与"。百度搜索引擎允许使用多个关键词进行更精确的搜索，只需在关键词之间用空格隔开，而不需要使用符号"AND"或"＋"，系统会在关键词之间自动添加"＋"。

［实例］ 关键词输入"姚明 国家队"，便可得到中国男篮国家队队员姚明的准确信息，要比只输入"国家队"后，再去找"姚明"更准确而快捷。

② 逻辑"或"。使用"A|B"可以搜索包含关键词A，或者包含关键词B的网页。百度会提供算符"|"前后任何字词相关的资料，并把最相关的网页排在前列。

③ 逻辑"非"。有时候，排除含有某些词语的关键词有利于缩小查询范围，百度支持"－"功能，用于有目的地删除某些无关网页，但减号（英文状态下）之前必须留一个空格，语法为：A －B。

［实例］ 如想查找传感器在指纹识别应用之外的其他方面的信息，可以在搜索框内输入"传感器 －指纹识别"。

（2）高级搜索

百度支持高级搜索，如果用户对百度各种查询语法不熟悉，则可使用百度集成的高级搜索界面，如图12-4所示。高级检索可实现逻辑算符的限定，可限定文档格式,每页显示检索结果的条数,限定要搜索网页的时间、语言等。

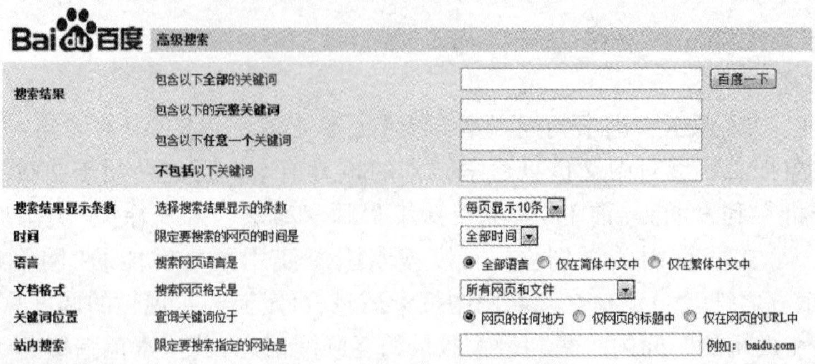

图 12-4　百度高级搜索界面

高级搜索语法可以限定以下搜索范围：

① 在标题中搜索。在一个或几个关键词前加"intitle:",可以限制只搜索网页标题中含有这些关键词的网页。注意:intitle 后的冒号可以是全角或半角;intitle 字母必须是半角小写,不可以是全角或大写。

② 在 url 中搜索。在"inurl:"后加 url 中的文字,可以限制只搜索 url 中含有这些文字的网页。注意:"inurl"后的冒号可以是全角或半角;"inurl"字母必须是半角小写,不可以是全角或大写。某些网站的目录名是中文的,所以网页 url 中也有中文,"inurl:"后就可以跟中文。

③ 双引号的使用。如果不想让整句或书名分解的话,在句子或书名两端加上双引号,这样搜索结果更精确。例如,搜索北京大学出版社,若不加双引号就会被分拆从而出现很多不需要的信息,而加上双引号,就会获得符合要求的搜索结果。

(3) 百度特色搜索

① 百度百科。"百度百科"是一部内容开放、自由的网络百科全书平台,其正式版在 2008 年 4 月 21 日发布,截至 2014 年 11 月收录词条数量已达 1000 万个。"百度百科"旨在创造一个涵盖所有领域知识、服务所有互联网用户的中文知识性百科全书。百度百科是所有网民共同协作编写的百科全书,为用户提供一个创造性的网络平台,是一个互联网所有用户均能平等地浏览、创造、完善内容的平台。同时,"百度百科"实现与"百度搜索""百度知道"的结合,从不同的层次上满足用户对信息的需求。用户可以在百度百科查找感兴趣的定义性信息,创建符合规则、尚未收录的内容,或对已有词条进行有益的补充完善。

② 百度文库。"百度文库"是百度发布的供用户在线分享文档的平台,包括教学资料、考试题库、专业资料、公文写作、法律文件等多个领域的资料。"百度文库"的文档由百度用户上传,需要经过百度的审核才能发布,百度自身不编辑或修改用户上传的文档内容。用户通过上传文档,可以获得平台虚拟的积分奖励,用于下载自己需要的文档。下载文档需要登录,免费文档可以登录后下载,对于有标价的文

档,下载时需要付出虚拟积分。当前平台支持主流的 doc(docx)、ppt(pptx)、xls(xlsx)、pot、pps、vsd、rtf、wps、et、dps、pdf、txt 等文件格式。

③ 百度快照。每个被收录的网页,在百度上都存有一个纯文本的备份,称为"百度快照"。如果该网页打不开或者速度慢,可以单击"百度快照"快速浏览页面内容。"百度快照"只会临时缓存网页的文本内容,所以图片、音乐等非文本信息,仍存储于原网页。当原网页进行了修改、删除或者屏蔽后,百度搜索引擎会根据技术安排自动修改、删除或者屏蔽相应的网页快照。

④ 百度翻译。"百度翻译"是一项免费的在线翻译服务,提供高质量中文、英语、日语、韩语、西班牙语、泰语、法语、阿拉伯语、葡萄牙语、俄语、德语、意大利语、荷兰语、希腊语、粤语、文言文等语种翻译服务,致力于帮助广大用户跨越语言障碍,提供简单可依赖的服务。百度翻译 web 端除翻译结果外,还提供示例用法与原文配对。示例用法提供的例句能够帮助用户查看更多类似翻译结果或单词的用法,当机器翻译结果不准确或有待改进时,可以通过最佳、最相符搜索结果为用户提供参考和建议,提升翻译效果。

⑤ 百度图片。"百度图片搜索引擎"是世界上最大的中文图片搜索引擎,拥有来自几十亿中文网页的海量图库,收录数亿张图片,建立了世界第一的中文图片库。百度新闻图片搜索从中文新闻网页中实时提取新闻图片,它具有新闻性、实时性、更新快等特点。

[实例] 在图片搜索框中输入所要搜索的关键字(例如:泰山),再点击百度搜索按钮,即可搜索出相关的全部图片。此外,百度图片搜索支持图片尺寸选择,当输入关键词后,可以在单选框中选择大中小不同尺寸及壁纸的图片。

⑥ 百度新闻。"百度新闻"是一种 24 小时的自动新闻服务,是目前世界上最大的中文新闻搜索平台。与其他新闻服务不同,"百度新闻"从上千个新闻源中收集并筛选新闻报道,将最新最及时的新闻提供给用户,突出新闻的客观性和完整性,真实地反映每时每刻的新闻热点。"百度新闻"保留自建立以来所有日期的新闻,并从 2003 年 11 月 4 日开始提供历史新闻浏览。"百度新闻"为从媒体从业人员、公司管理人员、专业营销人员到 Blogger 等各类人士提供功能强大的新闻浏览及搜索服务,方便他们更好地进行工作与生活。

⑦ 百度知道。"百度知道"是用户具有针对性地提出问题,通过积分奖励机制发动其他用户,来解决该问题的搜索模式。同时,这些问题的答案又会进一步作为搜索结果,提供给其他有类似疑问的用户,达到分享知识的效果。"百度知道"的最大特点,就在于和搜索引擎的完美结合。通过用户和搜索引擎的相互作用,实现搜索引擎的社区化。"百度知道"也可以看作是对搜索引擎功能的一种补充,让用户头脑中的隐性知识变成显性知识,通过对回答的沉淀和组织形成新的信息库,其中信息可被用户进一步检索和利用。这意味着,用户既是搜索引擎的使用者,同时也是创造者。

⑧ 百度学术搜索。"百度学术搜索"是百度旗下的提供海量中英文文献检索的学术资源搜索平台，2014年6月初上线，涵盖了各类学术期刊、会议论文，旨在为国内外学者提供最好的科研体验。"百度学术搜索"可检索到收费和免费的学术论文，并通过时间筛选、标题、关键字、摘要、作者、出版物、文献类型、被引用次数等细化指标提高检索的精准性。

⑨ 相关搜索。搜索结果不佳，有时是因为选择的查询词不妥当。百度的"相关搜索"，就是与用户搜索相关或者相似的一系列查询词。百度的相关搜索排列在搜索结果页面的下方，按搜索的热门度排序。

[实例] 查询词为"世界名著"的相关搜索，如图12-5所示。单击下列词组可以直接获得它们的搜索结果。

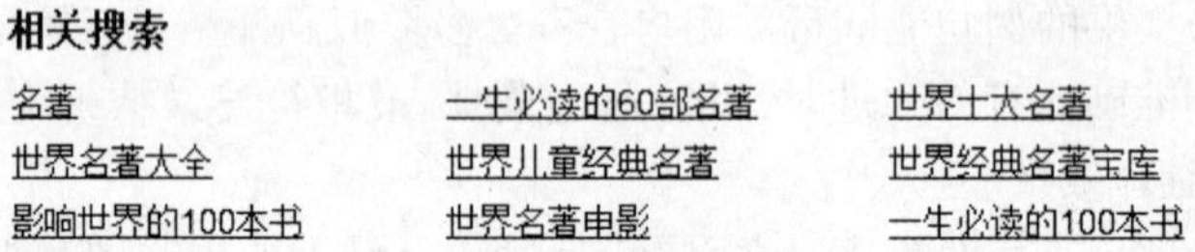

相关搜索

名著	一生必读的60部名著	世界十大名著
世界名著大全	世界儿童经典名著	世界经典名著宝库
影响世界的100本书	世界名著电影	一生必读的100本书

图12-5 百度相关搜索

（二）雅虎（https://www.yahoo.com）

1. 概述

雅虎是最早、最典型的目录型搜索引擎，起源于大卫·费罗（David Filo）和美籍华人杨致远于1994年4月建立的网络指南信息库。雅虎是全球第一家提供因特网导航服务的网站，总部设在美国加州圣克拉克市。雅虎搜索有英国、中国、日本、韩国、法国、德国、意大利、西班牙、丹麦等12种语言版本，各版本的内容互不相同。

搜索业务是雅虎的核心业务。为了向用户提供更好的搜索体验，雅虎公司收购了可以与Google匹敌的5家国际知名搜索服务商Inktomi、Overtune（全球最大搜索广告商务提供商）、Fast、AltaVista、Kelkoo（欧洲第一大竞价网站），打造出了独特的雅虎搜索技术（Yahoo! Search Technology，YST）。雅虎搜索目前是国际顶级网页搜索引擎之一，也是全球使用率较高的搜索引擎之一，具有海量的数据库。

2. 雅虎的搜索功能

雅虎采用的是"分类目录"搜索数据库，所收录的网站全部被人工编辑按照类目分类，目录分类合理，层次深，类目设置好，网站提要严格清楚。雅虎搜索提供两种查找信息的方式，一是按分类目录逐层查找，二是关键词搜索。以目录检索时，网站排列按字母顺序；以关键词搜索时，网站排列是基于分类目录及网站信息与关键字串的相关程度，包含关键词的目录及该目录下的匹配网站排在最前面。

（1）分类搜索

雅虎首创主题分类目录式搜索引擎。它把主题按其性质分门别类，根据其拥有的信息或网站的多寡及知识组织的需要程度，建立了一个由类目、子类目等构成的可供浏览的相当详尽的目录等级结构。每一个基本类目下细分不同层次的次类目或子类目,越往下的子类目中的网站其主题越特定。其类目设计合理,结构完整、全面,类目等级层次鲜明,各级详略、宽泛程度不一,从而为网上丰富的信息资源的归类,尤其是确切归类提供了基础。在雅虎目录中列出的所有网站,都可以在14个主类目中找到位置。用户检索时,根据搜索课题的主题属性逐级查找,直到找到与检索课题的主题相符合的分类目录,单击该目录名称后便显示出一系列按字母排列好的网站,再单击网站名称就显示出用户所需要的网页。

(2) 关键词搜索

分类浏览式模糊搜索,在用户对自己的搜索主题不十分明确或者已十分明确准备扩检或缩检才用,一般情况下使用关键词搜索则更快速和便捷。如要查询"北京大学",不必采用分类检索方法,而直接在搜索框内输入"北京大学"4个字,再单击"Search Web"即可。雅虎支持精确搜索和布尔逻辑搜索等。需要说明的是,不同的雅虎搜索功能不同,比如香港雅虎(hk.search.yahoo.com)支持精确搜索,有些雅虎不支持。

① 精确搜索。当输入较长的查询词时,雅虎搜索引擎会依据查询词的字符串做拆字处理。若用户需要得到精确、不拆字的搜索结果,可在查询词前后加上双引号(中英文双引号都可以)。

[实例] 当用户输入北京大学考研,系统会将查询词自动拆成"北京大学""考研"等字符串;如果用户输入"北京大学考研",搜索结果将精确匹配。在精确匹配搜索的情况下,搜索结果数会比较少而且精确。

② 空格的巧用。如果使用某个查询词进行搜索无法找到准确的结果时,可以在查询词适当的位置加个空格,以帮助找到更精确的结果,尤其是在查询词比较复杂时,得到的结果会更准确。

[实例] 想查询北京地区所有大学的信息,如果搜索"北京大学",就只能得到北京大学的结果,很难找到其他学校;而输入"北京 大学",就可以得到北京地区所有大学的信息。

③ 逻辑"非"的使用。在采用逻辑"非"搜索时,凡是不希望某些字词出现在搜索结果里,应该在该字词前加减号"—"。

[实例] 搜索"联想—手机"。搜索结果就不会出现关于联想手机的信息。

(3) 高级搜索语法

同其他搜索引擎一样,雅虎高级搜索语法能帮助检索者提高查准率。如香港雅虎可以使用搜索语法"intitle:"在网页标题中搜索。而雅虎的"site:"可以帮助使用者定位至某个或某类网站。

site:用于限定搜索结果的来源。用户如果知道某个站点中有自己需要查找的内容,就可以把搜索范围限定在这个站点中,提高查询效率。使用的方式,是在查询内容的后面,加上"site:站点域名"。

[实例] 查询雅虎网站中报道姚明的信息,可以有以下两种方法:

方法1：在搜索框中输入："姚明 site:yahoo.com"（注意中间使用空格隔开）。搜索引擎会搜索到在域名"www.yahoo.com"及其子域名中的所有包含"姚明"一词的网页。

方法2：在搜索框中输入"site：姚明 yahoo.com"也可以得到相同的搜索结果。

注意，"site:"后面跟的站点域名，不要带"http://"；另外，"site:"和站点名之间，不要加空格。

"hostname:"的用法与"site:"相同，只不过使用"hostname:"时搜索到的结果是在当前域名下的网页，而不包括其子域名中的网页。

（三）Dogpile（http://www.dogpile.com）

1. 概述

Dogpile 是目前最流行的元搜索引擎，同时也是著名的、资格最老的元搜索引擎之一。Dogpile 支持 Google、Yahoo!、Ask Jeeves、Teoma 等多个可检索的搜索引擎，可检索到 Web 页、目录、音频、新闻、天气、地图、求职等各种社会信息。Dogpile 将用户的查询请求同时向多个搜索引擎递交，按照自定义的关联运算法则对得到的结果进行重复排除、重新排序等智能处理后，以优化过的检索结果返回给用户。Dogpile 为用户提供了较为全面的检索功能，其检索结果更易于浏览。此外，自动分类技术增强了对检索结果的组织功能，还可以自动修正普通的拼写错误，更加方便了用户对 Dogpile 的利用。Dogpile 主页如图 12-6 所示。

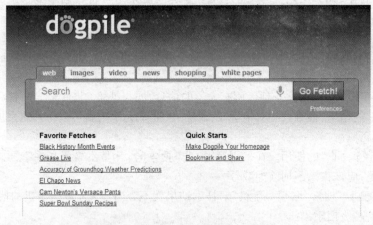

图 12-6 Dogpile 搜索引擎首页界面

Dogpile 采用独特的并行、串行相结合的查询方式，如果用户对当前检索结果不满意，可点击"下一组搜索引擎"，然后它就会调用其他搜索引擎进行检索。但它不对检索结果进行合并、整合，只是进行综合排序，所以检索结果可能有重复资源。它的每一条检索结果会显示所调用的每个搜索引擎的名称、网页的链接和检索结果数目等信息。其检索结果返回速度很快。同时，它采用网站聚类技术，自动聚类检索结果，并且在检索结果的右侧以目录方式呈现给用户，方便用户查看。Dogpile 检索时往往将提问式优先提交给一些比较优秀的搜索引擎,如 Google、Yahoo! 等,所以它的检索结果满意度较高。

2. Dogpile 的搜索功能

(1) 简单搜索。在检索主页检索框中输入关键词,然后点击右侧的"Go Fetch!"即可。也可选择检索框上方的"Images""News""Video"等进行类型选择,其默认类型为 Web 页搜索。

(2) 高级搜索。点击检索框下方的"Advanced Search"即进行高级搜索,可以对检索结果的时间、语言、结果显示方式等进行限制。Dogpile 可使用布尔逻辑搜索和模糊查询,支持"AND""OR""NOT"等布尔逻辑运算符、优先运算符"( )"、精确搜索符"" ""(英文引号)、通配符" * "、邻近搜索符"NEAR"等。Dogpile 还支持题名(intitle:)、文件类型(filetype:)、资源定位符(inurl:)以及相关链接(link:)等搜索语法。即使用户使用了高级复杂的运算符和链接符,它也能将其转换为符合源搜索引擎的特有语法格式。

(四) 有道搜索(http://www.youdao.com)

作为网易公司自主研发的全新中文搜索引擎,有道搜索致力于为互联网用户提供更快更好的中文搜索服务。它于 2006 年底推出测试版,包含网页搜索、图片搜索、有道博客搜索和海量词典。2007 年 7 月全面采用网易自主研发的有道搜索技术,合并了原来的综合搜索和网页搜索,2007 年 12 月推出正式版。2013 年 8 月 2 日,有道搜索宣布与奇虎公司合作,由 360 搜索为有道搜索提供技术支持服务,自此网易正式放弃通用搜索领域争夺。目前,有道提供的搜索服务有网页搜索、图片搜索、视频搜索、词典搜索、热闻(新闻)搜索,其中除词典搜索外,其他搜索项目均由 360 搜索提供技术支持。

(五) Lycos(http://www.lycos.com)

Lycos 是一家互联网搜索引擎公司和门户网站,于 1994 年 8 月开始在网上运行,是一个多功能搜索引擎。Lycos 最早诞生于 1994 年麦克·马丁博士(Dr. Michael Mauldin)在 Carneigie Mellon 大学的一个搜索项目,当时的 Lycos 搜索引擎用于该校的数字图书馆工程。Lycos 在 1998 年收购了提供个人网站空间的著名站点 Tripod,提供搜索人的服务和电子邮件站点 WhoWhere 以及 Wired 数码。

Lycos 借助于自动搜索软件收集多种类型的资源,如网页、人名、企业名录、多媒体、音乐/MP3、讨论组、新闻和产品信息等,搜索结果精确度较高,尤其是搜索图像和声音文件的功能很强。此外,还提供游戏、电子邮件、音乐、购物、个性化 Lycos、新闻快讯等服务。关键词检索方式下可以选择 Web、人物、产品、新闻、讨论、黄页和多媒体等多种检索类型,检索方式分为基本检索和高级检索。支持布尔逻辑运算符(and,or,not)、精确检索符(双引号),也可在检索词前加" + "表示该词一定出现,检索词前加" - "表示该词一定不出现。高级检索提供强大的过滤功能,可以从检索词、URL/站点名称、语言、日期等几个方面限制检索范围。Lycos 也提供 Web 主题目录浏览检索服务。个人 Lycos 主页可根据个人兴趣和爱好设置相关的检索参数。

（六）Excite(http://www.excite.com)

Excite 是由斯坦福大学几个大学生于 1993 年 8 月创建的 Architext 扩展而成的万维网搜索引擎，目前属于 Ask Jeeves 公司，收录了 100 多家领先信息提供商的丰富信息资源，包括网页、新闻、体育、股票、天气、企业黄页和人名等。Excite 是一个基于概念性的搜索引擎。这意味着它将先琢磨用户讲的是什么意思，而不只是搜索输入的字。这就给 Excite 更大的灵活性，其搜索结果往往比用其他搜索方法得到更多的结果。

Excite 除提供网络信息检索服务外，还提供网上交流、免费邮件、天气预报、股票指数、体育信息等服务。检索途径有网页检索、主题目录检索、新闻检索和图片检索四种。检索方式包括基本检索和高级检索。基本检索可以采取双引号来进行精确检索，"+"表示其后的检索词一定出现，"-"表示其后的检索词不能出现。布尔逻辑运算符(and,or,not)只能在高级检索中使用。在高级检索中，可从检索词、语言、域名等方面限制检索范围，可以选择是否纠错检索拼写和是否在检索结果中粗体显示检索词等，定制检索结果显示的数量和排序标准(按搜索引擎或相关度排序)等。主题目录浏览检索较简单，站点分为汽车、商业和货币、计算机和网络、游戏、艺术与娱乐、休闲、健康、社会、参考、新闻和媒体、科技、宗教、体育及旅游 14 大类。此外，Excite 将最近的流行检索词列出，供单击检索，也提供个性化定制服务——My Excite，用户可以根据自己的兴趣、爱好设置个性化界面格式、内容、布局或者颜色，自动获取相关信息。

第三节 网络工具应用

一、翻译工具

Internet 是一张无限连通的网络，它跨越国家和大洲，将世界连接在一起。可是，对于大多数网友而言，直接阅读和浏览外文网页还有一定的困难。而翻译工具则可以自动识别外文网页的内容并同步转化为汉语，为人们的浏览提供方便。目前人们常用的翻译工具有百度翻译、Google 翻译、金山词霸等。本节将对其中两款翻译工具"金山快译"和"有道词典"的使用予以介绍。

（一）金山快译

1. 概述

"金山快译"是全能的汉化翻译及内码转换新平台，具有中日英多语言翻译引擎，以及简繁体转换功能，可以帮助读者快速解决在浏览网页时英文、日文以及简繁体转换的问题。金山快译的全文翻译器采用最新的多语言翻译引擎、全新的翻译界面，不仅扩充了翻译语种的范围，有效提高了全文翻译的质量，而且在易用性方面也有了很大的提高。

2. 使用方法

用户可以从金山快译的官网下载该软件。软件安装后,在 IE 浏览器的工具栏上单击鼠标右键,选择弹出菜单中的"金山快译"选项(如图 12-7 所示),就可以打开金山快译工具栏(如图 12-8 所示)。经过上述操作,在 IE 浏览器的工具栏出现了一组金山快译专用的工具按钮,可以利用它们来翻译英文、日文网页,具体包括"英文—中文""中文—英文""日文—中文""英文—繁体""繁体—英文"和"日文—繁体"。

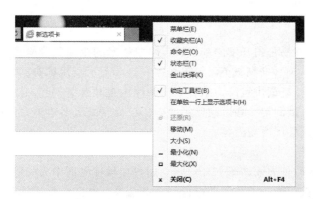

图 12-7 选中"金山快译"选项

图 12-8 金山快译工具栏

以图 12-9 的英国 BBC 广播电台英文网页为例,在 IE 浏览器中打开该网页后,欲转换成中文版面方便阅读,可以选择金山快译工具栏上的"英文—中文",并按

图 12-9 BBC 英文界面

"翻译"按钮,金山快译即开始翻译。金山快译会自动将网页中所有的英文字样都翻译成为中文,并设置成相同的字体、颜色和字号,看起来就和一般的中文网页一样。"还原"按钮用于取消翻译,使得网页恢复到被翻译前的原始状态。实际操作时,可以使用这个按钮和前面的按钮分别配合,在两种语言之间进行切换和对照。

金山快译还集合了"上网导航""内码转换"等功能,鉴于本节的目的是讲解翻译工具的使用,因此该部分内容不予介绍,读者可自行参考其他文献。

(二)有道词典

1. 概述

有道词典是网易公司开发的基于搜索引擎技术的全能免费语言翻译软件。有道词典完整收录《柯林斯高级英汉双解词典》《21世纪大英汉词典》等多部权威词典数据,词库大而全,查词快且准。结合丰富的原声视频音频例句,总共覆盖3700万词条和2300万海量例句。有道词典集成中、英、日、韩、法多语种专业词典,切换语言环境,即可快速翻译所需内容。

2. 使用方法

有道词典的软件界面如图12-10所示,用户在软件界面中央的输入框内输入查询词,点击查询按钮或按回车键即可得到查询结果。查询结果包括查询词的音标、释义、用法、例句等信息(如图12-11所示)。此外,当输入查询词时,在词典界面左侧列表中会列出以查询词为前缀的即时提示。

图12-10 有道词典的软件界面

有道词典支持汉英翻译、汉法翻译、汉日翻译、汉韩翻译。除了基本的查询翻译功能之外,有道词典还具有以下特色功能。

(1)网络释义。网络释义是有道词典的最大特色之一。它的工作原理是基于有道搜索引擎后台,借助实时网页抓取技术和海量信息存储技术,搜索并获得数十亿的海量网页数据,从而形成了一套没有上限、自动扩充、实时更新的词典数据库。有道网络释义获取了大量存在于网络、但普通词典没有收录的流行词汇、外文名称和缩写,包括影视作品名称、名人姓名、品牌名称、地名、菜名、专业术语等。

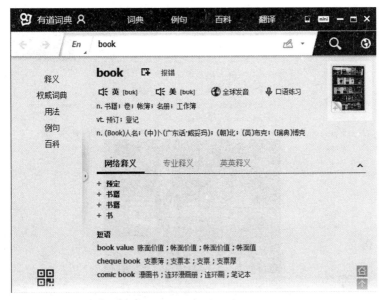

图 12-11　输入"book"查询词后的结果

（2）单词读音。有道词典支持自动朗读功能,将鼠标移至小喇叭图标上(无需点击),即可收听单词读音,非常方便。

（3）全球发音。"全球发音"作为有道词典的主打功能,共覆盖 227702 个单词,收录 250 万个发音。当用户查询某个单词的发音时,可以点击聆听全球外语学习者贡献的发音。该功能可以帮助中高级英语学习者分辨不同国家和地区的口音,针对带有"地方方言"性质的词汇,如人名、品牌名等,全球发音功能能够快速帮助用户了解这些词的正确读法。

（4）屏幕取词。有道词典具有屏幕取词功能,可在多款浏览器、图片、PDF 文档中实现词义动态排序及词组智能取词。当用户把鼠标光标停留在屏幕的一段文本(中文或英文)上,有道词典便会自动翻译所指的单词或词组,即取即译。点击"详细"可以转到桌面词典界面,呈现更详细的翻译和例句。此外,桌面词典对所取到的英文单词也支持自动朗读功能,将鼠标停留在小喇叭图标即可听到该单词的读音,非常方便。

（5）原声音频视频例句。有道词典收录国际名校公开课以及欧美经典影视作品的视频例句,音频例句全部来自 VOA、BBC 等权威英语广播,例句发音纯正标准、清晰流畅。用户在查询结果中,选择界面左侧的"例句",根据需要可以选择"双语例句""原声例句""权威例句"。点击例句下方的视频播放按键,可以观看和收听经典视频例句,如图 12-12 所示。

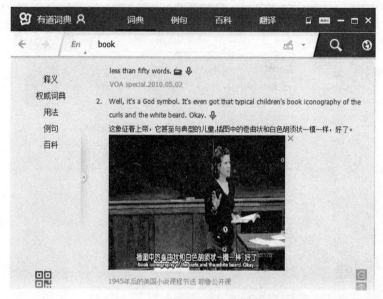

图 12-12 "book"查询词的视频例句

二、Google Earth 地图工具

（一）Google Earth 概述

Google Earth 是一款 Google 公司开发的虚拟地球仪软件，它把卫星照片、航空照相和 GIS 布置在一个地球的三维模型上。用户可以通过 Google Earth 客户端软件，免费浏览全球各地的高清晰度卫星图片。

Google Earth 上的全球地貌影像的有效分辨率至少为 100 米，通常为 30 米（例如中国大陆），视角海拔高度为 15 公里左右（即宽度为 30 米的物品在影像上就有一个像素点，再放大就是马赛克了），但针对大城市、著名风景区、建筑物区域会提供分辨率为 1 m 和 0.5 m 左右的高精度影像，视角高度分别约为 500 米和 350 米。提供高精度影像的城市多集中在北美和欧洲，其他地区往往是首都或极重要城市才提供。中国大陆有高精度影像的地区很多，几乎所有大城市都有。

（二）Google Earth 的使用

1. 快速搜索

Google Earth 可以通过在搜索栏里输入地名的方式，使用户直接前往查看世界上任何一个地方。但同时，Google Earth 也提供经纬度定位的方式进行搜索，具体如下：在 Search 面板的 Fly To 输入框中，输入一个经纬度，按回车就可以直接"飞"到那个位置。例如想查看北京天安门，并且已知天安门的坐标为北纬 39.91 度，东经 116.39 度（或者 39°54′ 23.32″N, 116°23′ 29.28″E）。那么输入上述经纬度，即可直接查看卫星图片，其效果与在搜索栏中输入地名的方式一致。

2. 如何在软件中截图

对于需要截图保存的画面，按下"Ctrl + Shift + E"后，会出现一个通过电子邮件发送截图的界面，双击该附件里的图片，该图片就是当前的截图，然后另存到硬盘上即可。

3. 如何导出地标文件

在需要引出的地标文件夹上，用鼠标右键点一下，在菜单中选择"Save As"然后输入引出文件名即可。

Google Earth 提供两种类型的地标文件：KML 文件和 KMZ 文件。KML 是原先的 Keyhole 客户端进行读写的文件格式，是一种 XML 描述语言，并且是文本格式，这种格式的文件对于 Google Earth 程序设计来说有极大的好处，程序员可以通过简单的几行代码读取出地标文件的内部信息，并且还可以通过程序自动生成 KML 文件，因此，使用 KML 格式的地标文件非常利于 Google Earth 应用程序的开发。KMZ 是 Google Earth 默认的输出文件格式，是一个经过 ZIP 格式压缩过的 KML 文件，当我们从网站上下载 KMZ 文件的时候，Windows 会把 KMZ 文件认成 ZIP 文件，所以另存的时候文件后缀会被改成.ZIP，因此需要手动将文件后缀改成.KMZ。KMZ 文件需要用 ZIP 工具软件打开，然后解压缩即可得到原始 KML 文件。当然，KMZ 文件也有自己的好处，就是 KMZ 文件的自身可以包含图片，这样就可以不依赖引用网络上的图片。

4. 如何测量地图上两点的距离

首先在 Google Earth 软件中点击菜单"Tools"—"Ruler"。此时点击地球上任意两点，均可计算出两点间的距离（默认单位为英里，其他还有千米、米、厘米、英尺、码等），选择"Path"还可以测量曲线和折线的距离。

5. 图层的应用

Google Earth 在卫星地图的基础上，提供了很多数据图层，图层打开会在相应的位置呈现各种数据。具体操作是，在 Google Earth 左侧找到图层（Layers）的设置，点中不同的图层，可以在 Google Earth 显示更多的信息，这里介绍主要的几个：

（1）Google Earth Community 图层：显示在 Google Earth 社区上，用户自己标记的地标。

（2）Borders 图层：显示国家、省等之间的边界信息。

（3）National Geographic Maga 图层：有大量国家地理杂志在非洲的航拍高清晰地图地标。

（4）Transportation 图层：可以显示世界各地的机场，火车站信息。

（5）DG Coverage 图层：显示不同年份卫星地图的数据，不同的年份，将显示不同的颜色，这可以让用户知道一个地方的卫星地图的拍摄时间。

6. 卫星地图的应用

用户可以在 Google Earth 上开发出自己的应用，将自己网站的实用功能和 Google 提供的卫星地图整合起来。

要想使用 Google 的卫星地图资源,必须面对如何调用的问题,这涉及很复杂的程序编写。好在 Google 体会到了程序员的辛苦,很早就自己推出 Google Maps API,全世界对 Google 卫星地图有兴趣的程序员都能够通过简单的 API 调用来开发自己的 Google 地图服务。

要进行 Google Maps API 的开发,需要先去申请一个所谓的 API Key,有了这个 Key,才能使用 Google Maps 服务。当然,如果大网站调用 Google Maps API 的数据非常大的时候,需要事先联系 Google 的相关人员。API 的英文帮助可以参考 Google Earth 的官方网站。掌握最基本的 API 之后,用户就可以使用编程的方法来实现各式各样的基于 Google Maps 的令人目眩的服务。

第四节 慕 课

随着科技的进步,技术和理念的革新对教育领域开始产生巨大影响。美国麻省理工学院于 2002 年提出开放课件运动(Open Course Ware, OCW),将本校的优秀教学资源通过互联网与全世界的学员共同分享。同年,联合国教科文组织提出以资源全球共享为主题的开放教育资源运动(Open Resource Work, ORW),资源共享的类型包括课程所需的相关资源以及学员学习课程所需的学习工具等。随后,世界各地越来越多的学校和研究机构参与其中,通过互联网共享优质资源。到了 2012 年,这一趋势发展迅猛,出现了一个新生事物,一种更加优质的开放课程形式——大规模开放式在线课程,即慕课。

一、慕课的概念

慕课(MOOC),是大规模开放式在线课程(Massive Open Online Courses)的简称。Massive 是"大规模"的意思,指的是课程注册学习人数众多、学习规模巨大。与传统课程只有几十个或几百个学生不同,慕课一门课程人数动辄上万人,最多时达到过 16 万名学生。Open 是"开放共享"的意思,指的是丰富的学习资源向全国乃至全世界开放,学员可以凭借邮箱免费注册学习,不分国籍,不分地区。Online 即"在线",指课堂教学和学习主要通过网络进行,教师和学生、学生与学生之间的交流与互动也都是线上完成,不受时间和空间的限制。

慕课是包含讲授、讨论、作业、评价以及回馈的教学过程,不只是纯粹的教学或者自学,是融合教师讲授、学生学习的整个教学过程。课程中,教师的主电脑连接到学生电脑,方便教师观察学生的学习状况,学生如何学习、学习效果如何都会在线呈现,并获得相关的学习反馈。慕课不同于传统的通过电视广播、互联网、辅导专线、函授等形式的远程教育,也不完全等同于近期兴起的教学视频网络公开课,更不同于基于网络的学习软件或在线应用。作为在线教育的最新形态,慕课将社交服务、在线学习、大数据分析和移动互联等理念融于一体,向用户提供大规模的免费在线高等教育服务以及生动的学习体验。在慕课模式下,大学的课程、课堂教学、学生学习进程、学生的学习体验、师生互动过程等被完整地、系统地在线实现。慕课的巨大优势已经引起政策决策者、投资者以及教育人士的广泛关注，并吸引他们投身于慕课建设。

二、慕课的发展

慕课有短暂的历史，但是却有一个不短的孕育发展历程。准确地说，它可追溯到 20 世纪 60 年代。1962 年，美国发明家和知识创新者 Douglas Engelbart 提出了一项研究计划，题目叫《增进人类智慧：斯坦福研究院的一个概念框架》，在这个研究计划中，Engelbart 强调了将计算机作为一种增进智慧的协作工具来加以应用的可能性。也正是在这个研究计划中，Engelbart 提倡个人计算机的广泛传播，并解释了如何将个人计算机与"互联的计算机网络"结合起来，从而形成一种大规模的、世界性的信息分享的效应。自那时起，许多热衷计算机的人士和教育变革家们，比如伊万·伊里奇，发表了大量的学术期刊文章、白皮书和研究报告，在这些文献中，极力推进教育过程的开放，号召人们将计算机技术作为一种改革"破碎的教育系统"的手段应用于学习过程之中。

MOOC 这个术语是 2008 年由加拿大爱德华王子岛大学网络传播与创新主任以及国家人文教育技术应用研究院高级研究员联合提出来的。在由阿萨巴斯卡大学技术增强知识研究所副主任与国家研究委员会高级研究员设计和领导的一门在线课程中，加拿大学者 Dave Cormier 与 Bryan Alexander 教授提出了 MOOC 这个概念。加拿大学者 George Siemens 与 Stephen Downes 开设的《Connectivism and Connectiv Knowledge》的课程被认为是第一门 MOOC 课程，有 25 位来自曼尼托巴大学的付费学生以及 2300 多位来自世界各地的免费学生在线参与了这门课程的学习。所有的课程内容都可以通过 RSS feed 订阅，学员可以用他们自己选择的工具来参与学习：用 MOODLE 参加在线论坛讨论，发表博客文章，在第二人生中学习，以及参加同步在线会议。

从 2008 年开始，一大批教育工作者，包括来自玛丽华盛顿大学的 Jim Groom 教授以及纽约城市大学约克学院的 Michael Branson Smith 教授都采用了这种课程结构，并且成功地在全球各国大学主办了他们自己的大规模网络开放课程。最重要的突破发生于 2011 年秋，那个时候，来自世界各地的 16 万人注册了斯坦福大学 Sebastian Thrun 与 Peter Norvig 联合开设的一门《人工智能导论》的免费课程。许多重要的创新项目，包括 Udacity，Coursera，以及 edX 都纷纷上马，有超过十几个世界著名大学参与其中。

MOOC 课程在中国同样受到了很大关注。根据 Coursera 的数据显示，2013 年 Coursera 上注册的中国用户共有 13 万人，位居全球第九。而在 2014 年达到了 65 万人，增长幅度远超过其他国家。而 Coursera 的联合创始人和董事长吴恩达（Andrew Ng）在参与果壳网 MOOC 学院 2014 年度的在线教育主题论坛时的发言中谈到，现在每 8 个新增的学员中，就有一个来自中国。果壳网 CEO、MOOC 学院创始人也重点指出,和一年前相比,越来越多的中学生开始利用 MOOC 提前学习大学课程。Coursera 现在也逐步开始和国内的一些企业合作,让更多中国大学的课程出现在 Coursera 平台上。

三、慕课的特点

(一) 高度的互动性

交互式教学是慕课与传统网络课程的一大区别。在教学过程中,教师与学生之间、学生相互之间的互动频繁。

师生互动:在课堂上教师对学员提问进行集中答疑,以一对多形式进行互动;授课教师还提供每周两小时左右的论坛在线时间与学生开展交流,课后测试通过客观题与学员进行一对一形式的实时互动交流。由于现代化网络技术的支持,教师可以看到学员的笔记、问题,对其学习效果有清晰的了解,可以更有针对性地解答学员的问题。

生生互动:合作学习是慕课的主要学习方式。在授课过程中,将学员分为若干小组,以小组为学习单元,每个小组研究一个主题。在完成任务过程中,充分调动每个成员的积极性,讨论学习主题、交流学习知识。对于不懂的问题,小组成员可以相互交流,也可以询问授课教师以及助教。学员在线下可以通过微信、微博、论坛等形式交流遇到的问题。

(二) 学习的便捷性

慕课学习的便捷性主要体现在:学习的自主性以及灵活性。慕课彻底颠覆了传统教学"教师主导、学生遵从"的关系,充分体现为学生主体,教师、网络共同主导这样一个全新"双主"关系。在课前,学员搜集学习资料、观看课程视频、阅读相关材料、完成习题,为上课做准备。在上课过程中,学员自己选择学习方式,标注笔记,自主选择重点。在课下,对于不懂的问题通过论坛、邮箱、微博等方式进行讨论。学员充分发挥学习的自主性,教师只发挥引导、辅助的作用。

慕课的教学与学习是在线的,每节慕课都是由十几分钟的短视频组成。教学中大量采用图片、视频等,教学灵活多样,激发学生兴趣,加深学生对所学知识的理解。在慕课学习模式下,学员的学习地点、学习时间以及学习方式没有固定要求。学员可以利用自己闲散的时间,自己喜好的方式,开展学习。学生学习的过程完整呈现,在线评价系统会及时对学生进行评价,帮助学生了解自己学习的情况。上过的课程投放在网上,帮助学生循环观看学习。如果学员有某个知识点没有掌握可以选择回放,再次学习该知识点直至掌握。学习具有极大的灵活性。

(三) 受众的广泛性

基于互联网的普及、移动技术的迅速发展,慕课受众非常广泛。广泛性主要体现在课程的开放性以及规模性。所谓"开放性",即向一切人开放,任何人都可注册,进入资格没有严格限定。学习资源具有开放访问权限,不需要任何费用。学员只要在网上注册、登录,按照自己的兴趣和需求选择学习的课程。来自不同国家、不同文化背景的学生在网络世界实时参与一个共同的学习任务和课程项目,学习体验跨越地域的限制,延伸至全球。

课程没有学员人数的限制,具有显著的规模性。规模性一方面是指课程学员的数量庞大,另一方面也指课程资源覆盖范围广。课程资源涵盖世界高校优质的教育资源,学员来自全世界各个国家。美国高等教育记事开展了一项针对 103 位慕课教授的调查,结果显示每门课程平均有 3.3 万个来自世界各国的学生注册。据统计,仅麻省理工学院的《电路与电子》一课就有超过 160 个国家的 15 万学生报名。现在一门慕课所授学生数目可能比以往一名教师几十年教授学生数目的总和还要多。慕课向社会公众传播文化,普及教育资源,教育的社会服务职能能得到更好的实现。

(四) 课程的免费性

慕课的宗旨是"开放教育资源,使所有人都能接受教育"。慕课课程是各大学联合开设的网络学习平台,免费提供优质课程。任何学员只要注册之后即可享受来自世界知名大学教授的讲授以及其所研究专业领域的前沿理论知识。相对于传统大学课堂须缴纳高昂的学费,学生可以节约很大的经济成本。并且,由于跳出本来学校以及教师的圈子,接受世界范围内的专业知识,学员视野更广,理论也更先进。

慕课合作高校在网上开设特定课程,注册者可以在线跟从课程的学习,无论是即时提问、提交作业以及最后的参加考试,这些都是免费的。也可以在课下观看高校录制好的视频(高校课程的制作团队制作好课程之后,将其上传)。在整个课程学习中,学员无需缴纳任何费用(除为获取特定的证书或学分外)。只有真正的免费才能实现高等教育的真正开放。不花任何费用接触到世界范围的优质教育资源,这是慕课的最大优势,也是慕课为高等教育带来的巨大改变。

四、主要慕课介绍

(一) Coursera(https://www.coursera.org)

1. 概述

Coursera 是免费大型公开在线课程项目,由美国斯坦福大学两名计算机科学教授创办。旨在同世界顶尖大学合作,在线提供免费的网络公开课程。Coursera 的首批合作院校包括斯坦福大学、密歇根大学、普林斯顿大学、宾夕法尼亚大学等美国名校。项目成立后,全球共有 68 万名学生注册了 43 门课程。之后,Coursera 与另外 12 所大学达成合作协议,包括佐治亚理工学院、杜克大学、华盛顿大学、加州理工学院、莱斯大学、爱丁堡大学、多伦多大学、洛桑联邦理工学院—洛桑(瑞士)、约翰·霍普金斯大学公共卫生学院、加州大学旧金山分校、伊利诺伊大学厄巴纳—香槟分校以及弗吉尼亚大学,其课程报名学生来自全球 190 多个国家和地区,总数突破 150 万。2013 年 10 月,Coursera 进驻中国,目前国内共有北京大学、复旦大学、西安交通大学、中国科学技术大学、南京大学、上海交通大学共六所高校加入。

2. 使用

(1) 平台注册登录

Coursera 允许学员通过电子邮箱的方式进行免费注册登录。Coursera 提供了中文官方平台，因此在注册时可以填写完整的中文名字。学员注册时需要阅读并同意平台的服务条款和相关准则条款，才能够访问或参与聊天室、新闻组、公告栏、邮件组、网站、网络交流或其他在线论坛以及公司及其相关网站（一个或多个网站）提供的课程和服务。

其中，行为准则是对用户的一些约束，希望所有参加课程的学生都能够且必须遵守以下行为准则：保证只注册一个账号；保证完全依靠自己努力完成所有的作业、测验和考试（合作任务除外）；保证不帮助他人舞弊；保证不使用任何其他不诚实的方式来提高自己的成绩，也不使用任何其他不诚实的方式来提高或降低别人的成绩。这些条款是为了保证课程的良好运作。而服务条款是规定了注册和参加这些网站的用户必须是具备完全行为能力和责任能力的成年人，注册人都需要保证已经年满 13 周岁。用户还需要遵守一些网上行为准则，如保护知识产权、不要触犯法律等。用户需要保证自己所提供的信息都是准确的、完整的。这些条款中还包括在线课程和证书、资料使用范围、课程费用及退款说明。

(2) 课程开设情况

Coursera 选择的是世界大学学术排行榜上排名靠前的学校作为合作对象，提供优质的免费课程建设指导服务，为合作高校提供在线辅导建设课程，高校配以课程制作团队协助教师完成课程制作。这样的合作方式致使越来越多的高校加入并积极推出各具特色的在线课程。截至 2015 年 12 月，已有来自世界 138 所大学的 1784 门课程在 Coursera 上发布，吸引了近 1750 万名学生注册学习。其课程主要语言是英语，但是也有部分课程采用中文、法语、西班牙语、俄语等语言授课。

(3) 学习进度安排

Coursera 平台上大部分课程都有明确的开课时间和结课时间。教师一般会预留几天或者几周的开放时间让学生注册，学生也可以在课程的注册截止日期之后中途进入课程，作为旁观学员跟随着课程学习相关内容。作业提交和作业评价的截止时间由教师自己安排。

(4) 学习课程的认证

Coursera 平台上部分教授会为学生颁发自己签署的结业证书。

(5) 收费情况

Coursera 部分在线课程需要以付费方式参与获得额外的服务，具体价格根据每门课程具体情况核算。

(二) edX(https://www.edx.org)

1. 概述

edX 是由美国的哈佛大学和麻省理工学院于 2012 年 4 月联合创建的大规模开放在线课堂平台，目的是建立世界顶尖高校相联合的共享教育平台，提高教学质量，推广网络在线教育,目前已经拥有超过 90 万的注册者。此后,edX 共新增了包括清华大学、北京大学、香港大学、香港科技大学、日本京都大学和韩国首尔大学等 6 所亚洲高校在内的 15 所全球名校。

2. 使用

(1) 平台注册登录

edX 平台注册时需要提供的资料相对较多,其中电子邮箱地址、密码、公共用户名称、注册人全名是必须填写的内容。而最高学历、性别、出生年份、邮寄地址以及注册理由等内容可以选择性地填写。其中,公共用户名是具有唯一性的,不允许不同注册人使用相同用户名,这与学生学号的唯一性类似。平台支持用中文名字注册,注册成功需要激活邮箱链接。学员注册同样需要遵循一些条款和守则。与 Coursera 平台不同的是,它没有对注册者的年龄进行限制,还提供了具体的课程退款时间和退款方式说明,除了规定用户的禁止行为还提出了鼓励行为,鼓励用户在实验练习中多多合作、参与讨论、自由表达观点。

(2) 课程开设情况

目前 edX 的课程总数为 842 门,其中大部分课程采用英语授课,将来会根据需求为全部课程添加除英语外的语言支持。在 edX 平台上存在一个 X 系列课程,该课程是由围绕一个主题展开的一系列相关课程组成,学员只有通过所有课程的考核,才能够得到最终的证书。

(3) 学习进度安排

edX 平台的课程也是明确了开课时间和结课时间的,在开课两周之后不允许学员报名,但是学员可以在课程开始两周之内退课,超过两周之后的退课是不退学费的,退课并不会受到学术处罚,也不会影响学员报名后续的课程,也可以免费旁听。课程视频和作业是开放的,学生可以自由掌握学习时间,但是作业和考试有截止时间。

(4) 学习课程的认证

edX 学员完成规定课程学习获得的证书分荣誉证书和考试结业证书两种形式,2012 年秋季之前的证书均免费颁发,之后需要缴纳一定费用。证书上面会印上 edX 和学校的名字,比如 MITX、HarvardX、BerkeleyX、UTAustinX 等,但是这种证书并不计入麻省理工学院或者哈佛大学的学分。

(5) 收费情况

目前 edX 的商业模式比较单一,仅收取专业认证的费用。

(三) Udacity(https://www.udacity.com)

1. 概述

Udacity 是一个私立教育组织,主要从事线上学习,Udacity 网站于 2012 年 2 月推出。截至 2015 年底,Udacity 推出的课堂涵盖计算机科学、数学、物理学、统计学、心理学等。

2. 使用

(1) 平台注册登录

Udacity 平台使用电子邮箱进行注册,同时还允许学员使用现有的 Facebook 账户或者是 Google 账户注册。其中需要遵循的服务条款把用户分为三种角色,作为一个"游客",不需要注册就可以通过移动或其他设备浏览网站;作为一个"学生",这意味着你已经注册成为 Udacity 的用户,需要完成家庭作业和考试;而作为一个"与会者",说明已经注册了 Udacity 的用户和用户密码,只需要参加或查看在线的讲座,而无需访问最终项目或认证所需的评估,不需要完成作业和考试等。Udacity 平台同样强调注册用户需要具备完全行为能力和责任能力或者是有监护人的年满 13 周岁儿童。Udacity 平台有权对所有条款进行修改。

(2) 课程开设情况

Udacity 目前有 32 门课程,课程包含不同单元和知识块,并且还有对应的练习和课堂笔记。课程还分为初级、中级和高级,学员根据自己的知识技能选择对应层级的课程,中级课程需要一些专业先备知识,高级课程要求学员对专业知识掌握比较熟练。

(3) 学习进度安排

Udacity 平台允许随时注册学习,课程不设置截止时间,学员完全自由控制学习进度,但是建议学员每周能够保证 5 个小时学习时间。个人课程教练也会协助学员制定一套个性化学习时间表和学习期限来帮助学员完成学习任务和学习目标。

(4) 学习课程的认证

Udacity 平台会根据是否付费提供相应的资源和服务。Udacity 颁发的证书依据学生表现分为五个等级:不合格、结业、良、良好、优秀。科罗拉多州立大学环球学院决定学员只要通过考试,在线学习的课程全部可以用于申请该校学分。Udacity 还发布了一个免费的就业匹配计划,与 Google、Facebook、Twitter、美国银行等公司合作,进行人才推荐。

(5) 收费情况

Udacity 平台的课程收费是每个月给出定价,课程价格因不同时间段而不同。

1. 如何利用搜索引擎搜索有关"大数据时代的个人隐私保护"的相关资料?写出检索表达式。

2. 如何利用百度搜索引擎搜索有关"学术论文写作"的 PPT 课件?写出检索表达式并记录检索结果。

3. 如何利用百度搜索引擎在北京大学网站内搜索有关科研立项的内容?写出检索表达式。

4. 请查找一篇 BBC 报道北京奥运会开幕式的新闻,并使用金山快译翻译成中文页面。

5. 如何利用 Google Earth 查看"上海市东方明珠电视塔"的卫星图片?请尝试两种不同的方法。

6. 请在 Coursera 上注册账户,并试听一节课程。

参考书目

[1] 祁延莉、赵丹群著:《信息检索概论》,北京大学出版社 2013 年版。
[2] 赵生让著:《信息检索与利用》,西安电子科技大学出版社 2013 年版。
[3] 林燕平著:《法律文献检索方法、技巧和策略》,上海人民出版社 2004 年版。
[4] 邰峻、刘文科著:《网络信息检索实用教程》,电子工业出版社 2010 年版。
[5] 金朝崇、熊艺著:《信息管理概论》,天津大学出版社 2009 年版。

后　记

　　本书从动议到撰写，历时两年有余，其间得到了许多人的热情支持与帮助，编写组成员也付出了艰辛努力。全书由高利红教授主编，程芳和徐菊香老师负责统稿，具体章节编写分工如下（按章节顺序排列）：

　　程芳撰写第一、二章；

　　高利红撰写第三章；

　　刘伟撰写第四章；

　　江波撰写第五章；

　　冯倩然撰写第六章；

　　徐菊香撰写第七、九、十、十一章；

　　刘鸿霞撰写第八章；

　　董嘉维撰写第十二章。

　　感谢中南财经政法大学图书馆杨小玲老师、马洁老师和唐鹏宇老师的校对工作。感谢资助单位汤森路透科技信息服务有限公司对教材筹备会议和统稿工作的资助，感谢乔辉先生和贾琼女士对新版 westlaw 数据库的技术支持。

　　本教材编写过程中的疏漏与错误之处，恳请读者不吝批评与指正。